本書出版得到國家古籍整理出版專項經費資助
全國高校古籍整理研究工作委員會直接資助項目

中國思想史資料叢刊

論語義疏

〔梁〕皇侃 撰
高尚榘 校點

中華書局

圖書在版編目(CIP)數據

論語義疏/(梁)皇侃撰;高尚榘校點.—北京:中華書局,2013.10(2024.1重印)
(中國思想史資料叢刊)
ISBN 978-7-101-09296-7

Ⅰ.論…　Ⅱ.①皇…②高…　Ⅲ.①儒家②《論語》-注釋　Ⅳ.B222.22

中國版本圖書館CIP數據核字(2013)第064772號

責任編輯:石　玉
責任印製:陳麗娜

中國思想史資料叢刊
論語義疏
〔梁〕皇　侃　撰
高尚榘　校點
*
中華書局出版發行
(北京市豐臺區太平橋西里38號　100073)
http://www.zhbc.com.cn
E-mail:zhbc@zhbc.com.cn
北京新華印刷有限公司印刷
*
850×1168毫米 1/32 · 18⅛印張 · 2插頁 · 400千字
2013年10月第1版　2024年1月第6次印刷
印數:8901-9400冊　定價:78.00元

ISBN 978-7-101-09296-7

目録

前言

皇侃（四八八—五四五），南朝梁經學家。吴郡（今江蘇蘇州）人。師事賀瑒，盡力研習，通其業，尤明三禮、孝經、論語。性孝，日誦孝經二十遍。任國子助教，於壽光殿講禮記，武帝稱善，加員外散騎侍郎。著有論語義疏、禮記講疏、禮記義疏、孝經義疏等，唯論語義疏存世。

一 皇疏的流傳与整理

論語義疏，又稱論語義、論語疏，成書於梁武帝普通、大通年間（五二〇—五三四），隋書經籍志、舊唐書經籍志、新唐書藝文志、崇文總目、中興館閣書目、郡齋讀書志、遂初堂書目、宋史藝文志皆有著録。梁書儒林傳記曰：「（皇侃）所撰論語義十卷，與禮記義並見重於世，學者傳焉。」唐貞觀十四年（六四〇）太宗下詔曰：「梁皇侃、褚仲都，周熊安生、沈重，陳沈文阿、周弘正、張譏，隋何妥、劉炫，並前代名儒，經術可紀，加以所在學徒多行其講疏，宜加優賞，以勸後生，可訪其子孫見在者，録姓名奏聞。」宋國史志評曰：「侃疏雖時有鄙近，然博極羣言，補諸書之未至，爲後學所宗。」可見該書在梁至宋間被重視以及流行的程度。

皇疏雖一度盛行，但因它以道家思想解經，且多依傍前人，較少創獲，又「時有鄙近」，頗爲後世學人不滿。隨着時代的變遷和政治傾向、學術思想風氣的轉變，至北宋咸平二年（九九九），朝廷便命邢昺等人改作新疏。邢昺删削皇疏之文，而歸向儒學本來之義理，時人以爲邢疏优勝於皇疏，視邢疏爲論語之標準注疏。自此，皇疏漸微，至南宋時失傳。

皇疏在我國失傳後，却在日本廣爲傳播。該書大約於唐初傳入日本，自唐以來，多以鈔本形式流傳。據日本學者影山輝國評儒藏本論語義疏〔一〕一文統計，其鈔本計有三十六種之多，諸如大槻本、寶勝院本、林本、江風本、天文本、延德本、久原文庫本、江户本、重文本、京大本、應永本、三宅本、上原本、米澤本、寶德本、文明本、國會圖書本、足利本、清熙園本、神宫本、圖書寮本、蓬左本、青淵本、東大本、泊園書院本、静嘉堂本、市島本、萩圖書

〔一〕　載於儒家典籍與思想研究第二輯，北京大學出版社二〇一〇年五月出版。

館本、桃華齋本、寺田本、塙本、溯源堂本、故宮本、九折堂本、盈進齋本、新井本等。

寬延三年（一七五〇），根本遜志據足利學校鈔本整理刊印。在整理時，改變鈔本體式，將原「經—疏、注—疏」體式改爲「經—注—疏」體式，類似邢疏；增删或改變文字，異體字多改爲通行體。此本乾隆年間傳入我國。乾隆三十六年（一七七一），浙江餘姚商人汪鵬從日本購得此本回國，次年獻給浙江遺書局，遺書局總裁王亶望繼而將其進呈四庫館。乾隆四十六年（一七八一），此本經鮑廷博校訂後，鈔入四庫全書。稍後，鮑氏又將其刻入自編的知不足齋叢書。鮑氏對根本遜志本的改動很小，只是删除了根本本的句點、返點、假名，避清諱，改動了對少數民族不敬的個別文字。

武内義雄及懷德堂紀念會同仁對根本遜志改變體式、臆改文字的做法不滿，於大正十一年壬戌（一九二二）孔子卒後兩千四百年之時，經商討，由懷德堂講師武内氏承擔皇疏恢復六朝舊體的校理之事。武内氏廣搜鈔本，以時間較早的文明九年（一四七七）本（即文明本）爲底本，以延德本、清熙園本、久原文庫本、桃華齋本、泊園書院本、有不爲齋本、圖書寮本、足利本、寶德本等鈔本爲參校本，校理後於大正十二年（一九二三）由懷德堂紀念會刻印出版，稱曰「懷德堂本」。不少學者認爲，懷德堂本保留了皇疏舊體式，選擇底本早，參校本多，基本反映了皇疏舊貌，優於根本本。

懷德堂本一九六六年被我國臺灣藝文印書館影印入大型叢書無求備齋論語集成，因其收在大型叢書，流傳不廣，個人覽讀不便。進入二十一世紀，北京大學儒藏編輯委員會對懷德堂本進行校點，二〇〇七年收入儒藏（精華編）第一〇四册。

這些叢書本皇疏均存有不足。根本本改變皇疏舊式，妄改文字，已非皇疏舊貌。鮑氏據其校理時，又略有修改潤飾，更是加重了它的失真程度。還需要説明的是，知不足齋叢書本及四庫全書本雖均爲鮑氏校理，但二者在文字上也略有差異，致使讀者無所適從。

關於皇疏的整理，近幾年主要出現了兩個本子，一是北京大學儒藏本，由北京大學陳苏鎮等先生整理，以懷德堂本爲底本，以鮑氏知不足齋叢書本爲校本，書名爲論語義疏，北京大學出版社二〇〇七年出版；一是徐望駕先生校注本，以知不足齋叢書本爲底本，書名爲論語集解義疏，江西人民出版社二〇〇九年出版。兩種整理本整理質量較高，但美中不足的是，兩本均存在一些失校、誤校、誤點之處，而儒藏本由於收入大型叢書，很多讀者無力購置，從而影響了其傳播流通。基於此，我們認爲有必要在前人研究的基礎上對其重做整理。

二　皇疏的文獻價值與解經特點

皇疏是論語現存最早的義疏注本，也是六朝儒家義疏唯一傳世者，彌足珍貴。在論語研究史上，皇疏與魏何晏論語集解、宋朱熹論語集注、清劉寶楠論語正義、近人程樹德論語集釋堪稱里程碑式的力作。

皇疏具有重要的文獻價值，它承何晏論語集解之後，廣徵博引，將六朝時期的論語注解材料聚於己書，爲後人保留了珍貴而豐富的論語研究文獻，其功甚巨。

據皇氏自序可知，皇疏徵引主要依據晉江熙集解論語所集晉人十三家，諸如衛瓘、繆播、欒肇、郭象、蔡謨、袁宏、江淳、蔡系、李充、孫綽、周瓌、范甯、王珉等。自序云：「侃今之講，先通何集，若江集中諸人有可採者，亦附而申之。其又别有通儒解釋，於何集無妨者，亦引取爲説，以示廣聞也。」可知，除保存何晏和江熙論語集解材料外，皇疏還收有其他「通儒解釋」，諸如鄭玄、劉歆、王肅、王弼、王朗、王雍、張憑、熊埋、顧歡、梁冀、顔延之、顔特進、殷仲堪、褚仲都、穎子嚴、李巡、沈峭、季彪、繆協、虞喜、庾翼、沈居士、珊琳公、太史叔明、孔後、袁氏等人的説解。此外，還有些未指名者，而是以「師説」、「舊云」、「舊説云」、

「舊通云」、「一通云」、「又一通云」、「一云」、「一家云」、「一家通云」、「一解云」、「又一解云」、「又一釋」、「又一注云」、「又一本注云」的方式列舉衆説，可見皇疏徵集材料之富。漢魏六朝這些注家的著作，十之八九失傳，幸得何解、皇疏而保存至今，使後世可窺見論語古注，其珍貴價值，無須贅言。

關於皇疏的疏解特點，從以上簡述中已看出些端倪。詳言之，有以下幾點：

（一）義疏體方式：既疏經，亦疏注。

皇疏採取的是「經—疏、注—疏」的疏解方式。對於論語經文及漢魏注文，先疏經，後疏注，分别予以疏解。這種隨文疏解的方式，優點很明顯，即讀經遇到疑難障礙，立馬得釋；缺點也很明顯，即割裂經、注文字，疏文篇幅大者，會把經、注的一句話或半句話割裂得很遠。如「學而時習之」下，疏文約有六百字，隔離好多行才能看到下句「不亦悦乎」。

（二）受魏晉玄學影響，以道家思想解經。

魏晉玄學的基本特點是以老莊思想改造儒學，其代表人物是王弼、何晏、郭象等。皇侃在何晏論語集解的基礎上疏解，又廣引王弼、郭象等注，在一定程度上受其影響是很自然的。如泰伯篇「子曰：大哉堯之爲君也！巍巍乎！唯天爲大，唯堯則之。蕩蕩乎！

民無能名焉」章，皇疏徵引王弼曰：「聖人有則天之德，所以稱『唯堯則之』者，唯堯於時全則天之道也。蕩蕩，無形無名之稱也。夫名所名者，生於善有所章而惠有所存，善惡相傾，而名分形焉。若夫大愛無私，惠將安在？至美無偏，名將何生？故則天成化，道同自然，不私其子而君其臣，凶者自罰，善者自功，功成而不立其譽，罰加而不任其刑，百姓日用而不知所以然，夫又何可名也？」可見，道家思想傾向是頗明顯的。

（三）彙集衆説，以示廣聞。

皇疏既通何解，亦引衆説。以先進篇「回也其庶乎，屢空」一語的疏文爲例，皇侃既疏何解，又引「一云」、「又一通云」、「王弼云」、「顔特進云」、「顧歡云」、「太史叔明云」等多家解釋。這麽做，在達到「以示廣聞」目的的同時，更重要的是可彌補「疏不破注」禁錮所造成的不足，爲讀者從多家説解中尋得正解放寬了自由度。如學而篇「賢賢易色」語下，皇侃先依循孔安國「言以好色之心好賢」之注而疏曰：「凡人之情，莫不好色而不好賢。今若有人能改易好色之心以好於賢，則此人便是賢於賢者，故云『賢賢易色』也。」繼而，又以「又一通云」的方式列舉了另一種解釋：「上『賢』字，猶尊重也。下『賢』字，謂賢人也。言若欲尊重此賢人，則當改易其平常之色，更起莊敬之容也。」兩種解釋相比較，恰恰是「又一通云」的解釋正確。前「賢」字，是意動用法，有「尊重」義；後「賢」字，是名詞，指賢人。直譯的話，即「賢其賢者，改變容色」；意譯的話，即「尊重賢德之人，應改易平常之容色爲尊重之容色」。「賢」字的動詞用法，古籍有之，如禮記禮運：「以賢勇知，以功爲己。」孔穎達疏：「賢，猶崇重也。」這裏是講對待賢者的態度，在全章中起統屬作用，後面的「事父母，能竭其力；事君，能致其身；與朋友交，言而有信」是羅列賢者的善行表現。具備這些善行的賢者，都是令人肅然起敬的。

（四）抒發己見，堅持正解。

皇疏中存有很多值得肯定的地方。如「學而不思則罔，思而不學則殆」，不少人將「罔」誤解爲「誣罔」，將「殆」誤解爲「危險」，而皇侃疏曰：「夫學問之法，既得其文，又宜精思其義，若唯學舊文而不思義，則臨用行之時，罔罔然無所知也。又若不廣學舊文，而唯專意獨思，則精神疲殆也，於所業無功也。」釋「罔」爲「罔然」，釋「殆」爲「疲殆」，基本符合經義。又如「糞土之牆不可杇」，不少人將「糞土之牆」解爲「穢土之牆」、「垃圾塵土打成的牆」，而皇侃疏曰：「夫杇鏝牆壁，若牆壁土堅實者，則易平泥光餝耳；若鏝於糞土之牆，則頽壞不平，故云不可杇也。」凡住過泥巴牆老屋的人，都有這樣的經歷，老土牆受潮碱化，土質慢慢松軟，表層泥土時常脱落，這樣的「頹壞」之牆，要想塗抹粉刷，是很困難的。又如「好直不好學，其弊也絞」，不少人將「絞」釋爲「急迫」、「急切偏激」等，而皇侃疏曰：「絞，猶刺也，好譏刺人之非。」直率，是好品質，但過於直率，不講究方式方法，其弊端在於絞切較真、尖刻傷人。因此，耿直、直率者也需要學習，修養德性，温良恭儉，以禮約己，寬厚待人，完善處世之道，避免絞直之弊。泰伯篇曰：「子曰：直而無禮則絞。」這些疏解有助於讀者正确理解經文。

此次整理，我們儘可能汲取前人的長處，彌補前人的不足。整理着重於兩個方面：一是點，力争實現正確斷句和標點；二是校，以懷德堂本爲底本，以在我國流傳較廣的知不足齋叢書本、四庫全書本作校本，校異同，定是非，力求爲廣大讀者獻上一部質量上靠得住的皇疏單行本。

校點凡例

一、此次整理，以日本武内義雄整理的懷德堂本爲底本，以在我國傳佈較廣的鮑廷博知不足齋叢書本、四庫全書本爲校本。視文字需要時，參證定州漢墓簡本論語、何晏論語集解（日正平本）、邢昺論語注疏（阮元十三經注疏本）、朱熹論語集注（嘉慶刊四書集注本）、劉寶楠論語正義（同治刊本）以及其他相關典籍。

二、出校目的主要是：校異同，反映不同版本之間的文字差異和排列形式差異；定是非，凡有材料依據、有把握者，即確定孰是孰非。

三、凡「之」「乎」「者」「也」等不影響文意的虚詞、助詞，不出校；甲本爲「曰」乙本爲「云」等情況，不出校。懷德堂本原附論語義疏正誤表，校正文字訛誤，今全部採納，散見於相關校記中。

四、全書文字内容的排列，經文及其疏文頂格，注文及其疏文低二格；注文凡未標明「某某曰」者，均爲何晏注解。章句的分合及注疏體式，儘量依懷德堂本之舊，以反映堂本原貌。底本卷二末原有「于時文明九年丁酉六月廿八日書寫畢」，卷四末原有「旹文明九年丁酉八月十一日映朔鴈聲書寫畢」，卷十末原有「吉田鋭雄校字」，今均於此説明，在正文中不再出現。論語義疏懷德堂本序原在全書之始，論語義疏懷德堂本後序原在全書之末，爲方便使用，今分别作爲附録第一、二篇。

五、校記採用簡稱：懷德堂本、知不足齋叢書本、四庫全書本分别簡稱爲堂本、齋本、庫本；何晏論語集解、邢昺論語注疏、朱熹論語集注、劉寶楠論語正義分别簡稱爲何解、邢疏、朱注、劉氏正義。

論語義疏自序[一]

梁皇侃撰

論語通曰：「論語者，是孔子没後七十弟子之門徒共所撰録也。」夫聖人應世，事跡多端，隨感而起，故爲教不一。或負扆御衆，服龍衮於廟堂之上；或南面聚徒，衣縫掖於黌校之中。但聖師孔子符應頽周，生魯長宋，遊歷諸國，以魯哀公十一年冬從衛反魯，删詩定禮於洙、泗之間。門徒三千人，達者七十有二。但聖人雖異人者神明，而同人者五情。五情既同，則朽没之期亦等。故歎發吾衰，悲因逝水，託夢兩楹，寄歌頽壞。至哀公十六年，哲人其萎，徂背之後，過隙叵駐，門人痛大山長毁，哀梁木永摧，隱几非昔，離索行泪，微言一絶，景行莫書。於是弟子僉陳往訓，各記舊聞，撰爲此書。成而實録，上以尊

[一] 此標題原作「論語義疏卷第一」，今改。

仰聖師，下則垂軌萬代。既方爲世典，不可無名。然名書之法，必據體以立稱，猶如以孝爲體者則謂之孝經，以莊敬爲體者則謂之爲禮記。然此書之體，適會多途，皆夫子平生應機作教，事無常準，或與時君抗厲，或共弟子抑揚，或自顯示物，或混跡齊凡，問同答異，言近意深，詩書互錯綜，典誥相紛紜，義既不定於一方，名故難求乎諸類，因題「論語」兩字以爲此書之名也。但先儒後學解釋不同，凡通此「論」字，大判有三途：第一捨字制音呼之爲「倫」，一捨音依字而號曰「論」，一云「倫」「論」二稱義無異也。第一捨字從音爲「倫」，説者乃衆，的可見者不出四家：一云「倫」者，次也，言此書事義相生，首末相次也；二云「倫」者，理也，言此書之中藴含萬理也；三云「倫」者，綸也，言此書經綸今古也；四云「倫」者，輪也，言此書義旨周備，圓轉無窮，如車之輪也。第二捨音依字爲「論」者，言此書出自門徒，必先詳論，人人僉允，然後乃記。記必已論，故曰「論」也。第三云「倫」「論」無異者，蓋是楚夏音殊、南北語異耳。南人呼「倫事」爲「論事」，北士呼「論事」爲「倫事」，音字雖不同，而義趣猶一也。

侃案：三途之説，皆有道理，但南北語異如何似未詳，師説不取，今亦捨之，而從音、依字二途拜〔一〕録以匯成一義。何者？今字作「論」者，明此書之出不專一人，妙通深遠，非論不暢。而音作「倫」者，明此書義含妙理，經綸今古，自首臻末，輪環不窮。依字則證事立文，取音則據理爲義，義文兩立，理事雙該。圓通之教，如或應示，故蔡公爲此書爲圓通之喻，云：「物有大而不普、小而兼通者，譬如巨鏡百尋，所照必偏，明珠一寸，鑒包六合。」以蔡公斯喻，故言論語小而圓通，有如明珠；諸典大而偏用，譬若巨鏡。誠哉是言也！「語」者，論難答述之謂也。毛詩傳云：「直言曰言，論難曰語。」鄭注周禮云：「發端曰言，答述爲語。」今按，此書既是論難答述之事，宜以「論」爲其名，故名爲論語也。然此「語」是孔子在時所説，而「論」是孔子没後方論，「論」在「語」後，應曰「語論」。而今不曰「語論」而云「論語」者，其義有二：一則恐後有穿鑿之嫌，故以

〔一〕「拜」，齋本、庫本作「并」。

「語」在「論」下，急標「論」在上，示非率爾故也。二則欲現此「語」非徒然之説萬代之繩準，所以先「論」，已〔二〕備有圓周之理。理在於事前，故以「論」居「語」先也。

又此書亦〔三〕遭焚燼，至漢時，合壁所得，及口以傳授，遂有三本：一曰古論，二曰齊論，三曰魯論。既有三本，而篇章亦異。古論分堯曰下章「子張問」更爲一篇，合二十一篇。篇次以鄉黨爲第二篇，雍也爲第三。篇内倒錯不可具説。齊論題目與魯論大體不殊，而長有問王、知道二篇，合二十二篇，篇内亦微有異。魯論有二十篇，即今日所講者是也。尋當昔撰録之時，豈有三本之别？將是編簡缺落、口傳不同耳。故劉向别録云：「魯人所學謂之魯論，齊人所學謂之齊論，合壁所得謂之古論。」而古論爲孔安國所注，無其傳學者。齊論爲瑯琊王卿等所學，魯論爲太子太傅夏侯勝及前將軍蕭

〔二〕「已」下，齊本、庫本有「以」字，「已」從上句，「以」屬下句。

〔三〕「亦」，齊本、庫本無此字。

望之、少傅夏侯建等所學，以此教授於侯王也。晚有安昌侯張禹，就建學魯論，兼講齊説，擇善而從之，號曰張侯論，爲世所貴。至漢順帝時，有南郡太守扶風馬融字季長、建安中大司農北海鄭玄字康成，又就魯論篇章考齊驗古，爲之注解。漢鴻臚卿吴郡苞咸字子良，又有周氏，不悉其名，至魏司空穎川〔一〕陳羣字長文、大常東海王肅字子雍、博士燉煌周生烈皆爲義説。魏末吏部尚書南陽何晏字平叔，因魯論，集季常等七家，又採古論孔注，又自下己意，即世所重者。今日所講，即是魯論，爲張侯所學、何晏所集者也。又〔二〕

晉大保河東衛瓘字伯玉

晉中書令蘭陵繆播字宣則

晉廣陵大守高平欒肇字永初

晉黄門郎穎川郭象字子玄

〔一〕「穎」，齋本、庫本同，下「穎川」、「穎陽」之「穎」同，此字均當作「潁」。
〔二〕「又」，齋本、庫本無此字。

晉司徒濟陽蔡謨字道明

晉江夏大守陳國袁宏字叔度

晉著作郎濟陽江淳字思俊

晉撫軍長史蔡系字子叔

晉中書郎江夏李充字弘度

晉廷尉太原孫綽字興公

晉散騎常侍陳留周壞〔一〕字道夷

晉中書令潁陽范甯字武子

晉中書令瑯琊王瑨字季瑛

右十三家，爲江熙字大和所集。侃今之講，先通何集，若江集中諸人有可採者，亦附而申之。其又別有通儒解釋，於何集無妨〔二〕者，亦引取爲說，以示

〔一〕「壞」，齋本、庫本同，疑當作「瓌」或「懷」。

〔二〕「妨」，齋本、庫本作「好」，誤。

廣聞也。然論語之書，包於五代二帝三王，自堯至周凡一百四十人，而孔子弟子不在其數。孔子弟子有二十七人見於論語者也，而古史考則云三十人，謂林放、澹臺滅明、陽虎亦是弟子數也。

論語序〔一〕

何晏集解〔二〕

敘曰：漢中壘東西南北四人有將軍耳，北方之夷官也。校尉者，考古以奏事官也〔三〕。校尉劉向言魯論語二十篇，皆孔子弟子記諸善言也。劉向者，劉德之孫，劉歆之子〔四〕。前漢時爲中壘校尉之官，若今皇城使也。其人博學經史。孔子没後而弟子共論而記之也。初爲魯人所學，故謂魯論也。又曰：劉者氏，向者名也。中壘，官名也。校尉者，官也。校者，數也。尉，安也。校數中壘之軍衆而安之，故曰校尉也。漢世學者又有魯論、齊論、古文論三本之異也。魯人所引論語謂之魯論語，則有二十篇，如今之題目次第也〔五〕。太子太傅夏侯勝、前將軍蕭望之、丞相韋賢及子玄成等傳之。

〔一〕「論語序」，齋本遵根本遜志本作「論語集解敘」，庫本又改作「論語集解義疏敘」。據經典釋文、唐石經，「論語序」當爲何晏原題。

〔二〕「何晏集解」，當作「何晏撰，皇侃疏」。

〔三〕此疏文二十六字，齋本、庫本無。

〔四〕「劉德之孫，劉歆之子」，當作「劉德之子，劉歆之父」。

〔五〕「又曰」至「次第也」，齋本、庫本無此八十三字。下文諸「又曰」中的文字，齋本、庫本均遵根本遜志本删削。根本删削的理由，蓋以爲「非皇侃之舊」。

夏、蕭及韋賢父子凡四人，初傳魯論於世也。又曰：太子者，漢武帝之太子衛也。夏侯者氏，勝者名也。太子太傅夏侯勝，常山都尉龔奮也〔一〕。**齊論語二十二篇，其二十篇中章句頗多於魯論。**猶是弟子所記，而爲齊人所學，故謂爲齊論也。既傳之異代，又經昏亂，遂長有二篇也。其二十篇雖與魯舊篇同，而篇中細章文句，亦多於魯論也。又曰：齊論者，齊人所引論語謂之齊論。齊論則其中二十篇前，題目次第與魯論不殊，以學而爲時習也。章句者，古之解書之名也，分經文章句而説之也〔二〕。**琅琊〔三〕王卿及膠東庸生、昌邑中尉王吉皆以教授之。**此三人傳齊論，亦用持〔四〕教授於世也。**故有魯論、有齊論。**夏侯等四人傳魯，王等三人傳齊，並行於世，世〔五〕故有魯、齊二論双立也。又曰：王者氏也，卿者尊之號也，不審名也。中尉者，佐於中壘校尉者也，故曰中尉也。王者亦氏，吉者名。郎耶王卿及膠東庸生、昌邑中尉王吉，以教授也〔六〕。**魯恭王時，嘗欲以孔子宅爲宮，壞，得古文論語。**漢景帝之子，名餘，封魯，故謂魯恭王也。好治宮室，壞孔子舊宅以廣其宮，於壁中得古文論語，皆科斗文字

〔一〕「又曰」至「龔奮也」，齋本、庫本無此三十五字。
〔二〕「又曰」至「説之也」，齋本、庫本無此五十九字。
〔三〕「琊」，齋本、庫本作「瑘」。正平版何解作「耶」。
〔四〕「用持」，齋本、庫本作「以」。
〔五〕「世」，齋本、庫本無此字。
〔六〕「又曰」至「教授也」，齋本、庫本無此五十八字。

也。又曰：古文者，則魯恭王壞孔子之宅，於屋壁所得也。案，此論語似孔子撰集，便已其異本，亦爲難解，將亦遇秦焚書，學士解散，失其本經，口所授，故致此異邪〔一〕？**齊論有問王、知道，多於魯論二篇。**既有三論，文皆不同。齊論長有二篇，一曰問王，一曰知道，是多魯論二篇也。又曰：齊論下章有問王、知道二篇，二篇内辭句與魯論亦微異也〔二〕。**古論亦無此二篇，**齊非唯長魯論二篇，亦長於古論。古論故亦無此問王、知道二篇也。又曰：古文則篇名與魯論略同準也〔三〕。**分堯曰下章「子張問」以爲一篇，**古論雖無問王、知道二篇，而分堯曰後「子張問於孔子曰如何斯可以從政矣」又別顯〔四〕爲一篇也。**有兩子張，**一是「子張曰士見危致命」爲一篇，又一是「子張問孔子從政」爲一篇，故凡論中有兩子張篇也。**凡二十一篇。**古論既分長一子張，故凡成二十一篇也。又曰：有孔安〔五〕注，無傳學，篇次第不與齊、魯同。古文凡二十一篇，而次第大不同，以鄉黨爲第二，以雍也爲第三。二十篇而内，辭句亦大倒錯。其微子篇無「巧言」章，子罕篇無「主忠信」章，憲問篇無「君子恥其言」章，述而篇無「於是日哭則不歌不食於

〔一〕「又曰」至「此異邪」，齋本、庫本無此六十字。
〔二〕「又曰」至「微異也」，齋本、庫本無此二十五字。
〔三〕「又曰」至「同準也」，齋本、庫本無此十四字。
〔四〕「顯」，齋本、庫本作「題」，是。
〔五〕「孔安」下，脱一「國」字。

喪側」章，鄉黨篇無「色斯舉矣，山梁雌雉，時哉。子路供之，三臭而立作」文，其餘甚多也〔一〕。篇次不與齊、魯論同。古論篇次既不同齊，又不同魯，故云不與齊、魯論同也。安昌侯張禹本受魯論，兼講齊説，善者從之，號曰張侯論，禹初學魯論，又雜講齊論，於二論之中擇善者鈔集別爲一論，名之曰張侯論也。又曰：侯者爵也，張者氏也，禹者名也。安昌侯張禹從建受魯論，兼説齊論，又問庸生、王吉等，擇其善者從之，號曰張侯論也〔二〕。爲世所貴。此論既擇齊、魯之善合以爲一論，故世之學者皆貴重於張侯論也。苞氏、周氏章句出焉。苞氏，苞咸也。周氏，不悉其名也。章句者，注解因爲分斷之名也。苞、周二人注張侯魯論，而爲之分斷章句也。古論唯博士孔安國爲之訓説，訓亦注也，唯孔安國一人注解於古論也。又曰：孔安國者，漢武帝時之人也。訓説者，文字解之耳〔三〕。而世不傳。世人不傳孔注古文之論也。至順帝之時，南郡太守馬融亦爲之訓説。後〔四〕有馬氏，亦注張禹魯論也。漢末，大司農鄭玄就魯論篇章考之齊、古，以爲之注。鄭康成又就魯

〔一〕「又曰」至「甚多也」，齋本、庫本無此一百二十五字。
〔二〕「又曰」至「張侯論也」，齋本、庫本無此四十七字。
〔三〕「又曰」至「解之耳」，齋本、庫本無此二十一字。
〔四〕「後」，齋本、庫本作「漢」。

論篇章，及考校齊、古二論，亦注於張論也。又曰：注者，自前漢以前解書皆言「傳」，去聖師猶近，傳先師之義也。後漢以還解書皆言「注」，注己之意於經文之下，謙不必是之辭也〔一〕。近故司空陳羣、太常王肅、博士周生烈，皆爲之義說。此三人共魏人也，亦〔二〕爲張論作注説也。又曰：近者，近今之世辭也。故者，古爲司空而今不爲，故曰故司空也。太常者，掌天下之書官名也。義説者，解其義〔三〕。前世傳授師說，雖有異同，不爲之訓解。自張侯之前，乃相傳師受不同，而不爲注説也。中間爲之訓解，至於今多矣。中間，謂苞氏〔四〕、孔、周、馬之徒。至於今，謂至魏末何平叔時也。多矣，言注者非一家也。所見不同，互有得失。既注者多門〔五〕，故得失互不同也。今集諸家之善説，記其姓名，此平叔用意也。叔言多注解家互有得失，而已今集取録善者之姓名，著於集注中也。有不安者，頗爲改易，若先儒注非何意取〔六〕安者，則何偏爲改易下己意也。頗，猶偏也。名曰論語集

〔一〕「又曰」至「辭也」，齋本、庫本無此五十字。
〔二〕「亦」下，齋本、庫本有「皆」字。
〔三〕「又曰」至「解其義」，齋本、庫本無此四十三字。
〔四〕「氏」，齋本、庫本無此字。
〔五〕「門」，齋本、庫本作「聞」。
〔六〕「取」，齋本、庫本作「所」。

解。既集〔一〕注以解此書，故名爲論語集解也。又曰：「集解」者，魏末吏部尚書何晏又因魯論本文，集此七家，兼取古文孔安國，及下己意，名曰「集解」〔二〕。**光禄大夫關内侯臣孫邕、光禄大夫臣鄭仲**〔三〕**、散騎常侍中領軍安鄉亭侯臣曹義**〔四〕**、侍中臣荀顗、尚書駙馬都尉關内侯臣何晏等上。**此記孫邕等五〔五〕人，同於何晏，共上此集解之論也。又曰：光禄者，掌祑禄之官之名，故曰光禄大夫也。散騎者，古以四馬爲乘也，漢以來而散之爲騎也。常侍中者，掌内仕之官長也。領軍，世上書之官長也。駙馬，掌官馬名也。都尉，兼總諸壘中之軍衆而安之，故曰都尉。尉，安也。何晏〔六〕孔安國、馬融、苞氏、周氏、鄭玄、陳羣、王肅、周生烈義，下己意思，故謂之「集解」也〔七〕。

〔一〕「集」下，齋本、庫本有「用諸」二字。
〔二〕「又曰」至「集解」，齋本、庫本無此三十八字。
〔三〕「仲」，齋本、庫本作「沖」。正平版何解、邢疏亦作「沖」。
〔四〕「義」，齋本、庫本作「羲」。正平版何解、邢疏亦作「羲」。
〔五〕「五」，齋本、庫本作「四」，是。
〔六〕「晏」下，疑脱「集」字。皇侃論語義疏自序有「何晏字平叔，因魯論集季常等七家」之語，經典釋文亦曰：「何晏集孔安國乃至周生烈，並下己意。」
〔七〕「又曰」至「集解也」，齋本、庫本無此一百一十六字。

論語義疏卷第一 學而 爲政

梁國子助教吴郡皇侃撰

論語學而第一

何晏集解　凡十六章

疏 論語是此書總名，學而爲第一篇别目，中間講説，多分爲科段矣。侃昔受師業，自學而至堯曰凡二十篇，首末相次無别科重〔一〕。而以學而最先者，言降聖以下皆須學成，故學記云：「玉不琢不成器，人不學不知道。」是明人必須學乃成。此書既遍該衆典，以教一切，故以學而爲先也。「而」者，因仍也。「第」者，審諦也。「一」者，數之始也。既諦定篇次，以學而居首，故曰「學而第一」也。

子曰：「子」者，指於孔子也。「子」是有德之稱，古者稱師爲子也。「曰」者，發語之端也。許氏説文云：「開口吐舌，謂之爲曰。」此以下是孔子開口談説之語，故稱「子曰」爲首也。然此一書，或是弟子之言，或有時俗之語，雖非悉孔子之語，而當時皆被孔子印可也。必被印可，乃得預録，故稱此〔二〕「子曰」，通冠一書也。

〔一〕「重」，齋本、庫本無此字。
〔二〕「此」，齋本、庫本無此字。

「學而時習之，此以下，孔子言也。就此一章，分爲三段。自此至「不亦悦乎」爲第一，明學者幼少之時也。學從幼起，故以幼爲先也。又從「有朋」至「不亦樂乎」爲第二，明學業稍成，能招朋聚友之由也。既學已經時，故能招友爲次也。故學記云「一年視離經辨志，三年視敬業樂羣，五年視博習親師，七年視論學取友，謂之小成」是也。又從「人不知」訖「不〔一〕君子乎」爲第三，明學業已成，能爲師爲君之法也。先能招友，故後乃學成爲師君也。故學記云「九年知類通達，强立而不反，謂之大成」，又云「能博喻，然後能爲師；能爲師，然後能爲長；能爲長，然後能爲君」是也。今此段明學者少時法也。謂爲學者，白虎通云：「學，覺也，悟也。」言用先王之道，導人情性，使自覺悟也。去非取是，積成君子之德也。「時」者，凡學有三時：一是就人身中爲時，二就年中爲時，三就日中爲時也。一就身中者，凡受學之道，擇時爲先，長則捍格，幼則迷昏。故學記云「發然後禁，則捍格而不勝；時過然後學，則勤苦而難成」是也。既必須時，故内則云：「六年教之數與方名，七年男女不同席，八年始教之讓，九年教之數日，十年學書計，十三年學樂，誦詩舞勺，十五年成童，舞象。」並是就身中爲時也。二就年中爲時者，夫學隨時氣則受業易入。故王制云「春夏學詩樂，秋冬學書禮」是也。春夏是陽，陽體輕清；詩樂是聲，聲亦輕清。輕清時學輕清之業，則爲易入也。秋冬是陰，陰體重濁；書禮是事，事亦重濁。重濁時學重濁之業，亦易入也。三就日中爲時者，前身中、年中二時而所學，並日日修習不暫廢也。故學記云「藏焉，修焉，息焉，游焉」是也。今云「學而時習之」者，「而」猶因仍也，「時」是日中之時也，

〔一〕據經文，「不」下應有「亦」字。

「習」是修故之稱也。言人不學則已，既學必因仍而修習，日夜無替也。「之」，之於所學之業也。**不亦悦乎？**「亦」，猶重也。「悦」者，懷抱欣暢之謂也。言知學已爲可欣，又能修習不廢，是日知其所亡，月無忘其所能，彌重爲可悦，故云「不亦悦乎」，如問之然也。

馬融〔一〕曰：「子者，男子通稱，凡有德者皆得稱「子」，故曰通稱也。**謂孔子也。」**「子」乃是男子通稱，今所稱「子曰」不關通他，即指謂孔子也。**王肅曰：「時者，學者以時誦習也。誦習以時，學無廢業，所以爲悦懌也。」**背文而讀曰「誦」也。然王此意，即日中不忘〔二〕之時也。舉日中不忘，則前二事可知也。

有朋自遠方來，不亦樂乎？此第二段，明取友交也。同處師門曰朋，同執一志爲友。朋猶黨也，共爲黨類在師門也。「友」者，有也。共執一志，綢繆寒暑，契闊飢飽，相知有無也。「自」猶從也。學記云：「獨學而無友，則孤陋而寡聞。」君子出其言善，則千里之外應之；出其言不善，則千里之外違之。今由我師德高，故有朋從遠方而來，與我同門，共相講説，故可爲樂也。所以云「遠方」者，明師德洽被，雖遠必集也。招朋已自可爲欣，遠至彌復可樂，故云「亦」也。然朋疎而友親，朋至既樂，友至故忘言。但來必先同門，故舉

〔一〕「馬融」上，齋本、庫本有「註」字。全書凡何晏注文，二本前皆冠以「註」字。此類情況，以下不再出校。
〔二〕「忘」，齋本、庫本作「怠」。下句「忘」字同。

「朋」耳。「悦」之與「樂」俱是懽欣，在心常等，而貌跡有殊。悦則心多貌少，樂則心貌俱多。所以然者，向得講習在我，自得於懷抱，故心多曰「悦」。今朋友講説，義味相交，德音往復，形彰在外，故心貌俱多曰「樂」也。故江熙云：「君子以朋友講習，出其言善，則千里之外應之。遠人且至，況其近者乎？道同齊味，歡然適願，所以樂也。」

苞氏曰：「同門曰朋也。」鄭玄注司徒云：「同師爲朋，同志爲友。」然何集注皆呼人名，唯苞獨云氏者，苞名咸，何家諱咸，故不言也。

人不知而不愠，不亦君子乎？」此第三段，明學已成者也。「人」，謂凡人也。「愠」，怒也。「君子」，有德之稱也。此有二釋：一言古之學者爲己，己學得先王之道，含章内映，而他人不見知，而我不怒，此是君子之德也。有德已爲〔一〕可貴，又不怒人之不知，故曰「亦」也。又一通云：「君子易事，不求備於一人，故爲教誨之道，若人有鈍根不能知解者，君子恕之而不愠怒之也，爲君〔二〕者亦然也。」

愠，怒也。凡人有所不知，君子不愠之也。就注乃得兩通，而於後釋爲便也。故李充云：「愠，怒也。君子忠恕，誨人不倦，何怒之有乎？」明夫學者始於時習、中於講肆、終於教授者也。凡注無姓名者，皆是何平叔語也。

〔一〕「爲」下，齋本、庫本有「所」字，衍。
〔二〕「君」下，齋本、庫本有「子」字，衍。

有子曰：孔安國曰：「弟子有若也。」

「其爲人也孝悌，「其」，其孝悌者也。善事父母曰孝，善事兄曰悌也。而好犯上者，鮮矣；「好」，謂心欲也。「犯」，謂諫争也。「上」，謂君親也。「鮮」，少也。言孝悌之人，必以無違爲心，以恭從爲性，若有欲犯其君親之顔諫争者，有此人少也。然孝悌者，實都不欲。必無其人，而云少者。欲明君親有過，若任而不諫，必陷於不義。不欲存孝子之心使都不諫，故開其少分令必諫也。故熊埋云：「孝悌之人，志在和悦，先意承旨。君親有日月之過，不得無犯顔之諫，然雖屢納忠規，何嘗好之哉？今實都無好，而復云『鮮矣』者，以『好』見開，則生陵犯之慚；以『犯』見塞，則抑匡弼之心。必宜微有所許者，實在奬其志分，彌〔一〕論教體也。」

鮮，少也。上，謂凡在己上者也。言孝悌之人必有恭順，好欲犯其上者少也。故曰「而犯〔二〕上者鮮矣」。

不好犯上，而好作亂者，未之有也。熊埋曰：「孝悌之人，當不義而争〔三〕之，尚無意犯上，必不

〔一〕「彌」，齋本、庫本作「稱」，是。稱論：稱述，稱道。

〔二〕「犯」上，齋本、庫本有「好」字，是。

〔三〕「争」，齋本、庫本作「諍」。「争」通「諍」。

職爲亂階也。」侃案：熊解意是言既不好犯上，必不作亂，故云「未之有也」。然觀熊之解，乃無間然，如爲煩長。既不好犯上，理宜不亂，何煩設巧明？今案師説云：「夫孝者不好，心自是恭順；而又有不孝者，亦有不好，是願君親之敗。」故孝與不孝，同有不好，而不孝者不好，必欲作亂；此孝者不好，必無亂理，故云「未之有也」。**君子務本，**此亦有子語也。務，猶向也，慕也。本，謂孝悌也。孝悌者既不作亂，故君子必向慕之也。**本立而道生。**解所以向慕本義也。若其本成立，則諸行之道，悉滋生也。

本，基也。基立而後可大成也。以孝爲基，故諸衆德悉爲廣大也。

孝悌也者，其爲仁之本與！」此更以孝悌解本、以仁釋道也。言孝是仁之本，若以孝爲本，則仁乃生也。仁是五德之初，舉仁則餘從可知也。故孝經云：「夫孝，德之本也，教之所由生也。」

苞氏曰：「先能事父兄，然後仁〔一〕可成也。」王弼曰：「自然親愛爲孝，推愛及物爲仁也。」

子曰：「巧言令色，鮮矣有〔二〕仁。」巧言者，便僻〔三〕其言語也。令色者，柔善其顏色也。鮮，少也。此人本無善言美色，而虚假爲之，則少有仁者也。然都應無仁，而云少者，舊云：「人自有非假而自然者，此則

〔一〕「仁」下，齋本、庫本有「道」字。何解此語作「先能事父兄，然後可乃仁成也」，邢疏作「先能事父兄，然後仁道可大成」，無「苞氏曰」三字。

〔二〕「有」，正平版何解、邢疏、朱注、劉氏正義無此字。

〔三〕「僻」，齋本、庫本作「辟」。「辟」通「僻」。

不妨有仁，但時多巧令，故云少也。」又一通云：「巧言令色之人，非都無仁，政是性不能全，故云少也。」故張憑云：「仁者，人之性也。性有厚薄，故體足者難耳。巧言令色之人，於仁性爲少，非爲都無其分也，故曰鮮矣有仁。」王肅曰：「巧言無實，令色無質。」

苞氏曰：「巧言，好其言語。令色，善其顔色。皆欲令人悦之，少能有仁也。」

曾子曰：

馬融曰：「弟子曾參也。」蓋〔一〕姓曾，名參，字子輿。

「吾日三省吾身：省，視也。曾子言，我生平戒慎，每一日之中，三過自視察我身有過失否也。爲人謀而不忠乎？忠，中〔二〕也。言爲他人圖謀事，當盡我中心也。豈可心而不盡忠乎？所以三省觀審〔三〕，恐失也。與朋友交言〔四〕而不信乎？朋友交合本主在於信，豈可與人交而不爲信乎？傳不習乎？」凡有所傳述，皆必先習，後乃可傳。豈可不經先習，而妄傳之乎？曾子言，我一日之中，每三過自視，況復凡人可不爲此三事乎？言不可也。又一通云：「曾子言，我一日之中，三過内視我身有此三行否也。」

〔一〕「蓋」，齋本、庫本無此字。

〔二〕「中」下，齋本、庫本有「心」字。

〔三〕「觀審」，齋本、庫本作「視察」。

〔四〕「言」，正平版何解有此字，邢疏、朱注、劉氏正義無。下句「交合」，齋本、庫本作「交會」。

言凡所傳事，得無素不講習而傳之乎？得無，猶無得也。素，猶本也。言所傳之事，無得本不經講習而傳之也。故袁氏云：「常恐傳先師之言不能習也。」古人言故必稱師也〔一〕。

子曰：「導千乘之國，此章明爲諸侯治大國法也。千乘，大國也。天子萬乘，諸侯千乘。千乘尚式，則萬乘可知也。導，猶治也，亦謂爲之政教也。其法在下，故此張本也。

馬融曰：「導者，謂爲之政教也。司馬法曰：『六尺爲步，此明千乘法也。司馬法者，齊景公時司馬蘘苴〔二〕爲軍法也。其法中有此千乘之説也。凡人一舉足曰跬，跬，三尺也；兩舉足曰步，步，六尺也。**步百爲畝，**廣一步長百步，謂爲一畝也。畝，母也。既長百步，可種苗稼，有母養之功見也。**畝百爲夫，**每一畝，則廣六尺，長百步。今云畝百爲夫，則是方百步也。謂爲夫者，古者賦田，以百畝地給一農夫也。夫所養人，自隨地肥墽及其家人多少耳，故王制云「制農田百畝。百畝之分，上農夫食九人」是也。**夫三爲屋，**每夫方百步，今云夫三，則是方百步者是三也。若併而言之，則廣一里，一里長三百步也，而猶長百步也。謂爲屋者，義名之也。夫一家有夫、婦、子三者具，則屋道乃成，故合三夫目爲屋也。**屋三爲井，**向屋廣一里，長百步，今三屋並方之，則方一里也。名爲井者，因夫間有遂水，

〔一〕「古人言故必稱師也」，齋本、庫本作「以古人言必稱師也」。

〔二〕「蘘」，齋本、庫本作「穰」。「蘘」通「穰」。

縱横相通成井字也。何者？畝廣六尺，長百步，用耜耕之，耜廣五寸，方兩耜爲耦，「長沮、桀溺耦而耕」是也。是耦伐廣一尺也。畝廣六尺，以一尺耕伐地爲滀通水〔一〕，水流畝畝然，因名曰「畝」也。而夫田首倍之，廣二尺深二尺謂之爲「遂」。九夫爲井，井間廣深四尺，謂之爲「溝」。取其遂水相通如「井」字，故鄭玄〔二〕曰：「似井字，故謂爲井也。」「遂」取其水始遂也，「溝」取其漸深有溝洫也。釋名云：「田間之水曰溝。溝，搆也。縱横相交搆也。」**井十爲通**，此十井之地併之，則廣十里，長一里也。謂爲「通」者，其地有三十屋相通，共出甲士一人、徒卒二人也。**通十爲城**，其城地方十里也。謂爲「城」者，兵賦法一乘成也。其地有三百屋，出革車一乘、甲士十人、徒卒二十人也。**城出革車一乘。』**出一乘，是賦一成，故謂「城」也。**然則千乘之賦，其地千城**，有地方十里者千，即是千城也，則容千乘也。**居地方三百一十六里有奇。**方百里者，有方十里者百。若方三百里，三三爲九，則有方百里者九，合成方十里者九百也。是方三百里，唯有九百乘也。若作千乘，猶少百乘，百乘是方百里者一也。今取方百里者一而六分破之，每分得廣十六里，長百里，引而接之，則長六百里，其廣十六里也。今半斷各長三百里，設法特埤前三百里，南西二邊，是方三百十六里也。然西南角猶缺方十六里者一。方十六里者一，有方十里者二，又方一里者五十六里也，是少方一里者二百五十六里也。然則向割方

〔一〕「水」下，齋本、庫本有「流」字。

〔二〕「玄」，齋本作「元」，庫本「玄」字缺末筆，避諱。下同，不再出校。

百里者爲六分，埤方三百里兩邊，猶餘方一里者四百。今以方一里者二百五十六埤西南角，猶餘方一里者一百四十四，又設法破而埤三百十六里兩邊，則每邊不復得半里，故云「方三百十六里有奇」也。唯公侯之封，乃能容之，周制，上公方五百里，侯方四百里，伯方三百里，子方二百里，男方百里。今千乘用地方三百十六里有奇，故伯地不能容，所以唯公侯封乃能容也。雖大國之賦，亦不是過焉。」雖魯方七百里〔一〕，而其地賦稅亦不得過出千乘也，故明堂位云「賜魯革車千乘」也。苞氏曰：「導，治也。千乘之國者，百里之國也。此夏、殷法也。夏、殷大國百里，次國七十里，小國五十里，故方百里國中，令出千乘也。古者井田，方里爲井，此亦與周同也。井十爲棄〔二〕。此則與周異也。周家十井爲通，通十爲城，城出一乘。此〔三〕一通使出一乘，則一城出十乘也。百里之國者，適千乘也。」方百里者，有方十里者百；方十里者，有方一里者百。今制方一里者十出一乘，則方十里者出十乘，方百里者故出千乘也。馬融依周禮，馬氏所說，是周禮制法也。苞氏依孟子、王制〔四〕。孟子及王制之言，皆如苞氏所說也。義疑，故兩存焉。此何平叔自下意也。言馬及苞兩

〔一〕「里」，庫本無此字。
〔二〕「棄」，齋本、庫本作「乘」，是。
〔三〕「此」上，齋本、庫本有「今」字。
〔四〕「孟子王制」，齋本、庫本作「王制孟子」。

家之説並疑，未知誰是，故我今注兩録存之也。

敬事而信，此以下皆導千乘之國法也。爲人君者，事無小大，悉須敬，故云敬事也。曲禮云「毋不敬」是也。又與民必信，故云信也。

苞氏曰：「爲國者舉事必敬慎，與民必誠信也。」

節用而愛人〔一〕，雖富有一國之財，而不可奢侈，故云節用也。雖貴居民上，不可驕慢，故云愛人也。**使民以時。**」使民，謂治城及道路也。以時，謂出不過三日，而不妨奪民農務也。然人是有識之目，愛人則兼朝廷也。「民」是瞑闇之稱，使之則唯指黔黎。

苞氏曰：「作使民必以其時，不妨奪農務也。」

子曰：「弟子入則孝，出則悌，弟子，猶子弟也。言爲人子弟者，盡其孝悌之道也。父母〔二〕閨門之内，故云「入」也；兄長比之疎外，故云「出」也。前句已決子善父母爲孝，善兄爲悌。父親，故云「入」；兄疎，故云「出」也。**謹而信，**向明事親，此辨接外也。接外之禮，唯謹與信也。外能如此，在親可知也。**汎愛衆**

〔一〕「節用而愛人」下，齋本、庫本有「苞氏曰：節用者，不奢侈也，國以民爲本，故愛養之也」二十字。正平版何解有此語，作「苞氏曰：節用，不奢侈，國以民爲本，故愛養也」。

〔二〕「父母」下，齋本、庫本有「在」字。

汎，廣也。君子尊賢容衆，故廣愛一切也。**而親仁。**君子義之與比，故見有仁德者而親之也。若非仁親，則不與之親，但廣愛之而已。**行有餘力，則以學文。」**行者，所以行事已畢之跡也。若行前諸事畢竟，而猶有餘力，則宜學先王遺文，五經六籍是也。或問曰：「此云『行有餘力，則以學文』，後云『子以四教：文、行、忠、信』，是學文或先或後，何也？」答曰：「論語之體，悉是應機適會，教體多方，隨須而與，不可一例責也。」

馬融曰：「文者，古之遺文也。」即五經六籍也。

子夏曰：「賢賢易色。姓卜，名商，字子夏〔一〕。凡人之情，莫不好色而不好賢。今若有人能改易好色之心以好於賢，則此人便是賢於賢者，故云「賢賢易色」也。然云「賢於賢者」，亦是奬勸之辭也。又一通云：「上『賢』字，猶尊重也；下『賢』字，謂賢人也。言若欲尊重此賢人，則當改易其平常之色，更起莊敬之容也。」

孔安國曰：「子夏，弟子卜商也。言以好色之心好賢，則善。」此注如前通也。

事父母能竭其力，子事父母，左右就養無方，是能竭力也。**事君能致其身，**致，極也。士見危致命，是能致極其身也。

孔安國曰：「盡忠節，不愛其身也。」然事君雖就養有方，亦宜竭力於君。親若患難，故宜致身。但親主家門，非患難之所，故云「竭力」；臣主捍難禦侮，故云「致身」也。

〔一〕「姓卜名商字子夏」，齋本、庫本排在注文「孔安國曰子夏弟子卜商也」句下。

與朋友交，言而有信。入則事親，出則事君，而與朋友交接，義主不欺，故云「必有信」也。**雖曰未學，吾必謂之學矣。」**假令不學，而生知如前，則吾亦謂之學也。此勸人學故也。故王雍云：「言能行此四者，雖云未學，而可謂已學也。生而知者上，學而知者次。若未學而能知，則過於學矣。」蓋假言之以勸善行也。**子曰：「君子不重則不威，**重爲輕根，静爲躁本。君子之體，不可輕薄也。君〔一〕不重則無威，無威則人不畏之也。**學則不固。**言君子不重，非唯無威，而學業亦不能堅固也。故孔後注云：「言人不敢重，既無威，學又不能堅固。識其義理也。」

孔安國曰：「固，弊〔二〕也。」侃案：孔謂〔三〕固爲弊，弊猶當也。言人既不能敢重，縱學亦不能當道理也。猶「詩三百，一言以蔽」之「蔽」也。一曰：「言人不敢重，既無威，學不能堅固，識其義理也。」

主忠信，言君子既須威重，又忠信爲心，百行之主也。**無友不如己者，**又明凡結交取友，必令勝己，勝己，則己有日所益之義；不得友不如己，友不如己，則己有日損，故云「無友不如己者」。或問曰：「若人皆

〔一〕「君」下，庫本有「子」字。
〔二〕「弊」，齋本、庫本作「蔽」。以下「侃案」中的「弊」字，齋本、庫本亦作「蔽」。「弊」通「蔽」。
〔三〕「謂」，齋本、庫本作「訓」。

慕勝己爲友，則勝己者豈友我耶也？」或通云：「擇友必以忠信者爲主，不取忠信不如己者耳，不論餘才也。」或通云：「敵則爲友，不取不敵者也。」蔡謨云：「本言同志爲友。此章所言，謂慕其志而思與之同，不謂自然同也。」夫上同乎勝己，所以進也；下同乎不如己，所以退也。閎夭四賢，上慕文王，故四友是四賢，上同心於文王，非文王下同四賢也。然則求友之道，固當見賢思齊，同志於勝己，所以進德修業，成天下之亹亹也。今言敵則爲友，此直自論才同德等而相親友耳，非夫子勸教之本旨也。若如所云，則直諒多聞之益，便辟善柔之誡，奚所施也？**過則勿憚改。」**勿，猶莫也。憚，難也。友主切磋，若有過失者，當更相諫諍，莫難改也。一云：「若結友過誤，不得善人，則改易之，莫難之也。」故李充云：「若友失其人，改之爲貴也。」

鄭玄曰：「主，親也。憚，難也。」鄭心則言當親於忠信之人也。

曾子曰：「慎終追遠，明人君德也。慎終，謂喪盡其哀也。喪爲人之終，人子宜窮其哀戚，是慎終也。追遠，謂三年之後，爲之宗廟，祭盡其敬也。三年後去親轉遠，而祭極敬，是追遠也。一云：「『靡不有初，鮮克有終』，終宜慎也。久遠之事，録而不忘，是追遠也。」故熊埋云：「欣新忘舊，近情之常累；信近負遠，義士之所棄。是以慎終如始，則尠有敗事；平生不忘，則久人敬之也。」**民德歸厚矣。」**上之化下，如風靡草。君上能行慎終追遠之事，則民下之德日歸於厚也。一云：「君能行此二事，是厚德之君也。君德既厚，則民咸歸依之也。」

孔安國曰：「慎終者，喪盡其哀也。追遠者，祭盡其敬也。人君能行此二者，民化其德而皆歸於厚也。」此是前通也。

子禽問於子貢曰：「夫子至於是邦也，必聞其政。是，此也。此邦，謂每邦，非一國也。禽問子貢，怪孔子每所至之國，必早逆聞其國之風政也，故問。求之與？與，語不定之辭也。問言孔子每所至國，必先逆聞其風政，爲是就其國主求而得之不〔二〕乎？抑與之與？」抑，語助也。亢又問言，爲是孔子不就國主求，而國主自呼與孔子爲治而聞之不乎？

鄭玄曰：「子禽，弟子陳亢也，字子禽也。子貢，弟子，姓端木，名賜，字子貢也。亢怪孔子所至之邦，必與聞其國政，與，逆也。求而得之耶？抑人君自願與爲治耶也？」

子貢曰：「夫子温、良、恭、儉、讓以得之。子貢答禽，説孔子所以得逆聞之由也。夫子，即孔子也。禮，身經爲大夫者，則得稱爲夫子。孔子爲魯大夫，故弟子呼之爲夫子也。敦美潤澤謂之温，行不犯物謂之良，和從不逆謂之恭，去奢從約謂之儉，推人後己謂之讓。言夫子身有此五德之美，推己以測人，故凡所至之邦，必逆聞之也。故顧歡云：「此明非求非與，直以自得之耳。其故何也？夫五德内充，則是非自鏡也。」又一通云：「孔子入人境，觀其民之五德，則知其君所行之政也。」故梁冀云：「夫子所至之國，入其境觀察風俗，以知

〔二〕「不」，連同下文的「聞之不」之「不」，齋本、庫本作「否」。「不」同「否」。

其政教。其民温良，則其君政教之温良也；其民恭儉讓，則政教恭儉讓也。孔子但見其民，則知其君政教之得失也。」**夫子之求之也，其諸異乎人之求之與也。」**此明夫子之求，與人之求異也。人則行就彼君求之，而孔子至境推五德以測求之，故云「其諸異乎人之求之」也。諸，猶之也。與，語助也。故顧歡云：「夫子求知乎己，而諸人訪之於聞，故曰『異』也。」梁冀又云：「凡人求聞見乃知耳，夫子觀化以知之，與凡人異也。」

鄭玄曰：「言夫子行此五得〔一〕而得之，與人求異。亦會兩通也，明不就人求，故云「異」也。**明人君自願求與爲治之也。」**此云人君自與之，非謂自呼與之也。政是人君所行，見於民下，不可隱藏，故夫子知之。是人君所行自與之也。

子曰：「父在觀其志，父没觀其行，此明人子之行也。其，其於人子也。志，謂在心未行也，故詩序云「在心爲志」是也。言人子父在，則己不得專行，應有善惡，但志之在心。在心而外必有趣向意氣，故可觀志也。父若已没，則子得專行無憚，故父没，則觀此子所行之行也。

孔安國曰：「父在，子不得自專，故觀其志而已也。志若好善，聞善事便喜；志若好惡，聞善則不喜也。**父没，乃觀其行也。」**得專行也。

三年無改於父之道，可謂孝矣。」謂所觀之事也。子若在父喪三年之内，不改父風政，此即是孝

〔一〕「得」，齋本、庫本作「德」。正平版何解、邢疏、劉氏正義亦作「德」。「得」通「德」。

也。所以是孝者，其義有二也：一則哀毁之深，豈復識政之是非，故君薨，世子聽冢宰三年也；二則三年之内，哀慕心事亡如存，則所不忍改也。

孔安國曰：「孝子在喪哀慕，猶若父在，無所改於父之道也。」此如後通也。或問曰：「若父政善，則不改爲可；若父政惡，惡教傷民，寧可不改乎？」答曰：「本不論父政之善惡，自論孝子之心耳。若人君風政之惡，則冢宰自行政；若卿大夫之惡〔一〕，則其家相、邑宰自行事，無關於孝子也。」

有子曰：「禮之用，和爲貴。此以下明人君行化，必禮樂相須。用樂和民心，以禮檢民跡。跡檢心和，故風化乃美。故云「禮之用，和爲貴」。和即樂也。變樂言和，見樂功也。樂既言和，則禮宜云敬。但樂用在内爲隱，故言其功也。先王之道，斯爲美。先王，謂聖人爲天子者也。斯，此也。言聖天子之化行，禮亦以此用和爲美也。小大由之，有所不行。由，用也。若小大之事皆用禮而不用和，則於事有所不行也。知和而和，不以禮節之，亦不可行。」上明行禮須樂，此明行樂須禮也。人若知禮用和，而每事從和，不復用禮爲節者，則於事亦不得行也。所以言「亦」者，沈居士云：「上純用禮不行，今皆用和，亦不可行也。」

馬融曰：「人知禮貴和。而每事從和，不以禮爲節，亦不可行也。」此解「知和而和，不以禮

〔一〕「惡」上，齋本、庫本有「心」字。

「爲節」義也。

有子曰：「信近於義，言可復也。信，不欺也。義，合宜也。復，猶驗也。夫信不必合宜，合宜不必信。若爲信近於合宜，此信之言乃可復驗也；若爲信不合宜，此雖是不欺，而其言不足復驗也。或問曰：「不合宜之信云何？」答曰：「昔有尾生，與一女子期於梁下，每期每會。後一日急暴水漲，尾生先至，而女子不來，而尾生守信不去，遂守期溺死。此是信不合宜，不足可復驗也。」

復，猶覆也。義不必信，信不必義也。以其言可反覆，故曰「近義」也。若如注意，則不〔一〕得爲向者通也。言信不必合宜，雖不合宜，而其交是不欺，不欺則猶近於合宜，故其言可覆驗也。

恭近於禮，遠恥辱也。恭是遜從，禮是體別。若遜從不當於體，則爲恥辱；若遜從近禮，則遠於恥辱。遜從不合禮者何？猶如遜在牀下及不應拜而拜之〔二〕屬也。

恭〔三〕不合禮，非禮也。以其能遠恥辱，故曰「近於禮」也。此注亦不依向通也。故言恭不合禮，乃是非禮。而交得遠於恥辱，故曰「近禮」也。即是危行言遜，得免遠恥辱也。

因不失其親，亦可宗敬也。」因，猶親也。人能所親得其親者，則此德可宗敬也。親不失其親，若近

〔一〕「不」下，齋本、庫本有「可」字。

〔二〕「之」下，齋本、庫本另有「之」字。

〔三〕「恭」上，齋本、庫本有「苞氏曰」三字。正平版何解亦有此三字，邢疏無。

而言之，則指於九族，宜相和睦也；若廣而言之，則是汎愛衆而親仁，乃義之與比，是親不失其親也。然云「亦可宗」者，「亦」猶重也，能親所親，則是重爲可宗也。

孔安國曰：「因，親也。言所親不失其親，亦可宗敬也。」亦會二通。然喪服傳云「繼母與因母同」，是言繼母與親母同。故孔亦謂此「因」爲親，是也。

子曰：「君子食無求飽，居無求安，此勸人學也。既所慕在形骸之內，故無暇復在形骸之外，所以不求安飽也。「一簞〔一〕」、「一瓢」，是無求飽也。「曲肱」、「陋巷」，是無求安也。

鄭玄曰：「學者之志，有所不暇也。」

敏於事此以下三句，是不飽不安所爲之事也。敏，疾也。事，所學之行也。疾學〔二〕於所學之行也。**而慎於言，**言，所學之言也。所學之言，當慎傳説之也。**就有道而正焉，**有道，有道德者也。若學前言之行〔三〕心有疑昧，則往就有道德之人決正之也。**可謂好學也矣已〔四〕。」**合結「食無求飽」以下之事，並是「可謂好學」者也。

〔一〕「簞」，齋本、庫本作「簞」，是。
〔二〕「學」，齋本、庫本無此字，疑衍。
〔三〕「學前言之行」，齋本、庫本作「前學之言行」。
〔四〕「也矣已」，齋本、庫本作「也已矣」，是。

孔安國曰：「敏，疾也。有道者，謂有道德者也。正，謂問事是非也。」

子貢問曰：「貧而無謟〔一〕，乏財曰貧，非分橫求曰諂也。乏財者，好以非分橫求也。子貢問言：若有貧者能不橫求，何如？故云「貧而無諂」也。范寧云：「不以正道求人爲諂也。」富而無驕，積蓄財帛曰富，陵上慢下曰驕也。富積者既得人所求，好生陵慢，故云「富而無驕」也。何如？」陳二事既畢，故問云「何如」也。子曰：「可也。答子貢也。言貧富如此乃是可耳，未足爲多也。

孔安國曰：「未足多也。」范寧云：「孔子以爲不驕不諂，於道雖可，未及臧也。」

未若貧而樂道、孔子更説貧行有勝於無諂者也。貧而無諂乃是爲可，然而不及於自樂也。故孫綽云：「顔氏之子一簟〔二〕一瓢，人不堪憂，回也不改其樂也。」富而好禮者也。」又舉富行勝於不驕者也。富能不驕乃是可嘉，而未如恭敬好禮者也。然不云「富而樂道，貧而好禮」者，亦各指事也。貧者多憂而不樂，故以樂爲勝；又貧無財以行禮，故不云禮也。富既饒足，本自有樂，又有財可行禮，故言禮也。

鄭玄曰：「樂謂志於道，不以貧賤爲憂苦之也。」顔原〔三〕是也。

〔一〕「謟」，誤，當作「諂」。
〔二〕「簟」，齋本、庫本作「簞」，是。
〔三〕「原」，齋本、庫本作「愿」。

子貢曰：「詩曰『如切如磋，如琢如磨』，其斯之謂與也？」子貢聞孔子言貧樂富禮，並是宜自切磋之義，故引詩以證之也。爾雅云：「治骨曰切，治象曰磋，治玉曰琢，治石曰磨。」言骨象玉石四物，須切磋乃得成器，如孔子所説貧樂富禮，是自切磋成器之義。其此之謂不乎？以諮孔子也。

孔安國曰：「能『貧而樂道，富而好禮』者，能自『切磋』『琢磨』者也。」

子曰：「賜也，始可與言詩已矣，子貢既知引詩結成孔子之義，故孔子美之云「始可與言詩」也。言「始可」者，明知之始於此也。告諸往而知來者也。」解所以「可言詩〔一〕」也。諸，之也。言我往告之以貧樂富禮，而子貢來答，知引「切磋」之詩以起予也。江熙云：「古者賦詩見志。子貢意見，故曰『可與言詩矣』。夫所貴悟言者，既得其言，又得其旨也。告往事而知將來，謂聞夷齊之賢可以知不爲衛君。不欲指言其語，故舉其類耳。」

孔安國曰：「諸，之也。子貢知引詩以成孔子義，善取類也，故然之。往告以『貧而樂道』，來答以『切磋』『琢磨』者也。」范寧云：「子貢欲躬行二者，故請問也。切磋琢磨，所以成器；訓誘學徒，義同乎兹。子貢富而猶吝，仲尼欲戒以禮中。子貢知心厲己，故引詩以爲喻也〔二〕。」

〔一〕「詩」下，齋本、庫本有「義」字。

〔二〕「范寧云」至「喻也」，齋本、庫本放在解經文處，接於「故舉其類耳」句下。

子曰：「不患人之不己知也，患己不知人也。」世人多言己有才而不爲人所知，故孔子解抑之也。言不患人不知己，但患己不知人耳。故李充云：「凡人之情，多輕易於知人，而怨人不知己。故抑引之教興乎此矣。」

王肅曰：「徒患己〔一〕無能知也。」

論語爲政第二　　何晏集解　凡廿四章

疏爲政者，明人君爲風俗政之法也。謂之「爲政」者，後卷云：「政者，正也。子率而正，孰敢不正？」又鄭注周禮司馬云：「政，正也。政所以正不正也。」所以次前者，學記云「君子如欲化民成俗，其必由學乎」，是明先學，後乃可爲政化民。故以爲政次於學而也。

子曰：「爲政以德，此明人君爲政教之法也。德者，得也。言人君爲政，當得萬物之性，故云「以德」也。故郭象曰：「萬物皆得性謂之德。夫爲政者奚事哉？得萬物之性。故云德而已也。」譬如北辰，居

〔一〕「徒」，齋本、庫本作「但」。「患己」下，齋本、庫本有「之」字。

其所而衆星拱〔一〕之。」此爲「爲政以德」之君爲譬也。北辰者，北極紫微星也。所，猶地也。衆星，謂五星及二十八宿以下之星也。北辰鎮居一地而不移動，故衆星共宗之以爲主也。譬人君若無爲而御民以德，則民共尊奉之而不違背，猶如衆星之共尊北辰也。故郭象曰：「得其性則歸之，失其性則違之。」

鄭玄曰：「德者無爲，譬猶北辰之不移而衆星拱之也。」

子曰：「詩三百，此章舉詩證「爲政以德」之事也。詩即今之毛詩也。三百者，詩篇大數也。詩有三百五篇，此舉其全數也。

孔安國曰：「篇之大數也。」

一言以蔽之，一言，謂「思無邪」也。蔽，當也。詩雖三百篇之多，六義之廣，而唯用「思無邪」之一言以當三百篇之理也。猶如爲政，其事乃多，而終歸於以德不動也。

苞氏曰：「蔽，猶當也。」

曰：『思無邪。』」此即詩中之一言也。言爲政之道，唯思於無邪，無邪則歸於正也。衛瓘曰：「不曰思正，而曰思無邪，明正無所思邪，邪去則合於正也。」

苞氏曰：「歸於正也。」

〔一〕「拱」，齋本、庫本作「共」。邢疏、朱注、劉氏正義亦作「共」。「共」通「拱」。

子曰：「導之以政，此章證「爲政以德」所以勝也。將言其勝，故先舉其劣者也。導，謂誘引也。政，謂法制也。謂誘引民用法制也。故郭象云：「政者，立常制以正民者也。」

孔安國曰：「政，謂法教也。」法教即是法制也。

齊之以刑，齊，謂齊整之也。刑，謂刑罰也。故郭象曰：「刑者，興法辟以割制物者也。」

馬融曰：「齊整之以刑罰也。」

民免而無恥；免，猶脱也。恥，恥辱也。爲政若以法制導民，以刑罰齊民，則民畏威苟且，百方巧避，求於免脱罪辟，而不復知避恥，故無恥也。故郭象云：「制有常則可矯，法辟興則可避。可避則違情而苟免，可矯則去性而從制。從制外正而心内未服，人懷苟免則無恥於物。其於化不亦薄乎？故曰『民免而無恥』也。」

孔安國曰：「苟免罪也。」

導之以德，此即舉勝者也，謂誘引民以道德之事也。郭象曰：「德者，得其性者也。」

苞氏曰：「德謂道德也。」亦得合郭象解也。

齊之以禮，以禮齊整之也。郭象曰：「禮者，體其情也。」有恥且格。」加白反〔一〕。

〔一〕「加白反」，齋本、庫本無此三字。

格，正也。既導德齊禮，故民服從而知愧恥，皆歸於正也。郭象云：「情有所恥，而性有所本。得其性則本至，體其情則知恥。知恥則無刑而自齊，本至則無制而自正。是以導之以德，齊之以禮，有恥且格。」沈居士曰：「夫立政以制物，物則矯以從之；用刑以齊物，物則巧以避之。矯則跡從而心不化，巧避則苟免而情不恥，由失其自然之性也。若導之以德，使物各得其性，則皆用心不矯其真，各體其情，則皆知恥而自正也。」

子曰：「吾十有五而志於學，此章明孔子隱聖同凡，學有時節，自少迄老，皆所以勸物也。志者，在心之謂也。孔子言我年十五志〔一〕學在心也。十五是成童之歲，識慮堅明，故始此年而志學也矣。**三十而立，**立，謂所學經業成立也。古人三年明一經，從十五至三十，是又十五年，故通五經之業，所以成立也。

有所成立也。凡注無姓名者，皆是何平叔語也〔二〕。

四十而不惑，惑，疑惑也。業成後已十年，故無所惑也。故孫綽云：「四十強而仕，業通十年，經明行修，德茂成於身，訓洽邦家，以之莅政，可以無疑惑也。」

〔一〕「志」，齋本、庫本作「而」。
〔二〕「凡注」至「語也」，齋本、庫本無此十三字。

孔安國曰：「疑惑也〔一〕**。」**

五十而知天命，天命，謂窮通之分也。謂天爲命者，言人禀天氣而生，得此窮通，皆由天所命也。天本無言，而云有所命者，假之言也。人年未五十，則猶有横企無厓，及至五十始衰，則自審己分之可否也。故王弼曰：「天命廢興有期，知道終不行也。」孫綽曰：「大易之數五十，天地萬物之理究矣。以知命之年通致命之道，窮學盡數，可以得之，不必皆生而知之也。此勉學之至言也。」熊埋曰：「既了人事之成敗，遂推天命之期運，不以可否繫其理治，不以窮通易其志也。」

孔安國曰：「知天命之終始也。」終始即是分限所在也。

六十而耳順，順，謂不逆也。人年六十，識智廣博，凡厥萬事，不得悉須觀見，但聞其言，即解微旨，是所聞不逆於耳，故曰「耳順」也。故王弼曰：「耳順，言心識在聞前也。」孫綽云：「耳順者，廢聽之理也。朗然自玄悟，不復役而後得，所謂『不識不知，從帝之則』也。」李充云：「耳順者，聽先王之法言，則知先王之德行。從帝之則，莫逆於心，心與耳相從，故曰耳順。」

鄭玄曰：「耳順，聞其言而知其微旨也。」

七十而從心所欲不踰矩。從，猶放也。踰，越也。矩，法也。年至七十，習與性成，猶蓬生麻中，不

〔一〕「疑」上，齋本、庫本有「不」字。正平版何解、邢疏此句作「不疑惑」。

扶自直，故雖復放縱心意，而不踰越於法度也。所以不說八十者，孔子唯壽七十三也，說此語之時，當在七十後也。李充曰：「聖人微妙玄通，深不可識，所以接世軌物者，曷嘗不誘之以形器乎？黜獨化之跡，同盈虚之質，勉夫童蒙而志乎學。學十五載，功可與立。爰〔一〕自志學迄於從心，善始令終，貴不踰法。示之易行，而約之以禮。爲教之例，其在兹矣。」

馬融曰：「矩，法也。從心所欲，無非法者。」

孟懿子問孝。孟懿子，魯大夫也。問孝，問於孔子爲孝之法也。

孔安國曰：「魯大夫仲孫何忌也。仲孫是〔二〕氏也，何忌是名也。然曰孟懿子而不云仲孫者，魯有三卿，至八佾自釋也。**懿，謚也。」**謚者，明行之跡也。生時有百行之不同，死後至葬，隨其生時德行之跡而爲名稱，猶如經緯天地曰「文」、撥定禍亂曰「武」之屬也。

子曰：「無違。」孔子答也，言行孝者，每事須從，無所違逆也。**樊遲御，**樊遲，孔子弟子樊須也，字子遲。御，御車也。謂樊遲時爲孔子御車也。**子告之曰：「孟孫問孝於我，我對曰『無違』。」**孟孫即懿子也。孔子前答懿子之問云「無違」，恐懿子不解。而他日樊遲爲孔子御車，孔子欲使樊遲爲孟孫解

〔一〕「爰」，齋本、庫本無此字。馬國翰輯論語古注論語李氏集注無「爰」字。

〔二〕「是」下，齋本、庫本有「其」字。下句「是」下，齋本、庫本亦有「其」字。

「無違」之旨，故語樊遲云「孟孫問孝於我，我對曰『無違』」也。

鄭玄曰：「孟孫不曉『無違』之意，將問於樊遲，故告之也。樊遲，弟子樊須也。」

樊遲曰：「何謂也？」樊遲亦不曉「無違」之旨，故反問之「何謂也」。子曰：「生，事之以禮；死，葬之以禮，祭之以禮。」向樊遲釋「無違」旨也。孟孫三家，僭濫違禮，故孔子以每事須禮爲答也。此三事爲人子之大禮，故特舉之也。故衛瓘曰：「三家僭侈，皆不以禮也，故以禮答之也。」或問曰：「孔子何不即告孟孫，乃還告樊遲耶？」答曰：「欲厲於孟孫，言其人不足委曲即亦示也。」所以獨告樊遲者，舊説云：「樊遲與孟孫親狎，必問之也。」一云：「孟孫問時，樊遲在側，孔子知孟孫不曉，後必問樊遲，故後遲御時而告遲也。」孟武伯問孝。孟武伯，懿子之子也，亦問孔子行孝之法也。子曰：「父母唯其疾之憂。」答也。其，其〔一〕人子也。言人子欲常敬慎自居，不爲非法，横使父母憂也。若己身有疾，唯此一條當非人所及，可測尊者憂耳，唯其疾之憂也。

馬融曰：「武伯，懿子之子也，仲孫彘也。武，謚也。言孝子不妄爲非，唯有疾病，然後使父母之憂耳。」

子游問孝。亦問行孝法也。

〔一〕「其」下，齋本、庫本有「於」字。

孔安國曰：「子游，弟子，姓言名偃也。」

子曰：「今之孝者，是謂能養。答也。今之，謂當孔子時也。夫孝爲體，以敬爲先，以養爲後。而當時皆多不孝，縱或一人有，唯知進於飲食，不知行敬，故云「今之孝者，是謂能養」。**至於犬馬，皆能有養。**此舉能養無敬，非孝之例也。犬能爲人守禦，馬能爲人負重載人，皆是能養而不能行敬者，故云「至〔一〕犬馬皆能有養」也。**不敬，何以別乎？」**言犬馬者亦〔二〕養人，但不知爲敬耳。人若但知養而不敬，則與犬馬何以爲殊別乎？

苞氏曰：「犬以守禦，馬以代勞，能養人者也。」唯不知敬，與人爲別耳。**一曰：「人之所養，乃能至於犬馬，**此釋與前異也。言人所養乃至養於犬馬也。**不敬則無以別。」**養犬馬則不須敬。若養親而不敬，則與養犬馬不殊別也。**孟子曰：「養而不愛，豕畜之也；**引孟子語證後通也。言人畜養豕，但以養〔三〕之，而不愛重之也。**愛而不敬，獸畜之也。」**又言人養珍禽奇獸，亦愛重之，而不恭敬之也。

子夏問孝。亦問行孝法也。**子曰：「色難。**答也。色，謂父母顏色也。言爲孝之道，必須承奉父母顏

〔一〕「至」下，齋本、庫本有「於」字，是。

〔二〕「亦」下，齋本、庫本有「能」字。

〔三〕「養」，齋本、庫本作「食」。

色。此事爲難，故曰「色難」也。故顔延之云：「夫氣色和，則情志通。善養親之志者，必先和其色，故曰『難』也。」

苞氏曰：「色難，謂承望父母顔色乃爲難也。」

有事，弟子服其勞，此以下是易，而非孝子之事也。有事，謂役使之事也。弟子，謂爲人子弟者也。服，謂執持也。勞，勞苦也。言家中有役使之事，而弟子自執持，不憚於勞苦也。**有酒食，先生饌，**先生，謂父兄也。饌，猶飲食也。言若有酒食，則弟子不敢飲食，必以供飲食於父母也。

馬融曰：「先生，謂父兄也。饌，飲食也。」然禮唯呼師爲先生，謂資爲弟子。此言「弟子」以對「先生」，則似非「子弟」對「父兄」也。而注必謂「先生」爲「父兄」者，其有二意焉：一則既云問孝，孝是事親之目；二則既釋先生爲父兄，欲寄在三事同，師、親情等也。

曾是以爲孝乎？」曾，猶嘗也。言爲人子弟，先勞後食，此乃是人子、人弟之常事也，最易處耳。誰嘗謂此爲孝乎？言非孝也。故江熙稱：「或曰：勞役居前，酒食處後，人〔一〕子之常事，未足稱孝也。」

馬融曰：「孔子喻子夏曰：服勞先食，汝謂此爲孝乎？未足爲孝也。承順父母顔色，乃

〔一〕「人」上，齋本、庫本有「是」字。

是爲孝耳也。」此〔一〕四人問孝是同，而夫子答異者，或隨疾與藥，或寄人弘教也。懿子、武伯，皆明〔二〕其人有失，故隨其失而答之。子游、子夏，是寄二子以〔三〕明教也。故王弼曰：「問同而答異者，或攻其短，或矯其時失，或成其志，或説其行。」又沈峭曰：「夫應教紛紜，常係汲引，經營流世，每存急疾。今世萬途，難以同對，互舉一事，以訓來問。來問之訓，縱横異轍，則孝道之廣，亦以明矣。」

子曰：「吾與回言，終日不違，如愚。此章美顏淵之德也。回者，顏淵名也。愚者，不達之稱也。自形器以上，名之爲無，聖人所體也；自形器以還，名之爲有，賢人所體也。今孔子終日所言，即入於形器，故顏子聞而即解，無所諮問，故不起發我道，故言「終日不違」也。一往觀回終日默識不問，殊似於愚魯，故云「如愚」也。

孔安國曰：「回，弟子也，姓顏，名回，字淵〔四〕，魯人也。不違者，無所怪問於孔子之言，默而識之，如愚者也。」諸弟子不解，故時或諮問，而顏回默識，故不問。不問，如愚者之不能問也。故繆播曰：「將言形器，形器顏生所體，莫逆於心，故若愚也。」

〔一〕「此」上，齋本、庫本有「然」字。
〔二〕「明」下，齋本、庫本有「以」字。
〔三〕「以」下，齋本、庫本有「俱」字。
〔四〕「字淵」，齋本、庫本作「字子淵」。正平版何解、邢疏亦作「字子淵」。

退而省其私，亦足以發，回也不愚也。」退，謂回聽受已竟，退還其私房時也。省，視也。其私，謂顏私與諸朋友談論也。發，發明義理也。言回就人衆講說。見回不問，如似愚人。今觀〔一〕回退還私房，與諸子覆述前義，亦足發明義理之大體，故方知回之不愚也。

孔安國曰：「察其退還，與二三子説釋道義，發明大體，知其不愚也。」熊埋曰：「退察〔二〕與二三子私論，亦足以發明聖奥、振起風訓也。回之似愚，而豈愚哉！既以美顏，又曉衆人未達者也。」

子曰：「視其所以，此章明觀知於人之法也。以，用也。其，其彼人也。若欲知彼人行，當先視其即日所行用之事也。

以，用也。言視其所行用也。

觀其所由，由者，經歷也。又次觀彼〔三〕從來所經歷處之故事也。

由，經也。言觀其所經從也。

察其所安。察，謂心懷忖測之也。安，謂意氣歸向之也。言雖或外跡有所避，而不得行用，而心中猶趣向

〔一〕「觀」，齋本、庫本作「視」。
〔二〕「退察」，齋本、庫本作「察退」，義勝。
〔三〕「彼」下，齋本、庫本有「人」字。

安定見於貌者，當審察以知之也。然在用言視、由言觀、安言察者，各有以也。視，直視也。觀，廣瞻也。察，沈吟用心忖度之也。即日所用易見，故云視；而從來經歷處，此即爲難，故言觀；情性所安，最爲深隱，故云察也。**人焉廋哉？人焉廋哉？」**焉，安也。廋，匿也。言用上三法以觀驗彼人之德行，則在理必盡，故彼人安得藏匿其情邪？再言之者，深明人情不可隱也。故江熙曰：「言人誠難知，以三者取之，近可識也。」

孔安國曰：「廋，匿也。言觀人之終始，安有所匿其情也。」

子曰：「温故而知新，可以爲師矣。」此章明爲師之難也。温，温燖也。故，謂所學已得之事也。所學已得者，則温燖之不使忘失，此是月無忘其所能也。新，謂即時所學新得者也。知新，謂日知其所亡也。若學能日知所亡，月無忘所能，此乃可爲人師也。孫綽曰：「滯故則不能明新，希新則存故不篤，常人情也。唯心平秉一者，守故彌温，造新必通，斯可以爲師者也。」

温，尋也。尋繹故者，又知新者，可以爲師也。温是尋繹之義，亦是燖煖之義也。

子曰：「君子不器。」此章明君子之人，不係守一業也。器者，給用之物也。猶如舟可汎於海，不〔一〕登山；車可陸行，不可濟海。君子當才業周普，不得如器之守一也。故熊埋曰：「器以名可繫其用，賢以才可濟

〔一〕「不」下，齋本、庫本有「可」字，是。

其業。業無常分，故不可〔一〕守一名。用有定施，故舟、車殊功也。」

苞氏曰：「器者，各周其用。至於君子，無所不施也。」

子貢問君子。問施於〔二〕何德行而可謂爲君子乎。子曰：「先行其言而後從之。」答曰：君子先有〔三〕其言，而後必行，行以副所言，是行從言也。若言而不行，則爲辭費，君子所恥也。

孔安國曰：「疾小人多言而行之不周也。」又一通云：「君子之言，必爲物楷。故凡有言，皆令後人從而法之也。」故王朗曰：「鄙意以爲立言之謂也。傳云：『太上有立德，其次立言。』明君子之道，言必可則，令後世準而從之，故曰『而後從之』。」

子曰：「君子周而不比，此章明君子行與小人異也。周，忠信也。比，阿黨也。君子常以忠信爲心，而無相阿黨也。

小人比而不周。」與君子反也。小人唯更相阿黨而並不忠信也。然周是傳〔四〕遍之法，故謂爲忠信；比

孔安國曰：「忠信爲周，阿黨爲比也。」

〔一〕「可」，齋本、庫本無此字，疑脱。
〔二〕「於」，齋本、庫本無此字，疑衍。
〔三〕「有」，齋本、庫本作「行」，誤。
〔四〕「傳」，齋本、庫本作「博」，是。「博」有「普遍」義。

是親狎之名〔一〕，故謂爲阿黨耳。若互而言，周名亦有惡，比名亦有善者。故春秋〔二〕云：「是謂比周。」言其爲惡周遍天下也。易卦有「比」，比則是輔。論語〔三〕云：「君子義〔四〕與比。」比則是親。雖非廣稱，文亦非惡。今此文既言「周」以對「比」，故以爲惡耳。孫綽云：「理備故稱周，無私故不比也。」

子曰：「學而不思則罔，此章教學法也。夫學問之法，既得其文，又宜精思其義，若唯學舊文而不思義，則臨用行之時，罔罔然無所知也。

苞氏曰：「學而不尋思其義理，則罔然無所得也。」又一通云：「罔，誣罔也。言既不精思，至於行用乖僻，是誣罔聖人之道也。」

思而不學則殆。」又若不廣學舊文，而唯專意〔五〕獨思，則精神疲殆也，於〔六〕所業無功也。

不學而思，終卒不得，使人精神疲殆也。

子曰：「攻乎異端，斯害也已矣。」此章禁人雜學諸子百家之書也。攻，治也。古人謂學爲治，故

〔一〕「名」，齋本、庫本作「法」。

〔二〕「春秋」下，齋本、庫本有「傳」字。

〔三〕「論語」，齋本、庫本作「里仁」。

〔四〕「義」下，齋本、庫本有「之」字，是。

〔五〕「意」下，齋本、庫本有「而」字。

〔六〕「於」上、「無」上，齋本皆有「而」字。庫本祇「於」上有「而」字。

書史載人專經學問者，皆云治其書、治其經也。異端，謂雜書也。言人若不學六籍正典，而雜學於書史〔一〕百家，此則爲害之深，故云「攻乎異端，斯害也已矣」。「斯害也已矣」者，爲害之深也。

攻，治也。善道者〔二〕有統，故殊途而同歸。 善道，即五經正典也。有統，統，本也，謂皆以善道爲本也。殊途，謂詩書禮樂爲教也〔三〕，途不同也。同歸，謂雖所明各異端〔四〕，同歸於善道也。**異端，不同歸者也。** 諸子百家並是虛妄，其理不善，無益教化，故是不同歸也。

子曰：「由！ 此章抑子路兼人也。由，子路名也。子路有兼人之性，好以不知爲知也。孔子將欲教之，故先呼其名也。**誨汝知之乎！** 誨，教也。孔子呼子路名，云〔五〕：「我欲教汝知之文事乎。」

孔安國曰：「由，弟子，姓仲，名由，字子路也。」

知之爲知之，不知爲不知， 汝若心有所不知，則當云不知，不可妄云知之也。**是知也。」** 若不知云知，此則是無知之人耳。若實知而云知，此則〔六〕是有知之人也。又一通云：「孔子呼子路名，云：由！

〔一〕「書史」，齋本、庫本作「諸子」。
〔二〕「者」，齋本、庫本無此字。正平版何解、邢疏亦無「者」字。
〔三〕「也」，齋本、庫本作「之」，與下文連讀。
〔四〕「端」，齋本、庫本無此字。下句「同」上，齋本、庫本有「而」字。
〔五〕「云」下，齋本、庫本有「由」字。
〔六〕「則」，齋本、庫本作「乃」。

我從來教化於汝，汝知我教汝以不乎？汝若知我教則云知，若不知則云不知，能如此者，是有知之人也。」

子張學干禄。干，求也。禄，禄位也。弟子子張就孔子學干禄位之術也。

鄭玄曰：「子張，弟子，姓顓孫，名師，字子張也。干，求也。禄，禄位也。」

子曰：「多聞闕疑，答求禄術也。疑，疑惑之事也。言人居世間，必多有所聞。所聞之事，必有疑者，有解者。解者則心録之，若疑者則廢闕而莫存録，故云「多聞闕疑」。**慎言其餘，**其餘，謂所心解不疑者也。已闕廢可疑者，而所餘不疑者，雖存録在心，亦何必中理，故又宜口慎言之也。**則寡尤；**寡，少也。尤，過也。既闕可疑，又慎言所不疑，能如此者，則生平之言少有過失也。

苞氏曰：「尤，過也。疑則闕之，其餘不疑，猶慎言之，則少過也。」

多見闕殆，殆，危也。言人若眼多所見，闕廢其危殆者，不存録之也。**慎行其餘，**其餘，謂自所録非危殆之事也。雖已廢危殆者，而所餘不殆者，亦何必並中其理，故又宜慎行之也。**則寡悔。**悔，恨也。既闕於危殆者，又慎行所不殆，能如此者，則平生所行少悔恨也。

苞氏曰：「殆，危也。所見危者闕而不行，則少悔也。」

言寡尤，行寡悔，禄在其中矣。」其餘若能言少過失，行少悔恨，則禄位自至，故云「禄在其中」也。故范寧曰：「發言少過，履行少悔，雖不以要禄，乃致禄之道也。」仲尼何以不使都無尤悔，而言寡尤乎？有顔回猶不二過，蘧伯玉亦未能寡其過，自非聖人，何能無之？子張若能寡尤悔，便爲得禄者也。

鄭玄曰：「言行如此，雖不得禄，得禄之道也。」言當無道之世，德行如此，雖不得禄，若忽值有道之君，則必見用，故云「得禄之道」也。

哀公問曰：「何爲則民服也？」哀公失德，民不服從，而公患之，故問孔子，求民服之法也。

苞氏曰：「哀公，魯君之諡也。」

孔子對曰：「舉直錯諸枉，則民服；答哀公民服之法也。凡稱「子曰」，則是弟子所記。若稱「孔子」，則當時人，非弟子所記。後爲弟子所撰，仍舊不復改易，故依先呼「孔子」也。直，謂正直之人也。錯，置也。枉，邪委曲佞〔一〕之人也。言若舉正直之人爲官位，爲廢置邪佞之人，則民服君德也。亦由哀公廢直用枉故也。故范寧云：「哀公捨賢任佞，故仲尼發乎此言，欲使舉賢以服民也。」

苞氏曰：「錯，置也。舉用正直之人，廢置邪枉之人，則民服其上矣。」

舉枉錯諸直，則民不服。」此舉哀公之政如此，故民不服也。江熙曰：「哀公當千載之運，而聖賢滿國，舉而用之，魯其王矣。而唯好耳目之悅，羣邪秉政，民心厭棄，既而苦之，乃有此問也。」季康子問：

〔一〕「邪委曲佞」，齋本、庫本作「委曲邪佞」，義勝。

「使民敬、忠以勸，如之何？」魯〔一〕臣也。其既無道僭濫，故民不敬不忠不相勸奬。所以問孔子，求學使民行敬及忠及勸三事也，故云「如之何」。

孔安國曰：「魯卿大夫〔二〕季孫肥也。康，謚也。」

子曰：「臨民〔三〕之以莊，則民敬；答使爲三事之術也。民從上化，如草從風也。臨，謂以高視下也。莊，嚴〔四〕也。言君居上臨下，若自能嚴整，則下民皆爲敬其上也。

苞氏曰：「莊，嚴也。君臨民以嚴，則民敬其上也。」

孝慈，則忠；又言君若上孝父母，下慈民人，則民皆盡竭忠心以奉其上也。故江熙曰：「言民法上而行也。上孝慈，則民亦孝慈。孝於其親，乃能忠於君。求忠臣必於孝子之門也。」

苞氏曰：「君能上孝於親，下慈於民，則民忠矣。」

舉善而教不能，則民勸。」又言若民中有善者，則舉而禄位之；若民中未能善者，則教令使能。若能如此，則民競爲勸慕之行也。

〔一〕「魯」上，齋本、庫本有「季康子」三字。

〔二〕「大夫」，齋本、庫本無此二字。正平版何解、邢疏亦無。

〔三〕「民」及下句「民」字，正平版何解、邢疏、朱注皆無。

〔四〕「嚴」上，齋本、庫本有「猶」字。

苞氏曰：「舉用善人而教不能者，則民勸之也。」

或謂孔子曰：「子奚不爲政？」或者，或有一人，不記其姓名也。奚，何也。政，謂居官南面也。或人見孔子栖遑，故問孔子曰：「何不爲政處官位乎？」

苞氏曰：「或人以爲，居位乃是爲政也。」

子曰：「書云：『孝于惟孝，友于兄弟，施於有政。』是亦爲政也。此以上並尚書言也。引書以答或人也。然此語亦與尚書微異，而義可一也。善父母曰孝，善兄弟爲友。于，於也。惟孝，謂惟令盡於孝也。施，行也。言人子在閨門，當極孝於父母，而極友於兄弟。若行此二事有政，即亦是爲政也。奚其爲爲政？」此是孔子正答於或人也。言施行孝友有政，家家皆正，則邦國自然得正。亦又何用爲官位乃是爲政乎？故范寧曰：「夫所謂政者，以孝友爲政耳。行孝友則是爲政，復何者爲政乎？引尚書〔一〕所以明政也。或人貴官位而不存孝道，故孔子言乎此也。」

苞氏曰：「孝于惟孝者，美孝之辭也。惟令極行於孝，故云「美孝之辭」也。友于兄弟，善於兄弟也。然「友于兄弟」是善於兄弟，則「孝于惟孝」是善於父母也。父母既云「孝于惟孝」，則兄弟亦

〔一〕「尚書」，齋本、庫本作「周書」。

宜云「友于惟友」也。所以互見之也。**施，行也。所行有政道，即是與爲政同耳也。」**行孝友有政道，即與爲政同，更何所別復爲政乎？

子曰：「人而無信，不知其可也。此章明人不可失信也。言人若無信，雖有他才，終爲不可，故云「不知其可也」。

孔安國曰：「言人而無信，其餘終無可也。」其餘，謂他才伎也。

大車無輗，小車無軏，其何以行之哉？」此爲無信設譬也。言人以信得立，如大、小之車由〔一〕輗、軏以得行也。若車無輗、軏，則車何以得行哉？如人而無信，則何以得立哉？故江熙稱彥叔〔二〕曰：「車待輗、軏而行，猶人須信以立也。」

苞氏曰：「大車，牛車。牛能引重，故曰大車也。**輗者，轅端横木以縛枙者也。**端，頭也。古作牛車二轅，不異即時車，但轅頭安枙與今異也。即時車枙用曲木，駕於牛脰，仍縛枙兩頭著兩轅。古時則先取一横木縛著兩轅頭，又別取曲木爲枙，縛著横木，以駕牛脰也。即時一馬牽車，枙猶如此也。**小車，駟馬車也。**馬所載輕，故曰小車也。四馬共牽一車，即今龍旂車是也。**軏者，轅端上曲拘**

〔一〕「由」下，齋本、庫本有「於」字，衍。

〔二〕「叔」，齋本、庫本作「升」，誤。馬國翰輯論語古注論語江氏集解作「升」，並按曰：「晉書袁喬字彥叔，七録有袁喬論語注釋十卷。『升』疑『叔』字之訛也。」

衡者也。」衡，横也。四馬之車，唯中央有一轅，轅頭曲向上，此拘駐於横，名此曲者爲軏也。所以頭拘此横者，轅駕四馬，故先横一木於轅頭，而縛枙著此横。此横既爲四馬所載，恐其不堅，故特置曲枙軏裹使牽之不脱也。猶即時龍旂車，轅端爲龍，置横在龍頭上曲處也。鄭玄曰：「輗，穿轅端著之。軏，因轅端著之。」

子張問：「十世可知也？」十世，謂十代也。子張見五帝三王文質變易，世代不同，故問孔子：從今以後方來之事，假設十代之法，可得逆知以不乎？孔安國曰：「文質禮變也。」禮變則制度改易也。

子曰：「殷因於夏禮，所損益可知也；孔子舉前三代禮法相因及所損益，以爲後代可知之證也。言殷代夏立，而因用夏禮及損益夏禮，事事可得而知也。周因於殷禮，所損益可知也。又周代殷立，亦有因殷禮及有所損益者，亦事事可知也。馬融曰：「所因，謂三綱五常也；此是周所因於殷、殷所因於夏之事也。三綱，謂夫婦、父子、君臣也。三事爲人生之綱領，故云三綱也。五常，謂仁、義、禮、智、信也。就五行而論，則木爲仁，火爲禮，金爲義，水爲信，土爲智。人禀此五常而生，則備有仁、義、禮、智、信之性也。人有博愛之德謂之仁，有嚴斷之德爲義，有明辨尊卑敬讓之德爲禮，有言不虚妄之德爲信，有照了之德爲智。此五者是人性之恒，不可暫捨，故謂五常也。雖復時移世易，事歷今古，而三綱五常之道不可變革，故世世相因，百代仍襲也。**所損益，謂文質三統也。**」夫文質再而復，正朔三而改。質文再而復者，若一代之君以質爲教者，則次代之君必以文教也。以文之後君則復質，質之後君則復文，循環無窮。有興必有廢，廢興更遷，故有損益也。正朔三而改者，三代而一周也。夫人君爲政，所尚不同，必各有所統，統則有三也。案大傳云：「王者始起，改正朔，易服色。」夫正朔有三本，亦有三統，明王者受命，各統一正也。朔者，蘇也，革也，言萬物革更於是，故統焉。又禮三正記云：「正朔三而改，文質再而復。」尚書大傳云：「夏以孟春爲正，殷以季冬爲正，周以仲冬爲正。」又曰：「夏以十三月爲正，色尚黑，以平旦爲朔；殷以十二月爲正，色尚白，以鷄鳴爲朔；周以十一月爲正，色尚赤，以夜半爲朔也。」白虎通云：「王者受命必改正朔者，明易姓，示不相襲，明受之於天，不受之於人，所以變易民心革其耳目以化。」又云：「十三月之時，萬物始達孚甲而出，皆黑，人得加功力，故夏爲人正，色尚黑也。十二月之時，萬物始芽而白，白者陰氣，故殷爲地正，色尚白也。十一月之時，陽氣始養根核，故黃泉之下萬物皆赤，赤者盛陽之氣也，故周爲天正，色尚赤也。」又云：「天道左旋，改正右行者，非改天道，但改日月耳。日月右行，故改正右行。日尊於月，不言正日而言正月者，積日成月，物隨月而變，據物爲正也。天質地文，周反天統何？質文再改，正朔三易，三微質文，正不相因，故正不隨質文也。三統之義如此。」然舊問云：「夏用建寅爲正，物初出色黑，故尚黑。今就草木初生皆青，而云黑，何也？」舊通云：「物初出乃青，遠望則黑，人功貴廣遠故也。且一日之中，天有青時，故取其黑也。」又舊問云：「三正爲正是三王，爲上代已有。」舊通有二家，一云：「正在三代。三代時相統，故須變革相示也。」又一家云：「自從有書籍而有三正也。伏犧爲人統，神農爲地統，黄帝爲天統。少昊猶天統，言是黄帝之子，故不改統也。顓頊爲人統，帝嚳爲地統。帝堯是爲嚳子，亦爲地統。帝舜爲天統。夏爲人統，殷爲地統，周爲天統。三正相承若連環也。」今依後釋。所以必從人爲始者，三才須人乃成，是故從人爲始也。而禮家從夏爲始者，夏是三王始，故舉之也。又不用建卯、建辰爲正者，于時〔一〕萬物不齊，莫適所統也。

其或繼周者，雖百世亦可知也。」既因變有常，故從今以後，假令或有繼周而王者，王王相承至於百世，亦可逆知也。言「或」者，爾時周猶在，不敢指斥有〔二〕代，故云「其或」也。

馬融曰：「物類相招，謂三綱五常各以類相招，因而不變者也。勢數相生，謂文質、三統及五行相次各有勢數也。如太昊木德，神農火德，黄帝土德，少昊金德，顓頊水德，周而復始，其勢運相變生也。其變有常，故可豫知也。」豫，逆也。有因有變，各有其常。以此而推，故百世可逆知也。

子曰：「非其鬼而祭之，諂也。諂，横求也。鬼神聰明正直，不歆非禮。人若非己祖考而祭之，是爲諂求福也。

鄭玄曰：「人神曰鬼。非其祖考而祭之，是諂以求福也。」

〔一〕「時」，齋本、庫本作「是」，誤。

〔二〕「有」，齋本、庫本作「百」。「有」是，「有」表示存在。

見義不爲，無勇也。」義，謂所宜爲也。見所宜爲之事而不爲，是無勇敢也。

孔安國曰：「義者，所宜爲也。而不能爲，是無勇也。」

論語義疏第一　經一千四百七十字　注一千五百十三字

論語義疏卷第二 八佾 里仁

梁國子助教吴郡皇侃撰

論語八佾第三

何晏集解　凡廿六章

疏八佾者，奏樂人數行列之名也。此篇明季氏是諸侯之臣，而僭行天子之樂也。所以次前者，言政之所裁，裁於斯濫，故八佾次爲政。又一通云：政既由學，學而爲政則如北辰，若不學而爲政則如季氏之惡，故次於爲政也。然此不標「季氏」而以「八佾」命篇者，深責其惡，故書其事〔二〕標篇也。

孔子謂季氏，謂者，評論之辭也。夫相評論者〔一〕對面而言，有遥相稱評。若此後「子謂冉有曰：汝不能救與」，則是對面也。今此所言，是遥相評也。季氏，魯之上卿也。魯有三卿，並豪强僭濫。季氏是上卿，爲僭濫之端，故特舉謂「季氏」也。**「八佾舞於庭，**此是孔子所譏之事也。佾，猶行列也。天子制八音爲

〔一〕「事」下，齊本、庫本有「以」字。
〔二〕「者」，齊本、庫本作「有」。

樂，以調八風。故舞人亦有八行，每八人爲行，八八六十四人，則天子儛者用六十四人也。魯有周公之故，故天子賜魯用天子八佾之樂。而季氏是魯臣，乃僭取八佾樂，於其家廟庭而儛之，故云「八佾儛於庭」也。**是可忍也，**是，猶此也。此，此儛八佾之事也。忍，猶容耐也。孔子曰：此僭〔一〕八佾之儛，若可容忍者也。**孰不可忍也」。**孰，誰也。言若此僭可忍，則天下爲惡，誰復不可忍也。

馬融曰：「孰，誰也。佾，列也。天子八佾，天子用八，以象八風。八風者，八方之〔二〕八卦之風也。北曰廣漠風，東北曰條風，東曰明庶風，東南曰清明風，南曰景風，西南曰涼風，西曰閶闔風，西北曰不周風也。**諸侯六，**六，禮降殺以兩。天子八佾，諸侯故六佾也。**卿大夫四，士二。**杜注春秋及公羊傳〔三〕皆云：「諸侯六六三十六人，大夫四四十六人，士二二四人也〔四〕。」**八人爲列，八八六十四人也。**據天子之佾人數也。**魯以周公故，**故，周公有輔相〔五〕成王，攝天子位，六年制禮作樂，七

〔一〕「此僭」，齋本、庫本作「僭此」。
〔二〕「之」，齋本、庫本無此字。
〔三〕「春秋及公羊傳」，齋本、庫本作「左氏傳及何注公羊傳」。
〔四〕以上三句，齋本、庫本作「諸侯六，六六三十六人；大夫四，四四十六人；士二，二二四人也」。
〔五〕「輔相」，庫本作「相輔」。

年致政還成王之故也。**受王者禮樂，有八佾之儛。**由周公之故，故受天子禮樂〔一〕八佾儛也。**今季桓子僭於其家廟，儛之，故孔子譏之也。」**桓子〔二〕家之豪强起於季氏。文子、武子、平子、悼子至桓子五世，故後引稱孔子曰「政逮於大夫四世矣」是也。今孔子所譏，皆譏其五世。而注獨云桓子者，是時孔子與桓子政相值，故舉值者言之。

三家者以雍徹。又譏其失也。三家，即是仲孫、叔孫、季孫也。並皆僭濫，故此並言之也。季氏爲最惡，故卷初獨言季氏也。雍者，詩篇名也。徹者，禮：天子祭竟，欲徹祭饌，則先〔三〕使樂人先歌雍詩以樂神，後乃徹祭器。于時三家祭竟，亦歌雍詩以徹祭〔四〕，故云「三家以雍徹」也。

馬融曰：「三家者，謂仲孫、叔孫、季孫也。三孫同是魯桓公之後。桓公嫡子莊公爲君，而桓公之〔五〕庶子有公子慶父、公子叔牙、公子季友也。仲孫是慶父之後，叔孫是叔牙之後，季孫是季友之後。後子孫皆以其先仲、叔、季爲氏，故有此三氏。並是桓公子孫，故俱稱「孫」也，亦曰「三桓子孫」也。仲孫氏後世改「仲」曰「孟」。孟者，庶長之稱也，言己家是庶，不敢與莊公爲伯，仲、叔、季之次，故取庶長

〔一〕「樂」，庫本無此字，脱。
〔二〕「桓子」上，齋本、庫本有「卑者濫用尊者之物曰僭也」十一字。
〔三〕「先」，齋本、庫本無此字。
〔四〕「祭」下，齋本、庫本有「饌」字。
〔五〕「桓公之」，齋本、庫本無此三字。該句中的「有」字，齋本、庫本亦無。

爲始，而云「孟孫氏」也。雍，周頌臣工篇名也。天子祭於宗廟，歌之以徹祭。今三家亦作此樂者也。」天子徹祭所以歌雍者，雍詩云：「有客雍雍，至止肅肅。相維辟公，天子穆穆。」是言祭事周畢，有客甚自雍和，而至皆並肅敬。時助祭者，有諸侯及二王後，而天子威儀又自穆穆。是禮足事竟，所以宜徹，故歌之以樂神也。

子曰：「『相維辟公，天子穆穆矣。』奚取於三家之堂？」前是記〔一〕者之言，此是孔子語也。孔子稱雍詩之曲以譏三家也。相，助。辟，猶諸侯也。公，二王之後。穆穆，敬也。奚，何也。孔子云：此詩曲言時助祭者，有諸侯及王者後，而天子容儀盡敬穆穆然。今三家之祭，但有其家臣而已，有何諸侯、二王後及天子穆穆乎？既無此事，何用空歌此曲於其家之廟堂乎？

苞氏曰：「辟公，謂諸侯及二王之後也。辟，訓君，君故是諸侯也。二王後稱公，公故是二王後也。穆穆，天子之容也。雍篇歌此〔二〕者，有諸侯及二王之後來助祭故也。唯天子祭有此也。今三家但家臣而已，何取此義而作之於堂耶？」大夫稱家。今三卿之祭，但有家臣。家臣謂家相、邑宰之屬來助祭耳，有何辟公、天子之穆穆，而空歌此曲於堂哉！或問曰〔三〕：「魯祭亦無諸

〔一〕「記」，齋本、庫本作「祭」，誤。

〔二〕「此」下，齋本、庫本有「曲」字。正平版何解、邢疏無「曲」字。

〔三〕「或問曰」至「非僭魯也」，齋本、庫本放在解經文處，接於「其家之廟堂乎」句下。

侯及二王後，那亦歌此曲耶？」答曰：「既用天子禮樂，故歌天子詩也。」或通云：「既用天子禮樂，故當祭時則備設此諸官也。」或云：「魯不歌此雍也，季氏自僭天子禮，非僭魯也。」

子曰：「人而不仁，如禮何？人而不仁，如樂何？」此章亦爲季氏出也。季氏三家〔一〕僭濫王者禮樂，其既不仁，則奈此禮樂何乎？江熙云：「所貴禮樂者，以可安上治民移風易俗也。然其人存則興，其人亡則廢。而不仁之人，居得興之地，而無能興之道，則仁者之屬無所施之，故歎之而已。」

苞氏曰：「言人而不仁，必不能行禮樂也。」

林放問禮之本。問孔子，求知禮之本也。

鄭玄曰：「林放，魯人也。」

子曰：「大哉問！重林放能問禮之本，故美其問而稱之「大哉」也。故王弼云：「時人棄本崇末，故大其能尋本禮意也。」**禮，與其奢也，寧儉；**美之既竟，此答之也。奢，奢侈也。儉，儉約也。夫禮之本貴〔二〕，在奢儉之中，不得中者皆爲失也。然爲失雖同，而成敗則異。奢則不遜，儉則固陋。俱是致失，奢不如儉，故云

〔一〕「三家」，齋本、庫本無此二字。
〔二〕「貴」，誤，堂本正誤表以「意」爲正。

「禮與〔一〕奢，寧儉」也。**喪，與其易也，寧戚。**」易，和易也。戚，哀過禮也。凡喪有五服輕重者，各宜當情，所以是本。若和易及過哀，皆是爲失。會是一失，則易不如過哀，故云「寧戚」也。或問曰：「何不答以禮本，而必言四失，何也？」通〔二〕云：「舉其四失，則知不失〔三〕其本也。其時世多失，故因舉失中之勝以誡當時也。」

鄭玄〔四〕曰：「易，和易也。言禮之本意失於奢，不如儉也；喪失於和易，不如哀戚也。」

就注意即所答四失從二，即是禮之本也。

子曰：「夷狄之有君，不如諸夏之亡也。」此章重中國賤蠻夷也。諸夏，中國也。亡，無也。言夷狄雖有君主，而不及中國無君也。故孫綽云：「諸夏有時無君，道不都喪。夷狄强者爲師，理同禽獸也。」釋慧琳云：「有君無禮，不如有禮無君也。」刺時季氏有君無禮也〔五〕。

苞氏曰：「諸夏，中國也。亡，無也。」謂中國爲諸夏者，夏，大也，中國禮大，故謂爲夏也。諸，之

〔一〕「與」下，齋本、庫本有「其」字，是。

〔二〕「通」，齋本、庫本作「答」。

〔三〕「失」下，齋本、庫本有「即」字，恐衍。

〔四〕「鄭玄」，齋本、庫本作「苞氏」。陸德明經典釋文作「包云」，正平版何解、邢疏、劉氏正義皆作「包曰」。

〔五〕「此章」至「禮也」，這段文字齋本、庫本作「此章爲下僭上者發也。諸夏，中國也。亡，無也。言中國所以尊于夷狄者，以其名分定而上下不亂也。周室既衰，諸侯放恣，禮樂征伐之權不復出自天子，反不如夷狄之國尚有尊長統屬，不至如我中國之無君也」。臺灣無求備齋論語集成所收知不足齋本皇疏，這段文字與堂本同。

也。之〔一〕，語助也。

季氏旅於泰山。又譏季氏僭也。旅，祭名也。泰山，魯之大山〔二〕也。禮：天子祭天下名山大川，諸侯止祭其封内，大夫位非專封，則不得祭山川。而季氏亦僭祭魯大山也。子謂冉有曰：「汝不能救與？」冉有，孔子弟子也。救，猶諫止也。時冉有仕季氏家，季氏濫祀，故孔子問冉有，言汝既仕彼家，那不能諫止其濫祀乎？馬融曰：「旅，祭名也。鄭注周禮云：「旅，非常祭也。」今季氏祭大山，非是常祭，故云「旅」也〔三〕。禮：諸侯祭山川在其封内者也。大山在魯，魯君宜祭之耳。今陪臣祭大山，非禮也。陪，重也。魯是天子臣，而季氏是魯臣，於天子爲重臣。重臣而與天子倶祭名山，故爲非禮也。冉有，弟子冉求也，時仕季氏。救，猶止也。」

對曰：「不能。」冉有對孔子也。不能，謂季氏豪僭，雖諫不能止也。子曰：「嗚呼！孔子更説季氏之失，故先歎而後言也。嗚呼，歎也。曾謂泰山不如林放乎？」曾之言則也。乎，助語也。孔子曰：林放尚能問禮本，況大山之神聰明正直，而合歆此非禮之祀也乎？若遂歆此非禮之食，則此神反不如

〔一〕「之」，齋本、庫本無此字。

〔二〕「大山」，齋本、庫本作「泰山」，下文同。

〔三〕「鄭注」至「旅也」，齋本、庫本放在解經文處，接於「旅祭名也」句下。其中之「非是」，齋本、庫本作「是非」。

林放也。既必無歆理，豈可誣罔而祭之乎？故云：則可謂大山不如林放乎？

苞氏曰：「神不享非禮。林放尚知〔一〕禮，大山之神反不如林放耶？欲誣而祭之也。」

子曰：「君子無所爭。此章明射之可重也。言君子恒謙卑自收，退讓明禮，故云「無所爭」也。**必也射乎！**言雖他事無爭，而於射有爭，故云「必也射乎」。於射所以有爭者，古者生男，必設桑弧蓬矢於門左，至三日夜，使人負子出門而射，示此子方當必有事於天地四方，故云：至年長以射進仕。禮：王者得〔二〕祭，必擇士助祭，故四方諸侯並貢士於王。王試之於射宮，若形容合禮、節奏比樂而中多者，則得預於祭。得預於祭者，進其君爵土。若射不合禮樂而中少者，則不預祭。不預祭者，黜其君爵土。此射事既重，非唯自辱，乃係累己君，故君子之人於射而必有爭也。故顏延之云：「射許有爭，故可以觀無爭也。」范寧亦云「有爭〔三〕」。

孔安國曰：「言於射而後有爭也。」

揖讓而升下，射儀之〔四〕禮：初，主人揖賓而進，交讓而升堂。及射竟，勝負已決，下堂猶揖讓不忘禮，故

〔一〕「知」下，齋本、庫本有「問」字。邢疏亦有「問」字。正平版何解無「問」字。
〔二〕「得」，齋本、庫本作「將」。
〔三〕「有爭」，齋本、庫本作「無爭」。馬國翰輯論語古注論語范氏注作「射無爭」。此句六字，齋本、庫本放在疏解馬融注之下，接於「則無爭之證益明矣」句下。
〔四〕「之」，齋本、庫本作「云」。

云「揖讓而升下」也。**而飲。**而飲者，謂射不如者而飲，罰爵也。射勝者黨，酌酒跪飲於不如者云：「敬養。」所以然者，君子敬讓，不以己勝爲能，不以彼負爲否。言彼所以不中者，非彼不能，政是有疾病故也。酒能養病，故酌酒飲彼，示養彼病，故云「敬養」也。所以禮云：「君使士射，不能，則辭以病〔一〕。」懸弧之義也。而不如者亦跪受酒，而云：「賜灌。」灌，猶飲也。言賜飲者，服而爲敬辭也。

王肅曰：「射於堂，升及下皆揖讓而相飲也。」就王注意則云「揖讓而升下」也，若餘人讀則云「揖讓而升」，「升」屬上句。又云「下而飲」，「下」屬下句。然此讀不及王意也。

其争也君子。」夫少〔二〕人之争，必攘臂厲色。今此射雖心止不忘中，而進退合禮，更相辭讓，跪授跪受，不乖君子之容，故云「其争也君子」也。

馬融曰：「多算飲少算，君子之所争也。」此證「其争也君子」也。算，猶籌也。射者比結朋黨，各有算數，每中則以算表之。若中多則籌〔三〕多，故云多算也。中少則籌少，故云少算也。凡情得勝則敢〔四〕自爲矜貴，今射雖多算，當猶自酌酒以飲少算，不敢自高，是君子之所争也。故云「君子之所争」

〔一〕「病」，齋本、庫本作「疾」，是。十三經注疏本禮記曲禮亦作「疾」。

〔二〕「少」，齋本、庫本作「小」，是。

〔三〕此句「籌多」、下句「籌少」之「籌」，齋本、庫本作「算」。

〔四〕「敢」，齋本、庫本無此字。

也。然釋此者亦〔一〕云「於射無争」，非今所安，聊復記之。李充曰：「君子謙卑以自收，後己先人，受勞辭逸，未始非讓，何争之有乎？射藝競中，以明能否，而處心無措者，勝負若一。由此觀之，愈知君子之無争也。」欒肇曰：「君子於射，講藝明訓，考德觀賢，繁揖讓以成禮，崇五善以興教。故曰：『君子無所争，必也射乎！』言於射尤必君子之無争。周官所謂『陽禮教讓，則民不争』者也。君子於禮，所主在重，而所略在輕。若升降揖讓於射則争，是爲輕在可讓，而重在可争，豈所謂禮敬之道哉？且争，無益於勝功者也。求勝在己，理之常也。雖心在中質，不可謂争矣。故射義〔二〕曰：『失諸正鵠，還求諸身。』求中以辭養，不爲争勝以恥人也。又曰：『射，仁道也。發而不中，不怨勝己者，反求諸己而已。』因稱此言，以證無争焉。誠以争名施於小人，讓分定於君子也。今説者云：必於射然後有争。此爲反論文，背周官，違禮記，而後有争之言得通。考諸經傳，則無争之證益明矣。」

子夏問曰：「『巧笑倩兮，美目盼兮，素以爲絢兮』，何謂也？」此是衛風碩人閔莊姜之詩也。莊姜有容有禮，衛侯不好德而不答，故衛人閔之也。巧咲，咲之美者也。倩，巧咲貌也。言人可憐，則咲巧而貌倩倩然也。美目，目之美者也。盼，動目貌也。言人可憐，則目美而貌盼盼然也。素，白也。絢，文

〔一〕「亦」，齋本、庫本無此字。

〔二〕「義」，齋本、庫本作「儀」。十三經注疏本禮記作「義」，無「失諸正鵠，還求諸身」之語，而有近似文字：射義曰：「射者，仁之道也。射求正諸己，己正而後發，發而不中則不怨勝己者，反求諸己而已矣。……孔子曰：『射者何以射？何以聽？循聲而發，發而不失正鵠者，其唯賢乎！』」

貌也。謂用白色以分間五采，使成文章也。言莊姜既有盼倩之容〔一〕，又有禮自能約〔二〕束，如五采得白分間，乃文章分明也。子夏讀詩，不達此語，故云「何謂」，以問孔子也。

馬融曰：「倩，笑貌。盼，動目貌也。絢，文貌也。此上二句在衛風碩人之二章。「巧笑」及「美目」即見衛風碩人第二章。其下一句逸也。」「素以爲絢」之一句也，已散逸，則衛風所無也。

子曰：「繪事後素。」答子夏也。繪，畫也。言此上三句是明美人先有其質，後須其禮以自約束，如畫者先雖布衆采蔭映，然後必用白色以分間之，則畫文分明，故曰「繪事後素」也。

鄭玄曰：「繪，畫文也。又刺縫成文則謂之繡，畫之成文謂之爲繪也。凡畫繪，先布衆采，然後以素分其間，以成其文。喻美女雖有倩盼美質，亦須禮以成也。」

曰：「禮後乎？」子夏聞孔子云「繪事後素」，而解特喻人雖可怜，必後用禮，故云「禮後乎」。

孔安國曰：「孔子言『繪事後素』，子夏聞而解，知以素喻禮，故曰『禮後乎』。」

子曰：「起予者商也！始可與言詩已矣。」起，發也。予，我也。孔子但言「繪事後素」，而子

〔一〕「容」，齋本、庫本作「貌」。

〔二〕「約」，齋本、庫本作「結」，誤。下有「須其禮以自約束」可證。「結束」雖有「約束」義，但不如「約束」義明。

夏仍知以素喻禮，是達詩人之旨以起發我談，故始可與言詩也。

苞氏曰：「予，我也。孔子言：子夏能發明我意，可與共言詩已矣。」沈居士曰：「孔子始云『未若貧而樂道，富而好禮』，未見貧者所以能樂道、富〔一〕所以能好禮之由。子貢答曰『切磋琢磨』，所以得好禮也。則是非但解孔子旨，亦是更廣引理以答也，故曰『告諸往而知來者』也。孔子云『繪事後素』，本政是以素喻禮。子夏答云『禮後乎』，但是解夫子語耳，理無所廣，故云『起予』而不云『知來』也〔二〕。」

子曰：「夏禮，吾能言之，杞不足徵；此章明夏殷之後失禮也。夏禮，謂禹時禮也，即孔子往杞所得夏時之書也。杞，夏之後所封之國也。徵，成也。夏桀失國，殷〔三〕封其後於杞。當〔四〕周末而其君昏闇，故孔子言夏家之禮吾能言之，但杞君昏愚〔五〕，不足與共成其先代之禮，故云「杞不足徵也」。**殷禮，吾能**

〔一〕「富」下，齋本、庫本有「者」字。

〔二〕「沈居士」至「知來也」，齋本、庫本放在解經文處，接於「故始可與言詩也」句下。

〔三〕「殷」，齋本、庫本作「周」，是。「後」下，齋本、庫本有「東婁公」三字，疑衍。史記陳杞世家：「周武王克殷紂，求禹之後，得東樓公，封之於杞。」

〔四〕「當」下，齋本、庫本有「于」字。

〔五〕「愚」，齋本、庫本作「闇」。

言之，宋不足徵也，殷禮，殷湯之禮，即孔子往宋所得坤乾〔一〕之書也。宋，殷之後所封之國也。紂失國，周封微子於宋也。孔子云殷湯之禮吾亦能言，但于時宋君昏亂，不足以與共成之也。

苞氏曰：「徵，成也。杞、宋，二國名也，夏、殷之後也。夏、殷之禮吾能說之，杞、宋〔二〕之君不足以成之也。」

文獻不足故也。解所以不足成義也。文，文章也。獻，賢也。言杞、宋二君無文章賢才，故我不足與成之也。**足，則吾能徵之矣。」**若文章賢才足，則吾豈不與成之乎？故云「足，則成〔三〕之矣」。

鄭玄曰：「獻，猶賢也。我能不以其禮成之者，以此二國之君文章賢才不足故也。」

子曰：「禘自既灌而往者，吾不欲觀之矣。」此章明魯祭失禮也。禘者，大祭名也。周禮四時祭名：春曰祠，夏曰礿，秋曰嘗，冬曰烝。又四時之外，五年之中，別作二大祭，一名禘，一名祫。而先儒論之不同，今不具說，且依注梗概而談也。謂爲禘者，諦也，謂審諦昭穆也。灌者，獻也，酌鬱鬯酒獻尸，灌地以求神也。禘禮〔四〕必以毀廟之主陳在太祖廟，未毀廟之主亦升於太祖廟，序諦昭穆，而後共合食堂上。未陳列

〔一〕「坤乾」，齋本作「乾坤」。
〔二〕「宋」，原誤作「宗」，據齋本、庫本改。
〔三〕「成」，齋本、庫本作「吾能徵」。
〔四〕「禘禮」，齋本、庫本作「禮禘」。

主之前，王與祝入太祖廟室中，以酒獻尸，尸以祭灌於地以求神。求神竟而出堂，列定昭穆，備成祭禮。時魯家逆祀，尸主亂次，當於灌時，未列昭穆，猶有可觀；既灌以後，逆列已定，故孔子云「不欲觀」也。往，猶後也。不言「祫」唯云「禘」者，隨爾時所見也。

孔安國曰：「禘、祫之禮，爲序昭穆也。列諸主在太祖廟堂。太祖之主在西壁東向，太祖之子爲昭，在太祖之東而南向。太祖之孫爲穆，對太祖之子而北向。以次東陳，在北者曰昭，在南者曰穆，所謂父昭子穆也。昭者，明也，尊父故曰明也。穆，敬也，子宜敬於父也。**故毀廟之主及羣廟之主皆合食於太祖。**孔及先儒義云：禘、祫禮同，皆取毀廟之〔一〕主及未毀廟之主，並升列昭穆，在太祖廟堂也。**灌者，酌鬱鬯灌於太祖，以降神也。**鬱鬯者，煑鬱金之草取汁，釀黑秬一秠二米者爲酒，酒成則氣芬芳調暢，故呼爲「鬯」，亦曰「秬鬯」也。若又擣鬱金取汁，和莎泲於此鬯，則呼爲鬱鬯。但先儒舊論灌法不同。一云：「於太祖室裡龕前東向，束白茅置地上，而持鬯酒灌白茅上，使酒味滲入淵泉以求神也。」而鄭康成不正酌〔二〕道灌地，或云灌尸，或云灌神。故郊特牲云：「周人尚臭，灌用鬯臭，鬱合鬯臭，陰達於淵泉。灌以珪璋，用玉氣也。既灌然後迎牲，致陰氣也。」鄭注云：「灌謂以圭瓚酌鬯，始獻神也。」又祭

〔一〕「之」，齋本、庫本脱此字。
〔二〕「酌」，齋本、庫本作「的」。「不正酌道」難通，儒藏本校記稱疑是「不云酌酒」之誤。

統云：「君執圭瓚灌尸，太宗執璋瓚亞灌。」鄭注云：「天子諸侯之祭禮，先有灌尸之事，及〔一〕後迎牲。」案，鄭二注或神或尸，故解者或云灌神是灌地之禮，灌尸是灌人之禮。而鄭注尚書大傳則云：「灌是獻尸，尸乃得獻，乃祭酒以灌地也。」**既灌之後，别尊卑，序昭穆。**謂灌竟尸出堂時也。**而魯爲逆祀，躋僖公，亂昭穆，故不欲觀之矣。」**躋，升也。僖公、閔公俱是莊公之子，僖庶子而年長，閔嫡而幼。莊公薨而立閔公爲君，則僖爲臣事閔。閔薨而僖立爲君。僖後雖爲君，而昔是經閔臣。至僖薨，列主應在閔下。而魯之宗人夏父弗忌佞僖公之子文公云：「吾聞新鬼大，故鬼小。」故升僖於閔上，而〔二〕逆祀亂昭穆。故孔子不欲觀之也。

或問禘之説。或人聞孔子不欲觀禘，故問孔子，以求知禘義禮〔三〕舊説也。**子曰：「不知也。**孔子答或人云：不知禘禮舊説也。所以然者，若依舊説而答之，則魯乖禮之事顯；若依魯而説之，則又乖正教。既〔四〕爲魯諱，故云「不知」也。

孔安國曰：「答以不知者，爲魯君諱也。」臣爲國諱惡，則是禮也。

〔一〕「及」，齋本、庫本作「乃」。十三經注疏本禮記亦作「乃」。
〔二〕「而」，齋本、庫本無此字。
〔三〕「禮」，齋本、庫本作「之」。
〔四〕「既」下，齋本、庫本有「欲」字。

知其說者之於天下也，其如示諸斯乎！」孔子爲國諱，而答以「不知」。遂不更〔一〕說，則千載之後，長言禘禮爲聖所不知，此事永絶，故更向或人陳其方便也。言若欲知禘說，其自不難，於天下之人莫不知矣。人人皆知，如示以掌中之物，無不知了者也。故云〔二〕「之於天下也，其如示諸斯」也。斯，此也。此，此孔子掌中也。**指其掌。**此記者所言，以釋孔子語也。孔子既云易知而申掌，又以一手自指所申之掌，以示或人云：其如示諸此也。是孔子自指其掌也。

苞氏曰：「孔子謂或人言：知禘禮之說者，於天下之事，如指示以掌中之物。言其易了也。」

祭如在，此以下二句乃非孔子之言，亦因前而發也。爲魯祭，臣處其君上，是不如在，故明宜如在也。此先說祭人鬼也。人子奉親，事死如事生，是如在。

孔安國曰：「言事死如事生也。」所以祭之，日思親居處咲語及所好樂嗜慾，事事如生存時也。

祭神如神在。此謂祭天地山川百神也。神不可測，而必〔三〕心期對之，如在此也。

〔一〕「不更」，齋本、庫本作「更不」。
〔二〕「故云」下，齋本、庫本有「知其說者」四字。
〔三〕「必」，齋本、庫本無此字。

孔安國曰：「謂祭百神也。」孔所以知前是祭人神〔一〕鬼、後是祭百神者，凡且稱其在，以對不在也。前既直云「如在」，故則知是人鬼，以今之不在對於昔之在也。後既云「祭神如神在」，再稱於神，則知神無存没，期之則在也。

子曰：「吾不與祭，如不祭。」既並須如在，故説〔二〕者引孔子語證成己義也。孔子言：我或疾或行，不得自祭，使人攝之，雖使人代攝，而於我心不盡，是與不祭同也。

苞氏曰：「孔子或出或病，而不自親祭，使攝者爲之，故不致敬〔三〕心，與不祭同也。」

王孫賈王孫賈者，周靈王之孫，名賈也，是時仕衞爲大夫也〔四〕。問曰：「『與其媚於奥，寧媚於竈』，何謂也？」此世俗舊語也。媚，趣向也。奥，内也，謂室中西南角。室向東南開户，西南安牖。牖内隱奥無事，恒尊者所居之處也。竈，謂人家爲飲食之處也。賈仕在衞執政，爲一國之要，能爲人之益，欲自比如竈，雖卑外而實要，爲衆人所急也。又，侍君之近臣以喻奥也。近君之臣，雖近君爲尊，而交無事，如室之奥雖尊而無事也，並於人無益也。時孔子至衞，賈誦此舊語以感切孔子，欲令孔子求媚於己，如人之媚竈

〔一〕「神」，齋本、庫本無此字，是。

〔二〕「説」，齋本、庫本作「記」。

〔三〕「敬」下，齋本、庫本有「於」字。正平版何解此句作「不致敬於心」，邢疏作「不致肅敬於心」。

〔四〕「王孫賈者」至「大夫也」，齋本、庫本放在疏孔安國注處，接於「王孫賈，衛大夫也」句下。

也，故云「與其媚於奥，寧當媚竈」。問於孔子「何謂」，使孔子悟之也。

孔安國曰：「王孫賈，衛大夫也。奥，内也，以喻近臣也。竈，以喻執政也。賈者，執政者也。欲使孔子求昵之，故微以世俗之言感動之也。」昵，猶親近也。欲令孔子求親近於己，故説世俗之言，微以感動之也。

子曰：「不然。獲罪於天，無所禱也。」孔子識賈之詐，故以此言距之也。言我不被時用，是由君命，何能細爲曲情以求於汝輩？譬如世人得罪於天，亦無所細〔一〕祈禱衆邪之神也。

孔安國曰：「天以喻君也。孔子距之曰：如獲罪於天，無所禱於衆神也。」若不依注，則復一釋。欒肇曰：「奥尊而無事，竈卑而有求。時周室衰弱，權在諸侯。賈自周出仕衛，故託世俗言以自解於孔子。孔子曰『獲罪於天，無所禱』者，明天神無上，王尊無二，言當事尊，卑不足媚也。」

子曰：「周監於二代，郁郁乎文哉！周，周代也。監，視也。二代，夏、殷也。郁郁，文章明著也。言以周世比視於夏、殷，則周家文章最著明大備也。吾從周。」周既極備，爲教所須，故孔子欲從周也。

孔安國曰：「監，視也。言周文章備於二代，當從周也。」

〔一〕「細」，齋本、庫本無此字。

子入大〔一〕廟，周公廟也。孔子仕魯助祭，故得入周公廟也。

苞氏曰：「大廟，周公廟也。孔子仕魯，魯祭周公而助祭焉也。」

每事問。大廟中事及物，孔子每事輒問於廟中令長也。或曰：「孰謂鄹人之子知禮乎？入大廟，每事問。」孰，誰也。鄒〔二〕，孔子父叔梁紇所治邑也，故謂孔子爲鄒人子也。世人皆傳孔子知禮，或人疑云：知禮者自當遍識一切，不應有問；今孔子入廟，每事輒問，則是不知禮也。故曰「誰謂鄒人子知禮乎」。

孔安國曰：「鄒，孔子父叔梁紇所治邑也。時人多言孔子知禮，或人以爲知禮者不當復問也。」

子聞之，曰：「是禮也。」孔子聞或人譏己多問，故釋之也。所以云「是禮」者，宗廟事重，不可輕脱，愈知愈問，是敬慎之禮也。

孔安國曰：「雖知之，當復問，慎之至也。」

子曰：「射不主皮，射者，男子所有事也。射乃多種，今云不主皮者，則是將祭擇士之大射也。張布爲棚，而用獸皮帖其中央，必射之取中央，故謂主皮也。然射之爲禮，乃須中質，而又須形容兼美，必使威儀中

〔一〕「大」，齋本同，庫本作「太」，下同。下句「周公」上，齋本、庫本有「大廟」二字。

〔二〕「鄒」，及下文「鄒人子」之「鄒」，齋本、庫本均作「鄹」。邢疏、朱注作「鄹」。「鄒」同「鄹」。

禮，節奏比樂，然後以中皮爲美。而當周衰之時，禮崩樂壞，其有射者無復威儀，唯競取主皮之中。故孔子抑而解之云：射不必在主皮也。

馬融曰：「射有五善：引周禮卿大夫〔一〕射五物之法以證之也。一曰和志，體和也；和志，謂將射必先正志。志和則身體和韻，故云「體和」也。二曰和容，有容儀也；二則使行步舉動和柔，所以有容儀也。三曰主皮，能中質也；先和志，有容儀，後乃取中於質。質即棚也。四曰和頌，合雅頌；射時有歌樂。言雖能中質，而放捨節奏，必令與雅頌之聲和合也。天子以騶虞爲節，諸侯以狸首〔二〕，大夫以菜蘋，士以菜蘩爲節。故孔子云何以射，何以聽，言射節以〔三〕與樂聲合如一也。五曰興武，與舞同也。匪〔四〕唯聲合雅頌而已，乃至使射容與樂儛趣興相會，進退同也。然馬注與鄉射五物小〔五〕異，亦可會也，不須委曲細通。天子有三侯，侯即射棚也。謂棚爲侯者，天子中之以威服諸侯，諸侯

〔一〕「卿」，齋本、庫本作「鄉」，是。十三經注疏本周禮鄉大夫：「退而以鄉射之禮五物詢衆庶，一曰和，二曰容，三曰主皮，四曰和容，五曰興舞。」

〔二〕「狸首」下，齋本、庫本有「爲節」二字；下句「菜蘋」下，齋本、庫本亦有「爲節」二字，是。十三經注疏本禮記射義「狸首」「采蘋」下皆有「爲節」二字。「菜蘋」及下句「菜蘩」之「菜」，齋本、庫本作「采」。「菜」、「采」雖可通用，但此處應以「采」爲勝。

〔三〕「以」，齋本、庫本無此字。

〔四〕「匪」，齋本、庫本作「非」。

〔五〕「小」，齋本、庫本作「少」。

中之則得爲諸侯。故禮云：「謂射之〔一〕爲諸侯也。」尚書云「侯以明之」是也。**以熊、虎、豹皮爲之。**三獸之皮各爲一侯，故有三侯也。所以用此三獸者，三獸雄猛，今取射之，示能伏服猛也。天子大射張此三侯。天子射猛虎，諸侯射熊，卿大夫射豹也。然此注先言熊者，隨語便，無別義也。**言射者不但以中皮爲善，亦兼取之和容也。」**

爲力不同科，爲力，謂力役之事也。科，品也。古者役使人，隨其强弱爲科品，使之有上中下三等。周末則一概使之，無復强弱三科，與古爲異。此明與〔二〕古不同科也。**古之道也。」**射不主皮及爲力不同科二事，皆是古有道之時法也，故云「古之道」也。

馬融曰：「爲力，爲力役事也。亦有上中下，設三科焉，故曰不同科也。」

子貢欲去告朔之餼羊。告朔者，人君每月旦於廟告此月朔之至也。禮：天子每月之〔三〕旦，居於明堂，告其時帝布政，讀月令之書畢，又還大〔四〕廟，告於太〔五〕祖。諸侯無明堂，但告於大廟。並用牲，天子用

〔一〕「謂射之」，齋本、庫本無「謂」「之」二字。十三經注疏本禮記射義：「射侯者，射爲諸侯也。射中則得爲諸侯，射不中則不得爲諸侯。」
〔二〕「與」，齋本、庫本無此字。
〔三〕「之」，庫本無此字。
〔四〕「大」及下文「大廟」之「大」，齋本同，庫本作「太」。
〔五〕「太」，齋本、庫本作「大」。

牛，諸侯用羊。于時魯家昏亂，自魯文公〔一〕而不復告朔。以至子貢之時也，時君雖不告朔，而其國之舊官猶進告朔之羊。子貢見告朔之禮久廢而空有其羊，故使除去其羊也。云〔二〕「餼」者，腥羊也。腥牲曰餼。

鄭玄曰：「牲生曰餼。」鄭注詩云：「牛羊豕爲牲，繫養者曰牢，熟曰雍〔三〕，腥曰餼，生曰牽。」而鄭今云「牲生曰餼」者，當「腥」與「生」是通名也。然必是「腥」也。何以知然者？猶生養，則子貢何以養〔四〕愛乎？政是殺而腥送，故賜愛之也。**禮：人君每月告朔於廟，有祭，謂之朝享也。**告朔之祭，周禮謂爲朝享也。鄭注論語云：「諸侯用羊，天子用牛矣。」侃案，魯用天子禮，告朔應用牛，而今用羊者，天子告朔時帝，事大故用牛，魯不告帝，故依諸侯用羊也。**魯自文公始不視朔，子貢見其禮廢，故欲去其羊也。」**文公是僖公之子也。起文公爲始，而不視告於朔也。始文，經宣、成、襄、昭、定，至哀公。時子貢當於定，未及哀時也。然謂月旦爲朔者，朔者，蘇也，生也，言前月已死，此月復生也。

子曰：「賜也，汝愛其羊，我愛其禮。」孔子不許子貢去羊也。言子貢欲去羊之意，政言既不告朔，徒進羊爲費，故云「愛羊」也。而我不欲去羊者，君雖不告朔，而後人見有告朔之羊，猶識舊有告朔之禮。

〔一〕「魯」，齋本、庫本無此字。
〔二〕「云」，齋本、庫本無此字。
〔三〕「雍」，齋本、庫本作「饔」。「雍」通「饔」，熟肉、熟食曰饔。
〔四〕「養」，齋本、庫本無此字。

今既已不告，若又去羊，則後人無復知有告朔之禮者，是告朔禮都亡已。我今猶欲使人見羊，知其有禮，故云「我愛其禮」也。

子曰：「事君盡禮，人以爲諂也。」 孔安國曰：「羊在，猶所以識其禮也；羊亡，禮遂廢也。」當于今〔一〕時，臣皆佞諂〔二〕阿黨，若見有能盡禮竭忠於君者，因共翻謂爲諂，故孔子明言以疾當時也。

孔安國曰：「時事君者多無禮，故以有禮者爲諂也。」

定公問：「君使臣，臣事君，如之何？」 定公，哀公父也，亦失禮而臣不服。定公患之，故問孔子，求於君使臣、臣事君之法禮也。

孔安國曰：「定公，魯君謚也。時臣失禮，定公患之，故問也。」

孔子對曰：「君使臣以禮，臣事君以忠。」 孔子答，因斥定公也。言臣之從君，如草從風。故君能使臣得禮，則臣事君必盡忠也；君若無禮，則臣亦不忠也。

子曰：「關雎，樂而不婬〔三〕， 關雎者，

〔一〕「今」，齋本、庫本作「爾」。
〔二〕「佞諂」，齋本、庫本作「諂佞」。
〔三〕「婬」及下文諸「婬」字，齋本、庫本作「淫」。「婬」「淫」通。

即毛詩之初篇也。時人不知關雎之義，而横生非毁，或言其婬，或言其傷，故孔子解之也。關雎樂得淑女以配君子，是共爲政風之美耳，非爲婬也，故云「樂而不婬」也。故江熙云：「樂在得淑女，疑於爲色。所樂者德，故有樂而無婬也。」又李充曰：「關雎之興樂得淑女以配君子，憂〔一〕在進賢，不淫其色，是『樂而不淫』也。」**哀而不傷。」**關雎之詩，自是哀思窈〔二〕窕，思賢才故耳，而無傷善之心，故云「哀而不傷」也。故李充曰：「哀窈窕，思賢才，而無傷善之心，是『哀耳〔三〕不傷』也。」

孔安國曰：樂而不至淫，哀而不至傷，言其和也。」鄭玄曰：樂得淑女以爲君子之好仇，不爲淫其色也。寤寐思之，哀世失夫婦之道，不得此人，不爲感〔四〕傷其愛也。

哀公問社於宰我。社，社稷也。哀公見社稷種樹之不同，故問宰我也。哀公，魯君也。宰我，孔子弟子，姓宰，名予，字子我也。鄭論本云「問主」也。**宰我對曰：「夏后氏以松，殷人以柏，周人**

〔一〕「憂」，齋本同，庫本作「樂」。馬國翰輯論語古注論語李氏集注作「憂」。邢疏：「詩序云：『樂得淑女以配君子，憂在進賢，不淫其色。』」
〔二〕「窈」，誤。堂本正誤表以「窈」爲正。下文「窈窕」同。
〔三〕「耳」，堂本正誤表以「而」爲正。
〔四〕「感」，齋本、庫本作「滅」。袁鈞輯鄭玄論語注於「不爲滅傷其愛也」下注曰：「義疏考證曰：詩關雎序疏引哀世三句，無『失之道』三字，滅作減，無『也』字。」

以栗。宰我答，社稷樹三代所居不同，故有松、柏之異也。然夏稱「夏后氏〔一〕」，殷、周稱「人」者，白虎通曰：「夏以揖讓受禪爲君，故褒之稱『后』。后，君也。又重其世，故氏係之也。殷、周以干戈取天下，故貶稱『人』也。」白虎通又云：「夏得禪授，是君與之，故稱『君〔二〕』也。殷、周從人民之心而〔三〕取之，是由人得之，故曰『人』也。」**曰使民戰栗也。」**曰者，謂也。宰我見哀公失德，民不畏服，無戰栗悚敬之心，今欲微諷哀公，使改德修行，故因於答三代木竟，而又矯周樹用栗之義也。言周人所以用栗，謂種栗而欲使民戰栗故也。今君是周人，而社既種栗，而民不戰栗，何也？然謂「曰」爲「謂」者，猶「曰者未仁」及「不曰如何」之類也。

孔安國曰：「凡建邦立社，各以其土所宜之木。出周禮也。然社樹必用其土所宜之木者，社主土生，土生必令得宜，故用土所宜木也。夏居河東，河東〔四〕宜松；殷居亳，亳宜柏；周居酆鎬，酆鎬宜栗也。**宰我不曉其本意〔五〕，妄爲之説。**木在隨土所宜，而宰我妄説其義，是不本其意也。**因周用栗，便云使民戰栗也。」**便謂周〔六〕栗是使民戰栗也。依注意，即不得如先儒言「曰使民戰栗」是哀公

〔一〕「夏」，齋本、庫本無此字。
〔二〕「君」，齋本、庫本作「后」。
〔三〕「而」下，齋本、庫本有「伐」字。
〔四〕「河東」二字，齋本有，庫本無。
〔五〕「不曉其本意」，齋本、庫本作「不本其意」。正平版何解、邢疏亦作「不本其意」。
〔六〕「周」，齋本、庫本作「用」。

語也。

子聞之，孔子聞之宰我説「使民戰栗」之言也。**曰：「成事不説，**聞而説〔一〕宰我也。言種栗是隨土所宜，此事之成箸乎三代，汝今妄説曰「使民戰栗」是壞於禮政，故云「成事不説」也。

苞氏曰：「事已成，不〔二〕復説解。」依注亦得爲向解也。

遂事不諫，此指哀公也。言哀公爲惡已久，而民不戰栗，其事畢遂，此豈汝之可諫止也？

苞氏曰：「事已遂，不可復諫止也。」亦得爲向解也。

既往不咎。」此斥宰我也。言汝不本樹意，而妄爲他説。若餘人爲此説，則爲可咎責；今汝好爲謬失，而此事既已往，吾不復追咎汝也。是咎之深也，猶「於予與何誅」之類也。

苞氏曰：「事既往，不可復追非咎也。」亦得爲向説也〔三〕。**孔子非宰我，故歷言三者，欲使慎其後也。」**然〔四〕此注亦得爲向者之解。又一家云：三語並譏宰我也。故李充曰：「成事不説，而哀釁成矣；遂事不諫，而哀謬遂矣；既往不咎，而哀政往矣。斯似譏宰我，而實以廣道消之慨，盛德衰之

〔一〕「説」，齋本、庫本作「譏」。
〔二〕「不」下，齋本、庫本有「可」字。正平版何解、邢疏、劉氏正義所引亦有「可」字。
〔三〕「亦得爲向説也」，齋本、庫本無此語。
〔四〕「然」，齋本、庫本無此字。

歎。言不咎者，咎之深也。」案李充説，是三事並誡宰我，無令後日復行也。然成、遂、往及説、諫、咎之六字，先後之次，相配之旨，未都可見。師説云：「成是其事自初成之時，遂是其事既行之日，既往指其事已過之後也。事初成不可解説，事政行不可諫止，事已過不可追咎也。先後相配，各有旨也。」

子曰：「管仲之器小哉！」管仲者，齊桓公之相管夷吾也。齊謂之仲父，故呼爲管仲也。器者，謂管仲識量也。小者，不大也。言管仲識量不可大也。

言其器量小也。孫綽曰：功有餘而德不足。以道觀之，得不曰小乎〔一〕？

或曰：「管仲儉乎？」或人聞孔子云管仲器小，便謂管仲慳儉，故問云「儉乎」。

苞氏曰：「或人見孔子小之，以爲謂之大〔二〕儉乎也。」

曰：「管氏有三歸，官事不攝，焉得儉乎？」孔子又答或人，説管仲不儉也。三歸者，管仲娶三國女爲婦也。婦人謂嫁曰歸也。禮：諸侯一娶三國九女，以一大國爲正夫人。正夫人之兄弟女一人，又夫人之妹一人，謂〔三〕之姪娣，姪娣隨夫人來爲妾。又二小國之女來爲媵，媵亦有姪娣自隨。既每國三人，三國故九人也。大夫婚不越境，但一國娶三女也，以一爲正妻，二人姪娣從爲妾也。管仲是齊大夫，而一娶三國

〔一〕「孫綽曰」至「小乎」，齋本、庫本放在解經文處，接於「言管仲識量不可大也」句下。
〔二〕「大」，齋本、庫本作「太」。邢疏作「大」。
〔三〕「謂」，齋本同，庫本作「爲」。下句「姪娣」二字，齋本、庫本無。

九女〔一〕，故云「有三歸」也。又諸侯國大事多，故立官各職，每人輒爲一官。若大夫則不得官官置人，但每〔二〕人輒攝領數事。管仲是大夫，而立官各人，不須兼攝，故云「官事不攝」也。既女多官廣，費用不少，此則非儉者所爲，故云「焉得儉」也。

苞氏曰：「三歸者，娶三姓女也。然媵與夫人與大國宜同姓。今雖三國，政應一姓。而云三姓者，當是誤也。婦人謂嫁爲歸。攝，猶兼也。攝，并也。禮：國君事大，官各有人，大夫并兼。今管仲家臣備職，非爲儉也。」大夫稱家，大夫之臣曰家臣。家臣宜并事，今云「不攝」，是不并，不并是不儉也。家臣謂家相、邑宰之屬也。

曰：「然則管仲知禮乎？」又或人問也。或人聞孔子云不儉，故更問曰：若如此，則是管仲知禮乎？然，猶如此也。

苞氏曰：「或人以儉問，故答以安得儉。或人聞不儉，更謂爲得〔三〕禮也。」

曰：「邦君樹塞門，管氏亦樹塞門；又答或人，云管仲不知禮也。邦國〔四〕，謂諸侯也。樹塞門，

〔一〕「女」，齋本、庫本作「人」。
〔二〕「每」下，齋本、庫本有「一」字。
〔三〕「得」下，齋本、庫本有「知」字，衍。此句邢疏作「便謂爲得禮」，正平版何解作「更謂爲得禮也」。
〔四〕「國」，齋本、庫本作「君」，是。

謂立屏以障隔門，别外内。禮：天子、諸侯並有之也。臣來朝君，至屏而起敬。天子尊遠，故外屏，於路門之外爲之。諸侯尊近，故内屏，於内門之内爲之。今黄門〔一〕閣板障是也。卿大夫以簾，士以帷。又並不得施之〔二〕門，政當在庭階之處耳。管仲是大夫，亦學諸侯，於門立屏，故云「亦樹塞門」也。**邦君爲兩君之好，有反坫，管氏亦有反坫。**又明失禮也。禮：諸侯與鄰國君相見，共於廟飲燕，有反坫之禮。坫者，築土爲之，形如土堆，在於兩楹之間。飲酒行獻酬之禮，更酌，酌畢則各反其酒爵於坫上，故謂此堆爲「反坫」。大夫無此禮，而管仲亦僭爲之，故云「亦有反坫」也。

鄭玄曰：「反坫，反爵之坫也。爵謂杯也。**在兩楹之間。**兩楹者，古者屋當棟下隔之，棟後謂之室，棟前謂之堂。假三間堂，而中央之間堂，無西、東壁，其柱盈盈而立。故謂柱爲楹，東柱爲東楹，西柱爲西楹。西楹之東，東楹之西，即謂此地爲兩楹之間也。**人君有别外内，於門樹屏以敝〔三〕之。**今黄閣用板爲障。古者未必用板，或用土。今大廟中門内作屏障之也。**若與鄰國君爲好會，其獻酢之禮更酌，**初主人酌酒與賓曰獻，賓飲獻畢而酌酒〔四〕與主人曰酢，主人飲酢畢又酌與賓曰

〔一〕「門」，齋本、庫本無此字。
〔二〕「之」下，齋本、庫本有「於」字。
〔三〕「敝」，齋本、庫本作「蔽」。正平版何解、邢疏亦作「蔽」。
〔四〕「酒」，齋本、庫本無此字。

酬。古者賓、主各杯，故云「更酌」也。**酌畢則各反爵於坫上。**既云「各反」，則是各兩爵也。**今管氏〔一〕皆僭爲之如是，是不知禮也。」**卑者濫用尊者之物曰僭也〔二〕。

管氏而知禮，孰不知禮也？」結於答也。孰，誰也。言若謂管仲此事爲知禮，則誰復是不知禮者乎？然孔子稱管仲爲仁及匡齊不用兵車，而今謂爲小，又此二〔三〕失者，管仲中人，寧得圓足，是故雖有仁功，猶不免此失也。今〔四〕李充曰：「齊桓隆霸王之業，管仲成一匡之功，免生民於左衽，豈小也哉？然苟非大才者，則有偏失。好内極奢，桓公之病也。管生方恢仁大勳，弘振風義，遺近節於當年，期遠濟乎千載，寧謗分以要治，不潔己以求名，所謂君子行道忘其爲身者也。漏細行而全令圖，唯大德乃堪之。季末奢淫，愆違禮則。聖人明經常之訓，塞奢侈之源，故不得不貶以爲少〔五〕也。」**子謂〔六〕魯大師樂曰：「樂其可知也已。**魯大師，魯樂師也。魯之國禮樂崩壞，正音不存，故孔子見魯之樂師而語其使〔七〕知正樂之法。故云「樂其可知

〔一〕「氏」，齋本、庫本作「仲」。正平版何解、邢疏亦作「仲」。
〔二〕「卑者」至「僭也」，齋本、庫本無此句。
〔三〕「此二」，齋本、庫本作「有此」。
〔四〕「今」，齋本、庫本無此字。
〔五〕「少」，齋本、庫本作「小」，是。
〔六〕「謂」，齋本、庫本作「語」。正平版何解、邢疏亦作「語」。
〔七〕「其使」，齋本、庫本作「使其」。

也已」。始作，翕如也；此以下並是所語可知之聲也。翕，習也。言正樂初奏，其聲翕習而盛也。

大師，樂官名也。言五音始奏，翕如盛也。

從之，純如也。從，放縱也。言正樂始奏翕習，以後又舒縱其聲，其聲則純一而和諧。言不離折〔一〕散逸也。

從，讀曰縱也。言五音既發，放縱盡其聲，純純如和諧也。

皦如也，言雖純如而如一，其音節又明亮皎皎然也。

言其音節〔二〕明也。

繹如也，繹，尋續也。言聲相尋續而不斷絶也。以成矣。」以成矣〔三〕，奏樂如此，則是正聲一成也。

縱之以純如、皦如、繹如，言樂始於翕如，而成於三者也。三者，純、皦、繹也。

儀封人儀，衛邑名也。封人，守衛邑之堺吏也。周人謂守封壃之人爲封人也。請見，時孔子至衛，而封人是賢者，故謂〔四〕諸弟子，求見於孔子也。

〔一〕「折」，齋本、庫本作「析」，是。

〔二〕「節」下，齋本、庫本有「分」字，衍。正平版何解、邢疏無「分」字。

〔三〕「以成矣」，齋本、庫本無此三字。

〔四〕「謂」，齋本、庫本作「請」。

鄭玄曰：「儀，蓋衛下邑也。封人，官名也。」

曰：「君子之至於斯者，吾未嘗不得見也。」從者見之。此封人請見之辭也。既欲見孔子，而恐諸弟子嫌我微賤，不肯爲通聞，時〔一〕故引我恒例以語諸弟子，使爲我通也。斯，此也。言從來若有君子來至此衛地者，我嘗未〔二〕不得與之相見，言皆見我也。從者，即是弟子隨孔子來者也。聞其言而爲通達，使得見也。

苞氏曰：「從者，是弟子隨孔子行者也，通使得見者也。」

出曰：「二三子何患於喪乎？出，謂封人見孔子竟而出也。二三子，即是向爲封人通聞之弟子也。喪，猶亡失也。封人見竟，出而呼孔子弟子而語之也，云：二三子，汝何所憂患於孔子聖道亡失乎？必不亡失也。天下之無道久矣，此封人又説孔子聖道不亡失之由也。言事不常一，有盛必有衰，衰極必盛。當今天下亂離無道已久，久亂必應復興，興之所寄，政當在孔子聖德之將喪亡也〔三〕。

孔安國曰：「語諸弟子，言何患於夫子聖德將喪亡耶？天下之無道也已久矣，極衰必

〔一〕「時」，齋本、庫本無此字。

〔二〕「嘗未」，齋本、庫本作「未嘗」。

〔三〕此句，齋本、庫本「將」上無「之」字，「亡」下有「之時」二字。

有盛也。」

天將以夫子爲木鐸。」言今無〔一〕道將興，故用孔子爲木鐸以宣令聞也〔二〕。

孔安國曰：「木鐸，施政教時所振也。言天將命孔子制作法度，以號令於天下也。」鐸用銅鐵爲之，若行武教則用銅鐵爲舌，若行文教則用木爲舌，謂之木鐸。將行號令，則執鐸振奮之，使鳴而言所教之事也。故檀弓云：「宰〔三〕執木鐸以命于宮曰：舍故而諱新。」又月令云：「奮木鐸以令兆民曰：雷將發聲。」是其事也。孫綽曰：「達哉〔四〕封人！栖遲賤職，自得於懷抱，一觀大聖，深明於興廢，明道内足，至言外亮。將天假斯人以發德音乎？夫高唱獨發，而無感於當時，列國之君莫救乎聾盲，所以臨文永慨者也。然玄風遐被，大雅流詠，千載之下，若瞻儀形。其人已遠，木鐸未戢，乃知封人之談，信於今矣〔五〕。」

子謂韶：「盡美矣，又盡善矣也。」此詳虞、周二代樂之勝否也。韶，舜樂名也。夫聖人制樂，隨人心而爲名。韶，紹也。天下之民樂舜揖讓紹繼堯德，故舜有天下而制樂名韶也。美者，堪合當時之稱也。善者，理事不惡之名也。夫理事不惡，亦未必會合當時；會合當時，亦未必事理不惡，故美、善有殊也。韶樂

〔一〕「無」，齋本、庫本無此字，是。

〔二〕「聞也」，齋本、庫本作「之」。

〔三〕「宰」下，齋本、庫本有「夫」字，是。十三經注疏本禮記檀弓有「夫」字。

〔四〕「哉」，齋本、庫本作「者」。

〔五〕「孫綽曰」至「今矣」，齋本、庫本放在解經文處，接於「故用孔子爲木鐸以宣令聞也」句下。

所以盡美又盡善，天下萬物樂舜繼堯，從〔一〕民受禪，是會合當時之心，故曰「盡美」也；揖讓而代，於事理無惡，故曰「盡善」也。

韶〔二〕，舜樂名也。謂以聖德受禪，故曰「盡善」也。注不釋「盡美」而釋「盡善」者，釋其異也。

謂武：「盡美矣，未盡善也。」武，武王樂也。天下之民樂武王干戈，故樂名武也。天下樂武〔三〕，武王從民〔四〕伐紂，是會合當時之心，故「盡美」也；而以臣伐君，於事理不善，故云「未盡善」也。

孔安國曰：「武，武王樂也。以征伐取天下之故，曰『未盡善』也。」注亦釋其異也。

子曰：「居上不寬，爲禮不敬，臨喪不哀，吾何以觀之哉？」此說〔五〕當時失德之君也。爲君居上者，寬以得衆，而當時居上者不寬也；又禮以敬爲主，而當時行禮者不敬也；又臨喪以哀爲主，而當時臨喪者不哀。此三條之事並爲乖禮，故孔子所不欲觀，故云「吾何以觀之哉」。

〔一〕「從」上，齋本、庫本有「而舜」二字。
〔二〕「韶」上，齋本、庫本有「孔安國曰」四字。正平版何解作「孔安國曰」，邢疏作「孔曰」。馬國翰將此語輯入論語古注論語孔氏訓解。
〔三〕「武」，齋本、庫本無此字。
〔四〕「民」下，齋本、庫本有「而」字。
〔五〕「此說」，齋本、庫本作「此章譏」。

論語里仁第四

何晏集解　凡廿六章

疏里者，鄰里也。仁者，仁義也。此篇明凡人之性易爲染著，遇善則升，逢惡則墜，故居處宜慎，必擇仁者之里也。所以次前者，明季氏惡由不近仁。今示避惡從善〔一〕，宜居仁里，故以里仁次於季氏也。

子曰："里仁爲美。里者，民之所居處也。周家去王城百里謂之遠郊，遠郊内有六鄉，六鄉中五家爲比，五比爲閭，五閭爲族，五族爲黨，五黨爲州，五州爲鄉。百里外至二百里謂〔二〕之六遂，遂中五家爲鄰，五鄰爲里，四里爲酇，五酇爲鄙，五鄙爲縣，五縣爲遂。二百里外至王畿五百里之内，並同六遂之制也。仁者，博施濟衆也。言人居宅，必擇有仁者之里，所以爲美也。里仁既爲美，則閭仁亦美可知也。

鄭玄曰："里者，民之所居也。居於仁者之里，是爲善也。"文云"美"而注云"善"者，夫美未必善，故鄭深明居仁者里必是善也。

擇不處仁，焉得智？"中人易染，遇善則善，遇惡則惡。若求居而不擇仁里而處之，則是無智之人，故

〔一〕"示"，庫本作"亦"，誤。"徙"，齋本、庫本作"從"，誤。"徙"有"趨向"義，大戴禮記禮察、禮記經解均有"徙善遠罪"之語。

〔二〕"謂"，齋本作"爲"，庫本作"謂"。

云「焉得智」也。

鄭玄曰：「求善居而不處仁者之里，不得爲有智之也。」沈居士曰：「言所居之里，尚以仁地爲美，況擇身所處而不處仁道，安得智乎〔一〕？」

子曰：「不仁者，不可以久處約，此明不仁之人居世無宜也。約，猶貧困也。夫君子處貧愈久，德行無變，若不仁之人久居約，則必斯濫爲盜，故不可久處也。

孔安國曰：「久困則爲非也。」

不可以長處樂也。樂，富貴也。君子富貴愈久，愈好禮不倦。若不仁之人久處富貴，必爲驕溢也。

孔安國曰：「必驕佚也。」

仁者安仁，辨行仁之中有不同也。若禀性自仁者，則能安仁也。何以驗之？假令行仁獲罪，性仁人行之不悔，是「仁者安仁」也。

苞氏曰：「唯性仁者自然體之，故謂安仁也。」

智者利仁。」智者，謂識昭前境而非性仁者也。利仁者，其見行仁者，若於彼我皆利，則己行之；若於我有

〔一〕「沈居士」至「智乎」，齋本、庫本放在解經文處，接於「故云焉得智也」句下。

損，則便〔一〕停止，是「智者利仁」也。

王肅曰：「知者仁爲美，故利行之也〔二〕。」知仁爲美而性不體之，故有利乃行之也。

子曰：「唯仁者，能好人，能惡人。」夫仁人不佞，故能言人之好惡，是能好人能惡人也，「雍也仁而不佞」是也。

孔安國曰：「唯仁者能審人好惡之〔三〕也。」亦得爲向釋也。又一解云：「謂極仁之人也。極仁之人，顏氏是也。既極仁昭，故能識審他人好惡也。」故繆播曰：「仁者，人之極也，能審好惡之表也，故可以定好惡。若未免好惡之境，何足以明物哉？」

子曰：「苟志於仁矣，無惡也。」苟，誠也。言人若誠能志在於仁，則是爲行之勝者，故其餘所行皆善，無復〔四〕惡行也。

孔安國曰：「苟，誠也。言誠能志於仁者，則其餘無惡也。」

〔一〕「便」，齋本、庫本作「使」。

〔二〕「知者仁爲美，故利行之也」，齋本、庫本作「智者知仁爲美，故利而行之也」。正平版何解作「知仁爲美，故利行之也」，邢疏作「知仁爲美，故利而行之」。

〔三〕「之」，齋本、庫本放在上「人」字下。正平版何解無「之」字。邢疏此語作「唯仁者能審人之所好惡」，有「所」字。

〔四〕「復」，齋本、庫本無此字。

子曰：「富與貴，是人之所欲也；富者財多，貴者位高。位高則身〔一〕爲他所愛。夫人生則莫不貪欲此二事，故云「是人所欲」也。**不以其道得之，不處也。**然二途雖是人所貪欲，要當取之以道，則爲可居；若不用道理而得，則不可處也。

孔安國曰：「不以其道得富貴，不〔二〕處也。」「不義而富且貴，於我如浮雲」，是以君子不處也。

貧與賤，是人之所惡也；乏財曰貧，無位曰賤。賤則爲人所欺陵，貧則身困凍餒。此二事者，爲人所憎惡，故云「是人之所惡」也。**不以其道得之，不去也。**若依道理，則有道者宜富貴，無道者宜貧賤，則是理之常道也。今若有道而身反貧賤，此是不以其道而得也。雖非我道而招此貧賤，而亦安之若命〔三〕，不可除去我正道而更作非理邀之，故云「不去」也。

時有否泰，故君子履道而反貧賤，此即〔四〕「不以其道而得之」者也。雖是人之所惡，不可違而去之也。時有否泰，運有通塞，雖所招非己分，而不可違去我正道也。所以顏愿安貧，不更他方橫求也。

〔一〕「身」，齋本、庫本無此字。
〔二〕「不」上，齋本、庫本有「則仁者」三字。邢疏有「則仁者」，正平版何解無。
〔三〕「命」，齋本、庫本作「僉」，誤。
〔四〕「即」，齋本、庫本作「則」。正平版何解亦作「則」。

君子去仁，惡乎成名？此更明不可去正道以求富貴也。惡乎，猶於何也。言人所以得他人呼我爲君子者，政由我爲有仁道故耳。若捨去仁道傍求富貴，則於何處更得成君子之名乎？

孔安國曰：「惡乎成名者，不得成名爲君子也。」

君子無終食之間違仁，終食，食間也。仁既不可去，故雖復飲食之間，亦必心無違離於仁也。造次必於是，造次，急遽也。是，是仁也。言雖復身有急遽之時，亦必心存於仁也。顛沛必於是。」顛沛，僵仆也。言雖身致僵仆，亦必心不違於仁也。

馬融曰：「造次，急遽也。顛沛，僵仆也。僵仆，猶倒踣也。雖急遽、僵仆，不違於仁也。」

子曰：「我未見好仁者，歎世衰道喪仁道絶。言我未見有一人見他人行仁而好之者也。惡不仁者。又言我亦不見一人雖不能自行仁者，若見他人不仁而己憎惡之者也。故范寧曰：「世衰道喪，人無廉恥，見仁者既不好之，見不仁者亦不惡之。好仁惡不仁，我未覩其人也。」好仁者，無以尚之；尚，猶加勝也。言若好仁者，則爲德之上，無復德可加勝此也。故李充曰：「所好唯仁，無物以尚之也。」

孔安國曰：「難復加也。」

惡不仁者，其爲仁矣，好仁者，故不可加善。若知惡憎於不仁者，其人亦即是仁，故云「其爲仁」也。不使不仁者加乎其身。此是惡不仁者之功也。言既能惡於不仁，而身不與親狎，則不仁者不得以非理不仁之事加陵於己身也。一云：「其，其於仁者也。言惡不仁之人雖不好仁，而能惡於不仁者，不欲使不仁之人以非理加於〔一〕仁者之身也。」故李充曰：「不仁，仁者之賊也。奚不惡不仁哉？惡其害仁也。是以爲惜仁人之篤者，不使不仁人加乎仁者之身，然後仁道無適而不申，不仁者無往而不屈也。」

孔安國曰：「言惡不仁者，能使不仁者不加非義於己，不如好仁者無以加尚爲之〔二〕優也。」如前解也。

有能一日用其力於仁者矣乎？我未見力不足者也。又歎世無有一日能行仁者也。言人何意不行仁乎？若有一日行仁而力不足者，我未見有此人也。言只故不行耳，若行之則力必足也。

孔安國曰：「言人無能一日用其力修仁者耳，我未見欲爲仁而力不足者也。」

蓋有之乎，我未之見也。孔子既言無有，復恐爲頓誣於世，故追解之云：世中蓋亦當有一日行仁者，特是自未嘗聞見耳。

孔安國曰：「謙不欲盡誣時人言不能爲仁，故云爲仁能〔三〕有耳，其我未見也。」誣，猶誷也。世有而我云無，是爲誷也。君子可欺不可誷，故云「蓋有之」也。

〔一〕「於」，齋本、庫本作「陵」。

〔二〕「爲之」，齋本、庫本作「之爲」。正平版何解作「爲之」。邢疏此語作「不如好仁者無以尚之爲優」。

〔三〕「仁能」，齋本、庫本作「能仁」。正平版何解此語作「故云爲能有耳」，邢疏作「故云爲能有爾」，無「仁」字。

子曰：「民之過也，各於其黨。過，猶失也。黨，類〔一〕也。人之有失，各有黨類。小人不能爲君子之行，則非小人之失也。猶如耕夫不能耕乃是其失，若不能書，則非耕夫之失也。若責之，當就其輩類責也。**觀過，斯知仁矣。」**若觀人之過，能隨類而責，不求備一人，則知此觀過之人有仁心人也。若非類而責，是不仁人，故云「觀過，斯知仁矣」。

孔安國曰：「黨，黨類也。小人不能爲君子之行，非小人之過也，當恕而無責之。觀過，使賢愚各當其所，則爲仁也。」殷中湛解小異〔二〕於此。殷曰：「言人之過失各由於性類之不同，直者以改邪爲義，失在於寡恕；仁者以惻隱爲誠，過在於容非。是以與仁同過，其仁可知。『觀過』之義，將在於斯者也。」

子曰：「朝聞道，夕死可矣。」歎世無道，故言：假〔三〕使朝聞世有道，則夕死無恨，故云「可矣」。欒肇曰：「道所以濟民。聖人存身，爲行道也。濟民以道，非爲濟身也。故云誠令道朝聞於世，雖夕死可也。傷道不行，且明己憂世不爲身也。」

言將至死不聞世之有道也。

〔一〕「類」上，齋本、庫本有「黨」字。
〔二〕「中湛」，誤。堂本正誤表以「仲堪」爲正。「小異」，齋本、庫本作「少異」。
〔三〕「假」，齋本、庫本作「設」。

子曰：「士志於道而恥惡衣惡食者，未足與議也。」若欲志於道而恥惡衣惡食者，此則是無志之人，故不足與共謀議於道也。一云：「不可與其共行仁義也。」李充曰：「夫貴形骸之内者，則忘其形骸之外矣。是以昔之有道者有爲者，乃使家人忘其貧，王公忘其榮，而況於衣食也？」子曰：「君子之於天下也，無適也，無莫也，義之比[一]也。」范寧曰：「適、莫，猶厚、薄也。比，親也。君子與人無有偏頗厚薄，唯仁義是親也。」

言君子之於天下，無適無莫，無所貪慕也，唯義之所在也。

子曰：「君子懷德，懷，安也。君子身之所安，安於有德之事。

孔安國曰：「懷，安也。」

小人懷土；小人不貴於德，唯安於鄉土，不期利害，是以安不能遷也。

孔安國曰：「重遷也。」重，猶難也。以遷徙爲難，不慕勝而數遷也。一云：「君子者，人君也；小人者，民下也。上之化下，如風靡草。君若化民安德，則下民安其土，所以不遷也。」故李充曰：「凡言君子者，德足軌物，義兼君人，不唯獨善而已也。言小人者，向化從風，博通下民，不但反是之謂也，故曰『君子之德風，

[一]「比」上，齋本、庫本有「與」字。定州漢墓竹簡論語、正平版何解、邢疏亦有「與」字。

小人之德草』也。此言君導之以德，則民安其居而樂其俗，鄰國相望而不相與往來，化之至也。是以大王在岐，下輦成都，仁政感民，猛虎弗避，鍾儀懷土，而謂之君子。然則民之君子，君之小人也。斯言言例也〔一〕。」

君子懷刑，刑，法也。言君子之人安於法則也。

孔安國曰：「安於法也。」

小人懷惠。」惠，恩惠利人也。小人不安法，唯知安利惠也。又一云：「人君若安於刑辟，則民下懷利惠也。」故李充曰：「齊之以刑，則民惠利矣。夫以刑制物者，刑勝則民離；以利望上者，利極則生叛也。」

苞氏曰：「惠，恩惠也。」

子曰：「放於利而行，放，依也。謂每事依財利而行者也。

孔安國曰：「放，依也。每事依利而行之者也。」

多怨。」若依利而行者則爲怨府，故云「多怨」。

孔安國曰：「取怨之道也。」

子曰：「能以禮讓爲國乎，何有？爲，猶治也。言人君能用禮讓以治國，則於國事不難，故云

〔一〕「言言」，齋本、庫本作「言」。「一云」至「例也」，齋本、庫本放在解經文處，接於「是以安不能遷也」句下。

「何有」，言其易也。故江熙曰：「范宣子讓，其下皆讓之。人懷讓心，則治國易也。」

何有者，言不難之也。

不能以禮讓爲國，如禮何？」若昏闇之君，不爲用禮讓以治國，則如治國之禮何？故江熙曰：「不能以禮讓，則下有争心，錐刀之末，將盡争之。唯利是恤，何遑言禮也？」

苞氏曰：「如禮何者，言不能用禮也。」

子曰：「不患無位，患所以立。時多患無爵位，故孔子抑之也。言何患無位，但患己才闇無德以處立於位耳。不患莫己知也，求爲可知也。」又言若有才伎，則不患人不見知也，故云「不患莫己知也」。若欲得人見知，唯當先學才伎，使足人知，故云「求爲可知也」。

苞氏曰：「求善道而學行之，則人知己也。」

子曰：「參乎！呼曾子名，欲語之。參，曾子名也。吾道一以貫之哉。」所語曾子之言也。道者，孔子之道也。貫，猶統也，譬如以繩穿物，有貫統也。孔子語曾子曰：吾教化之道，唯用一道以貫統天下萬理也。故王弼曰：「貫，猶統也。夫事有歸，理有會。故得其歸，事雖殷大，可以一名舉；總其會，理雖博，可以至約窮也。譬猶以君御民，執一統衆之道也。」曾子曰：「唯。」唯，猶今應爾也。曾子曉孔子言，故直應爾而已，不諮問也。

孔安國曰：「直曉不問，故答曰『唯』也。」

子出，當是孔子往曾子處，得曾子答竟後，而孔子出户去。門人問曰：「何謂也？」門人，曾子弟子也。不解孔子之言，故問於曾子也。曾子曰：「夫子之道，忠恕而已矣。」曾子答弟子也，釋於孔子之道也。忠，謂盡忠〔一〕心也。恕，謂忖我以度於人也。言孔子之道，更無他法，政〔二〕用忠恕之心，以已測物，則萬物之理皆可窮驗也。故王弼曰：「忠者，情之盡也；恕者，反情以同物者也。未有反諸其身而不得物之情，未有能全其恕而不盡理之極也。能盡理極，則無物不統。極不可二，故謂之一也。推身統物，窮類適盡，一言而可終身行者，其唯恕也。」

子曰：「君子喻〔三〕義，小人喻於利。」喻，曉也。君子所曉於仁義，小人所曉於財利。故范寧曰：「棄貨利而曉仁義，則爲君子；曉貨利而棄仁義，則爲小人。」

孔安國曰：「喻，猶曉也。」

子曰：「見賢思齊焉，言人若見賢者，當自思修礪，願〔四〕與之齊等也。

苞氏曰：「思與賢者等也。」

〔一〕「忠」，齋本、庫本作「中」。邢疏亦作「中」。

〔二〕「政」，齋本、庫本作「故」。

〔三〕「喻」下，齋本、庫本有「於」字，是。

〔四〕「願」，齋本、庫本放在上句「修」字上。

見不賢者而內自省也。」省，視也。若見人不賢者，則我更視〔一〕我心內，從來所行無此事不也。故范寧曰：「顧探諸己，謂之內省也。」子曰：「事父母幾諫，幾，微也。子事父母，義主恭從。父母若有過失，則子不獲不致極而諫。雖復致諫，猶當微微納進善言，不使額額也。此章下四章明孝〔二〕。

苞氏曰：「幾，微也。言當微諫，納善言於父母也。」

見志不從，又敬而以〔三〕不違，雖許有諫，若見父母志不從己諫，則己仍起敬起孝，且不違距於父母之志，待父母悅，乃更諫也。故禮記云「父母有過，下氣柔聲，怡色以諫。諫若不入，起敬起孝，悅則後〔四〕諫」是也。勞而不怨。」若諫又不從，或至十至百，則己不敢辭己之勞以怨於親也。故禮記云「凡〔五〕雖撻之流血，不敢疾怨」是也。

苞氏曰：「見志者，見父母志有不從己諫之色，則又當恭敬，不敢違父母意而遂己之諫

〔一〕「視」上，齋本、庫本有「自」字。

〔二〕「此章下四章明孝」，齋本、庫本作「此並下四章皆明孝也」。

〔三〕「以」字衍。正平版何解此句作「又敬不違，勞不怨」；定州漢墓竹簡論語作「有敬不違，勞而不怨」；邢疏、朱注、劉氏正義作「又敬不違，勞而不怨」；齋本作「又敬而不違，勞而不怨」。

〔四〕「後」，齋本、庫本作「復」。十三經注疏本禮記內則作「父母有過，下氣怡色，柔聲以諫，諫若不入，起敬起孝，說則復諫」。

〔五〕「凡」，齋本、庫本無此字。十三經注疏本禮記內則作「父母怒，不說，而撻之流血，不敢疾怨」。

也。」然夫諫之爲義，義在愛惜。既在三事同，君親宜一，若有不善，俱宜致諫。今就經記參差，有出没難解。案，檀弓云：「事親有隱無犯，事君有犯無隱。」則是隱親之失，不諫親之過，又諫君之失，不隱君之過，並爲可疑。舊通云：「君親並諫，同見孝經，微進善言，俱陳記傳。故此云『事父母幾諫』，而曲禮云『爲人臣之禮不顯諫』，鄭玄曰『合幾微諫』也，是知並宜微諫也。」又若君親爲過大甚，則亦不得不極於犯顏。故孝經曰：「父有争子，君有争臣。」又内則云：「子之事親也，三諫不從則號泣而隨之。」又云：「臣之事君，三諫不從則逃之。」以經就〔一〕記，並是極犯時也。而檀弓所言，欲顯真假本異，故其旨不同耳。何者？父子真屬，天性莫二，豈父有罪，子向他説也？故孔子曰：「子爲父隱，父爲子隱，直在其中。」故云「有隱」也。而君臣既義合，有殊天然。若言君之過於政有益，則不得不言。如齊晏嬰與晉叔向，共〔二〕言齊晉二君之過，是也。唯值有益乃言之，示〔三〕不恒爲口實。若言之無益，則隱也。如孔子答陳司敗曰「昭公知禮」是也。假使與他言父過有益，亦不得言。或問曰：「春秋傳晉魏戊告於閻没、女寬，言父之過，此豈不亦言乎？」答：「春秋之書非復常準，苟取權宜，不得格於正理也。」又父子天性，義主恭從，所以言無犯，是其本也。而君臣假合，義主匡弼，故云有犯，亦其本也。乃其俱宜有犯，微著事同，是其俱如向釋。又

〔一〕「經就」，齋本、庫本作「就經」。
〔二〕「共」，庫本作「具」。
〔三〕「示」，齋本、庫本作「亦」。

在三有師，檀弓云：「事師無犯無隱。」所以然者，師常居明德無可隱，無可隱故亦無犯也〔一〕。

子曰：「父母在，子〔二〕不遠遊，遊必有方。」方，常也。曲禮云：「爲人子之禮，出必告，反必面，所遊必有常，所習必有業。」是「必有方」也。若行遊無常，則貽累父母之憂也。

鄭玄曰：「方，猶常也。」

子曰：「三年無改於父之道，可謂孝矣。」

鄭玄曰：「孝子在喪，哀戚思慕，無所改其父之道，非心之所忍爲也。」

子曰：「父母之年，不可不知也。人有年多而容少，或有年少而體〔三〕老，此處不可爲定，故爲人子者，必宜知父母之年多少也。**一則以喜，**此宜知年之事也。知父母年高而形猶壯，此是壽考之徵，故孝子所以喜也。**一則以懼。」**年實未老而形容衰減，故孝子所以怖懼也。

孔安國曰：「見其壽考則喜，見其衰老則懼也。」亦得如向解。又一釋：「若父母年實高，而形亦隨而老，此子亦一喜一懼也。見年高所以喜，見形老所以懼也。」而李充之解小異，云：「孝子之事親

〔一〕「然夫諫之爲義」至「無犯也」，齋本、庫本放在解經文處，接於「不敢疾怨是也」句下。

〔二〕「子」，正平版何解、齋本有，定州漢墓竹簡論語、邢疏、朱注、劉氏正義無。

〔三〕「而體」，齋本、庫本作「壯」。下句「處」字，齋本、庫本作「所」。

也，養則致其樂，病則致其憂。憂樂之情深，則喜懼之心篤。然則獻樂以排憂、進歡而去戚者，其唯知父母之年乎？豈徒知年數而已哉？貴其能稱年而致養也。是以唯孝子爲能達就養之方，盡將從之節。年盛則常怡，年衰則消息，喜於康豫，懼於失和，孝子之道備也矣。」

子曰：「古之者言之不妄出也，耻躬之不逮也。」躬，身也。逮，及也。古人不輕出言者，耻躬〔一〕行之不能及也。故子路不宿諾也。故李充曰：「夫輕諾者必寡信，多易者必多難，是以古人難之。」

苞氏曰：「古人之言不妄出口者，爲耻其身行之將不及也。」

子曰：「以約失之者，鮮矣。」鮮，少也。言以儉約自處，雖不得中，而失國家者少也。故顏延之云：「秉小居薄，衆之所與；執多處豐，物之所去也。」

孔安國曰：「俱不得中也，奢則驕，溢則〔二〕招禍，儉約則無憂患也。」

子曰：「君子欲訥於言而敏於行。」訥，遲鈍也。敏，疾速也。君子欲行先於言，故遲言而速行也。

苞氏曰：「訥，遲鈍也。言欲遲鈍，而行欲敏也。」

〔一〕「躬」，齋本、庫本作「身」。

〔二〕「則」，齋本、庫本無此字。正平版何解作「溢則招禍」，邢疏作「佚招禍」，馬國翰輯論語古注論語孔氏訓解作「溢招禍」。

子曰：「德不孤，必有鄰。」言人有德者，此人非孤然，而必有善鄰里。故云〔一〕：「魯無君子者，子賤斯焉取斯乎。」又一云：「鄰，報也。言德行不孤失〔二〕，必爲人所報也。」故殷仲湛〔三〕曰：「推誠相與，則殊類可親；以善接物，物亦不皆忘，以善應之。是以德不孤焉，必有鄰也。」

孔安國曰〔四〕：「方以類聚，同志相求也，故必有鄰也，是以不孤也。」於前解爲便也。

子游曰：「事君數，斯辱矣；朋友數，斯疏矣。」斯，此也。禮不貴褻，故進止有儀。臣非時而見君，此必致恥辱；朋友非時而相往數，必致疏辱〔五〕也。一云：「言數，計數也。君臣計數，必致危辱；朋友計數，必致疏絶也。」

孔安國曰：「數，謂速數之數也。」速而又數，則是不節也。

論語義疏第二　經一千二百一十二字　注一千九百三十一字

〔一〕「云」，齋本、庫本作「也」。
〔二〕「失」，齋本、庫本作「矣」。
〔三〕「湛」，誤，堂本正誤表以「堪」爲正。
〔四〕「孔安國曰」，齋本、庫本無此四字。正平版何解、邢疏亦無。
〔五〕「辱」，齋本、庫本作「遠」。

論語義疏卷第三 公治長 雍也

梁國子助教吴郡皇侃撰

論語公治長第五

何晏集解　凡廿九章

疏公治長者，孔子弟子也。此篇明時無明君，賢人獲罪者也。所以次前者，言公治雖在枉濫縲紲，而爲聖師證明。若不近仁則曲直難辨，故公治次里仁〔一〕也。

子謂公冶長，「可妻也。公治長，弟子也。「可妻」者，孔子欲以女嫁之，故先評論云〔二〕謂「可妻也」。**雖在縲紲之中，非其罪也」。**既欲妻之，故備論其由來也。縲，黑索也。紲，攣也。古者用黑索以攣係罪人也。治長賢人，于時經枉濫，在縲紲之中，雖然，實其非〔三〕罪也。**以其子妻之。**評之既竟，而遂次〔四〕女嫁

〔一〕「里仁」，原倒作「仁里」，此據本書上篇改。
〔二〕「云」，齋本、庫本作「而」。
〔三〕「其非」，齋本、庫本作「非其」。
〔四〕「次」，齋本、庫本作「以」。「次」有「即」「就」義，似亦能解得通。

之也。范寧曰：「公冶行正獲罪，罪非其罪，孔子以女妻之，將以大明衰世用刑之枉濫，勸將來實守正之人也。」孔安國曰：「公冶長，弟子，魯人，姓公冶，名長。范寧曰：「名芝，字子長也。」縲，黑索也。紲，攣也。所以拘罪人也。」別有一書，名之爲論釋，云：「公冶長從衛還魯，行至二堺上，聞鳥相呼往清溪食死人肉。須臾見一老嫗當道而哭，冶長問之，嫗曰：『兒前日出行，于今不反，當是已死亡，不知所在。』冶長曰：『向聞鳥相呼往清溪食肉，恐是嫗兒也。』嫗往看，即得其兒也，已死。即嫗告村司，村司問嫗從何得知之，嫗曰：『見冶長道如此。』村官曰：『冶長不殺人，何緣知之？』因録冶長付獄。主問冶長何以殺人，冶長曰：『解鳥語，不殺人。』主曰：『當試之。若必解鳥語，便相放也；若不解，當令償死。』駐冶長在獄六十日。卒日，有雀子緣獄柵上，相呼嘖嘖嗺嗺，冶長含笑。吏啓主冶長笑雀語，是似解鳥語。主教問冶長：『雀何所道而笑之？』冶長曰：『雀鳴嘖嘖嗺嗺，白蓮水邊有車翻覆黍粟，牡牛折角，收斂不盡，相呼往啄。』獄主未信，遣人往看，果如其言。後又解猪及燕語，屢驗，於是得放。」然此語乃出雜書，未必可信，而亦古舊相傳，云冶長解鳥語，故聊記之。

子謂南容，又評南容也。「邦有道，不廢；邦無道，免於刑戮」。明南容之德也。若遭國君有道，則出仕官，不廢己之才德也；若君無道，則危行言遜，以免於刑戮也。刑戮通語耳，亦含輕重也。以其兄之子妻之。論之既畢，孔子以己兄女妻之也。

王肅曰：「南容，弟子南宮縚也，魯人也，字子容。姓南宮，名縚也，又名閱也。不廢，言見任用也。」然〔一〕昔時講說，好評公冶、南容德有優劣，故女〔二〕妻有己女、兄女之異。侃謂二人無勝負也。卷舒隨世，乃爲有智；而枉濫獲罪，聖人猶然，亦不得以公冶爲劣也。以己女妻公冶、兄女妻南容者，非謂權其輕重，政是當其年相稱而嫁，事非一時在次耳，則可無意其間也。

子謂子賤，亦評子賤也。

孔安國曰：「子賤，魯人，弟子宓不齊也。」

「君子哉若人！通此〔三〕所評之事也。「若人」，如此人也。言子賤有君子之德，故言「君子哉若此人」也。

魯無君子者，斯焉取斯」？因美子賤，又美魯也。焉，安也。斯，此也。言若魯無君子，子賤安得取此君子之行而學之乎？言由魯多君子，故子賤學而得之。苞氏曰：「若人者，若此人也。如魯無君子，子賤安得取此行而學行之？」

子貢問曰：「賜也何如？」子貢聞孔子歷評諸弟子而不及己，己獨區區己分，故因諮問「何如」也。子曰：「汝，器也。」孔子答曰：汝是器用之人也。

〔一〕「然」，齋本、庫本無此字。
〔二〕「女」，齋本、庫本無此字。
〔三〕「通此」，齋本、庫本作「此通」。

孔安國曰：「言汝是器用之人也。」

曰：「何器也？」器有善惡，猶未知己器云何，故更問也。曰：「瑚璉也。」此答定器有善分也。瑚璉者，宗廟寶器，可盛黍稷也。言汝是器中之貴者也。或云君子不器，器者用必偏，瑚璉雖貴而爲用不周，亦言汝乃是貴器，亦用偏也。故江熙云：「瑚璉置宗廟則爲貴器，然不周於民用也。汝言語之士，束修廊廟則爲豪秀，然未必能幹煩務也。器之偏用，此其貴者猶不足多，況其賤者乎？是以玉之碌碌，石之落落，君子皆不欲也。」

苞氏曰：「瑚璉者，黍稷器也。用盛黍稷之飯也。夏曰瑚，殷曰璉，禮記云：「夏之四璉，殷之六瑚。」今云夏瑚殷璉，講者皆云是誤也。故欒肇曰：「未詳也。」周曰簠簋，宗廟器之貴者也。」然夏殷各一名，而其形未測，及周則兩名，其形各異，外方内圓曰簠，内方外圓曰簋，俱容一斗二升。以簠盛黍稷，以簋盛稻粱〔一〕。或問曰：「子貢周人，孔子何不云汝是簠簋，而遠舉夏殷器也？」或通者曰：「夫子近捨當時而遠稱二代者，亦微有旨焉。謂湯武聖德，伊吕賢才，聖德則與孔子不殊，賢才與顔閔豈異？而湯武飛龍，伊吕爲阿衡之任，而孔子布衣洙泗，顔回簞瓢陋巷，論其人則不殊，但是用捨之不同耳。譬此器用則一，而時有廢興者也。」

或曰：「雍也仁而不佞。」或人云：弟子冉雍甚有仁德，而不能佞媚求會時也。

〔一〕「粱」，原誤作「梁」，據齋本、庫本改。

馬融曰：「雍，弟子仲弓名也，姓冉。」

子曰：「焉用佞？距或人也。言人生在世，備仁躬自足，焉作佞偽〔一〕也。禦人以口給，屢憎於民〔二〕。更説佞人之爲惡也。禦，猶對也。給，捷也。屢，數也。言佞者口辭對人，捷給無實，則數爲人所憎惡也。不知其仁也，焉用佞也？」憎佞爲惡之深，故重答距於或人也。

孔安國曰：「屢，數也。佞人口辭捷給，屢爲民〔三〕所憎也。」

子使漆彫開仕。孔子使此弟子出仕官也。對曰：「吾斯之未能信。」彫〔四〕答也。答師稱吾者，古人皆然也。答云：言己學業未熟，未能究習，則不爲民所信，未堪仕也。一云：「言時君未能信，則不可仕也。」故張憑曰：「夫君臣之道，信而後交者也。君不信臣，則無以授任；臣不信君，則難以委質。魯君之誠未洽於民，故曰未敢〔五〕信也。」

孔安國曰：「開，弟子也。漆彫，姓也。開，名也。仕進之道未能信者，未能究習也。」

〔一〕「焉作佞偽」，齋本、庫本作「焉用作佞爲」。

〔二〕「民」，齋本、庫本作「人」。邢疏、朱注、劉氏正義皆作「人」。正平版何解作「屢憎民」。

〔三〕「屢爲民」，齋本、庫本作「數爲人」。邢疏此句作「數爲人所憎惡」。正平版何解此句作「數爲民之所憎之也」。

〔四〕「彫」，齋本、庫本作「開」。

〔五〕「敢」，齋本、庫本作「能」。

子悅。孔子聞開言而欣悅也。范寧曰：「開知其學未習究治道，以此爲政，不能使民信己。孔子悅其志道之深，不汲汲於榮祿也。」

鄭玄曰：「善〔一〕其志道深也。」

子曰：「道不行，乘桴浮於海。桴者，編竹木也。大曰筏，小曰桴。孔子聖道不行於世，故或欲居九夷，或欲乘桴泛海，故曰「道不行，乘桴浮於海」也。從我者，其由也與？」由，子路〔二〕也。言從我浮海者，當時子路俱〔三〕也，故云「其由與」。

馬融曰：「桴，編竹木也。大者曰筏，小者曰桴也。」

子路聞之喜。子路聞孔子唯將己行〔四〕，所以喜也。

孔安國曰：「喜與己俱行也。」

子曰：「由也好勇過我，然孔子本意託乘桴激時俗，而子路信之將行，既不達微旨，故孔子不復更言

〔一〕「善」，齋本、庫本作「喜」。正平版何解作「喜」，邢疏、劉氏正義作「善」。

〔二〕「路」下，齋本、庫本有「名」字。

〔三〕「俱」，齋本、庫本無此字。

〔四〕「唯將己行」，齋本、庫本作「唯將與己俱行」。

其實，且先云「由好勇過我」以戲之也。所以是〔一〕過我者，我始有乘桴之言，而子路便實欲乘此，是勇過我也。**無所取材。」**又言：汝乃勇〔二〕過勝於我，然我無處覓取爲桴之材也。

鄭玄曰：「子路信夫子，欲行，故言好勇過我也。無所取材者，言無所取桴材也。以子路不解微言，故戲之耳。」此注如向釋也。**一曰：「子路聞孔子欲乘桴浮海便喜，不復顧望，故孔子歎其勇曰過我。**此又一通也。此意亦與前不乖也。**無所復取哉，言唯取於己也。**此注則微異也。哉，送句也。言子路信我欲行，而所以不顧望者，言將我入海不復取餘人哉，言唯取己也。**古字材、哉同耳。」**古作材字，與哉字同。故今此字雖作材，而讀義應曰哉也。又一家云：「孔子爲道不行爲譬，言我道之不行，如乘小桴入於巨海，終無濟理也。非唯我獨如此，凡門徒從我者道皆不行，亦並由我故也。子路聞我道『由』，便謂『由』是其名，故便喜也。孔子不欲指斥其不解微旨，故微戲曰『汝好勇過我，我無所更取桴材』也。」

孟武伯問：「子路仁乎？」武伯問孔子云：弟子中有子路，是仁人不乎？**子曰：「不知也。」**孔子答也。所以云「不知」者，范寧曰：「仁道弘遠，仲由未能有之，又不欲指言無仁，非獎誘之教，故託云不知也。」

〔一〕「是」，齋本、庫本作「云」。

〔二〕「乃勇」，齋本、庫本作「勇乃」。下句「處」字，齋本、庫本作「所」。

孔安國曰：「仁道至大，不可全名也。」言子路未能全受此仁名，故云不知也。又問。武伯得答「不知」，而意猶未已，故更問曰：子路定有仁不乎？ 故范寧曰：「武伯意有未愜，或以〔一〕仲尼有隱，故再答〔二〕也。」子曰：「由也，千乘之國，可使治其賦也，賦，兵賦也。孔子得武伯重問，答又直云不知，則武伯未已，故且言其才伎，然後更答以不知也。言子路才勇可使治大國之兵賦，任爲諸侯也〔三〕。孔安國曰：「賦，兵賦也。」不知其仁也。」言唯知其才堪，而猶不知其仁也。「求也何如？」武伯又問孔子弟子冉求其有仁不乎。故云「何如」也。子曰：「求也，千室之邑，百乘之家，可使爲之宰也，亦不答仁，而言求之才亦堪也。千室之邑，卿大夫之邑也。百乘之家，三公采地也。言求才堪爲千室百乘之邑宰也。孔安國曰：「千室之邑，卿大夫之邑也。卿大夫稱家，今不復論夏殷，且作周法。周天子畿内方千里，三公采地方百里，卿地方五十里，大夫地方二十五里。畿外五等，公方五百里，侯方四百里，伯方三百里，子方二百里，男方一百里。舊説：五等之臣，其采地亦爲三等，各依其君國十分爲之。何以

〔一〕「以」，齋本、庫本作「似」。

〔二〕「答」，齋本、庫本作「問」，是。

〔三〕「任爲諸侯也」，齋本、庫本作「仕爲諸侯之臣也」。

然？天子畿千里，既以百里爲三公采，五十里爲卿采，二十五里爲大夫采〔一〕。故畿外準之，上公地方五百里，其臣大采方五十里，中采方二十五里，小采方十二里半。侯方四百里，其臣大采方四十里，次采方二十里，小采方十里也。伯方三百里，其臣大采方三十里，中采方十五里，小采方七里半。子方二百里，其臣大采方二十里，次采方十里，小采方五里。男方百里，其臣大采方十里，次采方五里，小采方二里半也。凡制地方一里爲井，井有三家。若方二里半，有方一里者六，又方半里者一，則合十八家有餘，故論語云「十室之邑」也。其中大小，各隨其君，故或有三百户，是方十里者一；或有千室，是方十里者三有餘也。**諸侯千乘，**謂上公也。**大〔二〕夫故曰百乘也。宰，家臣。」**然百乘之家是三公之采。鄭注雜記及此，並云大夫百乘者，三公亦通有大夫之稱也。

不知其仁也。」亦結答不知其仁也。**「赤也何如？」**武伯又問弟子公西華赤〔三〕有仁不乎。**子曰：「赤也，束帶立於朝，可使與賓客言也，**亦唯答赤之才能也。束帶立於朝，謂赤有容儀，可使對賓客言語也。故范寧曰：「束帶，整朝服也。賓客，鄰國諸侯來相聘享也。」

馬融曰：「赤，弟子公西華也。有容儀，可使爲行人也。」行人，謂宜使爲君出聘鄰國，及接鄰

〔一〕「采」下，齋本、庫本有「地」字，衍。
〔二〕「大」上，齋本、庫本有「卿」字。
〔三〕「赤」，齋本、庫本無此字。

國之使來者也。周禮有大小行人職也。

不知其仁也。」亦不答有仁也。子謂子貢曰：「汝與回也孰愈？」孰，誰也。愈，勝也。孔子問子貢：汝與顏回二人才伎誰勝者也？所以須此問者，繆播曰：「學末尚名者多，顧其實者寡。回則崇本棄末，賜也未能忘名。存名則美着於物，精本則名損於當時，故發問以要賜對，以示優劣也。所以抑賜而進回也。」

孔安國曰：「愈，猶勝也。」

對曰：「賜也何敢望回？回也聞一以知十，賜也聞一以知二。」答孔子以審分也。王弼曰：「假數以明優劣之分，言己與顏淵十裁及二，明相去懸遠也。」張封溪曰：「一者數之始，十者數之終。顏生體有識厚，故聞始則知終。子貢識劣，故聞始裁至二也。」子曰：「弗如也，弗，不也。孔子聞子貢之答分有懸殊，故定之云不如也。吾與汝弗如也。」孔子既答子貢之不如，又恐子貢有怨，故又云吾與汝皆不如也，所以安慰子貢也。

苞氏曰：「既然子貢弗如，釋前弗如也。復云吾與爾[一]俱不如者，蓋欲以慰子貢心也。」

苞意如向解。而顧歡申苞注曰：「回爲德行之俊，賜爲言語之冠，淺深雖殊，而品裁未辨，故使名實無濫，故假問孰愈。子貢既審回賜之際，又得發問之旨，故舉十與二以明懸殊、愚智之異。夫子嘉其有自

[一]「爾」，齋本、庫本作「汝」。正平版何解、邢疏作「女」。

見之明而無矜尅之貌，故判之以『弗如』，同之以『吾與汝』。此言我與爾雖異，而同言『弗如』，能與聖師齊見，所以爲慰也。」侃謂：顧意是言我與爾俱明汝不如也，非言我亦不如也。而秦道賓曰：「爾雅云：『與，許也。』仲尼許子貢之不如也。」

宰予晝寢。寢，眠也。宰予惰學而晝寢〔一〕也。

苞氏曰：「宰予，弟子宰我也。」

子曰：「朽木不可彫也，孔子責宰予晝眠，故爲之作譬也。朽，敗爛也。彫，彫鏤刻畫也。夫名工巧匠所彫刻，唯在好木則其器乃成，若施工於爛朽之木則其器不成，故云「朽木不可彫」。

苞氏曰：「朽，腐也。彫，彫琢刻畫也。」

糞土之牆不可杇〔二〕也。牆，謂牆壁也。杇，謂杇鏝〔三〕之使之平泥也。夫杇鏝牆壁，若牆壁土堅實者，則易平泥光餝耳；若鏝於糞土之牆，則頽壞不平，故云「不可杇」也。所以言此二者，言汝今當晝而寢，不可復教，譬如爛木與糞土〔四〕牆之不可施功也。

〔一〕「寢」，齋本、庫本作「眠」。
〔二〕「杇」，齋本、庫本作「圬」，下同。正平版何解、邢疏、朱注、劉氏正義皆作「杇」。
〔三〕「杇鏝」，齋本、庫本作「圬墁」，下同。
〔四〕「土」，齋本、庫本無此字。

王肅曰：「朽，鏝也。二者喻雖施功猶不成也。」

於予與何誅？」誅，責也。言所責者當責有知〔一〕之人，而今宰予無知，則何責乎？予，宰予。與，語助也。言不足責也，言不足責〔二〕即是責之深也。

孔安國曰：「誅，責也。今我當何責於汝乎？深責之辭也。」然宰我有此失者，一家云：「其是中人，豈得無失？」一家云：「與孔子爲教，故託跡受責也。」故珊琳公曰：「宰予見時後學之徒將有懈廢之心生，故假晝寢以發夫子切磋之教，所謂互爲影響者也。」范寧曰：「夫宰我者升堂四科之流也，豈不免乎晝寢之咎以貽朽糞之譏乎？時無師徒共明勸誘之教，故託夫弊跡以爲發起也。」

子曰：「始吾於人也，聽其言而信其行；始，謂孔子少年時也。孔子歎世醨薄之迹今異昔也，昔時猶可，故吾少時聞於人所言，便信其能有行，故云「而信其行」也。今吾於人也，聽其言而觀其行。今，謂孔子末時也。不復聽言信行，乃更聽言而必又須觀見其行也。於予與改是。」是，此也。言我所以不復聽言信行，而更爲聽言觀行者，起於宰予而改爲此。所以起宰予而改者，我當信宰予是勤學之

〔一〕「知」及下句「知」字，齋本、庫本作「智」。

〔二〕「言不足責」，齋本、庫本無此四字。

人，謂必不懶惰。今忽正〔一〕晝而寢，則如此之徒居然不復可信，故使我並不復信於時人也。

孔安國曰：「改是者，始聽言信行，今更察言觀行，發於宰我晝寢也。」

子曰：「吾未見剛者。」剛，謂性無慾者也。孔子言：我未見世有剛性無慾之人也。或對曰：「申根。」或有人聞孔子說而答之云：魯有姓申名根者，其人剛也。

苞氏曰：「申根，魯人也。」

子曰：「根也慾，焉得剛？」孔子語或人曰：夫剛人性無求，而申根性多情慾，多情慾者必求人，求人則不得是剛，故云「焉得剛」。

孔安國曰：「慾，多情慾也。」

子貢曰：「我不欲人之加諸我也，子貢自願云：我不願〔二〕世人以非理加陵之於我也。吾亦欲無加諸人。」又云：我匪唯願人不以非理加於我，而我亦願不以非理加陵於人也。

馬融曰：「加，陵也。」

子曰：「賜也，非爾所及也。」孔子抑子貢也。言能不招人以非理見加，及不以非理加人，此理深

〔一〕「正」下，齋本、庫本有「直」字，衍。

〔二〕「云我不願」，齋本、庫本無此四字，而有「無」字，即「子貢自願無世人以非理加陵於我也」。

遠，非汝分之所能及也。爾，汝也。故袁氏曰：「加，不得理之謂也。非無過者，何能不加人，人亦不加己？盡得理，賢人也，非子貢之分也。」

孔安國曰：「言不能止人使不加非義於己也。」然不加人，人不加己，並難可能，而注偏釋不加己者，略也。

子貢曰：「夫子之文章，可得而聞也。子貢此歎，顔氏之鑽仰也。但顔既庶幾與聖道相鄰，故云鑽仰之。子貢既懸絶，不敢言其高賢[一]，故自説聞於典籍而已。文章者，六籍也。六籍是聖人之筌蹄，亦無關於魚兔矣。六籍者有文字章著煥然，可修耳目，故云「夫子文章可得而聞也」。

章，明也。文彩形質著見，可得以耳目自修也。然典籍著見可聞可觀，今不云可見，而云可聞者，夫見之爲近，聞之爲遠，不敢言躬自近見，政欲寄於遠聞之而已。

夫子之言性與天道，不可得而聞也已矣。」夫子之言即謂文章之所言也。性，孔子所禀以生者也。天道，謂元亨日新之道也。言孔子六籍乃是人之所見，而六籍所言之旨，不可得而聞也。所以爾者，夫子之性，與天地元亨之道合其德，致此處深遠，非凡人所知，故其言不可得聞也。

性者，人之所受以生者也。人禀天地五常之氣以生曰性。性，生也。天道者，元亨日新之道

[一]「賢」，齋本、庫本作「堅」。

也。元，善也。亨，通也。日新，謂日日不停、新新不已也。謂天善道通利萬物，新新不停者也。言孔子所稟之性與元亨日新之道合德也。深徵〔一〕，故不可得而聞也。與元亨合德，故深微不可得而聞也。或云：此是孔子死後子貢之言也。故大史叔明云：「文章者，六籍是也。性與天道如何注。以此言之與，是夫子死後，七十子之徒追思曩日聖師平生之德音難可復值。六籍即有性與天道，但垂於世者可蹤，故千載之下可得而聞也。至於口說言吐性與天道，蘊藉之深，止乎身者難繼，故不可得而聞也。」侃案：何注似不如〔二〕此，且死後之言，凡者亦不可聞，何獨聖乎？

子路有聞，未〔三〕能行，唯恐有聞。子路稟性果決，言無宿諾，故前有所聞於孔子，即欲修行。若未及能行，則不願更有所聞，恐行之不周，故「唯恐有聞」也。

孔安國曰：「前所聞，未能及得行，故恐後有聞不得並行也。」

子貢問曰：「孔文子何以謂之『文』也？」衛大夫孔叔圉以「文」爲謚，子貢疑其太高，故問〔四〕孔子也。問其何德而謚「文」也。

〔一〕「徵」，誤，堂本正誤表以「微」爲正。

〔二〕「不如」二字原爲空缺，據齋本補。儒藏本有此二字。

〔三〕「未」下，齋本、庫本有「之」字。邢疏有，正平版何解無。

〔四〕「問」下，齋本、庫本有「於」字。

孔安國曰：「孔文子，衞大夫孔叔圉也。文，謚也。」

子曰：「敏而好學，不恥下問，是以謂之『文』也。」答所以謚「文」之由也。敏，疾速也。言孔圉之識智疾速，而所好在學，若有所不知，則不恥諮問在己下之人，有此諸行，故謂爲「文」也。

孔安國曰：「敏者，識之疾也。下問，問凡在己下者也。」

子謂子産，「有君子道四焉：言子産有四德，並是君子之道也。

孔安國曰：「子産，鄭大夫公孫僑也。」

其行己也恭，一也。言其行身己〔一〕於世，常恭從，不逆忤人物也。其事上也敬，是〔二〕二也。人〔三〕若事君親及凡在己上者，必皆用敬也。其養民也惠，三也。言其養民皆用恩惠也。故孔子謂爲「古之遺愛」也。其使民也義」。四也。義，宜也。使民不奪農務，各得所宜也。

子曰：「晏平仲善與人交，言晏平仲與人交結〔四〕有善也。久而人敬之。」此善交之驗也。凡人

〔一〕「身己」，齋本、庫本作「己身」。
〔二〕「是」，齋本、庫本無此字。
〔三〕「人」，齋本、庫本作「言」。
〔四〕「交結」，齋本、庫本作「結交」。

交易絶，而平仲交久而人愈敬之也。孫綽曰：「交有傾蓋如舊，亦有白首如新。隆始者易，克終者難。敦厚不渝，其道可久，所以難也，故仲尼表焉。」

周生烈曰：「齊大夫也。晏，姓也。平，謚也。名嬰也。」

子曰：「臧文仲居蔡，居，猶畜也。蔡，大龜也。禮：唯諸侯以上得畜大龜，以卜國之吉凶，大夫以下不得畜之。文仲是魯大夫，而畜龜，是僭人君禮也。

苞氏曰：「臧文仲，魯大夫臧孫辰也。文，謚也。蔡，國君之守龜也，出蔡地，因以爲名。國君守國之龜出蔡地，因呼龜爲蔡也。長尺有二寸。蔡地既出大龜，龜長尺二寸者，因名蔡也。居蔡，僭也。」大夫亦得卜用龜，龜〔一〕小者也，不得畜蔡也。文仲畜之，是僭濫也。

山節藻棁，此奢侈也。山節者，刻柱頭露節爲山，如今拱〔二〕斗也。藻棁者，畫梁上侏儒柱爲藻文也。人君居室無此禮，而文仲爲之，故爲奢也。宮室之餝，士去首去本，大夫達稜，諸侯斲〔三〕而礱之，天子加密石焉。出穀梁傳。

苞氏曰：「節者，栭也，刻鏤爲山也。言刻栭柱頭爲山也。栭是梁上柱名也。棁者，梁上楹

〔一〕「龜」，齋本、庫本作「之」。

〔二〕「拱」，誤，堂本正誤表以「栱」爲正。

〔三〕「斲」，齋本、庫本作「刻」。

也，梁上楹即是檽，檽即侏儒柱也。苞兩而言之，當是互明之也。刻檽頭爲山也，畫檽身爲藻文也。又有一本注云：「山節者，刻薄〔一〕櫨爲山也。」畫爲藻文，言其奢侈也。」若以注意，則此是非僭也。正言是奢侈失禮，人君無此禮，故不僭也。棁，梁上侏儒柱也。此注爲便。鄭注明堂位亦云：「刻薄櫨爲山也〔二〕。」

何如其智也？」時人皆謂文仲是有智之人，故孔子出其僭奢之事而譏時人也，故云「何如其智也」。

孔安國曰：「非時人謂以爲智也。」

子張問曰：「令尹子文令尹，楚官名也。子文爲楚令尹，故曰「令尹子文」也。

孔安國曰：「令尹子文，楚大夫。姓鬬，名穀〔三〕，字於菟。」楚鬬伯比外家是邧國，其還外家，通舅女生子，既恥之，仍遂擲於山草中。此女之父獵還，見虎乳飲小兒，因取養之。既未知其姓名，楚人謂乳爲教〔四〕，謂虎爲於菟（音塗〔五〕），此兒爲虎所乳，故名之曰教於菟也。後知其是伯比子，故呼爲鬬教於菟也。後長大而賢，仕楚爲令尹之官。范寧曰：「子文，是謚也。」

〔一〕「薄」及下行「薄」字，誤，堂本正誤表以「欂」爲正。
〔二〕「棁」至「山也」二十四字，齋本、庫本無。
〔三〕「穀」，齋本、庫本作「㝅」，是。
〔四〕「教」，誤。齋本、庫本作「㝅」，是。下二「教」字同。
〔五〕「塗」上，齋本、庫本有「烏」字。

三仕爲令尹，無喜色；文子經仕楚，三遇〔一〕爲令尹之官，而顏色未曾喜也。三已之，無愠色。已，謂黜止也。文子作令尹，經三過被黜，而亦無愠恚之色也。舊令尹之政，必以告新令尹。雖三過被黜，每被黜受代之時，必以令尹舊政令告語新人，恐〔二〕其不知解也。何如也？」子張問孔子：令尹行如此，是謂何人也？子曰：「忠矣。」孔子答言。臨代以舊〔三〕，此是爲臣之忠者也。李充曰：「進無喜色，退無怨色，公家之事，知無不爲，忠臣之至也。」曰：「仁矣乎？」子張又問孔子：如子文之行，可得謂爲仁不乎？曰：「未知，焉得仁？」孔子答曰：唯聞其忠，未知其何由得爲仁乎？

孔安國曰：「但聞其忠事，未知其仁也。」李充曰：「子玉之敗，子文之舉，舉以敗國，不可謂智也，賊夫人之子，不可謂仁。」侃謂：李爲不智不及注也〔四〕。

「崔子弒齊君，崔子，齊大夫崔杼也。弒其君，莊公也。云「弒」者，夫上殺下曰「殺」，殺名爲早〔五〕也；下

〔一〕「遇」，齋本、庫本作「過」。
〔二〕「恐」，齋本、庫本作「怨」，誤。
〔三〕「舊」下，齋本、庫本有「告新」二字。
〔四〕「李充曰」至「注也」，齋本、庫本放在解經文處，接於「孔子答曰：唯聞其忠，未知其何由得爲仁乎」句下。此段中的「侃謂李爲」，齋本、庫本作「侃案李謂爲」。
〔五〕「早」，齋本、庫本作「卑」，是。

殺上曰「弒」，弒，試也。下之害上，不得即而致殺，必先相試以漸。故易曰：「臣殺〔一〕君，子殺父，非一朝一夕，其所從來久矣，如履霜以至堅冰也。」**陳文子有馬十乘，**陳文子亦齊大夫也。十乘，四十匹馬〔二〕也。四馬共乘一車，故十乘有四十匹也。**棄而違之。**文子見崔杼弒〔三〕君，而己力勢不能討，故棄四十疋馬而違去此國，更往他邦。

孔安國曰：「皆齊大夫也。崔杼作亂，陳文子惡之，捐其四十疋馬，違而去之也。」捐猶棄，放也。

至於他邦，則又〔四〕曰：『猶吾大夫崔子也。』于時天下並亂，國國皆惡。文子棄馬而去，復便〔五〕至他邦，而所至之國亦亂，與齊不異，故曰「猶吾大夫崔子也」。**違之。**違，去也。文子所至新國又惡，故又去之也。**之至一〔六〕邦，**之，往也。去所至新國，更復往一邦也。**則又曰：『猶吾大夫崔子也。』**

〔一〕「殺」及下句「殺」字，齋本、庫本作「弒」；下句「一朝一夕」下，齋本、庫本有「之故」二字；「久」，齋本、庫本作「漸」。易坤文言曰：「臣弒其君，子弒其父，非一朝一夕之故，其所由來者漸矣。」

〔二〕「馬」，齋本、庫本無此字。

〔三〕「弒」，齋本、庫本作「殺」。下句「疋」字，齋本、庫本作「匹」。

〔四〕「又」，齋本、庫本無此字。邢疏、朱注、劉氏正義無「又」字。正平版何解有「又」字。

〔五〕「便」，齋本、庫本作「更」。

〔六〕「一」，齋本作「他」，庫本作「一」。邢疏、朱注、劉氏正義作「之一邦」。正平版何解作「至一邦」，無「之」字。

去初所至，更往一國，一國復昏亂，又與齊不異，故又曰「猶吾大夫崔子也」。**違之。**己復更去也。**何如？」**子張更問孔子，言文子捨馬三至新邦，屢違之事如此，可謂爲何人也？**子曰：「清矣。」**清，清潔也。顏延之曰：「每適又違，潔身者也。」**曰：「仁矣乎？」**子張又問：若如此文子之行，則可謂爲仁不乎？**曰：「未知，焉得仁？」**答子張曰：其能自去，只可得清，未知所以得名爲仁也。

孔安國曰：「文子避惡逆，去無道，求有道。當春秋時，臣陵其君，皆如崔杼，無有可止者也。」孫綽曰：「大哉仁道之弘！以文子平粹之心，無借之誠。文子疾時惡之篤，棄馬而逝，三去亂邦，坐不暇寧，忠信有餘，而仁猶未足。唯顏氏之子，體仁無違，其亞聖之目乎？」李充曰：「違亂求治，不汙其身，清矣。而所之無可，驟稱其亂，不如寧子之能愚、蘧生之可卷，未可謂智也。潔身而不濟世，未可謂仁也。」李謂爲未智，亦不勝爲未知也〔一〕。

季文子三思而後行。言文子有賢行，舉事必三過思之也。**子聞之曰：「再思，斯可矣。」**孔子美之，言若〔二〕文子之賢，不假三思，唯再思此則可也。斯，此也。

鄭玄曰：「季文子，魯大夫季孫行父也。文，謚也。文子忠而有賢行，其舉事寡過，不

〔一〕「孫綽曰」至「未知也」，齋本、庫本放在解經文處，接於「未知所以得名爲仁也」句下。

〔二〕「若」下，齋本、庫本有「如」字，恐衍。

必及三思也。」有一通云：「言再過二思而〔一〕則可也。」又季彪曰：「君子之行，謀其始，思其中，慮其終，然後允合事機，舉無遺算。是以曾子三省其身，南容三復白圭，夫子稱其賢。且聖人敬慎於教訓之體，但當有重耳，固無緣有減損之理也。時人稱季孫，名過其實，故孔子矯之，言季孫行事多闕，許其再思則可矣，無緣乃至三思也。此蓋矯抑之談耳，非稱美之言也〔二〕。」

子曰：「寧武子，美〔三〕武子德也。**馬融曰：「衛大夫寧喻〔四〕也。武，謚也。」邦有道則智，**言武子若值邦君有道，則肆己智識以贊明時也。**邦無道則愚。**若值國主無道，則卷智藏明，詐〔五〕昏同愚也。**其智可及也，**是其中人識量當其肆智之目，故爲世人之可及也。**其愚不可及也。」**時人多衒聰明，故智識有及於武子者，而無敢詳愚隱智如武子者，故云「其愚不可及也」。**孔安國曰：「詳愚似實，故曰不可及也。」**詳，詐也。王朗曰：「或曰：『詳愚蓋運智之所得。緣有

〔一〕「而」，齋本、庫本無此字。
〔二〕「有一通云」至「之言也」，齋本、庫本放在解經文處，接於「斯，此也」句下。
〔三〕「美」上，齋本、庫本有「此章」二字。
〔四〕「喻」，齋本、庫本作「俞」。邢疏、朱注、劉氏正義亦作「俞」。正平版何解作「喻」。
〔五〕「詐」，齋本、庫本作「詳」。「詳」通「佯」。

此智，故能有此愚，豈得云同其智而闕其愚哉？』答曰：『智之爲名，止於布德尚善，動而不黜者也，愚無預焉。至於詳愚，韜光潛綵，恬然無用。支流不同，故其稱亦殊。且智非足者之目可有，雖審其顯，而未盡其愚者矣。』」孫綽曰：「人情莫不好名，咸貴智而賤愚，雖治亂異世，而矜鄙不變。唯深達之士，爲能晦智藏名以全身遠害。飾智以成名者易，去華以保性者難也。」

子在陳，曰：「歸與！歸與！ 孔子周流〔一〕，在陳最久，將欲反魯，故發此辭。再言「歸與歸與」者，欲歸之意深也。**吾黨之小子狂簡，斐然成章，不知所以裁之也。」** 此是欲歸之辭也。所以不直歸而必有辭者，客住既久，主人無薄，若欲去無辭，則恐主人生愧，故託爲此辭以申客去之有由也。吾黨者，謂我鄉黨中也。小子者，鄉黨中後生末學之人也。狂者，直進無避者也。簡，大也，大謂大道也。斐然，文章貌也。孔子言我所以欲歸者，爲我鄉黨中有諸末學小子，狂而無避，進取正經大道，輒妄穿鑿，斐然以成文章，皆不知其所以，輒自裁斷，此爲謬誤之甚，故我當歸爲裁正之也。**孔安國曰：「簡，大也。孔子在陳，思歸欲去，故曰吾黨之小子狂者，進趨於大道，妄穿鑿以成文章，不知所以裁制，我當歸以裁制之耳。遂歸。」** 趨，取也。大道，正經也。既狂，故取正典穿鑿之也。

〔一〕「周流」下，齋本、庫本有「諸國」二字。

子曰：「伯夷、叔齊不念舊惡，怨是用希。」此美夷、齊之德也。念，猶識録也。舊惡，故憾也。希，少也。人若録於故憾，則怨恨更多，唯夷、齊豁然忘懷。若人有〔一〕犯己，己不怨録之，所以與人怨少也。

孔安國曰：「伯夷、叔齊，孤竹君之二子也。孤竹，國名也。」孤竹之國，是殷湯正月三日丙寅日所封，其子孫相傳至夷、齊之父也。父姓墨台，名初，字子朝。伯夷名允，字公信。叔齊名致，字公達。伯夷大而庶，叔齊小而正，父薨，兄弟相讓，不復立也。

子曰：「孰謂微生高直？于時世人多云微生高用性清直。而孔子譏之，故云「孰謂微生高直」也。孰，誰也。

孔安國曰：「微生，姓也，名高，魯人也。」

或人〔二〕乞醯焉，舉微生非直之事也。醯，酢酒也。有〔三〕人就微生乞醯者也。**乞諸其鄰而與之。」**諸，之也。時微生家自無醯，而爲乞者就己鄰有醯者乞之，以與或人也。直人之行，不應委曲，今微生高用意委曲，故其譏〔四〕非直也。

〔一〕「人有」，齋本、庫本作「有人」。
〔二〕「人」，齋本、庫本無此字。正平版何解、邢疏、朱注、劉氏正義亦無「人」字。
〔三〕「有」上，齋本、庫本有「或」字。
〔四〕「其譏」，齋本、庫本作「譏其」。

孔安國曰：「乞之四鄰以應求者，用意委曲，非爲直人也。」四鄰，四面鄰里之家也。

子曰：「巧言、令色、足恭，謂己用恭情少，而爲「巧言、令色、足恭」之者也。繆協曰：「恭者從物，凡人近情，莫不欲人之從己，足恭者以恭足於人意，而不合於禮度，斯皆適人之適而曲媚於物也。」

孔安國曰：「足恭，便僻之貌也。」

左丘明恥之，丘亦恥之。左丘明，受春秋於仲尼者也。其既良直，故凡有可恥之事，而仲尼皆從之爲恥也。「巧言、令色、足恭」，是可恥之事也。

孔安國曰：「左丘明，魯大夫〔一〕也。」

匿怨而友其人，匿，藏也。謂心藏怨而外詐相親友者也。

孔安國曰：「心内相怨，而外詐親也。」

左丘明恥之，丘亦恥之。」亦從左丘明〔二〕恥也。范寧曰：「藏怨於心，詐親於形外。楊子法言曰：『友而不心，面友也。』亦丘明又〔三〕所恥。」顏淵、季路侍。季路即子路也，次第是季。侍，侍孔子。卑在

〔一〕「魯大夫」，齋本、庫本作「魯大史」。邢疏作「魯太史」。正平版何解作「魯大夫」。

〔二〕「左」，齋本、庫本無此字。

〔三〕「又」，齋本、庫本作「之」。馬國翰輯論語古注論語范氏注作「之」。

尊側曰侍也。子曰：「盍各言爾志？」盍，何不也。孔子話顏、路曰：汝二人何不各言汝心中所思乎也？子路曰：「願車馬，衣輕裘，與朋友共，弊之而無憾。」弊，敗也。憾，恨也。子路性決，言朋友有通財，車馬衣裘共乘服，而無所憾恨也。

孔安國曰：「憾，恨也。」一家通云：「『而無憾』也，言願我既乘服朋友衣馬而不慚憾也。」故殷仲堪曰：「施而不恨，士之近行也。若乃用人之財，不覺非己，推誠闇往，感思不生，斯乃交友之至，仲由之志與也〔一〕。」

顏淵曰：「願無伐善，有善而自稱曰伐善也。顏淵所願，願己行善而不自稱，欲潛行而百姓日用而不知也。李充曰：「自伐者無功，自矜者不莊。」

孔安國曰：「自無稱己善也。」

無施勞。」又願不施勞役之事於天下也。故鑄劍戟爲農器，使子貢無施其辯〔二〕、子路無厲其勇也。

孔安國曰：「無以勞事置施於人也。」

子路曰：「願聞子之志。」二子說志既竟，而子路又云願聞孔子志也。古稱師曰「子」也。子曰：

〔一〕「一家」至「與也」，齋本、庫本放在解經文處，接於「而無所憾恨也」句下。

〔二〕「辯」，齋本、庫本作「辨」。「辯」通「辨」。

「老者安之，朋友信之，少者懷之。」孔子答也。願己爲老人所〔一〕見撫安，朋友必見期信，少者必見思懷也。若老人安己，己必是孝敬故也；朋友信己，己必是無欺故也；少者懷己，己必有慈惠故也。繆肇曰：「敬長故見安，善誘故可懷也。」

孔安國曰：「懷，安也。」

子曰：「已矣乎！吾未見能見其過而内自訟者也。」已，止也。止矣乎者，歎此以下事久已無也。訟，猶責也。言我未見人能自見其所行事有過失，内〔二〕自責者也。

苞氏曰：「訟，猶責也。言人有過莫能自責者也。」

子曰：「十室之邑，必有忠信如丘者焉，不如丘之好學者也已。」丘，孔子名也。孔子自稱名，言十室爲邑，其中必有忠信如丘者焉也，但無如丘之好學耳也。孫綽曰：「夫忠信之行，中人所能存全，雖聖人無以加也。學而爲人，未足稱也，好之至者必鑽仰不怠，故曰：『有顔回者好學，今也則亡。』今云十室之學不逮於己，又曰：『我非生而知之，好古敏而求耳。』此皆陳深崇於教，以盡汲引之道也。」一家云：「十室中若有忠信如丘者，則其餘焉不如丘之好學也。言今不好學，不忠信耳。」故衛瓘曰：「所以忠信不如丘者，

〔一〕「所」，齋本、庫本作「必」。
〔二〕「内」上，齋本、庫本有「而」字。

由不能好學如丘耳。苟能好學，則其忠信可使如丘也。」

論語雍也第六　　　　　　　　　　　　　　　何晏集解　凡卅章

雍〔一〕，孔子弟子也。明其才堪南面而時不與也。所以次前者，其雖無横罪，亦是不遇之流。横罪爲切，故公冶前明，而雍也爲次也。

子曰：「雍也可使南面。」南面，謂爲諸侯也。孔子言冉雍之德可使爲諸侯也。

苞氏曰：「可使南面者，言任諸侯可使治國故〔二〕也。」

仲弓問子桑伯子。仲弓，即冉雍也。問孔子曰：有人名子桑伯子，此是何人也？

王肅曰：「伯子，書傳無見也。」言書傳不見有子桑伯子也。

子曰：「可也簡。」可，猶可謂也。簡，謂踈大無細行也。孔子答曰：伯子人〔三〕身所行可謂踈簡也。

〔一〕「雍」上，齋本有「疏」字。據全書體例，「疏」字當有。

〔二〕「故」，齋本、庫本作「政」。邢疏作「包曰：『可使南面者，言任諸侯治』」。經典釋文曰：「一本無『治』字，一本作『言任諸侯治國也』。」正平版何解作「言任諸侯可使治魯也」。

〔三〕「人」，齋本、庫本作「之」。

以能其簡〔一〕，故曰可也。言伯子能爲簡略之行，故云「可也」。

仲弓曰：「居敬而行簡，以臨其民，不亦可乎？孔子答曰伯子所行可謂踈簡，故仲弓更諮孔子，評伯子之簡不合禮也。將説其簡不合於禮，故此先説於合禮之簡也。言人若居身有敬而寬簡，以臨下民，能如此者乃爲合禮，故云「不亦可乎」。言其可也。

孔安國曰：「居身敬肅，臨下寬略，則可也。」

居簡而行簡，無乃大簡乎？」此説伯子之簡不合禮也。而伯子身無敬，而以簡自居，又行簡對物，對〔二〕物皆無敬，而簡如此，不乃大簡乎？言其簡過甚也。

苞氏曰：「伯子之簡，大簡也。」

子曰：「雍之言然。」雍論簡既是，故孔子然許之也。虞喜曰：「説苑曰：『孔子見伯子，伯子不衣冠而處，弟子曰：「夫子何爲見此人乎？」曰：「其質美而無文繁，吾欲説而文之。」孔子去，子桑伯子門人不説，曰：「何爲見孔子乎？」曰：「其質美而文繁，吾欲説而去其文。」』故曰：『文質修者謂之君子，有質而無文謂之易野。』子桑伯子易野，欲同人道於牛馬，故仲尼曰『大簡〔三〕』也。」

〔一〕「以能其簡」，齋本、庫本作「以其能簡」。正平版何解亦作「以其能簡」。邢疏作「孔曰：『以其能簡，故曰可也』」。
〔二〕「對」，齋本、庫本無此字。
〔三〕「簡」下，齋本、庫本無「也」字，而有「無文繁吾欲説而文之」九字。

哀公問曰：「弟子孰爲好學？」哀公問孔子，諸弟子之中誰爲好學者。**孔子對曰：「有顔回者好學，**答曰：弟子之中唯有顔回好學。**不遷怒，**此舉顔淵好學分滿所得之功也。凡夫識昧，有所瞋怒，不當道理，唯顔回學至庶幾，而行藏同於孔子，故識照以道，怒不乖中，故云「不遷」。遷，猶移也。怒必是理不遷移也。**不貳過，**但不能照機，機非己所得，故於己成過。凡情有過必文，是爲再過。而回當機時不見己，乃有過，機後即知。知則不復文飾以行之，是「不貳」也。故易云「顔氏之子其殆庶幾乎！有不善未嘗不知，知之未曾復行」是也。然學至庶幾，其美非一，今獨舉怒、過二條者，蓋有以爲當時哀公濫怒貳過，欲因答寄箴者也。**不幸短命死矣。**凡應死而生曰幸，應生而死曰不幸。若顔子之德，非應死而今死，故曰「不幸」也。命者，稟天所得以生，如受天教命也。天何言哉？設言之耳。但命有短長，顔生所得短者也。不幸而死，由於短命，故曰「不幸短命死矣」。**今也則亡，**亡，無也。言顔淵既已死，則無復好學者也。然游、夏文學著於四科，而不稱之，便謂無者，何也？游、夏非體之人，不能庶幾，尚有遷有貳，非關喪予。唯顔生鄰亞，故曰無也。**未聞好學者也。」**好學庶幾曠世唯一，此士難重得，故曰「未聞」也。

凡人任情，喜怒違理，未得坐忘，故任情不能無偏，故違理也。**顔淵任道，怒不過分。**過猶失也。顏子〔一〕道同行捨，不自任己，故曰「任道」也。以道照物，物豈逃形？應可怒者皆得其實，故無失分也。**遷者，移也。怒當其理，不移易也。**照之故當理，當理而怒之，不移易也。**不貳過者，有不善未嘗得〔二〕行也。**即用易繫爲解也。未嘗復行，謂不文飾也。

子華使於齊，子華，弟子，字冉也〔三〕，姓公西，名赤。有容儀，故爲使往齊國也。但不知時爲魯君之使、爲孔子之使耳。**冉子爲其母請粟。**冉子，冉求也。其母，子華母也。請粟，就孔子請粟也。時子華既出使，而母在家，冉有由朋友之情，故爲子華之母就孔子請粟也。**子曰：「與之釜。」**孔子得冉求之情，故命與粟一釜。釜容六斗四升也。

馬融曰：「子華，弟子公西華。赤，字也。六斗四升曰釜也。」春秋〔四〕昭公三年冬，晏子曰：「齊舊四量，豆、甌〔五〕、釜、鍾。四升爲豆，各自加其四以登於釜。釜十則鍾。」案：如玆說，是四升爲豆，四豆爲甌，甌斗六升也。四甌爲釜，釜六斗四升，如馬注也。若鍾則六斛四斗也。

〔一〕「子」下，齋本、庫本有「與」字。

〔二〕「得」，齋本、庫本作「復」，是。正平版何解、邢疏亦作「復」。

〔三〕「弟子字冉也」，齋本、庫本作「弟子公西赤字也」。

〔四〕「春秋」下，齋本、庫本有「傳」字。

〔五〕「甌」，庫本作「區」。左傳作「區」。

請益。冉求嫌一釜之少，故更就孔子請益也。**曰：「與之庾。」**冉子既請益，故孔子令與之庾也。庾，十六斗也。然初請唯得六斗四升，請益而得十六斗，是益多於初。如爲不次，政恐益足前釜以成十六斗也。

苞氏曰：「十六斗爲庾也。」然案苞注十六斗爲庾，與賈氏注國語同，而不合周禮。周禮旊人職云：「豆實三而成觳。」鄭云：「豆實四升，則觳實一斗二升也。」又陶人職云：「庾實二觳。」案：如陶旊二文，則庾二斗四升矣。而苞氏注曰「十六斗爲庾」，即是聘禮之籔也。聘禮「十六斗曰籔」，不知苞、賈當别有所出耳。

冉子與之粟五秉。十六斛曰秉，五秉八十斛也。孔子與粟既竟，故冉子又自以己粟八十斛與之也。

馬融曰：「十六斛爲秉，五秉合八十斛也。」聘禮云：「十斗曰斛，十六斗曰籔，十籔曰秉。」是馬注曰與同也[一]。

子曰：「赤之適齊也，乘肥馬，衣輕裘。孔子説我所以與少，又説冉求不應與多意也。肥馬，馬之食穀者也。輕裘，裘之皮精毛軟及新綿爲著者也。若家貧，則馬不食穀而瘦，裘用麤皮毛强而故絮爲著，緼袍是也。今子華往使於齊，去時所乘馬肥，其所衣裘輕軟，則是家富，其母不乏也。**吾聞之也：君子周急不繼富。」**孔子曰：吾聞舊語，夫君子施但周贍人之急者耳，不係繼足人爲富蓄也。

[一]「是馬注曰與同也」，齋本、庫本作「是馬注與聘禮之籔同也」。

鄭玄曰：「非冉求與之太多也。」非猶譏也。孔子此語，是譏冉求與子華母粟之太多也。然舊説疑之：子華之母，爲當定乏？爲當定不乏？若實乏而子華肥輕，則爲不孝，孔子不多與，是爲不仁；若不乏而冉求與之，則爲不智。誰爲得失？舊通者云：「三人皆得宜也。子華中人，豈容己乘肥馬衣輕裘而令母乏？必不能然矣。且夫子明言不繼富，則知其家富也。實富而冉求爲請與多者，明朋友之親有同己親，既一人不在，則一人宜相共恤故也。今不先直以己粟與之，而先請於孔子者，己若直與，則人嫌子華母有乏，故先請孔子。孔子再與，猶不至多，明不繼富也。己故多與，欲招不繼富之責，是知華母不乏也。華母不乏而已與之，爲於朋友之義故也。不乏尚與，況乏者也？」

原思爲之宰，弟子原憲也。孔子爲魯司寇，有菜〔一〕邑，故使原思爲邑宰也。

苞氏曰：「弟子原憲也。思，字也。孔子爲魯司寇，以原憲爲家邑宰也。」余見鄭注本云：「孔子初仕魯爲中都宰，從中都宰爲司空，從司空爲司寇也。」

與之粟九百，九百，九百斗也。原憲既爲邑宰，邑宰宜得禄，故孔子以粟九百斗〔二〕與之也。**辭。**原性廉讓，辭不受粟也。

〔一〕「菜」，齋本、庫本作「釆」。
〔二〕「斗」，齋本、庫本無此字。

孔安國曰：「九百，九百斗也。辭，讓不受也。」漫云九百，而孔必知九百斗者，孔子〔一〕政當嫌九百升爲少，九百斛爲多，故應是斗也。宜與粟五秉亦相類也。

子曰：「毋！原辭不肯受，故孔子止之也。毋，毋辭也。孔安國曰：「禄法所得〔二〕當受，無以讓也。」以與爾鄰里鄉黨乎！」又恐原憲不肯受，故又説云：汝莫辭，但受之，若無用，當還分與爾鄰里鄉黨也。此是示賢人仕官潤澤州鄉之教也。鄭玄曰：「五家爲鄰，五鄰爲里，萬二千五百家爲鄉，五百家爲黨也。」内外互言之耳。鄰里在百里之外，鄉黨在百里之内也〔三〕。

子謂仲弓曰：此明不以父無德而廢子之賢也。仲弓父劣，當是于時爲仲弓父劣而不用仲弓，故孔子明言之也。范寧曰：「謂，非必對言也。」「犂牛之子騂且角，爲設譬也。犂，牛〔四〕文也。雜文曰犂。（或

〔一〕「子」，齋本、庫本無此字。
〔二〕「得」，齋本、庫本無此字。正平版何解亦無此字。邢疏此語作「孔曰：『禄法所得，當受無讓』」。
〔三〕「内外」至「之内也」，齋本、庫本放在解經文處，接於「潤澤州鄉之教也」句下。
〔四〕「牛」，齋本、庫本無此字。

音狸，狸，雜文也。或音犁〔一〕，犁謂耕犁也。）騂，赤色也，周家所貴也。角，角周正，長短尺寸合禮也。言假令犁牛而生好子，色角合禮也。**雖欲勿用，山川其舍諸？」**勿猶不也。舍猶棄也。言犁牛生好子，子既色角悉正，而時人或言：此牛出不佳之母，急欲捨棄此牛而不用，特祭於鬼神，則山川百神豈薄此牛母惡而棄捨其子，遂不歆饗此祭乎？必不捨矣。譬如仲弓之賢，其父雖劣，若遭明王聖主，豈爲仲弓父劣而捨仲弓之賢，不用爲諸侯乎？明必用也。故鯀則殛死，禹乃嗣興，是也。

犁，雜文也。騂，赤色也。角者，角周正中犧牲也。雖欲以其所生犁而不用，山川寧肯捨之乎？言父雖不善，不害於其子之美也。 然周禮牧人職云：「凡陽祀用騂牲毛之，陰祀以黝特毛之，望祀各以其方之色牲毛之。」鄭云：「陽祀，祭天於南郊及宗廟也。陰祀，祭地北郊及社稷也。望祀，五嶽四鎮四瀆也。」然今云山川者，趣舉言之也。若南方則用赤，是有其方色也。且既云山川，則宗廟亦可知，亦互之也〔二〕。

子曰：「回也，其心三月不違仁，仁是行盛，非體仁則不能，不能者心必違之，能不違者唯顏回耳。既不違則應終身，而止舉三月者，三月一時，爲天氣一變，一變尚能行之，則他時能可知也。亦欲引汲，故不

〔一〕「犁」，齋本、庫本作「梨」。

〔二〕「然周禮」至「互之也」，齋本、庫本放在解經文處，接於「禹乃嗣興是也」句下。「然周禮」之「然」字，齋本、庫本作「案」。「互之也」，齋本、庫本作「互言之也」。

言多時也。故苞述云：「顏子不違仁，豈但一時？將以勗羣子之志，故不絶其階耳。」其餘則日月至焉而已矣。」其餘謂他弟子也。爲仁並不能一時，或至一日，或至一月，故云「日月至焉而已也」。

言餘人暫有至仁時，唯回移時而不變也。既言三月不違，不違故知移時也。

季康子問：「仲由可使從政也與？」仲由，子路也。魯卿季康子問孔子曰：子路可使從政爲官長諸侯不也？子曰：「由也果，答康子，説子路才行可爲政也。言子路才性果敢，能決斷也。於從政乎何有？」既解決斷，則必能從政也。何有，言不足有也。故衛瓘曰：「何有者，有餘力也。」

苞氏曰：「果，謂果敢決斷也。」

曰：「賜也可使從政也與？」又問孔子曰：子貢可使從政不也？子曰：「賜也達，亦答才能也。言賜能達於物理也。於從政乎何有？」既達物理，故云亦〔一〕「何有」也。

孔安國曰：「達，謂通於物理也。」

曰：「求也可使從政也與？」又問孔子

〔一〕「云亦」及下段之「云亦」，齋本、庫本作「亦云」，是。

曰：冉求何如？**曰**〔一〕**：「求也藝，**又答才能也。言求多才能也。孔安國曰：「藝，謂多才能也。」**於從政乎何有？」**有才能，故云亦「何有」也。**季氏使閔子騫爲費宰。**弟子閔損也。費，邑也〔二〕，季氏菜邑也。時季氏邑宰叛，聞閔子騫賢，故遣使召之爲費宰也。孔安國曰：「費，季氏邑也。季氏不臣，强僭於魯，故曰「不臣」也。而其邑宰叛〔三〕，其邑宰即公山不擾〔四〕也，亦賢人也。見季氏惡，故叛也。所以後引云「公山不擾以費叛，召，子欲往」是也。聞閔子騫賢，故欲用也。」**閔子騫曰：「善爲我辭焉！**子騫賢，不願爲〔五〕惡人爲宰，故謂季氏之使者云：汝還〔六〕好爲我作辭。辭於季氏，道我不欲爲宰之意也。

〔一〕「曰」上，齋本、庫本有「子」字。正平版何解亦有「子」字。邢疏、朱注無「子」字。

〔二〕「邑也」，齋本、庫本無此二字。下句「菜邑」，齋本、庫本作「采邑」。

〔三〕「叛」上，齋本、庫本有「數」字。邢疏亦有「數」字。正平版何解無「數」字。

〔四〕「公山不擾」，齋本、庫本作「公山弗擾」，下同。

〔五〕「爲」，齋本、庫本作「與」。

〔六〕「還」下，齋本、庫本有「可善」二字。

孔安國曰：「不欲爲季氏宰，語使者曰：善爲我〔一〕辭說，令不復召我也。」

如有復我者，復，又也。子騫曰：汝若不能爲我作善辭，而令有使人〔二〕來召我者，語在下也。

孔安國曰：「復我者，重來召我也。」

則吾必在汶上矣。」汶，水名也。汶〔三〕在魯北齊南。子騫時在魯，謂使者云：若又來召我，我當北渡汶水之上，往入齊也。

孔安國曰：「去之汶水上，欲北如齊也。」

伯牛有疾，伯牛，弟子冉耕字也，魯人。有疾，時其〔四〕有惡疾也。

馬融曰：「伯牛，弟子冉耕也。」

子問之，孔子往問伯牛之疾差不也。自牖執其手，牖，南窓也。君子有疾，寐於北壁下東首。今師來，故遷出南窓下，亦東首，令師從户入於床北，得面南也。孔子恐其惡疾不欲見人，故不入户，但於窓上而執其手也。

苞氏曰：「牛有惡疾，不欲見人，故孔子從牖執其手也。」

〔一〕「我」下，齋本、庫本有「作」字。正平版何解亦有「作」字。邢疏無「作」字。
〔二〕「人」，齋本、庫本作「又」。
〔三〕「汶」，齋本、庫本無此字。
〔四〕「時其」，齋本、庫本無此二字。

曰：「亡之，亡，喪也。孔子執其〔一〕手而曰喪之，言牛必死也。命矣夫！孔安國曰：「亡，喪也。疾甚，故持其手曰喪也。」亦是不幸之流也。言如汝才德實不應死，而今喪之，豈非稟命之得矣夫。矣夫，助語也。斯人也而有斯疾也！斯人也而有斯疾也！」斯，此也。言有此善人而嬰此之惡疾，疾與人反，故歎之也。再言之者，痛歎〔二〕之深也。

苞氏曰：「再言之者，痛惜之甚也。」

子曰：「賢哉，回也！美顏淵之賢行，故先言「賢哉回也」。一簞食，一瓢飲，簞，竹筥之屬也，用貯飯。瓢，瓠片也，匏持盛飲也。言顏淵食不重餚，及無彫鏤之器，唯有一簞食一瓢飲而已。

孔安國曰：「簞，笥也。以竹爲之，如箱篋之屬也。瓢，瓠也。」

在陋巷，不顧爽塏而居處之，在窮陋之巷中也。人不堪其憂，凡人以此爲憂而不能處，故云「不堪其憂」也。回也不改其樂。顏回以此爲樂，久而不變，故云「不改其樂」也。賢哉，回也！」美其樂道

〔一〕「其」，齋本、庫本作「牛」。

〔二〕「歎」，齋本、庫本作「惜」。

情篤，故歎〔一〕始末言賢也。

孔安國曰：「顏淵樂道，雖簞食在陋巷，不改其所樂也。」所樂則謂道也。

冉求曰：「非不悅子之道，力不足也。」冉求諮孔子曰：求之心誠非不喜悅夫子之道，而欲行之，只才力不足，無如之何也。子曰：「力不足者，中道而廢。孔子抑冉求無企慕之心也。言汝但學不行之矣，若行之而力不足者，當中道而廢住〔二〕耳，莫發初自誠不能行也。今汝畫。」畫，止也。汝今云力不足矣，是汝自欲止耳。

孔安國曰：「畫，止也。力不足者，當中道而廢，今汝自止耳，非力極也。」

子謂子夏曰：「汝爲君子儒，無爲小人儒。」儒者，濡也。夫習學事久則濡潤身中，故謂久習者爲儒也。但君子所習者道，道是君子儒也。小人所習者矜誇，矜誇是小人儒也。孔子語子夏曰：當爲君子儒，不得習爲小人儒也。

馬融曰：「君子爲儒，將以明其道。小人爲儒，則矜其名也。」

〔一〕「歎」，齋本、庫本無此字，是。

〔二〕「住」，齋本、庫本無此字。「住」有「停止」、「停住」義，與「廢」連用，能够解得通。

子游爲武城宰。弟子子游也〔一〕，時爲武城邑宰也。

苞氏曰：「武城，魯下邑也。」

子曰：「汝得人焉耳乎哉？」孔子問子游言：汝作武城宰，而武城邑民有好德行之人爲汝所得者不乎？故云「汝得人焉耳乎哉」。故袁氏曰：「謂得其邦之賢才不也。」

孔安國曰：「焉耳乎哉，皆辭也。」

曰：「有儋臺滅明〔二〕者，行不由徑，答爲宰而所得邑中之人也。儋臺滅明亦孔子弟子也。言滅明每事方正，故行出皆不邪徑於小路也。一云：「滅明德行方正，不爲邪徑小路行也。」非公事，未嘗至〔三〕偃之室也。」公事，其家課稅也。偃，子游名也。偃之室，謂子游所住邑之廨舍也。子游又言：滅明既方正，若非常公稅之事，則不嘗無事至偃住處也。舉其明不託狎倚勢於朋友也。

苞氏曰：「儋臺，姓，滅明，名也，字子羽。言其公且方也。」公謂非公事不至偃室。方謂不由徑。

子曰：「孟之反不伐，魯臣也。不伐謂有功不自稱也。

〔一〕「弟子子游也」，齋本、庫本作「子游，弟子言偃字也」。
〔二〕「儋」，齋本、庫本作「澹」，下同。邢疏、朱注亦作「澹」。
〔三〕「至」下，齋本、庫本有「於」字。邢疏、朱注亦有「於」字。

孔安國曰：「魯大夫孟之側也。與齊戰，軍大敗。不伐者，不自伐其功也。」此不伐之源。魯哀公十一年，魯師及齊師戰〔一〕郊之事也，見春秋也。余見鄭注本，姓孟，名之側，字之反也。**奔而殿，**此不伐之事也。軍前曰啓，軍後曰殿。于時魯與齊戰，魯軍大敗退奔，而孟之側獨住軍後爲殿，以捍衛奔者，故曰「奔而殿」也。**將入門，策其馬，**門，魯國門也。策，杖也。初敗奔時在郊，去國門遠，孟之側在後。及還將至入國門，而孟之側杖馬令在奔者前也。然六籍唯用馬乘車，無騎馬之文，唯又〔二〕曲禮云「前有車騎」，是騎馬耳。今云策其馬，不知爲馬〔三〕爲乘車也。**曰：『非敢後也，馬不進也。』」**其既在後，而國人皆迎之，謂正〔四〕有功。己不欲獨受其功，故將入門，杖馬而云：我非敢在後距敵，政是馬行不進，故在後耳。所以杖馬，示馬從來不進也。

馬融曰：「殿，在軍後者也。前曰啓，後曰殿。孟之反賢而有勇，軍大奔，獨在後爲殿。故停軍後，爲捍敵也。**人迎爲功之，**在國人迎軍見其在後，而爲謂〔五〕之有功，故云「功之」也。**不欲**

〔一〕「戰」下，齋本、庫本有「于」字。下句「春秋」下，齋本、庫本有「傳」字。
〔二〕「又」，齋本、庫本無此字。
〔三〕「馬」上，齋本、庫本有「騎」字。
〔四〕「正」，齋本、庫本作「已」。
〔五〕「爲謂」，齋本、庫本作「謂爲」。

獨有其名，故云：我非敢在後距敵也，馬不能前進耳。」前，猶進也。

子曰：「不有祝鮀之佞，而有宋朝之美，難乎免於今之世矣！」祝鮀能作佞也。宋朝，宋國之美人，善能婬欲者也。當于爾時，貴佞重婬，此二人並有其事，故曰〔一〕得寵幸而免患難。故孔子曰：言人若不有祝鮀佞，反宜有宋朝美，若二者並無，則難免今世之患難也。故范寧曰：「祝鮀以佞諂被寵於靈公，宋朝以美色見愛於南子。無道之世，並以取容。孔子惡時民濁亂，唯佞色是尚，忠正之人不容其身，故發『難乎』之談，將以激亂俗，亦欲發明君子全身遠害也。」

孔安國曰：「佞，口才也。祝鮀，衛大夫，名子魚也。時世貴之。貴其能佞也。宋朝，宋國之美人也，而善婬。于時在衛，通靈公夫人南子也。言當如祝鮀之佞，而反〔二〕如宋朝之美，難矣免於今世之害也。」一本云：「反如宋朝之美也。」通者云：「佞與婬異，故云反也。」

子曰：「誰能出不由户者？何莫由斯道也？」道，先王之道也。人生得在世，皆由於先王

〔一〕「曰」，齋本、庫本無此字。

〔二〕「反」，齋本、庫本作「及」。陸德明經典釋文出「及如」曰：「一本『及』字作『反』，義亦通。」正平版何解、邢疏作「反」。孔安國語意爲：「應當如祝鮀之口才，而相反如宋朝之色淫者的話，則難免世害。」作「反」是。孔安國的理解與經文「子曰：不有祝鮀之佞，而有宋朝之美，難乎免於今之世矣」不符，孔子的本意是説：衛國不僅有祝鮀一類的巧言諂媚者，還有宋朝一類的以美色獲寵者，既然國君夫婦寵愛這類人，當今之世受其禍害是難免的了。

道理而通，而世人多違理背道，故孔子爲譬以示解時惑也。言人之在室，出入由户而通，亦如在世由道理而生。而人皆知出室由户，而未知在世由道，故云「誰能出不由户，何莫由斯道也」。莫，無也。斯，此也。故范寧云：「人咸知由户而行也，莫知由學而成也。」

孔安國曰：「言人立身成功當由道，譬猶〔一〕人出入要當從户也。」

子曰：「質勝文則野，謂凡行禮及言語之儀也。質，實也。勝，多也。文，華也。言〔二〕實多而文飾少則如野人，野人，鄙略大樸也。

苞氏曰：「野如野人，言鄙略也。」

文勝質則史，史，記書史也。史書多虛華無實，妄語欺詐，言人若爲事多飾少實，則如書史也。

苞氏曰：「史者，文多而質少也。」

文質彬彬，然後君子。」彬彬，文質相半也。若文與質等半，則爲會時之君子也。

苞氏曰：「彬彬，文質相半之貌也。」

〔一〕「猶」，齋本、庫本作「由」，誤。正平版何解、邢疏作「猶」。
〔二〕「言」下，齋本、庫本有「若」字。

子曰：「人生也直，言人得〔一〕生居世者，必由直行故也。故李充曰：「人生之道，唯人〔二〕身直乎？」馬融曰：「言人之所以生於世而自終者，以其正直之道也。」自終，謂用道故不横夭殤也。罔之生也幸而免。」罔謂爲邪曲誣罔者也。應死而生曰幸。生即由直，若有誣罔之人亦得生世者，獲是〔三〕幸而免死耳。故李充曰：「失平生之道者，則動之死地矣。必或免之，善由於幸耳。故君子無幸而有不幸，小人有幸而無不幸也。」苞氏曰：「誣罔正直之道而亦生，是幸而免也。」

子曰：「知之者不如好之者，謂學者深淺也。知之，謂知學問有益者也。好之，謂欲學〔四〕之以爲好者也。夫知有益而學之，則不如欲學之以爲好者也。故李充曰：「雖知學之爲益，或有計而後知學利在其中，故不如好之者篤也。」好之者不如樂之者。」樂謂歡樂之也。好有盈厭，故不如性歡而樂之，如顔淵樂在其中也。故李充曰：「好有盛衰，不如樂之者深也。」苞氏曰：「學問知之者不如好之者篤，好之者又不如樂之者深也。」

〔一〕「得」下，齋本、庫本有「全」字，衍。
〔二〕「人」，齋本、庫本作「其」。
〔三〕「獲是」，齋本、庫本作「是獲」。
〔四〕「學」上，齋本、庫本有「好」字。

子曰：「中人以上，可以語上也；中人以下，不可以語上也。」此謂爲教化法也。師説云：就人之品識大判有三，謂上中下也。細而分之則有九也，有上上、上中、上下也，又有中上、中中、中下也，又有下上、下中、下下也，凡有九品。上上則是聖人，聖人不須教也。下下則是愚人，愚人不移，亦不須教也。而可教者，謂上中以下、下中以上凡七品之人也。今云「中人以上可以語上」，即以上道語於上分也。「中人以下不可以語上」，雖不可語上，猶可語之以中及語之以下。何者？夫教之爲法，恒導引分前也。聖人無待〔一〕於教，故以聖人之道可以教顔，以顔之道可以教閔，斯則「中人以上可以語上」也。又以閔道可以教中品之上，此則中人亦可語上也。又以中品之上道以〔二〕教中品之中，又以中品之中道教中品之下，斯即中人亦有可以語之以中也。又以中品之下道教下品之上，斯即中人以下可以語中。又以下品之上道教下品之中，斯即中人以下可以語下也。此云「中人以上」、「中人以下」，大略言之耳。既有九品，則第五爲正中人也。以下即六七八也，以上即四三二也。

王肅曰：「上謂上知之人所知也。兩舉中人，以其可上可下也。」若分九品，則第五以上可以語上，第五以下不可語上。今但應云中人以上可以語上，以下不可語上。而復云「中人以下」，是再舉中人也。所以爾者，明中人之大分有可上可下也。若「中人之上，可以語上；中人之下，不可語上」，故再言中人也。又一云：「中人若遇善師則可上，若遇惡人則

〔一〕「待」，齋本、庫本作「須」。
〔二〕「以」，齋本、庫本無此字。

可下，故再舉中人，明可上可下也。」

樊遲問智。問孔子爲智之道也。子曰：「務民之義，答曰：若欲爲智，當務在化導民之義也。

王肅曰：「務所以化導民之義也。」

敬鬼神而遠之，鬼神不可慢，故曰「敬鬼神」也。可敬不可近，故宜「遠之」也。可謂智矣。」如上二事則可爲智也。

苞氏曰：「敬鬼神而不瀆也。」瀆猶數近也。

問仁。樊遲又問爲仁也。子曰：「仁者先難而後獲，可謂仁矣。」獲，得也。言臣心〔一〕先歷爲難事，而後乃可得禄受報，則是仁也。若不先勞事而食，則爲不仁。故范寧曰：「艱難之事則爲物先，獲功之事而處物後，則爲仁矣。」

孔安國曰：「先勞苦乃後得功，此所以爲仁也。」

子曰：「智者樂水，陸特進曰：「此章極弃〔二〕智仁之分也。凡分爲三段：自『智者樂水仁者樂山』爲第一，明智仁之性。又『智者動仁者静』爲第二，明智仁之用。先既有性，性必有用也。又『智者樂仁者壽』爲第

〔一〕「心」，齋本、庫本作「必」。

〔二〕「弃」，齋本、庫本作「辨」，是。

三，明智仁之功。己有用，用宜有功也。」今第一明智仁之性，此明智性也。智者，識用之義也。樂者，貪樂之稱也。水者，流動不息之物也。智者樂運其智化物，如水流〔一〕之不息，故「樂水」也。

苞氏曰：「智者樂運其才智以治世，如水流而不知已之也。」

仁者樂山。此章〔二〕明仁者之性也。仁者，惻隱之義；山者，不動之物也。仁人之性，願四方安静如山之不動，故云「樂山」也。

仁者樂如山之安固，自然不動，而萬物生焉也。

智者動，此第二明用也。智者何故如水耶？政自欲動進其識，故云「智者動」也。

苞氏曰：「自進故動也。」

仁者静。仁者何故如此〔三〕耶？其心寧静故也。

孔安國曰：「無欲故静也。」

智者樂，第三明功也。樂，懽也。智者得運其識，故得從心而暢，故懽樂也。

〔一〕「水流」，齋本、庫本作「流水」。
〔二〕「章」，齋本、庫本作「即」。
〔三〕「此」，齋本、庫本作「山」。

鄭玄曰：「智者自役得其志，故樂之也。」

仁者壽。」性靜如山之安固，故壽考也。然則仁既壽亦[一]樂，而智樂不必壽，緣所役用多故也。

苞氏曰：「性靜故壽考也。」

子曰：「齊一變至於魯，魯一變至於道。」大公[二]封於營丘之地，爲齊國。周公封於曲阜之地，爲魯國。周公大聖，大公大賢，賢聖既有優劣，雖同致太平，而其化不得不微異，故末代二國，齊有景公之昏闇，魯有定公之寡德。然其國猶有望、旦之遺風，故禮記云：「孔子曰：『吾捨魯何適耶？』」明魯猶勝餘國也。今孔子歎其君之並惡，故有此言也。言若齊有明君一變，便得如魯之太平之日；魯有明君一變，便如大道時也。此是引汲之教耳，實理則不然矣。若明君興之，政當得各如其初，何容得還淳反本耶？

苞氏曰：「言齊、魯有大公、周公之餘化也。大公大賢，周公聖人，今其政教雖衰，若有明君興之者，齊可使如魯，魯可使如大道行之時也。」

子曰：「觚不觚，觚，禮酒器也。禮云：觚酌酒「一獻之禮，賓主百拜」。此則明有觚之用也。當于爾時，用觚酌酒，而沈湎無度，故孔子曰「觚不觚」也。故王肅曰：「當時沈湎于酒，故曰『觚不觚』，言不知禮也。」蔡

[一]「亦」，齋本、庫本作「不」，誤。

[二]「大公」，齋本、庫本作「太公」，下同。

謨曰：「酒之亂德，自古所患，故禮説三爵之制，尚書著明酒誥之篇，易有濡首之戒，詩列賓筵之刺，皆可〔一〕以防沈湎。王氏之説是也。觚失其禮，故曰『觚不觚』，猶言君臣不君臣耳。」

馬融曰：「觚，禮器也。一升曰爵，二〔二〕升曰觚也。」

觚哉！觚哉！」言用觚之失道也，故重曰「觚哉觚哉」。

觚哉觚哉，言非觚。何此注亦得同王、蔡之釋也。以喻爲政而〔三〕不得其道則不成也。如何此注，則與王、蔡小異也。何意言用觚不得其道，則非復觚德。譬如人所爲不得其道者，則事亦不成也。若欲知氣味，何説則特前「觚不觚」如王、蔡之釋，後云「觚哉觚哉」，自因前以寄後，喻事不乖王、蔡，而有兼得之美也。故褚仲都曰：「作觚而不用觚法，觚終不成，猶爲政而不用政法，豈成哉？疾世爲政不用政〔四〕，故再言焉。」

宰我問曰：「仁者，雖告之曰『井有仁者焉』，其從之與？」宰我欲極觀仁者之懷，故假斯以問也。言有人告於仁者云：彼處有仁者墮井，而仁者常救人於急難，當自投入井救取之不耶？

〔一〕「可」，齋本、庫本作「所」。

〔二〕「二」，齋本、庫本作「三」。説文謂「觴受三升者謂之觚」，廣雅謂「二升曰觚」，古解有歧。

〔三〕「而」，齋本、庫本無此字。邢疏亦無「而」字。正平版何解有「而」字。

〔四〕「政」下，齋本、庫本有「法」字。

孔安國曰：「宰我以爲仁者必濟人於患難，故問有仁人墮井，將自投下從而出之乎？否乎？欲極觀仁人憂樂之所至也。」

子曰：「何爲其然也？孔子距之，故云「何爲其然也」。言仁者雖復救濟，若審有人墮井，當爲方計出之，豈容自投從之？君子可逝也，不可陷也；逝，往也。陷，没也。言聞有人墮井乃可往看之耳，不遂投井取之也。

苞氏曰：「逝，往也。言君子可使往視之耳，不肯自投從〔一〕之耳。」

可欺也，不可罔也。」欺者，謂遥相語也。罔者，謂面相誣也。初彼來見告云：井中有仁人，我往視之，是可欺也。既至，井實無人，不可受〔二〕通而自投入井，是不可罔也。

馬融曰：「可欺者，可使往也。不可罔者，不可得誣罔令自投下也。」或問曰：「仁人救物，一切無偏，何不但云井中有人者，而必云有仁人者耶？若唯救仁者，則非仁人墮井，則仁人所不救乎？」答曰：「仁者能好人，能惡人。其雖惻隱濟物，若聞惡人墮井，亦不往也。」又李充曰：「欲極言仁，設云救井爲仁，便當從不耶？故夫子答云『何爲其然也』，言何至如此。是君子之人若於道理宜爾，身

〔一〕「從」，齋本、庫本作「救」。邢疏作「從」，上文「苞氏曰」作「孔曰」。正平版何解作「從」，作「苞氏曰」。

〔二〕「受」，齋本、庫本作「變」，是。

猶可亡，故云『可逝』。逝，往也。若理有不可，不肯陷於不知，故云『不可誣罔令投下也』。君子不逆詐，故可以闇昧欺。大德居正，故不可以非道罔也〔一〕。」

子曰：「君子博學於文，約之以禮，亦可以弗畔矣夫。」博，廣也。約，束也。畔，違也，背也。言君子廣學六籍之文，又用禮自約束，能如此者亦可得不違背於道理也。

鄭玄曰：「弗畔，不違道也。」

子見南子，南子，衛靈公夫人也，淫亂，而孔子入衛欲與之相見也。所以欲相見者，靈公唯婦言是用，孔子欲因南子說靈公，使行正道也。故繆播曰：「應物而不擇者，道也；兼濟而不辭者，聖也。靈公無道，衆〔二〕庶困窮，鍾救於夫子。物困不可以不救，理鍾不可以不應，應救之道必明有路，路由南子，故尼父見之。涅而不緇，則處汙不辱，無可無不可，故兼濟而不辭。以道觀之，未有可猜也。」**子路不悅。**子路于時隨夫子在衛，見夫子與淫亂婦人相見，故不悅也。繆播曰：「賢者守節，怪之宜也。」或以亦發孔子之答，以曉衆也。」王弼曰：「案本傳孔子不得已而見南子，猶文王拘羑里，蓋天命之窮會也。子路以君子宜防患辱，是以不悅

〔一〕「或問」至「罔也」，齋本、庫本放在解經文處，接於「是不可罔也」句下。「而必云有仁」下，齋本、庫本無「人」字。

〔二〕「衆」，齋本、庫本作「蒸」。「衆庶」「蒸庶」同義，皆指「民衆」「百姓」。

也。」夫子矢之曰：「予所否，天厭〔一〕之！天厭之！」矢，誓也。否〔二〕，不也。厭，塞也。子路既不悦，而孔子與之呪誓也。言我見南子，若有不善之事者，則天當厭塞我道也。繆播曰：「否，不也。言體聖而不爲聖者之事，天其厭塞此道耶。」王弼曰：「否泰有命，我之所屈不用於世者，乃天命厭之，言非人事所免也。重言之者，所以誓其言也。」蔡謨曰：「矢，陳也。尚書叙曰『皋陶矢其〔三〕謀也』，春秋經曰『公矢魚于棠』，皆是也。夫子爲子路矢陳天命，非誓也。」李充曰：「男女之别，國之大節。聖人〔四〕明義，教正内外者也。而乃廢常違禮，見淫亂之婦人者，必以權道有由而然。子路不悦，固其宜也。夫道消運否，則聖人亦否，故曰：『予所否者，天厭之！天厭之！』厭亦否也，明聖人與天地同其否泰耳。豈區區自明於子路而已？」

孔安國曰：「等以爲南子者，衛靈公夫人也，淫亂而靈公惑之。孔子見之者，欲因以説靈公使行治道也。矢，誓也。子路不説，故夫子誓之。曰：行道既非婦人之事，而弟子不説，與之呪誓，義可疑也。」

子曰：「中庸之爲德也，其至矣乎！民鮮〔五〕久矣。」中，中和也。庸，常也。鮮，少也。言

〔一〕「厭」，齋本、庫本作「猒」，下同。
〔二〕「否」上，齋本、庫本有「予我也」三字。
〔三〕「其」，齋本、庫本作「厥」。
〔四〕「人」，庫本脱此字。
〔五〕「鮮」下，庫本衍「能」字。

中和可常行之德，是先王之道，其理甚至善，而民少有行此者也已久，言可歎之深也。

庸，常也，中和可常行之德也。世亂，先王之道廢，民鮮能行此道久矣，非適今也。

子貢曰：「如能博施於民而能濟衆者，何如？可謂仁乎？」子貢問：言若有人所能廣施恩惠於民，又能救濟衆民之患難，能如此者何如？可得謂爲仁人否乎？**子曰：「何事於仁，必也聖乎！**孔子答也。曰若能如此者，何事是仁也，乃是聖人之行，而聖人猶病患其事之難行也〔一〕。**堯、舜其猶病諸。**堯、舜，古聖天子也。病，猶患也。諸，之也。又言：前所能之事，乃是聖人之行，而聖人猶病患其事之難行也。

孔安國曰：「若能廣施恩惠，濟民於患難，堯、舜至聖，猶病其難也。」

夫仁者，己欲立而立人，己欲達而達人。既云前事不啻是仁，爲聖所難，故此更答爲仁之道也。言己若欲自立自達，則必先立達他人，則是有仁之者也。**能近取譬，可謂仁之方也已。」**能近取譬於〔二〕諸身，遠取諸物，己所不欲，勿施於人，能如此者，可謂爲仁之道〔三〕也。方，猶道也。

〔一〕該句十二字，齋本、庫本無。
〔二〕「於」，齋本、庫本無此字。
〔三〕「道」，齋本、庫本作「方」。

孔安國曰：「更爲子貢説仁者之行也。方，道也。但能近取譬於己，皆恕己所不欲而勿施人也。」

論語義疏第三　經一千七百一十一字　注二千八百二十字

論語義疏卷第四 述而 泰伯

梁國子助教吴郡皇侃撰

論語述而第七

何晏集解　舊卅九章　今卅八章

疏述而者，明孔子行教，但祖述堯、舜，自比老彭，而不制作也。所以次前者，時既夷嶮，聖賢地閉，非唯二賢之不遇，而聖亦失常，故以聖不遇證賢不遇非賢之失，所以述而次雍也。

子曰：「述而不作，此孔子自説也。述者，傳於舊章也。作者，新制〔一〕禮樂也。孔子自言：我但傳述舊章，而不新制禮樂也。夫得制禮樂者，必須德位兼並、德爲聖人、尊爲天子者也。所以然者，制作禮樂必使天下行之，若有德無位，既非天下之主，而天下不畏，則禮樂不行；若有位無德，雖爲天下之主，而天下不服，則禮樂不行，故必須並兼者也。孔子是有德無位，故「述而不作」也。**信而好古，**又言己常存於忠信，而

〔一〕「制」下，齋本、庫本有「作」字。

復好古先王之道，故曰「信而好古」也。所以中庸云「仲尼祖述堯、舜，憲章文、武」是也。**竊比於我於**〔一〕**老彭。」**竊，猶盜也。老彭，彭祖也，年八百歲，故曰「老彭」也。老彭亦有德無位，但述而不作，信而好古。孔子欲自比之，而謙不敢均〔二〕然，故曰「竊比」也。

苞氏曰：「老彭，殷賢大夫也，好述古事。我若老彭矣，祖述之耳也。」

子曰：「默而識之，見事必〔三〕識而口不言，謂之默識也。**學而不厭，**又學先王之道而不厭〔四〕也。**誨人不倦，**誨，教也。又教一切之人而不疲倦也。**何有於我哉？」**言人無此諸行，故天下貴於我耳。若世人皆有此三行，則何復貴有於我哉？故李充曰：「言人若有此三行者，復何有貴於我乎？斯勸學敦誨誘之辭也。」

鄭玄曰：「人無有是行，言天下人皆無此三行也。於我我獨有之也。」釋「於我哉」也。言由我獨有之，故天下貴有於我也。

子曰：「德之不修也，得理之事，宜修治在身也，而世人不修也。**學之不講也，**所學經業恒宜講

〔一〕「於」，齋本、庫本無此字。邢疏、朱注亦無「於」字。
〔二〕「均」，齋本、庫本作「灼」。「均」有「等同」義，「灼然」爲「明顯」義，兩者皆能解通，後者義勝。
〔三〕「必」，齋本、庫本作「心」，義勝。
〔四〕「厭」下，齋本、庫本有「止」字，恐衍。

説使決了，而世人不講也。**聞義不能從**〔一〕**也，**聞有仁義之事，徙意從之，而世人不從也。**不善不能改也，**身本有不善，當自改正令善也，而世人不改也。**是吾憂也。」**吾，孔子自謂也。言孔子恒憂世人不爲上四事也。

孔安國曰：「夫子常以〔二〕**四者爲憂也。」**

子之燕居，申申如也，夭夭如也。明孔子居處有禮也。燕居者，退朝而居也。申申者，心和也。夭夭者，貌舒也。玉藻云：「燕居貌〔三〕温温。」鄉黨云：「居不容。」故當燕居時，所以心和而貌舒也。故孫綽曰：「燕居無事，故云心内夷和外舒暢者也。」

馬融曰：「申申、夭夭，和舒之貌也。」申申，心申暢，故和也。貌舒緩，故夭夭也。詩云：「桃之夭夭，灼灼其華。」即美舒義也。

子曰：「甚矣吾衰也！久矣吾不復夢見周公也！」夫聖人行教既須德位兼並，若不爲人

〔一〕「從」，齋本、庫本作「徙」。正平版何解作「從」。定州漢墓竹簡論語、邢疏、朱注作「徙」。下文「而世人不從也」之「從」，齋本、庫本作「徙」。

〔二〕「以」下，齋本、庫本有「此」字；正平版何解、邢疏亦有「此」字。

〔三〕「貌」，齋本、庫本作「告」；十三經注疏本禮記玉藻作「告」。蓋皇侃所據他本禮記作「貌」。觀禮記玉藻此語之上下文字，是言在朝、閒居、祭祀時的容貌，當以「貌」爲是。「温温」下，齋本、庫本有「注告謂教使也詩云温温恭人」十二字，當是根本遜志誤録玉藻鄭注文字。

主，則必爲佐相。聖而君相者，周公是也。雖不九五而得制禮作樂，道化流行。孔子乃不敢期於天位，亦猶願放乎周公，故年少之即〔一〕日恒存慕發夢，及至年齒衰朽，非唯道教不行，抑亦不復夢見，所以知己德衰，而發「衰久矣」，即歎不夢之徵也。然聖人懸照本無俟夢想，而云夢者，同物而示衰故也。故李充曰：「聖人無想，何夢之有？蓋傷周德之日衰，哀道教之不行，故寄慨於不夢，發歎於鳳鳥也。」

孔安國曰：「孔子衰老，不復夢見周公也，明盛時夢見周公，欲行其道也。」即謂攝行天子事，而復制禮作樂也。

子曰：「志於道，此章明人生處世，須道藝自輔，不得徒然而已也。志者，在心向慕之謂也。道者，通而不擁〔二〕也。道既是通，通無形相，故人當恒存志之在心，造次不可暫捨離者也。

志，慕也。道不可體，故志之而已矣也。不可體，謂無形體也。

據於德，據者，執杖之辭也。德謂行事得理者也。行事有形，有形故可據杖也。

據，杖也。德有成形，故可據也。前事有涯，故云「有形」也。

依於仁，依，依〔三〕倚也。仁者，施惠之謂也。施惠於事宜急，故當倚之而行也。仁劣於德，倚減於據，故

〔一〕「即」，齋本、庫本無此字。
〔二〕「擁」，齋本、庫本作「壅」。「擁」、「壅」皆有「阻塞」、「堵塞」義。
〔三〕「依，依倚也」，齋本、庫本作「依者，倚也」。

隨事而配之。

依，倚也。仁者功施於人，故可倚之也。

遊於藝。」遊者，履歷之辭也。藝，六藝，謂禮、樂、書、數、射、御也。其輕於仁，故〔一〕不足依據，而宜遍遊歷以知之也。

藝，六藝也。不足據，故曰遊也。

子曰：「自行束修〔二〕以上，吾未嘗無誨焉。」此明孔子教化有感必應者也。束修，十束脯也。古者相見，必執物爲贄。贄，至也，表己來至也。上則人君用玉，中則卿羔，大夫雁，士雉，下則庶人鶩〔三〕，工商執雞。其中或束修壺酒一犬，悉不得無也。束修最是贄之至輕者也。孔子言：人若能自施贄行束修以上來見謁者，則我未嘗不教誨之。故江熙云：「見其翹然向善思益也。」古以贄見。修，脯也。孔注雖不云修是脯，而意亦不得離脯也。

孔安國曰：「言人能奉禮，自行束修以上，則皆教誨之也。」

〔一〕「故」下，齋本、庫本有「云」字。

〔二〕「修」，齋本、庫本作「脩」，下同。邢疏、朱注作「脩」，劉氏正義作「修」。「脩」爲乾肉，「修」是「修飾」，本是兩字，自漢隸已互相通用。

〔三〕「鶩」上，齋本、庫本有「執」字。

子曰：「不憤不啓，不悱不發。又明孔子教人法也。憤，謂學者之心思義未得而憤憤然也。啓，開也。悱，謂學者之口欲有所諮而未能宣，悱悱然也。發，發明也。言孔子之教，待人心憤憤，乃後爲開導之，若不憤，則不爲開也。又待其口悱悱，而後乃爲發明之，若不悱，則不爲發明也。所以然者，人若不悱憤而先爲啓發，則受者識録不堅，故須悱憤乃爲發啓，則聽受分明，憶之深也。舉一隅而示之，不以三隅反，則吾不復。」隅，角也。床有四角，屋有四角，皆曰隅也。孔子爲教，雖待悱憤而爲開發，開發已竟，而此人不識事類，亦不復教之也。譬如屋有四角，已示之一角，餘三角從類可知，若此人不能以類反識三角，則不復教示也。

鄭玄曰：「孔子與人言，必待其人心憤憤、口悱悱，乃後啓發爲之説也。如此則識思之深也。説則舉一隅以語之，其人不思其類，則不復重教之也。」

子食於有喪者之側，未有〔一〕嘗飽也。謂孔子助葬時也。爲應執事，故必食也；必有哀色，故不飽也，故云〔二〕。禮云：「飢而廢事，非禮也；飽而忘哀，亦非禮也。」子於是日也哭，則不歌。謂孔子弔喪之日也。弔喪必哭，哭歌不可同日，故是於弔哭之日不歌也。故范寧曰：「是日，即弔赴之日也。禮：歌

〔一〕「有」，齋本、庫本無此字。正平版何解、邢疏、朱注亦無「有」字。

〔二〕「云」，齋本、庫本無此字。「故」從下句。

哭不同日也。故哭則不歌也。」

喪者哀戚，飽食〔一〕其側，是無惻隱之心也。

子謂顏淵曰：「用之則行，舍之則藏，唯我與爾有是夫！」此明顏、孔於事等於行藏也。用者，謂時世宜可行之事也。藏者，謂時世不宜行之事。爾，汝也。自降幾〔二〕以下而賢人能得，故可行用，則顏、孔所同，故云「用行捨藏，唯我與爾有是夫」。孫綽曰：「聖人德合於天地，用契於四時，不自昏於盛明，不獨曜於幽夜。顏齊其度，故動止無違，所以影附日月，絕塵於遊場也。」一云：「與，許也。唯我許汝如此也。」故江熙曰：「聖人作則賢人佐，天地閉則賢〔三〕人隱，用則行，捨則藏也。唯我許爾有是分者，非聖無以盡賢也。」

孔安國曰：「言可行則行，可止則止，唯我與顏淵同耳也。」

子路曰：「子行三軍，則誰與？」子路聞孔子論行藏而獨美顏淵，然若行三軍必當與己，己有勇故也，故問則誰與之。

〔一〕「食」下，齋本、庫本有「於」字。正平版何解、邢疏亦有「於」字。

〔二〕「幾」，齋本、庫本作「聖」，義勝。

〔三〕「賢」，齋本、庫本作「聖」。

孔安國曰："大國三軍。天子六軍，大國三軍，小國一軍，軍萬〔一〕二千五百人也。子路見孔子獨美顔淵，以爲己有勇，至〔二〕夫子爲三軍將，亦當唯與己俱，故發此問也。"將猶帥也。謂〔三〕孔子得爲三軍帥時也。

子曰："暴虎憑河，死而無悔者，吾不與也。孔子聞子路之衒勇，故抑之也。空手搏虎爲暴虎，無舟渡河爲憑河。言搭虎須杖，渡河須舟，然後身命可全。若無杖而搏虎，無舟而涉〔四〕河，必致傷溺，若爲此勇，則我行三軍，所不與也。以斥子路之勇，必不得其死然也。繆播曰："聖教軌物，各應其求，隨長短以抑引，隨志分以誘導，使歸於會通，合乎道中。以故剛勇者屈以優柔，儉弱者勵〔五〕以求及。由之性也，以勇爲累，常恐有失其分，覓功衒長〔六〕，故因題目於回，舉三軍以致〔七〕問，將以仰叩道訓，陶染情性，故夫子應以篤誨以示厥中也。"

〔一〕"萬"上，齋本、庫本有"一"字。
〔二〕"至"下，齋本、庫本有"於"字。正平版何解、邢疏亦有"於"字。
〔三〕"謂"，齋本、庫本無此字。
〔四〕"涉"，齋本、庫本作"渡"。
〔五〕"勵"，齋本、庫本作"厲"。
〔六〕"長"，齋本、庫本作"世"。
〔七〕"致"，齋本、庫本作"倒"，誤。

孔安國曰：「暴虎，徒搏也。憑河，徒涉也。」徒，空也，謂空手搏也。爾雅云：「暴虎，徒搏也。」郭注云：「空手執也。」又云：「憑河，徒涉也。」郭云：「無舟檝也。」

必也臨事而懼，好謀而成者也。」孔子既抑子路，而又云：我所以與者，政欲須臨事而懼又好爲謀事而必成者也。沈居士曰：「若子路不平與顔淵，而尚其勇，鄙昧也已甚，孔子以之比暴虎憑河，陷之於惡，實爲大深。余以爲子路聞孔子許顔之遠，悦而慕之，自恨己才之近，唯强而已，故問曰『子行三軍則誰與』，言必與許己也，言許己以麤近也。故夫子因慰而廣之，言若在三軍，如暴虎憑河，則可賤而不敢〔一〕取，謂世之麤勇也。若懼而能謀，抑亦仁賢之次流，謂子路也。如此三軍則不獨麤近也。」

子曰：「富而可求也，雖執鞭之士，吾亦爲之。孔子意云：夫富貴貧賤皆稟天之命，不可苟且求。若可求而得者，雖假令執鞭賤職，而吾亦爲之，則不辭矣。繆協稱袁氏曰：「執鞭，君之御士，亦有禄位於朝也。」

鄭玄曰：「富貴不可求而得者也，言不可以非理求也。當修德以得之。若值明世，修德必得也。若逢亂世，雖修德不得，而是得之道也，猶如「言寡尤，行寡悔，禄在其中矣」。若於道可求者，雖執鞭賤職，我亦爲之矣。」道猶世道也。若於世道可求，則吾不辭賤職也。周禮有「條狼氏」職，

〔一〕「敢」，齋本、庫本無此字。

掌執鞭以趨避。王出入則八人夾道，公則六人，侯伯四人，子男二人。鄭言：「趨而避行人，若今卒避車之爲也。」

如不可求者，從吾所好。」既不可求，則當隨我性所好。我性所好者，古人之道也。

孔安國曰：「所好者，古人之道也。」

子之所慎：齊、戰、疾。記孔子所慎之行也。齊者，先祭之名也。將欲祭祀，則先散齋七日、致齋三日也。齋之言齊也。人心有欲，散漫不齊，故將接神，先自寧静，變食遷坐，以自齊潔也。時人漫神，故於齋不慎，而孔子慎之也。戰者，兩刃相交，性命俄頃，身體髮膚彌宜全重，時多暴虎，不避毁傷，唯孔子慎之，故後則云「子畏於匡」，及〔一〕云「善人教民七年，亦不〔二〕即戎」，又云「以不教民戰，是謂棄之」，並是慎戰也。疾者，宜將養制節飲食，以時人不慎，而孔子慎之也。故云「子之所慎：齊、戰、疾」也。

孔安國曰：「此三者，人所不能慎，而夫子能慎之也。」

子在齊聞韶樂，三月不知肉味。韶者，舜樂名也，盡善盡美者也。孔子至齊，聞齊君奏於韶樂之盛，而心爲痛傷，故口忘完〔三〕味，至於一時乃止也。三月，一時也。何以然也？齊是無道之君，而濫奏聖王

〔一〕「及」，齋本、庫本作「又」。
〔二〕「不」，齋本、庫本作「可」，是。
〔三〕「完」，齋本、庫本作「肉」，是。「肉」之俗字爲「宍」，與「完」形近，故誤。下文周生烈語中之「完味」，同此。

之樂，器存人乖，所以可傷慨也。故郭象曰：「傷器存而道廢，得有聲而無時。」江熙曰：「和璧與瓦礫齊貫，卞子所以惆悵；虞韶與鄭衛比響，仲尼所以永歎。彌時忘味，何遠情之深也！」

周生烈曰：「孔子在齊聞習韶樂之盛美，故忽於完味也。」忽猶忘也。范寧曰：「夫韶乃大虞盡善之樂，齊，諸侯也，何得有之乎？曰：陳，舜之後也。樂在陳，陳敬仲竊以奔齊，故得僭之也〔一〕。」

曰：「不圖爲樂之至於斯也！」此孔子説所以忘味之由也。圖，猶謀慮也。爲，猶作奏也。樂，韶樂也。斯，此也，此指齊也。孔子言實不意慮奏作聖王之韶樂，而來至此齊侯之國也。或問曰：「樂隨人君而變，若人君心善則樂善，心淫則樂淫。今齊君無道，而韶音那獨不變而猶盛耶？且若其音猶盛，則齊民宜從樂化，而齊民猶惡，不隨樂化，何也？」侃答曰：「夫樂隨人君而變者，唯在時王之樂耳。何者？如周王遍奏六代之樂，當周公、成、康之日，則六代之聲悉善，亦悉以化民，若幽、厲傷周，天下大壞，則唯周樂自隨時君而變壞，其民亦隨時君而惡，所餘殷、夏以上五聖之樂則不隨時變，故韶樂在齊，而音猶盛美者也。何以然哉？是聖王之樂，故不隨惡君變也。而周武〔二〕亦善而獨變者，以其君是周之子孫，子孫既變，故先祖之樂亦爲〔三〕之而變也。又既五代音存而不能化民者，既不隨惡王而變，寧爲惡王所御乎？既不爲所御，故雖存而不化

〔一〕「范寧曰」至「僭之也」，齋本、庫本放在解經文處，接於「何遠情之深也」句下。
〔二〕「周」，齋本、庫本無此字。
〔三〕「爲」，齋本、庫本作「與」。

民也。」又一通云：「當其末代，其君雖惡，而其先代之樂聲亦不變也。而其君所奏淫樂，不復奏正樂，故不復化民也。」

王肅曰：「爲，作也。不圖作韶樂至於此。此，齊也。」

冉有曰：「夫子爲衞君乎？」爲猶助。衞君，謂輒〔一〕也。衞靈公逐太子蒯聵，靈公以魯哀公二年夏四月薨，而立蒯聵之子輒爲衞君。孔子時在衞，爲輒所賓接，後蒯聵不〔二〕奪輒國，父子相圍，時人多疑孔子應助輒拒父，故冉有傳物之疑以問子貢也。故江熙曰：「夫子在衞，受輒賓主，悠悠者或疑爲之，故問也。」

鄭玄〔三〕曰：「爲猶助也。衞君者，謂輒也。衞靈公逐太子蒯聵，公薨，而立孫輒也。公死後乃立輒也。**後晉趙鞅納聵〔四〕于戚，**後謂輒立爲君後也。蒯聵奔在戚，輒立定後，其年六月，晉臣趙鞅於戚以納蒯聵，遂入衞奪輒位也。**衞石曼姑帥師圍之。**至哀公三年，衞輒之臣石曼姑帥師圍蒯聵于戚也。**故問其意助輒否乎。」**其，其孔子也。冉有問子貢曰：孔子意助輒不也？哀公二

〔一〕「輒」，齋本、庫本作「輙」，下同。「輒」同「輙」。
〔二〕「不」，齋本、庫本作「還」，是。
〔三〕「鄭玄」，正平版何解作「孔安國」。邢疏、齋本作「鄭玄」。
〔四〕「聵」上，齋本、庫本有「蒯」字。正平版何解、邢疏亦有「蒯」字。

年，孔子在衛，至十一年反魯，至十五年冬蒯聵乃勝，輒出奔魯，子路死難，使魯來〔一〕報孔子也。至十六年正月，蒯聵從戚入衛爲君也。

子貢曰：「諾，吾將問之。」子貢答冉有也。故先應諾，言吾將入問於孔子助輒不也。入曰：「伯夷、叔齊何人也？」此子貢入問孔子之辭也。所以不問助輒不而問夷、齊者，不欲斥言衛君事，故以微理求之志〔二〕也。伯夷、叔齊兄弟讓國，而輒父子争位，其事已反，故問夷、齊何人。若孔子答以夷、齊爲非，則知助輒，若〔三〕以夷、齊爲是，則知不助輒也。子曰：「古之賢人也。」答子貢也。言夷、齊是古賢人也。曰：「怨乎？」怨，恨也。子貢又問夷、齊有怨恨不乎？所以問有恨不者，夷、齊兄弟讓國，隱首陽山下〔四〕，賢人相讓而致飢，致飢〔五〕應不恨也。曰：「求仁而得仁，又何怨乎？」孔子答曰：不怨也。言兄弟相讓，本求仁義，而萬代美其相讓之德，是求仁得仁也。求之而得，雖死有何怨？是君子殺身成仁，不安生害仁。

〔一〕「魯來」，齋本、庫本作「來魯」。
〔二〕「志」，齋本、庫本無此字。
〔三〕「若」，齋本、庫本作「苔」。
〔四〕「隱首陽山下」，齋本、庫本作「隱首陽山，遂餓死首陽山下」。
〔五〕「致飢致飢」，齋本、庫本作「致餓死死」。

孔安國曰：「伯夷、叔齊讓國遠去，終於餓死，故問怨乎。以讓爲仁，豈怨乎？」

出曰：「夫子不爲也。」子貢既聞孔子以夷、齊之讓爲賢〔一〕爲仁，故知輒父子爭國爲惡也，所以答冉有云夫子不爲衛君也。

鄭玄曰：「父子爭國，惡行也。孔子以伯夷、叔齊爲賢且仁，故知不助衛君明也。」

子曰：「飯蔬食飲水，此明孔子食無求飽也。飯猶食也。蔬食，菜食也。言孔子食於菜食而飲水，無重肴方丈也。曲肱而枕之，樂亦在其中矣。此明孔子居無求安也。肘前曰臂，肘後曰肱，通亦曰臂。言孔子眠助肱〔二〕而枕之，不錦衾角枕也。孔子麤食薄寢，而歡樂怡暢，自在麤薄之中也。

孔安國曰：「蔬食，菜食也。肱，臂也。孔子以此爲樂也。」

不義而富且貴，於我如浮雲。」富與貴是人之所欲，不以其道得之，不處也。不義而富貴，於我如天之浮雲也。所以然者，言浮雲自在天，與我何相關？如不義之富貴，與我亦不相關也。又浮雲倏聚欻散，不可爲常，如不義，富貴聚散俄頃，如浮雲也。

鄭玄曰：「富貴而不以義者，於我如浮雲，非己之有也。」如前釋也。

〔一〕「賢」下，齋本、庫本有「且」字。

〔二〕「助肱」，齋本、庫本作「曲臂」。

子曰：「加我數年，五十以學易，可以無大過矣。」此孔子重易，故欲令學者加功於此書也。當孔子爾時，年已四十五六，故云「加我數年，五十而學易」也。所以必五十而學易者，人年五十，是知命之年也，易有大演之數五十，是窮理盡命之書，故五十而學易也。既學得其理則極照精微，故身無過失也。云「無大過」者，小事易見，大事難明，故學照大理則得一，不復大過，則小者故不失之。王弼曰：「易以幾神爲教，顏淵庶幾有過而改，然則窮神研幾可以無過，明易道深妙，戒過明訓，微言精粹，熟習然後而存義也。」

易窮理盡性，以至於命。易明乾元亨利貞，窮測陰陽之理，遍盡萬物之性，故云「窮理盡性」也。又識窮通，故云「以至於命」也。**年五十而知天命，**人年五十，應大演之數，與易數同，故「知天命」也。**以知命之年讀至命之書，**其數會同也。**故可以無大過也。**照樂〔一〕窮理，故無失也。而王朗又爲一通云：「鄙意以爲，易蓋先聖之精義，後聖無間然者也。是以孔子即而因之，少而誦習，恒以爲務。稱五十而學者，明重易之至，欲令學者專精於此書，雖老不可以廢倦也〔二〕。」

子所雅言，子，孔子也。雅，正也。謂孔子平生讀書，皆正言之，不爲私所避諱也。

孔安國曰：「雅言，正言也。」

〔一〕「樂」，齋本、庫本作「幾」，是。

〔二〕「而王朗」至「倦也」，齋本、庫本放在解經文處，接於「熟習然後而存義也」句下。「而王朗」，齋本、庫本無「而」字。

詩、書、執禮，皆雅言也。此是所不諱之書也。詩及書、禮皆正言之也。六籍皆正言，獨云詩、書、禮者，舉一隅餘三隅可反〔一〕也。故顧歡曰：「夫引網尋綱，振裘提領，正言此三，則靡曲〔二〕不統矣。」

鄭玄曰：「讀先王典法，必正言其音，然後義全，故不可有所諱也。若讀書避諱，則疑誤後生，故禮云「教學臨文不諱，詩、書不諱」是也。**禮不誦，故言執也。」**釋不直云詩、書、禮，而禮上長云執之義也。背文而讀曰誦，詩是詠歌，書是謨誥，故並須誦之。而禮但執文依事而行，不須背文之誦〔三〕，故曰「執也」。

葉公問孔子於子路，葉公，楚臣也，食菜〔四〕於葉。楚僭稱王，故臣稱公，自比諸侯也。問子路以論孔子之事也，但不知所問何事也。**子路不對。**所問之事，當乖孔子之德，故子路不對之也。故江熙曰：「葉公見夫子數應聘而不遇，尚以其問近，故不答也。」李充曰：「凡觀諸問聖師於弟子者，諮道也，則稱而近之；誣德也，必揚而抑之，未有默然而不答者也。疑葉公問之，必將欲致之爲政，子路知夫子之不可屈，故未許其說耳。」

〔一〕「反」，齋本作「及」，庫本作「反」。
〔二〕「曲」，齋本、庫本作「典」，是。
〔三〕「之誦」，齋本、庫本作「誦之」。
〔四〕「菜」，齋本、庫本作「采」，下同。

孔安國曰：「葉公，名諸梁，楚大夫，食菜於葉，僭稱公。不對者，未知所以答也。」

子曰：「汝奚不曰：其爲人也，發憤忘食，樂以忘憂，不知老之將至也云爾。」孔子聞子路不對，故以此言語子路也。奚，何也。其，其孔子也。謂孔子慨世道之不行，故發憤而忘於飡食也。又飲水曲肱，樂在其中，忘於貧賤之憂也。又年雖耆朽而信天任命，不知老之將至也。言葉公問汝，汝何不曰我有如此之德云爾以示之也。然此諸語當是斥於葉公也。李充曰：「夫子乃抗論儒業，大明其志，使如此之徒絶望於覬覦，不亦弘而廣乎？」江熙曰：「葉公唯知執政之貴，不識天下復有勝遠，故欲令子路抗明素葉〔一〕，無嫌於時，得以清波濯彼穢心也。」

子曰：「我非生而知之者，知之，謂知事理也。孔子謙以同物，故曰我有所知，非生而自然知之者也。玉藻云：「此蓋自同常教，以身率物者也。」好古，敏而以求之者也。」我既不生知，而今有所知者，政由我所好古人之道，疾速以求知之也。敏，疾速也。

鄭玄曰：「言此者，勉勸人於學也。」

子不語怪、力、亂、神。怪，怪異也，謂妖孽之事也。力，謂多力也，若烏獲舉千鈞之事〔二〕也。亂，謂臣子弒害君父之事也。神，謂鬼神之事也。此四事言之無益於教訓，故孔子語不及之也。或問曰：「易文言

〔一〕「葉」，齋本、庫本作「業」。

〔二〕「事」，齋本、庫本作「屬」。

孔子所作，云臣殺君、子殺父，並亂事，而云孔子不語之，何也？」答曰：「發端曰言，答述曰語，此云不語，謂不誦答耳，非云不言也。」

王肅曰：「怪，怪異也。舊云：如山啼鬼哭之類也。力，謂若奡盪舟、奡多力，能陸地推舟也。盪，推也。烏獲舉千鈞之屬也。烏獲，古時健兒也。三十斤曰鈞，烏獲能舉三萬斤重也。亂，謂臣弒君、子弒父也。惡逆爲亂甚者也。神，謂鬼神之事也。子路問事鬼神，孔子曰：「未能事人，焉能事鬼？」是不言也。或無益〔一〕教化也，解不言怪、力、神三事也。或所不忍言也。」解不言亂事也。或通云：「怪力是一事，亂神是一事，都不言此二事也。」故李充曰：「力不由理，斯怪力也；神不由正，斯亂神也。怪力、亂神有興於邪，無益於教，故不言也〔二〕。」

子曰：「我三人行，必得我師焉。擇其善者而從之，其不善者而改之。」此明人生處世，則宜更相進益，雖三人同行，必推勝而引劣，故必有師也。有勝者則諮受自益，故云「擇善而從之」也。有劣者則以善引之，故云「其不善者而改之」。然善與不善，即就一人上爲語也。人不圓足，故取善改惡，亦更相師改之義也。故王朗曰：「于時道消俗薄，鮮能宗〔三〕賢尚勝，故託斯言以厲之。夫三人之行，猶或有師，

〔一〕「益」下，齋本、庫本有「於」字。正平版何解、邢疏亦有「於」字。

〔二〕「或通云」至「不言也」，齋本、庫本放在解經文處，接於「非云不言也」句下。

〔三〕「宗」，齋本、庫本作「崇」。

況四海之内，何求而不應哉！縱能尚賢，而或滯於一方者，又未盡善也。故曰『擇其善者而從之，其不善者而改之』。」

言我三人行，本無賢愚。就注意亦是敵者也。既俱非圓德，則遽〔一〕有優劣也。**擇善從之，不善改之，故無常師也。**我師彼之長而改彼之短，彼亦師我之長而改我之短，既更相師法，故云無常師也。或問曰：「何不二人，必云三人也？」答曰：「二人則彼此自好各言我是，若有三人，則恒一人見二人之有是非明也〔二〕。」

子曰：「天生德於予，桓魋其如予何？」予，我也。桓魋，宋司馬也，凶愚，心恒欲害孔子。孔子故明言論〔三〕之，使其凶心止也。言天生聖德於我，我與天同烋〔四〕，桓魋雖無道，安能違天而害我乎？故云「如予何」也。夫凶人亦宜不屢謝，而有時須以道折之。故江熙曰：「小人爲惡，以理喻之則愈凶强，晏然待之則更自處，亦猶匡人聞文王之德而兵解也。」

苞氏曰：「桓魋，宋司馬黎也。天生德於予者，謂授我以聖性也。合德天地，吉而無不

〔一〕「遽」，堂本正誤表以「遞」爲正。
〔二〕「或問曰」至「非明也」，齋本、庫本放在解經文處，接於「其不善者而改之」句下。
〔三〕「論」，齋本、庫本作「語」。
〔四〕「烋」，齋本、庫本作「體」。

利，故曰『其如予何』也。」

子曰：「二三子以我爲隱子乎？二三子，諸弟子也。孔子聖道深遠，諸弟子學所不及，而有怨者，恒言孔子於己有所隱惜，故孔子合〔一〕呼而問之曰：汝等言我有所隱於汝乎也？吾無隱乎爾。爾，汝也。先呼問之，此更語之云：吾無所隱於汝也。

苞氏曰：「二三子，謂諸弟子也。聖人智廣道深，弟子學之不能及，以爲有所隱匿，故解之也。」

吾無所行而不與二三子者，是丘也。」行，猶爲也。丘，孔子名也。孔子已向云無隱，故此更自稱名而説無隱之事，使之信也。言凡我所爲之事，無不與汝共之者，是丘之心如此。

苞氏曰：「我所爲，無不與爾共之者，是丘之心也。」

子以四教：文、行、忠、信。孔子爲教，恒用此四事爲首，故云「子以四教」也。李充曰：「其典籍辭義謂之文，孝悌恭睦謂之行，爲人臣則忠，與朋友交則信，此四者，教之所先也。故以文發其蒙，行以積其德，忠以立其節，信以全其終也。」

〔一〕「合」，齋本、庫本作「今」。

四者有形質，可舉以教也。

子曰：「聖人，吾不得而見之矣；得見君子者，斯可矣。」孔子歎世無賢聖也。言吾已不能見世有聖人，若得見有君子之行，則亦可矣。言世亦無此也。然君子之稱，上通聖人，下至片善。今此上云不見聖，下云得見君子，則知此之君子，賢人以下也。故王弼曰：「此爲聖人與君子異也。然德足君物皆稱君子，亦有德者之通稱也。」

疾世無明君也。

子曰：「善人，吾不得而見之矣。善人之稱，亦上通聖人，下通一分，而此所言，指賢人以下也。吾〔一〕世道流喪，吾復不得善人也。得見有恒者，斯可矣。有恒，謂雖不能作善，而守常不爲惡者也。言爾時非唯無作片善者，亦無直置不爲惡者，故亦不得見也。亡而爲有，虚而爲盈，約而爲泰，難乎有恒矣。」此目不恒之人也。亡，無也。當時澆亂，人皆誇張，指無爲有，説虚作盈，家貧約而外詐奢泰，皆與恒反，故云「難乎有恒矣」。故江熙曰：「言世人負情反實，逐波流遷，若影無持係索，此無〔二〕恒難也。」

孔安國曰：「難可名之爲有常也。」

〔一〕「吾」，齋本、庫本作「言」。
〔二〕「無」，齋本、庫本作「有」，是。

子釣而不綱，周孔之教，不得無殺，是欲因殺止殺，故同物有殺也。釣者，一竿屬一鉤而取魚也。綱者，作大綱，横遮於廣水，而羅列多鉤著之，以取魚也。孔子用一竿而釣，則一一得魚，是所少也。若綱横流而取，則得者多，則孔子所不爲也。故云「子釣而不綱」也。**弋不射宿。**弋者，繳射也。北〔一〕人皆多繳射取鳥也。宿者，夜栖宿之鳥也。孔子亦繳射，唯白日用事，而不及夜射栖宿之鳥也。所以然者，宿鳥夜聚有羣，易得多，故不射之也。又恐驚動夜宿，仁心所不忍也。故孫綽曰：「殺理不可頓去，故禁綱而存宿〔二〕也。」繆協曰：「將令物生有路，人殺有節，所以易其生而難其殺也。」

孔安國曰：「釣者，一竿釣也。綱者，爲大綱以横絶流，以繳係釣，羅屬著綱也。繳，繩也。以小繩係釣，而羅列屬著大繩也。**弋，繳射也。**解繳射者多家。一云：「古人以細繩係丸而彈，謂爲繳射也。」一云：「取一杖長一二尺計，以長繩係此杖，而横颺以取鳥，謂爲繳射也。」鄭玄注周禮司弓矢云：「結繳於矢謂之矰。矰，高也。詩云：『弋鳬與鴈。』」司弓矢又云：「田弋，充籠箙矢，共矰矢。」注云：「籠，竹箙也。矰矢不在箙者，爲其相繞亂，將用乃共之也。」侃案：鄭意則繳射是細繩係箭而射也。**宿，宿鳥也。」**或云：「不取老宿之鳥也。宿鳥能生伏，故不取也。此通不及夜也。」

〔一〕「北」，齋本、庫本作「此」。
〔二〕「宿」，齋本、庫本作「釣」。馬國翰輯論語古注論語孫氏集解作「釣」。

子曰：「蓋有不知而作之者，我無是也。「不知而作」謂妄作穿鑿，爲異端也。時蓋多有爲此者，故孔子曰：我無是不知而作之事也。

苞氏曰：「時人多有穿鑿妄作篇籍者，故云然也。」

多聞，擇其善者而從之，因戒妄作之人也。言豈得妄爲穿鑿也。人居世間，若有耳多所聞，則擇善者從之者也。多見而識之，若因多所見，則識録也。多見不云擇善者，與上互文，亦從可知也。知之次也。」若多聞擇善，多見録善，此雖非生知，亦是生知之者次也。

孔安國曰：「如此，次於生知之者也。」

互鄉難與言，互鄉，鄉名也。此一鄉之人皆專愚，不可與之共言語也。童子見，童子，十九以下未冠者也。見，來見孔子也。此互鄉有一少兒來見孔子也。琳公曰：「此八字通爲一句，言此鄉有一童子難與言耳，非一鄉皆專惡也。」門人惑。門人，孔子弟子也。惑，猶嫌怪也。言彼一鄉皆惡，況復少兒乎？孔子忽然見之，故弟子皆嫌惑之也。

鄭玄曰：「互鄉，鄉名也。其鄉人言語自專，不達時宜，而有童子來見孔子，門人怪孔子見也。」

子曰：「與其進也，不與其退也，孔子爲門人釋惑也。言凡教化之道，唯進是與，唯退是抑，故無來而不納，豈不本其所本耶？故云「與其進，不與其退也」。唯何甚？言教化與進，而汝等怪之，此亦一何太甚也。唯，語助也。

孔安國曰：「教誨之道，與其進，不與其退。怪我見此童子，惡惡何一甚也。」言汝等爲惡其鄉，而憎其善童，所以是惡惡之甚也。

人潔己以進，更釋教誨所以與進之義也。言人有來進師門者，非潔則不進，進則必是潔己者也。與其潔也，不保其往也。」往，謂已過之行。言是〔一〕既潔己而猶進之，是與其潔也，而誰保其往日之所行耶？何須惡之也。顧歡曰：「往，謂前日之行也。夫人之爲行，未可一必〔二〕，或有始無終，或先迷後得。故教誨之道，潔則與之，往日行非我所保也。」

鄭玄曰：「往，猶去也。人虛己自潔而來，當與其進之，亦何能保其去後之行也？」虛謂清其心也。然鄭注云去後之行亦謂今日之前，是已去之後也。

子曰：「仁遠乎哉！我欲仁，斯仁至矣。」世人不肯行仁，故孔子引之也。問言仁道遠乎也，言其不遠也。但行之由我，我行即是，此非出自遠也，故云「我欲仁而斯仁至」也。斯，此也。江熙曰：「復禮一日，天下歸仁，是仁至近也。」

〔一〕「是」，齋本、庫本作「其」。
〔二〕「未可一必」，齋本、庫本作「未必可一」。

苞氏曰：「仁道不遠，行之則是至也。」

陳司敗問：「昭公知禮乎？」昭公，魯君也。陳司敗見孔子，而問魯君知禮以不也。孔安國曰：「司敗，官名也，陳大夫也。昭公，魯昭公也。」陳有司敗之官也。

孔子對曰：「知禮。」答司敗曰：昭公〔一〕知禮也。孔子退，答司敗竟，而退去。揖巫馬期而進也，揖者，古人欲相見前進，皆先揖之也。巫馬期，孔子弟子也。司敗知昭公無禮，故問孔子，答曰「知禮」，而司敗心所不許，故孔子退而後，揖孔子弟子進之，欲與語也。曰：「吾聞君子不黨，君子亦黨乎？相助匿非曰黨。昭公不知禮，而孔子云「知禮」，所以是黨也。故司敗語巫馬期曰：吾從來聞君子之人義與比，無所私相阿黨，孔子既是君子，而今匿君之惡，故云「君子亦黨乎」。君娶於吳，司敗此舉昭公不知禮事。昭公是周公後，吳是太伯後，太伯是周公伯祖，昭公與吳同是姬姓。周禮百世婚姻不通，而昭公娶其吳之女，故云君娶〔二〕吳也。爲同姓，謂之吳孟子。禮，稱婦人皆稱國及姓，猶如齊姜、秦嬴之屬也。魯之娶吳，當謂爲吳姬，而昭公爲吳是同姓，故諱不得言吳姬，而謂吳孟子也。君而知禮，孰不知

〔一〕「公」下，齋本、庫本有「稠」字，衍。
〔二〕「娶」下，齋本、庫本有「於」字。

禮？」孰，誰也。君娶同姓，君是知禮，則誰爲惡事者而謂爲不知禮乎？

孔安國曰：「巫馬期，弟子也，名施。相助匿非曰黨。魯、吳俱姬姓也，禮同姓不婚，而君娶吳之〔一〕，當稱吳姬，諱曰吳孟子也。」

巫馬期以告。巫馬期得司敗之語還，則具述之以告孔子也。子曰：「丘也幸，苟有過，人必知之。」孔子得巫馬期之告，而自稱名云：是己幸，受以爲過者也。故云「苟有過，人必知之」也。所以然者，昭公不知禮，而我答司敗云「知禮」者，若使司敗無譏，則千載之後遂承信我言，用昭公所行爲知禮，則禮亂之事從我而始。今得司敗見非，而我受以爲過，則後人不謬，故我所以爲幸也。繆協曰：「諱則非諱，斯誠然矣。若受以爲過，則所以諱者又以明矣，亦非諱也。向司敗之問則說〔二〕言以爲諱，今巫馬師徒將明其義，故向之言爲合禮〔三〕，則不爲黨矣。今以不受爲過，則何禮之有乎？」

孔安國曰：「以司敗之言告也。諱國惡，禮也。諱國之惡是禮之所許也。聖人智深道弘，故受以爲過也。」涅而不緇，故受之也。

〔一〕「之」，齋本、庫本作「女」。下句「吳孟子」，齋本、庫本無「吳」字。正平版何解、邢疏後四句作「禮同姓不昏，而君取之，當稱吳姬，諱曰孟子」。
〔二〕「說」，齋本、庫本作「詭」。
〔三〕「禮」下，齋本、庫本有「也苟曰合禮」五字。下句「今以不受」，齋本、庫本作「今若不受」。

子與人歌而善，必使反之，而後和之。此明孔子重於正音也。反猶重也。孔子與人共歌，若彼人歌善合於雅頌者，則孔子欲重聞其音曲，故必使重歌也。重歌既竟，欽〔一〕之無已，故孔子又自歌以答和之也。衛瓘曰：「禮無不答，歌以和相答也。其善乃當和，音不相及〔二〕，故今更爲歌，然後和也。」案：衛之後句不及也。

樂其善，故使重歌，而後自和之也。如前釋也。

子曰：「文莫吾猶人也。孔子謙也。文，文章也。莫，無也，無猶不也。孔子言：我之文章不勝於人，故曰「吾猶人也」。

莫，無也。文無者，猶俗言文不也。文不吾猶人者，言凡文皆不勝於人也。何云：俗云「文不」，當是于時呼文不勝人爲「文不」也。

躬行君子，則吾未之有得也。」又謙〔三〕也。躬，身也。言我文既不勝人，故身自行君子之行者，則吾亦未得也。

孔安國曰：「躬爲君子〔四〕，己未能得之也。」

〔一〕「欽」，齋本、庫本作「欣」。「欽」有「欽羨」、「欽慕」、「欽崇」義，與語意相諧。

〔二〕「及」，齋本、庫本作「反」。

〔三〕「謙」，原作「嫌」，此據齋本、庫本改。

〔四〕「子」下，齋本、庫本有「行」字。正平版何解無「行」字。邢疏作「孔曰：身爲君子，己未能也」。

子曰：「若聖與仁，則吾豈敢？亦謙也。言聖及仁則吾不敢自許有，故云「豈敢」也。不敢自名已有此二事也。

孔安國曰：「孔子謙，不敢自名仁聖也。」

抑爲之不厭，誨人不倦，則可謂云爾已矣。」孔子雖不受仁聖之目，而以此二事自許也。抑，語助也。爲，猶學也。爲之不厭，謂雖不敢云自有仁聖，而學仁聖之道不厭也。學而不厭，又教誨不倦，乃可自謂如此耳也。公西華曰：「正唯弟子不能學也。」公西華聞孔子自云學仁聖不厭，又教人不倦，故己自稱弟子以往諮也。言正如夫子所自許之事，則弟子亦不能學爲此事也。

苞氏曰[一]：「正如所言，弟子猶不能學也，況仁聖乎也？」

子疾病，疾甚曰病。孔子疾甚也。子路請禱。禱，謂祈禱鬼神以求福也。孔子病甚，故子路請於孔子，欲爲孔子祈求福也。

苞氏曰：「禱，禱請於鬼神也。」

子曰：「有諸？」諸，之也。孔子言：死生有命，不欲有禱。故反問子路有此祈禱[二]之事乎，心不許也。

[一]「苞氏曰」，齋本、庫本作「馬融曰」。邢疏作「馬曰」。正平版何解作「苞氏曰」。

[二]「祈禱」，齋本、庫本作「禱請」。

周生烈曰：「言有此禱請於鬼神之事乎也。」

子路對曰：「有之。誄曰：『禱爾于上下神祇。』」子路不達孔子意，聞孔子之問，仍引得古舊禱天地之誄辭以答孔子也，故云「有之，誄曰」也。天曰神，地曰祇也。

孔安國曰：「子路失旨也。誄，禱篇名也。」誄者，謂如今行狀也。誄之言累也，人生有德行，死而累列其行之迹爲謚也。

子曰：「丘之禱之久矣。」子路既不達孔子意，而引舊禱天地之誄，孔子不欲非之，故云我之禱已久，今則不復須也。實不禱而云久禱者，聖人德合神明，豈爲神明所禍病而祈之乎？欒肇曰：「案說者徒謂無過可謝，故止子路之請，不謂上下神祇非所宜禱也。在禮，天子祭天地，諸侯祈山川，大夫奉宗廟，此禮祀典之常也。然則禱爾于上下神祇，乃天子禱天地之辭也。子路以聖人動應天命，欲假禮祈福上〔一〕靈，孔子不許，直言絶之也。曰『丘禱久矣』，豈此欲率舊之辭也〔二〕？自知無過可謝，而云『丘之禱久矣』，豈其辭乎？夫聖行無違，凡庸所知也，子路豈誣夫子於神明哉！以爲祈福自不主以謝過爲名也。若以行合神明無所禱請，是聖人無禱請之禮，夫知如是，則禮典之言棄，金縢之義廢矣。」侃謂：若案何集，則子路自不達旨，引得舊禱天地之誄，是子路之失，亦復何傷？若如欒義，則猶是使門人爲臣之意也。然無臣非君，而子路欲此，亦

〔一〕「上」，齋本、庫本作「二」。
〔二〕「豈此欲率舊之辭也」，齋本、庫本作「此豈其辭乎？欲卒舊之辭也」。

不達之甚，乃得深於請禱之過耳。幸不須譏此而同彼，不如依何集爲是也。

孔安國曰：「孔子素行合於神明，故曰『丘禱之久矣』。」

子曰：「奢則不遜，儉則固。不遜者，僭濫不恭之謂也。固，陋也。人若奢華，則僭濫不恭；若儉約，則固陋不及禮也。與其不遜也，寧固。」二事乃俱爲失，若不遜陵物，物必害之，傾覆之期，俄頃可待。若止復固陋，誠爲不遜〔一〕，而物所不侵，故云與其不遜，寧爲固陋也。

孔安國曰：「俱失之也。奢不如儉，奢則僭上，儉則不及禮耳。固，陋也。」

子曰：「君子坦蕩蕩，坦蕩蕩，心貌寬曠，無所憂患也。君子内省不疾〔二〕故也。小人長戚戚。」長戚戚，恒憂懼也。小人好爲罪過，故恒懷憂懼也。江熙曰：「君子坦爾夷任，蕩然無私；小人馳競於榮利，耿介於得失，故長爲愁府也。」

鄭玄曰：「坦蕩蕩，寬廣貌也。長戚戚，多憂懼貌也。」

子温而厲，威而〔三〕不猛，恭而安。明孔子德也。亦有云子曰者，亦靡在〔四〕也。温，和潤也。厲，

〔一〕「遜」，齋本、庫本作「逮」。
〔二〕「疾」，齋本、庫本作「疚」。
〔三〕「而」，齋本、庫本無此字，脱。正平版何解、邢疏、朱注有「而」字。
〔四〕「靡在」，齋本、庫本作「厲世」。

嚴也。人温和者好不能嚴厲，孔子温而能厲也。又人作威者心事雄猛，孔子威能不猛也。又恭者好聳歛〔一〕不安，孔子恭而能安也。故王弼曰：「温和不厲，厲不温〔二〕；威者心猛，不〔三〕猛者不威；恭則不安，安者不恭。此對反之常名也。若夫温而能厲，威而不猛，恭而能安，斯不可名之理全矣。故至和之調，五味不形；大成之樂，五聲不分；中和備質，五材無名也。」

論語泰伯第八

何晏集解　凡廿一章

疏泰伯者，周太王長子，能推位讓國者也。所以次前者，物情見孔子栖遑，常謂實係心慮，今明太伯〔四〕賢人尚能讓國，以證孔子大聖，雖位非九五，豈以粃〔五〕糠累真？故泰伯次述而也。

子曰：「泰伯，其可謂至德也已矣。泰伯者，周太王之長子也。太王者，即古公亶甫。有〔六〕三

〔一〕「歛」，齋本、庫本作「險」。堂本「聳歛」是。「聳」通「悚」，恐懼；「聳」又通「竦」，恭敬；「歛」同「斂」，收斂。
〔二〕「温和不厲，厲不温」，齋本、庫本作「温者不厲，厲者不温」。
〔三〕「不」，齋本、庫本無，脱。
〔四〕「太伯」，齋本、庫本作「泰伯」，下同。
〔五〕「粃」，誤。堂本正誤表以「粃」爲正。
〔六〕「有」上，齋本、庫本有「亶甫」二字。

子，大者太伯，次者仲雍，小者〔一〕季歷。三子並賢，而太伯有讓德深遠，雖聖不能加，故云「其可謂至德也已矣」。其至德之事在下。范寧曰：「太，善大之稱也。伯，長也。周太王〔二〕之元子，故號太伯。其德弘遠，故曰至德〔三〕也。」**三以天下讓**，此至德之事也。其讓天下之位有三迹，故云「三以天下讓」也。所以有讓者，小弟季歷生子文王昌，昌有聖人德。太伯知昌必有天位，但升天位者必須階漸，若從庶人而起則爲不易。太王是諸侯，已是太王長子，長子後應傳國。今欲令昌取王位有漸，故讓國而去，令季歷傳之也。其有三迹者，范寧曰：「有二釋：一云：太伯少弟季歷，生子文王昌，子〔四〕有聖德，太伯知其必有天下，故欲令傳國於季歷，以及文王。因太王病，託採藥於吴越，不反。太王薨而季歷立，一讓也；季歷薨而文王立，二讓也；文王薨而武王立，於此遂有天下，是爲三讓也。又一云：太王病而託採藥出，生不事之以禮，一讓也；太王薨而不反，使季歷主喪，死不喪〔五〕之以禮，二讓也；斷髮文身示不可用，使季歷主祭祀〔六〕，不祭之以禮，三讓也。」繆協曰：「太伯三讓之所爲者，季歷、文、武三人而王道成，是三以讓天下〔七〕也。」**民無得而稱焉。」**德讓迹

〔一〕「小者」，齋本、庫本作「少者」。
〔二〕「周」上，齋本、庫本有「泰伯」二字。
〔三〕「德」，齋本、庫本無此字。
〔四〕「子」，齋本、庫本作「昌」。
〔五〕「喪」，齋本、庫本作「葬」。
〔六〕「祀」，齋本、庫本作「禮」。
〔七〕「讓天下」，齋本、庫本作「天下讓」。

既隱，當時人民不覺，故無能稱其讓德者也。故范甯曰：「詭道合權，隱而不彰，故民無得而稱，乃大德也。」繆協曰：「其讓之迹詭，當時莫能知，故無以稱焉，可謂至德也。」或問曰：「太伯若堪有天下，則不應讓人，若人有天下，則太伯復無天下可讓。今云三以天下讓，其事如何？」或通云：「太伯實應傳諸侯，今讓者，諸侯位耳。而云讓天下者，是爲天下而讓，今即之有階，故云天下也。然仲雍亦隨太伯而隱，不稱仲雍者，國位在太伯，太伯讓，是導仁軌也，仲雍隨是，揚其波也。」

王肅曰：「泰伯，周太王之太子也。次弟仲雍，少弟曰季曆。季曆賢，又生聖子文王昌。昌必有天下，故太伯以天下三讓於王季。其讓隱，故民家無得而稱言之者，所以爲至德也。」

子曰：「恭而無禮則勞，此章明行事悉須禮以爲節也。夫行恭遜，必宜得禮，則若恭而無禮，則遜在床下，所以身爲自〔一〕勞苦也。慎而無禮則葸〔二〕，葸，畏懼過甚也。若〔三〕無禮，則畏懼之甚，於事不行也。

葸，畏懼之貌也。言慎而不以禮節之，則常畏懼也。

勇而無禮則亂，勇而有禮，内則擎跪於廟堂之上，外則捍難於壇場之所。若勇而無禮，則爲殺害之亂

〔一〕「爲自」，齋本、庫本作「自爲」。
〔二〕「蕙」，齋本、庫本作「葸」，是。
〔三〕「若」下，齋本、庫本有「慎而」二字。

也。直而無禮則絞。絞則刺之[一]也。直若有禮，則自行不邪曲；若不得禮，對面譏刺他人之非，必致怨恨也。

馬融曰：「絞，絞刺也。」

君子篤於親，則民興於仁；君子，人君也。篤，厚也。人君若自於親屬篤厚，則民下化之，皆競興起仁恩也。孝悌也者，其仁之本與也。故舊不遺，則民不偷。」故舊，謂朋友也。偷，薄也。人君富貴而不遺忘昔舊友朋，則下民效之不爲薄行也。

苞氏曰：「興，起也。君能厚於親屬，不遺忘其故舊，行之美者也，則民皆化之，起爲仁厚之行，不偷薄也。」

曾子有病[二]，召門弟子曰：「啓予足！啓予手！啓，開也。予，我也。孔子昔授孝經於曾子，曰「身體髮膚受之父母，不敢毁傷」，曾子禀受至死不忘，故疾病臨終日，召己門徒弟子，令開衾視我手足毁傷與不，亦示父母全而生己，己亦全而歸之也。先足後手，手近足遠，示急從遠而視也。

鄭玄曰：「啓，開也。曾子以爲受身體於父母，不敢毁傷之，故使弟子開衾而視之也。」

[一]「絞則刺之」，齋本、庫本作「絞刺」。

[二]「病」，齋本、庫本作「疾」。正平版何解、邢疏、朱注亦作「疾」。

詩云：『戰戰兢兢，如臨深淵，如履薄冰。』既令開衾，又引詩證己平生敬慎畏懼有毀傷之心也。戰戰，恐懼；兢兢，戒慎也。「如臨深淵」，恐墜也。「如履薄冰」，恐陷也。夫人於高岩之頂，俯臨萬丈之深淵，必恐懼寒心，恒畏墜落也。冰之厚者猶不可履，況跪行薄冰之上，孰不歛身戒慎恐陷乎？言我平生畏慎身體之心，如人之臨履深薄也。

孔安國曰：「言此詩者，喻己常誡慎，恐有所毀傷也。」

而今而後，吾知免夫！引詩既竟，又語諸弟子也。而今，今日也。而後，即今日以後也。免，免毀傷也。既臨終而得不毀傷，故知自今日以後，全歸泉壤，得免毀傷之事也。小子！」小子，諸弟子也。曾子言竟而呼諸弟子，語之令識己言也。

周生烈曰：「乃今日而後，我自知免於患難矣。小子，弟子也。呼者，欲使聽識其言也。」

曾子有疾，孟敬子問之。敬子，魯大夫〔一〕也。來參問曾子之疾也。

馬融曰：「孟敬子，魯大夫仲孫捷也。」

曾子言曰：「鳥之將死，其鳴也哀。人之將死，其言也善。曾子得敬子之問疾，因而戒

〔一〕「夫」下，齋本、庫本有「仲孫捷」三字。

之也。將欲〔一〕戒之，故先發此言，欲明我所以相戒之意也。言鳥之臨死，唯知哀鳴，而不知出善言，此則是鳥之常。人之將死，必宜云〔二〕善言，此則是人之常也。若人臨死而無善言，則與鳥獸不異。今我將臨死，故欲出善言以誡汝也。故李充曰：「人之所以貴於禽獸者，以其慎終始在困不撓也。禽獸之將死，不遑擇音，唯吐窘急之聲耳。人若將死，而不思令終之言，唯哀懼而已者，何以別於禽獸乎？是以君子之將終，必正存道，不忘格言，臨死易簀，困不違禮，辨論三德，大加明訓，斯可謂善〔三〕也。」

苞氏曰：「欲戒敬子，言我且將死，言善可用也。」此注亦明如向釋。又繆協曰：「曾子謙不以遠理自喻，且敬子近人，故以常言語悟之，冀其必納也。」然繆解亦得會苞注也。或問曰：「不直云曾子曰而云言曰，何也？」答曰：「欲重曾子臨終言善之可録，故特云言也。」又一通云：「出己曰言，答述曰語，曾子臨終綿困，不堪答述也，示直出己之懷而已〔四〕。」

君子所貴乎道者三：此以下即曾子所述善言也。道猶禮也，言君子所貴禮者有三事也。**動容貌，斯遠暴慢矣；**此所貴三之第一也。動容貌，謂成儀容舉止也。君子坐則儼然，行則蹌蹐，如此則人望而

〔一〕「欲」，齋本、庫本作「敬」。
〔二〕「云」，齋本、庫本作「出」。
〔三〕「善」下，齋本、庫本有「言」字。
〔四〕「或問曰」至「而已」，齋本、庫本放在解經文處，接於「斯可謂善也」句下。

畏之，不敢有暴慢之者，故云「斯遠暴慢」也。故顔延之云：「動容則人敬其儀，故暴慢息也。」**正顔色，斯近信矣；**此所貴三之第二也。就凡人相見，先覩容儀，容儀故先也。次見顔色，顔色故爲次也。人之顔色恒欲莊正，不數變動，則人不敢欺詐之，故云「近信」也。故顔延之云：「正色則人達其誠，故信者立也。」**出辭氣，斯遠鄙倍矣。**此所貴三之第三也。辭氣，言語音聲也。既見顔色，次接言語也，出言有章，故人又〔一〕敢鄙穢倍違之也。故顔延之云：「出辭則人樂其文，故鄙倍絶也。」侃謂：暴慢鄙信〔二〕同是惡事，故云遠；而信是善事，故云近也。

鄭玄曰：「此道，謂禮也。動容貌，能濟濟蹌蹌，則人不敢暴慢之也。正顔色，能矜莊嚴栗，則人不敢欺誕之也。出辭氣，能順而説，則無惡戾之言入於耳也。」惡，鄙醜也。戾，背也。禮記曰：「言悖而出，亦悖而入。」若出能不悖，故鄙戾不入於耳也。

籩豆之事，則有司存。」籩豆，禮器也。竹曰籩，木曰豆，豆盛俎醢，籩盛菓實，並容四升，柄尺二寸，下有跗也。舊云：敬子不存大事，大事即斥前三禮也。而好修飾籩豆，籩豆比三事爲小事，故曾子先戒此三禮，若籩豆之事付於有司，不關汝也。有司，謂典籩豆之官也。

〔一〕「又」，齋本、庫本作「不」，是。
〔二〕「信」，齋本、庫本作「倍」，是。

苞氏曰：「敬子忘大務小，故又戒之以此也。籩豆，禮器也。」苞〔一〕此注亦得如舊説也。若欲又爲一通，亦得云敬子好務小事，而忽略籩豆，故曾子曰：汝不須務小，當使有司存於宗廟，籩豆之禮也。而繆協別通曰：「籩豆，禮器，可以致敬於宗廟者。言人能如上三貴，則祝史陳信無愧辭，故有司所存，籩豆而已。」

曾子曰：「以能問於不能，此明顔淵德也。能，才能也。時多誇競，無而爲有，虛而爲盈，唯顔淵謙而反之也。顔淵實有才能，而恒如己不能，故見雖不能者猶諮問衷求〔二〕也。**以多問於寡；**多，謂識性之多也。己識雖多，常不敢自言己多，故每問於寡識者也。**有若無，實若虛，**又處人間，未曾〔三〕以己之才德爲有爲實，恒謙退如虛無也。**犯而不校，**校，報也。人有惡加犯己者，己不報之也。殷仲堪曰：「能問不能，多問於寡，或疑其負實德之迹，似乎爲教而然。余以爲外假謙虛黄中之道，沖而用之，每事必然。夫推情在於忘賢，故自處若不足。處物以賢善，故期善於不能。因斯而言，乃虛中之素懷，處物之誠心，何言於爲教哉？犯而不校者，其亦不居物以非乎，推誠之理然也。非不争〔四〕也，應物之迹異矣，其爲沖虛一也。」

〔一〕「苞」上，齋本、庫本有「依」字。
〔二〕「見雖」，齋本、庫本作「雖見」。「衷求」，齋本、庫本作「尋求」。「衷」義「誠懇」，似能解通。
〔三〕「曾」，齋本、庫本作「嘗」。
〔四〕「争」下，齋本、庫本有「事」字。

苞氏曰：「校，報也。言見侵犯而不校之也。」

昔者吾友嘗從事〔一〕**斯矣。」**友謂顔淵也。曾子言：唯昔吾友能爲上諸行也。江熙曰：「稱吾友，言己所未能也。」

馬融曰：「友謂顔淵也。」

曾子曰：「可以託六尺之孤，託謂憑託也。六尺之孤，謂童子無父而爲國君者也。年齒幼少，未能自立，故憑託大臣，如成王託周公者也。

孔安國曰：「六尺之孤，謂幼少之君也。」

可以寄百里之命，百里謂國也，言百里舉全數也。命者，謂國之教令也。幼君既未能行政，故寄冢宰攝之也，如周公攝政也。然幼孤云託、教令云寄者，有以故也。託是長憑無反之言，寄是暫寄有反之目也。君身尊重，故云託，示長憑於阿衡者也。教命待君年長而還，君自裁斷，是有反也。

孔安國曰：「攝君之政令也。」

臨大節而不可奪也，國有大難，臣能死之，是臨大節不可奪也。

〔一〕「事」下，齋本、庫本有「於」字。定州漢墓竹簡論語、正平版何解、邢疏、朱注亦有「於」字。

大節，安國家定社稷也。奪者，不可傾奪也。

君子人與？君子人也。」言爲臣能受託幼寄命，又臨大節不回，此是「君子人與」也。再言君子，美之深也。而繆協曰：「夫能託六尺於其臣，寄顧命於其下，而我無貳心，彼無二節，授任而不失人，受任而不可奪，故〔一〕必同乎君子之道，審契而要終者也。非君子之人與君子者，孰能要其終而均其致乎？」

曾子曰：「士不可以不弘毅，士，通謂丈夫也。弘，大也。毅，謂能强果斷也。言丈夫居世，必使德行弘大而能果斷也。任重而道遠。釋所以宜弘毅義也。即所任者重，所行者遠，故宜德大而能斷也。

苞氏曰：「弘，大也。毅，强而能決斷也。士弘毅，然後能負重任致遠路也。」

仁以爲己任，不亦重乎？此解任重也。士既以仁爲平生之任，此任豈得不謂爲重乎？死而後已，不亦遠乎？」此釋道遠也。已，止也。言知行仁，不可小〔二〕時而止，必至死乃後而止耳。至死乃止，此道豈不遠乎？

孔安國曰：「以仁爲己任，重莫重焉。死而後已，遠莫遠焉也。」

子曰：「興於詩，此章明人學須次第也。興，起也。言人學先從詩起，後乃次諸典也。所以然者，詩有

〔一〕「故」下，齋本、庫本有「齊」字。

〔二〕「小」，齋本、庫本作「少」。

夫婦之法，人倫之本，近之事父，遠之事君故也。又江熙曰：「覽古人之志，可起發其志也。」

苞氏曰：「興，起也。言修身當先學詩也。」

立於禮，學詩已明，次又學禮也。所以然者，人無禮則死，有禮則生，故學禮以自立身也。

苞氏曰：「禮者，所以立身也。」

成於樂。」學禮若畢，次宜學樂也。所以然者，禮之用和爲貴，行禮必須學樂，以和成己性也。

孔安國曰：「樂所以成性也。」王弼曰：「言〔一〕爲政之次序也。夫喜懼哀樂，民之自然，應感而動，則發乎聲歌，所以陳詩採謠以知民志風。既見其風，則損益基焉，故因俗立制以達其禮也。矯俗檢刑，民心未化，故又感以聲樂以和神也。若不採民詩，則無以觀風，風乖俗異，則禮無所立；禮若不設，則樂無所樂；樂非禮，則功無所濟。故三體相扶，而用有先後也。」侃案：輔嗣之言可思也。且案内則明學次第：十三舞勺，十五舞象，二十始學禮，惇行孝悌，是先學樂，後乃學禮也。若欲申此注，則當云先學舞勺舞象，皆是舞詩耳，至二十學禮，後備聽八音之樂，和之以終身成性，故後云樂也。

子曰：「民可使由之，不可使知之。」此明天道深遠，非人道所知也。由，用也。元亨日新之道，

〔一〕「言」下，齋本、庫本有「有」字。

百姓日用而生，故云「可使由之」也。但雖日用而不知其所以，故云「不可使〔一〕知之」也。張憑曰：「爲政以德，則各得其性，天下日用而不知，故曰『可使由之』。若爲政以刑，則防民之爲姦，民知有防而爲姦彌巧，故曰『不可使知之』。言爲政當以德，民由之而已，不可用刑，民知其術也。」

由，用也。可使用而不可使知者，百姓能日用而不能知也。

子曰：「好勇疾貧，亂也。好勇之人，若能樂道自居，此乃爲可耳；若不能樂道，而憎疾己之貧賤，則此人必可〔二〕亂也。故繆協曰：「好勇則剛武，疾貧則多怨，以多怨之人習於武事，是使之爲亂也。」

苞氏曰：「好勇之人而患疾己貧賤者，必將爲亂也。」

人而不仁，疾之已甚，亂也。」夫不仁之人，當以理將養，冀〔三〕其感悟，若憎疾之太甚，則此不仁者近無所在，必爲逆亂也。故鄭康成曰：「不仁人疾之太甚，是使之爲亂也。」

孔安國曰：「疾惡太〔四〕甚，亦使其爲亂也。」

子曰：「如有周公之才之美，設使驕且恡，其餘不足觀已矣。」其餘，謂周公之才伎也。

〔一〕「使」字原脱，據齋本、庫本補。
〔二〕「可」，齋本、庫本作「爲」。
〔三〕「冀」上，齋本、庫本有「或」字。下句「若」下，齋本、庫本有「復」字。
〔四〕「太」，齋本、庫本作「大」。邢疏作「包曰：疾惡太甚，亦使其爲亂」。

言人假令有才能如周公旦之美，而用行驕悋，則所餘如周公之才伎者，亦不足復可觀者，以驕没才也。故王弼曰：「人之才美如周公，設使驕悋，其餘無可觀者，言才美以驕悋棄也。況驕悋者必無周公才美乎！假無設有，以其驕悋之鄙也。」

孔安國曰：「周公者，周公旦也。」

子曰：「三年學，不至於穀，不易得也已。」勸人學也。穀，善也。言學三年者，必至於善道也。若三年學而不至善道者，必無此理也，故云「不易得已也〔一〕」。孫綽曰：「穀，禄也。云三年學足以通業，可以得禄，雖時不得〔二〕禄，得禄之道也。『不易得已』者，猶云不易已得也，此〔三〕教勸中人已下也。」

孔安國曰：「穀，善也。言人三歲學不至於善，不可得。言必無及也，所以勸人於學也。」

子曰：「篤信好學，此章教人立身法也。令篤厚於誠信，而好學先王之道也。守死善道。寧爲善而死，不爲惡而生，故云「守死善道」也。危邦不入，謂初仕時也。見彼國將危，則不須入仕也。亂邦不居。謂我國已亂，則宜避之不居住也。然亂時不居，則始危時猶居也。危者不入，則亂故宜不入也。

〔一〕「已也」，齋本、庫本作「也已」，同經文。
〔二〕「得」，齋本、庫本無此字。
〔三〕「此」，齋本、庫本無此字。

天下有道則見，天下，謂天子也。見，謂出仕也。若世王有道，則宜出仕也。**無道則隱。**若時王無道則隱，枕石漱流也。陳文子棄馬十乘而去，是亂邦不居也。

苞氏曰：「言行當常然也。危邦不入，謂始欲往也。亂邦不居，今欲去也。臣弒君，子弒父，亂也。危者，將亂之兆也。」

邦有道，貧且賤焉，恥也；國君有道，則宜運我才智，佐時出仕，宜始得富貴。而已獨貧賤，則是才德淺薄不會明時，故爲可恥也。**邦無道，富且貴焉，恥也。」**國君無道，而已出仕，招致富貴，則是己亦無道，得會惡逆之君，故亦爲可恥也。江熙曰：「不枉道而事人，何以致無道寵？寵所以恥也。夫山林之士，咲朝廷之人束帶立朝，不獲逍遥也，在朝者亦謗山林之士褊厄，各是其所是，而非其所非，是以夫子兼知〔一〕出處之義，明屈申貴於當時也。」**子曰：「不在其位，不謀其政也。」**

孔安國曰：「欲各專一於其職也。」

子曰：「師摯之始，關雎之亂，洋洋乎盈耳哉！」師，魯太師也。摯，太師名也。始，首也。關雎，詩篇也。洋洋，聲盛也。于時禮樂崩壞，正聲散逸，唯魯太師猶識關雎之聲，而首理調定，使聲盛盈於耳聽也。

〔一〕「知」，齋本、庫本作「弘」。

鄭玄曰：「師摯，魯大師之名也。始，猶首也。周道既衰微，鄭、衛之音作，正樂廢而失節。魯大師摯識關雎之聲，而首理其亂者，洋洋乎盈耳哉，聽而美也。」侃謂：即前篇孔子語其樂曰「樂其可知，始作翕如」之屬，而其受孔子言而理之得正也〔一〕。

子曰：「狂而不直，此章歎時世與古反也。狂者用行宜其直趣無迴，不俟於善惡，而當時狂者不復直也。故下卷則云：「古之狂也肆，今之狂也蕩。」

孔安國曰：「狂者進取，宜直也。」

侗而不愿，侗謂籠侗，未成器之人也。愿，謹愿也。人幼未成人者，情性宜謹愿，而當時幼者亦不謹愿也。

孔安國曰：「侗，未成器之人也，宜謹愿也。」謹愿，無情愿貌也。

悾悾而不信，悾悾，謂野慤也。野慤之人宜可信，而于時野慤者皆詐詭，不復宜可信也。

苞氏曰：「悾悾，慤慤也，宜可信也。」

吾不知之矣。」既與古時反，故孔子曰：非復我能知測也。王弼曰：「夫推誠訓俗，則民僞〔二〕自化；求其情僞，則儉心茲應。是以聖人務使民皆歸厚，不以探幽爲明；務使姦僞不興，不以先覺爲賢。故雖明並日月，

〔一〕「侃謂」至「正也」，齋本、庫本放在解經文處，接於「使聲盛盈於耳聽也」句下。
〔二〕「僞」，齋本、庫本作「俗」。

猶曰『不知』也。」

孔安國曰：「言皆與常度反，故我不知也。」

子曰：「學如不及，猶恐失之。」言學之爲法，急務取得，恒如追前人，欲取必及，故云「如不及」也。又學若有所得，則戰戰持之，猶如人執物恒恐去失，當録之爲意也。

學自外入，至熟乃可長久。如不及，猶恐失之耳也。如注意則云：如，若也。言人學宜熟，若學而不及於熟，雖得猶恐失之也。李充曰：「學有交勞而無交利，自非天然好樂者，則易爲懈矣。故如懼不及，猶恐失之，況可怠乎？」繆協稱中正曰：「學自外來，非夫内足，恒不懈惰，乃得其用。『如不及』者，已及也。『猶恐失』者，未失也。言能恐失之則不失，如不及則能及也〔一〕。」

子曰：「巍巍乎！舜、禹之有天下也，而不與焉。」此美舜、禹也。舜、禹亦古聖天子也。巍巍，高大之稱也，言舜、禹逢時遇世，高大可美也。舜受堯禪而有天下，禹受舜禪而有天下，此二聖得時有天下，並非身所預求，而君自禪之也。一云：「孔子歎己不預見舜、禹之時也。若逢其時，則己宜〔二〕道當用也。」故王弼曰：「逢時遇世，莫如舜、禹也。」江熙曰：「舜、禹受禪有天下之極，故樂盡其善。歎不與並時，蓋感道契在昔，而理屈當今也。」

〔一〕「李充曰」至「能及也」，齋本、庫本放在解經文處，接於「當録之爲意也」句下。

〔二〕「宜」，齋本、庫本作「宣」，義勝。

美舜、禹，己不與求天下而得之也。巍巍者，高大之稱也。

子曰：「大哉堯之爲君也！此美堯也。爲禪讓之始，故孔子歎其爲君之法〔一〕大也。巍巍乎！唯天爲大，唯堯則之。則，法也。言唯天德巍巍，既高既大，而唯堯能法而行之也。所以有則天之德者，夫天道無私，唯德是與，而堯有天位禪舜，亦唯德是與，功遂身退，則法天而行化也。孔安國曰：「則，法也。美堯能法天而行化也。」蕩蕩乎！民無能名焉。蕩蕩，廣遠之稱也。言堯布德廣遠，功用遍匝，故民無能識而名之者也。苞氏曰：「蕩蕩，廣遠之稱也。言其布德廣遠，民無能識名焉。」王弼曰：「聖人有則天之德，所以稱『唯堯則之』者，唯堯於時全則天之道也。蕩蕩，無形無名之稱也。夫名所名者，生於善有所章而惠有所存，善惡相傾〔二〕，而名分形焉。若夫大愛無私，惠將安在？至美無偏，名將何生？故則天成化，道同自然，不私其子而君其臣，凶者自罰，善者自功，功成而不立其譽，罰加而不任其刑，百姓日用而不知所以然，夫又何可名也〔三〕？」

〔一〕「法」，齋本、庫本作「德」。觀下文屢言「法」字，此亦當爲「法」。

〔二〕「傾」，齋本、庫本作「須」。「傾」是。「相傾」，謂相互對立而存在。老子云：「長短相形，高下相傾。」

〔三〕「王弼曰」至「名也」，齋本、庫本放在解經文處，接於「故民無能識而名之者也」句下。

巍巍乎其有成功也，

功成化隆，高大巍巍也。

焕乎其有文章也！」

焕，明也。其立文垂制復著明也。

舜有臣五人而天下治。記者又美舜德也。五人者：禹一，稷二，契三，皐陶四，伯益五也。言舜有此五臣共治天下，故治也。

孔安國曰：「禹、稷、契、皐陶、伯益也。」

武王曰：「予有亂臣十人。」武王，周發也。予，我也。亂，理也。武王曰：我有共理天下者，有十人也。

馬融曰：「亂，理也。理官者十人也，謂周公旦、第一也，周公名旦，是武王弟也。召公奭、第二也，亦武王弟也。太公望、第三也，謂吕望也。吕望本姓姜，氏吕〔一〕，名尚。釣於磻溪，文王出獵，遥見而呼之曰：「望公七年矣，今乃見光景於斯。」於是接之上車，文王自御而還，因名爲望。爲周大師，故云太公也。畢公、第四也。榮公、第五也。大顛、第六也。閎夭、第七也。散宜生、第八也。

〔一〕「吕」下，齋本、庫本有「望」字，衍。

南宮适，第九也。**其餘一人謂文母也。」**文母，文王之妻也，是有辛氏〔一〕之女太姒也。十人有九丈夫、一婦人也。

孔子曰：「才難，不其然乎？記者先列虞、周二國之臣數，而後書孔子之言於下也。孔子歎曰：良才之難得不其如此乎？言如此。**唐、虞之際，於斯爲盛，有婦人焉，九人而已。**此是才難之證也。唐、虞，堯、舜有天下之號也。際者，謂堯、舜交代之間也。斯，此也，此謂周也。言唐、虞二代交際共有此五臣，若比於此周，周最爲盛。雖爲盛，尚不滿十人。十人之中，有文母一婦人，爲十人之數。所以是「才難」也。季彪難曰：「舜之五臣，一聖四賢；八元、八凱，十有六人。據左氏明文，或稱齊聖，或云明哲，雖非聖人，抑亦其次也。周公一人可與禹爲對，太公、召公是當稷、契，自畢公以下恐不及元、凱。就復强相舉繼而數交少〔二〕，何故唐、虞人士反不如周朝之盛也耶？彪以爲，斯，此也，蓋周也。今云『唐、虞之際，於此爲盛』，言唐、虞之朝盛於周室。周室雖隆，不及唐、虞，由來尚矣。故曰巍巍、蕩蕩，莫之能名。今更謂唐、虞人士不如周室，反易舊義，更生殊説，無乃攻乎異端有害於正訓乎？」侃案：師説曰：「季氏之意極自允會春秋〔三〕，合當堯、舜，但既多才勝周，而孔子唯云兩代有五人者，別有以也。欲盛美周德隆於唐、虞，賢才多

〔一〕「辛」，齋本、庫本作「莘」。漢語大詞典：「莘，古國名，亦稱有辛、有莘、有侁。」
〔二〕「舉」，齋本、庫本作「攀」。「交少」，庫本作「較少」。
〔三〕「春秋」下，齋本、庫本有「傳」字。

乎堯、舜，而猶事殷紂，故特云唐、虞五而周代十也。又明言有婦人者，明周代之盛，匪唯丈夫之才，抑婦人之能匡弼於政化也。」

孔安國曰：「唐者，堯號也。虞者，舜號也。際者，堯、舜交會之間也。斯，此也。此，斯〔一〕於周也。言堯、舜交會之間，比於此〔二〕，周最盛，多賢才，然尚有一婦人，其餘九人而已。大才難得，豈不然乎？」

參分天下有其二，以服事殷。參，三也。天下有九州，文王爲雍州西伯，六州化屬文王，故云三分天下有二，猶服事於殷也。周德其可謂至德也已矣！」雖聖德之盛，猶服事惡逆之君，故可謂爲德之至極者也。

苞氏曰：「殷紂淫亂，文王爲西伯而有至〔三〕德，天下之歸周者三分有其〔四〕二，而猶以服事殷，故謂之至德也。」殷家州牧曰伯，文王爲雍州伯。雍州在紂西，故曰「西伯」也。

子曰：「禹，吾無間然矣。此美禹也。間，猶非覸也。孔子美禹之德美盛，而我不知何以厝於非覸矣。

〔一〕「斯」，齋本、庫本作「此」。此句正平版何解作「斯，此也，此于周也」。邢疏無「此斯于周也」五字。

〔二〕「此」下，齋本、庫本有「周」字。正平版何解亦有「周」字。邢疏作「比于周」。

〔三〕「至」，齋本、庫本作「聖」。正平版何解、邢疏亦作「聖」。

〔四〕「其」，齋本、庫本無此字。正平版何解、邢疏亦無「其」字。

郭象曰：「堯[一]、舜、禹相承，雖三聖故一堯耳。天下化成則功美漸去，其所因修[二]常事而已，故史籍無所稱，仲尼不能間，故曰『禹，吾無間然矣』。」李充曰：「夫聖德純粹，無法[三]不備，故堯有則天之號耳，舜稱無爲而治。又曰『巍巍乎！舜禹之有天下而弗與焉』，斯則美聖之極名、窮理之高詠矣。至於此章，方復以事迹歎禹者，而豈徒哉？蓋以季世僻王，肆情縱欲，窮奢極侈麗，厚珍膳而簡僞乎享祀，盛纖靡而闕慢乎祭服，崇臺榭而不恤乎農政，是以亡國喪身，莫不由乎此矣。於有國有家者，觀夫禹之所以興也，覽三季之所以亡，可不慎與也。」

孔安國曰：「孔子推禹功[四]之盛，言己不能復間廁其間也。」

菲飲食而致孝乎鬼神，此已[五]下皆是禹不可間之事也。其有三事：一是飲食，飲食爲急，故最先也。二是衣服，衣服緩於飲食，故爲次也。三是居室，居室緩於衣服，故最後也。菲，薄也。禹自所飲食甚自麤薄，而祭祀牲牢極乎豐厚，故云「菲飲食致孝乎鬼神」也。

馬融曰：「菲，薄也。致孝乎鬼神，祭祀豐潔也。」

[一]「堯」，齋本、庫本無此字。

[二]「修」，齋本、庫本作「循」。

[三]「法」，齋本、庫本作「往」。品味文意，「法」當理解爲「法則」、「法度」、「德法」。德法，仁德之法。大戴禮記盛德曰「盛德則脩法」，又曰：「禮度，德法也。」堯舜禹法天順民，德政治國，爲政之法完備。「法」字義勝。

[四]「功」下，齋本、庫本有「德」字。邢疏此語作「孔子推禹功德之盛美」。

[五]「已」，齋本、庫本作「以」。

惡衣服而致美乎黻冕，禹又〔一〕常衣服甚自麤惡，而祭祀之服大華美也。食飲供鬼神，故云孝。祭服供自己〔二〕，故云美也。然去〔三〕黻冕，冕是首服爲尊，黻是十二章最下爲卑。卑尊俱居，中可知也。一云：「黻非服章，政是韠黻之服也。舉此則正服可知也。」

孔安國曰：「損其常服，以盛祭服也。」

卑宮室而盡力乎溝洫。溝洫，田土〔四〕通水之用也。禹自所居，土階三尺，茅茨不剪，是卑宮室也。而通達畎畝，以利田農，是盡力溝洫也。

苞氏曰：「方里爲井，井間有溝，溝廣深四尺。十里爲城，城間有洫，洫廣深八尺也。」

禹，吾無間然矣。」美禹既深，故重云「無間然」也。

論語義疏第四　經一千五百十四字　注二千三百七十七字

〔一〕「又」下，齋本、庫本有「自」字。
〔二〕「己」下，齋本、庫本有「身」字。
〔三〕「去」，齋本、庫本作「云」，是。
〔四〕「土」，齋本、庫本作「上」。

論語義疏卷第五 子罕 鄉黨

梁國子助教吴郡皇侃撰

論語子罕第九

何晏集解　凡卅一章　皇卅章

疏子，孔子也。罕，希也。此篇明時感者既少，故聖應亦希也。所以次前者，外遠富貴，既爲粃糠，故還反凝寂，所以希言。故子罕次太伯〔一〕也。

子罕言利與命與仁。子，孔子也。罕者，希也。言者，説也。利者，天道元亨利萬物者也。與者，言語許與之也。命，天命窮通夭壽之目也。仁者，惻隱濟衆行之盛者也。弟子記孔子爲教化所希言及所希許與人者也。所以然者，利是元亨利貞之道也，百姓日用而不知，其理玄絶，故孔子希言也。命是人禀天而生，其道難測，又好惡不同，若逆向人説，則傷動人情，故孔子希説與人也。仁是行盛，非中人所能，故亦希説許與人也。然希者，非都絶之稱，亦有時而言與人也。周易文言是説利之時也。謂「伯牛亡之，命矣夫」，及云

〔一〕「太」，齋本、庫本作「泰」。

「若由也，不得其死然」，是說與人命也。又孟武伯問子路、冉求之屬仁乎，子曰「不知」，及云楚令尹陳文子「焉得仁」，並是不與人仁也。而云「顏回三月不違仁」，及云管仲「如其仁」，則是說與人仁時也。故云「子罕言利與命與仁」也。

罕者，希也。利者，義之和也。即引文言也。義者，宜也。和者，無害也。凡人世之利，利彼則害此，非義和也。若天道之利，利而無害，故萬物得宜而和，故曰「義之和也」。命者，天之命也。人稟天而生，故云天命也。中庸曰「天命之謂性」是也。仁者，行之盛也。仁義禮智信五者，並是人之行，而仁居五者之首，主生，故曰「行盛」也。寡能及之，天道微妙，天命深遠，仁道盛大，非人所能知及，故云「寡能及之」也。故希言也。爲世人寡及，故孔子亦希言也。

達巷黨人曰：「大哉孔子！博學而無所成名。」五百家爲黨，黨各有名。此黨名達巷。達巷黨中人美孔子道大，故曰「大哉」也。博，廣也。言大哉孔子，廣學道藝周遍，不可一一而稱，故云「無所成名」也。猶如堯德蕩蕩民無能名也。故王弼曰：「譬猶和樂出乎八音，然八音非其名也。」江熙曰：「言其彌貫六流，不可以一藝取名焉，故曰『大』也。」

鄭玄曰：「達巷者，黨名也。五百家爲黨。此黨之人美孔子博學道藝，不成一名而已。」

子聞之，謂門弟子曰：「吾何執？孔子聞達巷人美己，故呼弟子而語之也。彼既美我之博學，而我於道藝何所持執乎？欲自謙也。執御乎？執射乎？既欲謙己之不多，故陳六藝之下者以自許也。言吾所執，執於御及射乎。御，御車者也。**吾執御矣。」**向欲合以射御自許，又嫌太多，故又減射，而云吾執御者也。

鄭玄曰：「聞人美之，承以謙也，『吾執御』者，欲名六藝之卑也。」六藝：一曰五禮，二曰六樂，三曰五射，四曰五馭，五曰六書，六曰九數也。今云執御，御比禮、樂、射爲卑也。

子曰：「麻冕，禮也。禮，謂周禮也。周禮有六冕，以平板爲主，而用三十升麻布衣板，上玄下纁，故云「麻冕，禮也」。**今純，儉也**[一]，今，謂周末孔子時也。純，絲也。周末不復用卅[二]升布，但織絲爲之，故云今也。三十升布，用功巨多，難得，難得則爲奢華。而織絲易成，易成則爲儉約，故云儉也。**吾從衆。**衆，謂周未[三]時人也。時既人人從易用絲，故孔子曰吾亦從衆也。所以從之者，周末每事奢華，孔子寧欲抑奢就儉。今幸得衆共用儉，故孔子從之也。

孔安國曰：「冕，緇布冠也。冠、冕，通名也。且周家委貌冠亦用卅升緇布也。**古者績麻三十升布以爲之。純，絲也。絲易成，故從儉也。」**

[一]「今純儉也」，齋本、庫本作「今也純儉」。正平版何解、邢疏、朱注、馬國翰輯古論語亦作「今也純儉」。
[二]「卅」，齋本、庫本作「三十」。
[三]「未」，誤，堂本正誤表以「末」爲正。

拜下，禮也。下，謂堂下也。禮：君與臣燕，臣得〔一〕君賜酒，皆下堂而再拜，故云「拜下，禮也」。**今拜乎上，泰也。**今，謂周末孔子時也。上，謂堂上也。泰，驕泰也。當于時周末君臣飲燕，臣得君賜酒，不復下堂，但於堂上而拜，故云「今拜乎上，泰也」。拜不下堂，是由臣驕泰，故云「泰也」。**雖違衆，吾從下。」**當時皆違禮而拜上者衆，孔子不從拜上，故云「雖違衆」也。違衆而從舊禮拜於下，故云「吾從下」也。

王肅曰：「臣之與君行禮者，下拜然後升成禮。燕義曰：「君舉旅於賓，及君所賜爵，皆降，再拜稽首，升，成拜。明臣禮也。」案：燕義之〔二〕賓皆是臣也。臣得君旅及賜爵，降下堂再拜。再拜竟，更升堂，又再拜，謂爲「成拜」。「成拜」者，向在堂下之拜，若禮未成然，故更升堂以成之也。**時臣驕泰，故於上拜也。**周末時如此也。**今從下，禮之恭也。」**孔子欲從下之禮，是〔三〕爲恭也。

子絶四：絶者，無也。明孔子聖人，無此下四事，故云「絶四」也。不云無而云絶者，據世人似〔四〕言之也。四事世人未能絶，而孔子絶之，故云「絶」也。故顔延之曰〔五〕：「謂絶人四者也。」**毋意，**一也。此謂聖人心

〔一〕「臣得」，齋本、庫本無此二字。
〔二〕「之」，齋本、庫本作「云」，誤。
〔三〕「是」下，齋本、庫本有「禮」字。
〔四〕「似」，齋本、庫本作「以」。
〔五〕「故顔延之曰」，齋本、庫本作「顔延之云」，無「故」字。

也。凡人有滯，故動静委曲自任用其意。聖人無心，泛若不係舟，豁寂同道，故無意也。

以道爲度，故不任意也。

毋必，二也。此謂聖人行化時也。物求則趣〔一〕應，無所抑必，故互鄉進而與之是也。無所抑必由無意，故能爲化，無必也。

用之則行，捨之則藏，故無自〔二〕專必也。

毋固，三也。此聖人已應物行化故也。固，謂執守堅固也。聖雖已應物，物若不能得行，則聖亦不追固執之，「不反三隅，則不復」是也。亦由無意，故能無固也。

無可無不可，故無固行也。

毋我。四也。此聖人行教功德成身退之迹也。聖人晦迹，功遂身退，恒不自異，故無我也。亦由無意，故能無我也。

述古而不自作，處羣萃而不自異，唯道是從，故不自有其身也。萃，聚也。或問曰：「孔子或拒孺悲，或『天生德於予』，何得云無我〔三〕乎？」答曰：「聖人作教應機〔四〕，不可一準。今爲其迹涉茲

〔一〕「趣」，齋本、庫本作「赴」。

〔二〕「自」，齋本、庫本無此字。正平版何解、邢疏亦無「自」字。

〔三〕「無我」上，齋本、庫本有「無必」二字。

〔四〕「機」，齋本、庫本作「幾」。「機」、「幾」義同，皆可表示「時機」、「機會」、「機變」義。

地，爲物所嫌，恐心實如此，故正明絶此四以見本地也〔一〕。」

子畏於匡，心服曰畏。匡，宋地名也。于時匡人誤以兵圍孔子，故孔子同物畏之也。孫綽曰：「畏匡之人〔二〕説皆衆家之言，而不釋『畏』名，解書之理爲漫。夫體神知幾、玄定安危者，雖兵圍百重，安若太山，豈有畏哉？雖然，兵事阻險，常情所畏，聖人無心，故即以物畏爲畏也。」

苞氏曰：「匡人誤圍夫子，以爲陽虎也。陽虎嘗暴於匡，夫子弟子顔尅時又與陽虎〔三〕俱往，後尅爲夫子御，至於匡，匡人相與共識尅，又夫子容貌與虎相似，故匡人以兵圍之也。」釋誤圍之由者也。

曰：「文王既没，文不在兹乎？孔子得圍而自説己德，欲使匡人知己也。兹，此也。孔子自此己也。言昔文王聖德，有文章以教化天下也。文王今既已〔四〕没，則文章宜須人傳，傳文章者非我而誰，故曰「文王既没，文不在兹乎」，言此我當傳之也。

〔一〕「或問曰」至「本地也」，齋本、庫本放在解經文處，接於「故能無我也」句下。
〔二〕「人」，齋本、庫本無此字。
〔三〕「陽」，齋本、庫本無此字。正平版何解亦無「陽」字。邢疏此語作「陽虎曾暴於匡，夫子弟子顔尅時又與虎俱行」。
〔四〕「已」，齋本、庫本無此字。

孔安國曰：「兹，此也。言文王雖已没，其文見在此。此，自此其身也。」其〔一〕身，夫子身也。

天之將喪斯文也，後死者不得與於斯文也；既云傳文在我，故更說我不可殺之意也。斯文，即文王之文章也。後死，孔子自謂也。夫生必有死，文王既没，己亦當終，但文王已〔二〕没於前，則己方死於後，故自謂爲後死也。言天若將欲喪棄文王之文章，則不應今使我已得預知識之也。孔安國曰：「文王既没，故孔子自謂後死也。言天將喪此〔三〕文者，本不當使我知之；今使我知之，未欲喪也。」

天之未喪斯文也，匡人其如予何！」天今使我知之，是未欲喪此文也。既未欲喪此文，使己傳之，則匡人豈能違天而害我乎？故曰「如予何」也。衛瓘曰：「若孔子自明非陽虎，必謂之詐。晏然而言若是，匡人是知非陽虎，而懼害賢，所以免也。」馬融曰：「如予何者，猶言奈我何也。天之未喪此文，則我當傳之。匡人欲奈我何也，言〔四〕

〔一〕「其」，齋本、庫本無此字。

〔二〕「已」，齋本、庫本作「既」。

〔三〕「此」，齋本、庫本作「斯」。正平版何解、邢疏作「此」。

〔四〕「言」下，齋本、庫本有「其」字。正平版何解、邢疏亦有「其」字。

不能違天而害己也。」江熙云：「言文王之道爲後代之軌，己未得述上天之明，必不使没也〔一〕。」

太宰問於子貢曰：「夫子聖者與？何其多能也？」太宰聞孔子聖，又聞孔子多能，而其心疑聖人務大，不應細碎多能，故問子貢，言孔子既聖，其那復多能乎？

孔安國曰：「大宰，大夫官名也。卿〔二〕大夫職有冢宰，或云大宰，故云是大夫官也。**或吴，或宋，未可分也。**既唯云大宰，不論名氏，故不知何人。而吴有大宰嚭，宋有大宰華督，故云「未可分也」。然此應是吴臣，何以知之？魯哀公七年，公會吴于鄶〔三〕，吴人徵百牢，使子貢辭於大宰嚭。十二年，公會吴師于槖皋，吴子使大宰嚭請莅〔四〕盟，公不欲，使子貢對，將恐此時大宰嚭問子貢也。且宋大宰督去孔子世遠，或其至後世所不論耳。**疑孔子多能於小藝也。」**

子貢曰：「固天縱之將聖，又多能也。」子貢答曰：孔子大聖，是天所固縱，又使多能也。固，故也。將，大也。

孔安國曰：「言天固縱之大聖之德，又使多能也。」

〔一〕「江熙云」至「没也」，齋本、庫本放在解經文處，接於「所以免也」句下。

〔二〕「卿」，齋本、庫本作「鄉」，誤。周礼：「治官之屬，大宰卿一人，小宰中大夫二人。」

〔三〕「鄶」，誤，堂本正誤表以「鄫」爲正。

〔四〕「莅」，齋本、庫本作「尋」。十三經注疏本春秋左傳正義作「尋」。尋盟：重温舊盟。

子聞之曰：「大宰知我者乎！孔子聞大宰之疑而云知我，則許疑我非聖是也。繆協曰：「我信多能，故曰知我。」江熙曰：「大宰嫌多能非聖，故云知我，謙之意也。」吾少也賤，故多能鄙事。又説我非聖，而所以多能之由也。言我少小貧賤，故多能爲麤鄙之事也。君子多乎哉？不多也。」更云，若聖人君子，豈多能鄙事乎？則不多能也。繆協曰：「君子從物應務，道達則務簡，務簡則不多能也。」江熙曰：「言君子所存遠者大者，不應多能也。」

苞氏曰：「我少小貧賤，常自執事，故多能爲鄙人之事。君子固不當多能也。」欒肇曰：「周禮百工之事，皆聖人之作也。明聖人兼材修〔一〕藝過人也。是以大宰見其多能，固疑夫子之聖也。子貢曰『固天縱之將聖又多能』，故承以謙也，且抑排務言不以多能爲君子也，謂君子不當多能也。明兼才者自然多能，多能者非所學，所以先道德後伎藝耳，非謂多能必不聖也。據孔子聖人而多能，斯伐柯之近鑒也〔二〕。」

牢曰：「子曰：『吾不試，故藝。』」試，用也。子牢述孔子言，緣我不被時用，故得多學伎藝也。繆協曰：「此蓋所以不〔三〕多能之義也。言我若見用，將崇本息末，歸純反素，兼愛以忘仁，遊藝以去藝，豈唯不

〔一〕「修」，齋本、庫本作「備」。
〔二〕「欒肇曰」至「近鑒也」，齋本、庫本放在解經文處，接於「不應多能也」句下。
〔三〕「不」，齋本、庫本無此字。

多能鄙事而已。」

鄭玄曰：「牢，弟子子牢也。試，用也。言孔子自言：我不見用，故多能伎藝也。」

子曰：「吾有知乎哉？無知也。知，謂有私意於其間之知也。聖人體道爲度，無有用意之知，故先問弟子曰「吾有知乎哉」也。又〔一〕，「無知也」，明已不有知知之意也，即是無意也。**知者，知意之知也。**知意，謂故用知爲知也。聖人忘知，故無知知意也。**言知者，言未必盡也。**若用知者，則用意有偏，故其言未必盡也。**今我誠盡也。**我以不知知，故於言誠無不盡也。**有鄙夫來問於我，空空如也。**此舉無知而誠盡之事也。鄙夫，鄙劣之夫也。空空，無識也。言有鄙夫來問我，而心抱空虛如也。**我叩其兩端而竭焉。」**兩端，事之終始也。言雖復鄙夫，而又〔二〕虛空來問於我，我亦無隱，不以用知處之，故即爲其發事終始，竭盡我誠也。即是無必也。故李充曰：「日月照臨，不爲愚智易光。聖人善誘，不爲賢鄙異教。雖復鄙夫寡識，而率其疑，誠諮〔三〕於聖，必示之以善惡之兩端，竭己〔四〕心以誨之也。」

〔一〕「又」下，齋本、庫本有「云」字。
〔二〕「又」，齋本、庫本作「心」。
〔三〕「諮」下，齋本、庫本有「疑」字，恐衍。
〔四〕「竭己」，齋本、庫本作「己竭」。

孔安國曰：「有鄙夫來問於我，其意空空然。我則發事之終始兩端以語之也，而〔一〕竭盡所知，不爲有所愛也。」繆協曰：「夫名由迹生，故知從事顯。無爲寂然，何知之有？唯其無也，故能無所不應。雖鄙夫誠問，必爲盡其本末也〔二〕。」

子曰：「鳳鳥不至，河不出圖，吾已矣夫！」夫時人皆願孔子有人主之事，故孔子釋己不得以塞之也。言昔之聖人應王者，必有鳳鳥、河圖之瑞。今天無此瑞，故云「吾已矣夫」。已，止也。言吾已止，無此事也。故繆協曰：「夫聖人達命，不復俟此乃知也。方遺知任事，故理至乃言。所以言者，將釋衆庶之望也。」

孔安國曰：「有聖人受命，則鳳鳥至，麟鳳五靈，王者之嘉瑞也。河出圖，今天無此瑞。『吾已矣夫』者，不得見也。聖人王，則有龍馬及神龜負應王之圖書從河而出，爲瑞也。如龍圖授伏羲〔三〕，龜書畀姒也。河圖，八卦是也。」八卦，則易乾、坤等八方之卦也。龍負之出授伏羲也。又孫綽曰：「孔子所以及〔四〕發此言者，以體大聖之德，弟子皆禀絶異之質，壘落殊才，英偉命世之才。蓋王

〔一〕「而」，齋本、庫本無此字。下句「所」字，齋本、庫本無。正平版何解、邢疏亦無「而」字、「所」字。

〔二〕「繆協曰」至「本末也」，齋本、庫本放在解經文處，接於「竭己心以誨之也」句下。

〔三〕「羲」，齋本、庫本作「犧」。下句「姒」下，齋本、庫本有「禹」字，恐衍。

〔四〕「及」，誤，堂本正誤表以「乃」爲正。

德光于上，將相備乎下，當世之君咸有忌難之心，故稱此以徵己之不王，絕不達者之疑望也〔一〕。」

子見齊衰者，此記孔子哀人有喪者也。齊衰，五服之第二者也。言齊則斬從可知，而大功不預也。冕衣裳者，記孔子尊敬在位者也。冕衣裳者，周禮大夫以上之服也。大夫以上尊，則士不在列也。與瞽者，記孔子愍不成人也。瞽，盲者也。言與者，盲者卑，故加「與」字以別之也。言瞽者則聾者不預也，聾疾〔二〕輕於盲也。

苞氏曰：「冕者，冕冠也，大夫之服也。瞽者，盲者也。」

見之，雖少者必作；言孔子見此三種人，雖復年少，孔子改坐而見之，必爲之起也。過之，必趨。趨，疾行也。又明孔子若行過此三種人，必爲之疾速，不取〔三〕自修容也。范寧曰：「趨，就之也。」

苞氏曰：「作，起也。趨，疾行也。此夫子哀有喪，尊在位，恤不成人之也。」恤，憂也。

顏淵喟然歎曰：孔子至聖，顏生上賢，賢聖道絕，故顏致歎也。

喟然，歎聲也。

〔一〕「又孫綽曰」至「疑望也」，齋本、庫本放在解經文處，接於「將釋衆庶之望也」句下。

〔二〕「疾」，齋本、庫本無此字。

〔三〕「取」，齋本、庫本作「敢」。

「仰之彌高，鑽之彌堅。此所歎之事也。夫物雖高者，若仰瞻則可覩也；物雖堅者，若鑽錐則可入也。顔於孔子道，愈瞻愈高，彌鑽彌堅，非己㫫力之能得也。故孫綽曰：「夫有限之高，雖嵩岱可陵；有形之堅，雖金石可鑽。若乃彌高、彌堅，鑽仰所不逮。故知絶域之高、堅，未可以力至也。」

言不可窮盡也。

瞻之在前，忽焉在後。向明瞻仰〔一〕上下之絶域，此明四方之無窮也。若四方而瞻，後〔二〕爲遼遠，故恍惚非己所定，所以或前或後也。

言忽怳不可爲形像〔三〕也。亦如向説。又一通曰：「愈瞻愈遠，故云『瞻之在前』也；愈顧愈後，故云『忽焉在後』也。」故孫綽曰：「馳而不及，待而不至，不行不動，孰能測其妙所〔四〕哉？」江熙云：「慕聖之道，其殆庶幾。是以欲齊其高，而仰之愈邈；思等其深，而鑽鑿愈堅；尚並其前，而俛仰塵絶，此其所以喟然者也〔五〕。」

〔一〕「瞻仰」，齋本、庫本作「仰鑽」。
〔二〕「後」，齋本、庫本作「復」，是。
〔三〕「像」，齋本、庫本作「象」。下句「亦如向説」四字，齋本、庫本無。
〔四〕「妙所」，齋本、庫本作「所妙」。
〔五〕「又一通曰」至「喟然者也」，齋本、庫本放在解經文處，接於「所以或前或後也」句下。

夫子循循然善誘人，又歎聖道雖懸，而令人企慕也。循循，次序也。誘，進也。言孔子以聖道勸進〔一〕人，而有次序，故曰「善誘人」也。

循循，次序貌也。誘，進也。言夫子正以此道勸進人，有次序也。

博我以文，約我以禮，此説善誘之事也。博，廣也。文，文章也。言孔子廣以文章誘引於我，故云「博我以文章」也；又以禮教約束我，故云「約我以禮」也。**欲罷不能。**文博禮束，故我雖欲罷止而不能止也。**既竭吾才，**竭〔二〕，盡也。才，才力也。我不能罷，故盡竭我之才力學之也。故孫綽曰：「既以文章博我視聽，又以禮節約我以中，俯仰動止，莫不景行。才力已竭，猶不能已。」罷，猶罷息也。**如有所立卓爾。**此明絶地不可得言之處也。卓，高遠貌也。言雖自竭才力以學，博文約禮，而孔子更有所言述創立，則卓爾高絶也。**雖欲從之，末由也已。」**末，無也。言其好妙高絶〔三〕，雖已欲從之，而無由可及也。故孫綽曰：「常事皆脩〔四〕而行之，若有所興立，卓然出乎視聽之表，猶天之不可階而升，從之將何由也。此顏、孔所

〔一〕「勸進」，齋本、庫本作「進勸」。

〔二〕「竭」，齋本、庫本作「既」。「既」有「盡」義。覩下句「故盡竭我之才力學之也」，「既」是。

〔三〕「絶」上，齋本、庫本有「已」字。

〔四〕「脩」，齋本、庫本作「循」。

絶處也。」

孔安國曰：「言夫子既以文章開博我，又以禮節節約我，使我欲罷而不能已。竭我才矣，其有所立，則又卓然不可及。言己雖蒙夫子之善誘，猶不能及夫子之所立也。」

子疾病，孔子病〔一〕甚也。

苞氏曰：「疾甚曰病也。」

子路使門人爲臣。子路以孔子聖人，宜爲人君，且嘗爲大夫，大夫亦有家臣。今疾病，恐忽終亡，故使弟子行臣禮也。故江熙曰：「子路以聖人君道足，宜有臣，猶禱上下神祇〔二〕也。」

鄭玄曰：「孔子嘗爲大夫，故子路欲使弟子行其臣之禮也。」

病間，曰：「久矣哉，由之行詐也！孔子病少差也。小差〔三〕曰間。謂小差爲間者，若病不差，則病病相續無間斷也；若小差，則病勢斷絶有間隙也。當孔子病困時，不覺子路爲立臣；至於小差，乃覺而歎子路行詐也。言子路有此行詐之心，非復一日，故曰「久矣哉」。無臣而爲有臣，無臣而爲有，所以

〔一〕「病」，齋本、庫本作「疾」。
〔二〕「祇」，齋本作「祗」，誤。
〔三〕「小差」，齋本、庫本作「少差」，下同。

是〔一〕行詐也。**吾誰欺？欺天乎？**我實無臣，今汝詐立之，持此詐欲欺誰乎？天下人皆知我無臣，則人不可欺。今日立之，此政是遠欲欺天，故云「欺天乎」。

孔安國曰：「病小差曰間也。言子路久〔二〕有是心，非唯今日也。」夫立臣事大，非卒可定。汝今立之，是知有其心已久故也。

且予與其死於臣之手也，無寧死於二三子之手乎！又以理喻之，言在三事同，若以親密〔三〕而言，則臣不及弟子也。予，我也。二三子，諸弟子也。無寧，寧也。言設使與我死於臣手，則我寧死弟子手也。臣禮就養有方，有方則隔；弟子無方，無方則親也。

馬融曰：「無寧，寧也。二三子，門人也。就使我有臣而死其手，我寧死弟子手乎也。」

且予縱不得大葬，又明在三同也。大葬，臣禮葬君也。君臣〔四〕葬禮大，故曰大葬也。

孔安國曰：「君臣禮葬也。」

〔一〕「所以是」，齋本、庫本作「是所以」。
〔二〕「久」，齋本、庫本無此字。正平版何解亦無「久」字。邢疏有「久」字。
〔三〕「密」，齋本、庫本作「察」，恐誤。
〔四〕「臣」，齋本、庫本無此字。

予死於道路乎？」君〔一〕縱不得君臣禮葬，有二三子在，我豈復被棄擲於道路乎？言亦必得葬也。

馬融曰：「就使我不得以君臣之禮葬，有二三子在，我寧當憂棄於道路乎？」

子貢曰：「有美玉於斯，子貢欲觀孔子聖德藏用何如，故託事以諮臧〔二〕否也。美玉，譬孔子聖道也。言孔子有聖道可重，如世間有美玉而在此也。韞匵而藏諸？求善賈而沽諸？」諸，之也。韞，裹之也。匵，謂匣櫃之也。善賈，貴價〔三〕也。沽，賣也。言孔子聖道如美玉在此，爲當韞匣而藏之，爲當得貴價而賣之不〔四〕乎？假有人請求聖道，爲當與之不耶？

馬融曰：「韞，藏也。匵，匵也。藏諸匵中也。沽，賣也。得善賈寧肯〔五〕賣之耶也？」

子曰：「沽之哉！沽之哉！答云：我不衒賣之者也。故重云「沽之哉」，明不衒賣之深也。我待賈者也。」又言，我雖不衒賣，然我亦待貴賈耳，有求者則與之也。

苞氏曰：「沽之哉，不衒賣之辭也。我居而待賈者也。」王弼曰：「重言『沽之哉』，賣之不疑也。

〔一〕「君」，齋本、庫本作「若」，義勝。
〔二〕「臧」，齋本、庫本作「衰」，誤。
〔三〕「價」，齋本、庫本作「賈」。
〔四〕「不」，齋本、庫本作「否」。下句「不」字同。
〔五〕「肯」，齋本、庫本無此字。正平版何解亦無「肯」字。邢疏有「肯」字。

故孔子乃聘諸侯以急行其道也〔一〕。」

子欲居九夷。孔子聖道不行於中國，故託欲東往居於九夷也，亦如「欲乘桴浮海」也。

馬融曰：「九夷，東方之夷，有九種也。」四方，東有九夷：一玄兎〔二〕，二樂浪，三高麗，四滿飾，五鳥臾，六索家，七東屠，八倭人，九夭鄙。南有八蠻：一天竺，二吹首，三焦堯，四跂踵，五穿胷，六儋耳，七狗邦，八虎春。西有六戎：一羌夷，二依貊，三織皮，四耆羌，五鼻息，六天岡。北有五狄：一月支，二濊貊，三匈奴，四單于，五白屋也。

或曰：「陋，如之何？」或人不達孔子意，謂之實居，故云「陋如之何」，言夷狄鄙陋，不可居也。**子曰：「君子居之，何陋之有？」**孔子答曰：君子所居即化，豈以鄙陋爲疑乎？不復遠申己意也。孫綽曰：「九夷所以爲陋者，以無禮義也。君子所居者化，則陋有泰也。」

馬融曰：「君子所居者，皆德〔三〕化也。」聖人所在則化，九夷變中夏也。

〔一〕「王弼曰」至「道也」，齋本、庫本放在解經文處，接於「明不衒賣之深也」句下。

〔二〕「兎」，齋本、庫本作「菟」。下面幾句中的「鳥臾」，齋本、庫本作「鳧更」，「夭鄙」作「天鄙」，「吹首」作「咳首」，「焦堯」作「僬僥」，「狗邦」作「狗軹」，「虎春」作「旁脊」，「羌夷」作「僥夷」，「耆羌」作「耆羌」（庫本作「羗」），「天岡」作「天剛」。齋本、庫本的底本是日本根本遜志本，這些名目的不同，蓋爲根本遜志據爾雅李注改訂所致。

〔三〕「德」，齋本、庫本無此字。正平版何解亦無「德」字。邢疏此語作「馬曰：君子所居則化」。

子曰：「吾自衛反於魯，然後樂正，雅、頌各得其所。」孔子去魯後而魯禮樂崩壞，孔子以魯哀公十一年從衛還魯，而刪詩、書，定禮、樂，故樂音得正。樂音得正，所以雅、頌之詩各得其本所也。鄭玄曰：「反魯，魯哀公十一年冬也。是時道衰樂廢，孔子來還，乃正之也，故曰『雅、頌各得其所』也。」雅、頌是詩義之美者，美者既正，則餘者正亦可知也〔一〕。

子曰：「出則事公卿，公，君也。卿，長也。人子之禮，移事父孝以事於君則忠，移事兄悌以事於長則從也。故出仕朝廷，必事公卿也。入則事父兄，孝以事父，悌以事兄，還入閨門，宜盡其禮也。先言朝廷，後云閨門者，勗已仕者也，猶「仕而優則學」也。喪事不敢不勉，勉，强也。父兄天性，續莫大焉；公卿義合，厚莫重焉。若有喪事，則不敢不勉强也。不爲酒困，雖「唯酒無量不及亂」，時多沈酗，故戒之也。衛瓘曰：「三事爲酒興也。」侃按：如衛意，言朝廷、閨門及有喪者，並不爲酒所困，故云「三事爲酒興也」。何有於我哉？」言我何能行此三事，故云「何有於我哉」。又一云：人若能如此，則何復須我，故云「何有於我哉」也。緣人不能，故有我應世耳。馬融曰：「困，亂也。」

〔一〕「雅、頌」至「可知也」，齋本、庫本放在解經文處，接於「所以雅頌之詩各得其本所也」句下。

子在川上曰：「逝者如斯夫，不舍晝夜。」逝，往去之辭也。孔子在川水之上，見川流迅邁，未嘗停止，故歎人年往去，亦復如此。向我非今我，故云「逝者如斯夫」也。斯，此也。夫，語助也。日月不居，有如流水，故云「不舍晝夜」也。江熙云：「言人非南山，立德立功，俛仰時過，臨流興懷，能不慨然乎？聖人以百姓心爲心也。」孫綽云：「川流不舍，年逝不停，時已晏矣，而道猶不興，所以憂嘆也。」

鄭玄曰：「逝，往也。言凡往者如川之流也。」

子曰：「吾未見好德如好色者也。」時人多好色而無好德，孔子患之，故云「未見」，以厲之也。

疾時人薄於德而厚於色也，故以發此言也。本註〔一〕云：責其心也。

子曰：「譬如爲山，未成一簣，止，吾止也；此戒人爲善垂成而止者也。簣，土籠也。言人作善垂足而止，則善事不成。如爲山垂足，唯少一籠土而止，則山不成。此是建功不篤，與不作無異，則吾亦不以其前功多爲善。如爲善不成，吾亦不美其前功多也，故云「吾止也」。

苞氏曰：「簣，土籠也。此勸人進於道德也。爲山者其功雖已多，未成一籠而中道止者，我不以其前功多而善之也。見其志不遂，故不與也。」

譬如平地，雖覆一簣，進，吾往也。」此奬人始爲善而不住者也。譬於平地作山，山乃須多土，而

〔一〕「本註」，齋本、庫本無此二字。

始覆一籠，一籠雖少，交是其有欲進之心可嘉。如人始爲善，善乃未多，交求進之志可重，吾不以其功少而不善之。善之有勝於垂成而止者，故云「吾往也」。

馬融曰：「平地者將進加功，雖始覆一簣，我不以其見功少而薄之也。據其欲進而與之也。」

子曰：「語之而不惰者，其回也與！」惰，疲懈也。餘人不能盡解，故聞孔子語而有疲懈。唯顏回體之，故聞語即解，所以曰「語之而不惰者，其回也與」。

顏淵解〔一〕，故語之不惰；餘人不解，故有惰語之時也。

子謂顏淵曰：「惜乎！吾見其進也，未見其止也。」顏淵死後，孔子有此歎也。云見進未見止，惜其神識猶不長也。然顏淵分已滿至於屢空，而此云「未見其止」者，勗〔二〕引之言也。故殷仲堪曰：「夫賢之所假，一悟〔三〕而盡，豈有彌進之〔四〕實乎？蓋其軌物之行日見於迹，夫子從而咨嗟以盛德之業也。」

〔一〕「解」上，齋本、庫本有「則」字。正平版何解亦有。邢疏無「則」字。

〔二〕「勗」，齋本、庫本作「勸」。「勗」、「勸」義近，皆有「勸勉」義。應遵堂本。

〔三〕「悟」，齋本、庫本作「語」。

〔四〕「之」，齋本、庫本作「勖」。堂本是。

苞氏〔一〕曰：「孔子謂顏淵進益未止，故〔二〕痛惜之甚也。」

子曰：「苗而不秀者有矣夫！秀而不實者有矣夫！」又爲歎顏淵爲譬也。萬物草木，有苗稼蔚茂，不經秀穗遭風霜而死者；又亦有雖能秀穗，而值沴焊氣，不能有粒實者，故並云有是矣夫也。物既有然，故人亦如此，所以顏淵摧芳蘭於早年矣。

孔安國曰：「言萬物有生而不育成者，喻人亦然也。」

子曰：「後生可畏也，後生，謂年少在己後生者也。可畏，謂有才學可心服者也。焉知來者之不如今也？焉，安也。來者，未來之事也。今，謂我今師徒也。後生既可畏，亦安知未來之人師徒教化不如我之今日乎？曰不可誣也。

後生，謂年少也。

四十五十而無聞焉，斯亦不足畏也已矣。」又言後生雖可畏，若年四十五十而無聲譽聞達於世者，則此人亦不足可畏也。孫綽曰：「年在知命，蔑然無聞，不足畏也。」子曰：「法語之言，能無從乎？改之爲貴。言彼人有過失，若我以法則語之，彼人聞法，當時無不口從而云止當不敢復爲者，故

〔一〕「苞氏」，齋本、庫本作「馬融」。正平版何解作「苞氏」。邢疏作「包曰」。
〔二〕「故」，齋本、庫本無此字。正平版何解、邢疏亦無。

云「能無從乎」。但若口雖從而身爲失不止者，則此口從不足爲貴也。我所貴者，在於口從而行亦改者耳，故云「改之爲貴」也。

孔安國曰：「人有過，以正道告之，口無所不順從之，能必〔一〕改乃爲貴也。」

巽與之言，能無說乎？繹之爲貴。巽，恭遜也。繹，尋繹〔二〕也。言有彼人不遜，而我謙遜與彼恭言，故云「遜〔三〕與之言」也。彼不遜者，得我遜言遜彼，彼必亦特遜爲悦，故云「能無悦乎」。然雖悦人遜己，而已不能尋繹，行此遜事，是雖悦不足爲貴也。我所貴者，在尋繹行遜耳，故云「繹之爲貴」也。

馬融曰：「巽，恭也。謂恭巽謹敬之言，聞之無不悦者也。能尋繹行之，乃爲貴也。」

悦而不繹，從而不改，吾末如之何也已矣。」不繹不改，聖所不教，故孔子曰「末如之何也」。末，無也。孫綽曰：「疾夫形服心不化也。」子曰：「主忠信，無友不如己者，過則勿憚改。」此事再出也。所以然者，范寧曰：「聖人應於物作教，一事時或再言。弟子重師之訓，故又書而存焉。」

愼其所主、所友，有過務改，皆所以爲益也。

〔一〕「必」下，齋本、庫本有「自」字。正平版何解無「自」字。邢疏此語作「口無不順從之，能必自改之，乃爲貴」。
〔二〕「繹」，齋本、庫本作「續」，下同。堂本是。
〔三〕「遜」，齋本、庫本作「巽」，是。

子曰：「三軍可奪帥也，匹夫不可奪志也。」此明人能守志，雖獨夫亦不可奪；若其心不堅，雖衆必傾。故三軍可奪，匹夫無回也。謂爲「匹夫」者，言其賤，但夫婦相配匹而已也。又云：「古人質，衣服短狹，二人衣裳唯共〔一〕用一匹，故曰『匹夫』、『匹婦』也。」

孔安國曰：「三軍雖衆，人心非一，則其將帥可奪之而取。匹夫雖微，苟守其志，不可得而奪也。」

子曰：「衣弊緼袍，與衣狐貉者立而不恥者，其由也與？衣，猶着也。弊，敗也。緼，枲着也。狐貉，輕裘也。由，子路也。當時人尚奢華，皆以惡衣爲恥，唯子路能果敢率素，雖服敗麻枲着袍裘，與服狐貉輕裘者並立而不爲羞恥，故云「其由也與」。

孔安國曰：「緼，枲着也。」枲，麻也。以碎麻着裘也。碎麻曰緼，故絮亦曰緼，玉藻曰「緼爲袍」是也。顏延之曰：「狐貉緼袍，誠不足以榮恥。然自非勇於見義者，或以心戰，不能素泰也〔二〕。」

『不忮不求，何用不臧？』」孔子更引疾貪惡之詩證子路德美也。忮，害也。求，貪也。臧，善也。

〔一〕「共」，庫本作「其」，誤。
〔二〕「顏延之」至「素泰也」，齋本、庫本放在解經文處，接於「故云其由也與」句下。其「榮恥」一詞，齋本、庫本作「策恥」，誤。

言子路之〔一〕人身不害，物不貪求。德行如此，何用不謂之爲善乎？言其善也。

子路終身誦之。子路得孔子美己才以爲美，故終身長誦「不忮不求，何用不臧」之言也。子曰：「是道也，何足以爲〔二〕臧？」孔子見子路誦之不止，故抑之也。言此「不忮不求」乃可是道，亦何足過爲善，而汝誦之不止乎？言尚復有勝於此者也。顏延之曰：「懼其伐善也。」

馬融曰：「臧，善也。尚復有美於是者，何足以爲善也。」

子曰：「歲寒，然後知松柏之後彫〔三〕。」此欲明君子德性與小人異也，故以松柏匹於君子，衆木偶乎小人矣。言君子小人若同居聖世，君子性本自善，小人服從教化，是君子小人並不爲惡。故堯舜之民，比屋可封，如松柏與衆木同處春夏。松柏有心，故木〔四〕蓊鬱；衆木從時，亦盡其茂美者也。若至無道之主，君子秉性無過〔五〕，故不爲惡；而小人無復忌憚，即隨世變改。故〔六〕桀紂之民，比屋可誅，譬如松柏衆木同在秋

〔一〕「之」下，齋本、庫本有「爲」字。

〔二〕「爲」，齋本、庫本無此字。正平版何解、邢疏、朱注亦無「爲」字。

〔三〕「彫」，齋本、庫本作「凋」，下同。經典釋文云：「依字當作『凋』。」「彫」是假借字。

〔四〕「木」，齋本、庫本作「本」，恐誤。

〔五〕「過」，齋本、庫本作「回」。

〔六〕「故」，齋本、庫本無此字。

冬，松柏不改柯易葉，衆木枯零先盡。而此云「歲寒然後知松柏後彫」者，就如平叔之注意。若如平歲之寒，衆木猶有不死，不足致別。如平世之小人，亦有修飾而不變者。唯大寒歲，則衆木皆死；大亂，則小人悉惡，故云「歲寒」也。又云「然後知松柏後彫」者，「後」非俱時之目，「彫」非枯死之名。言大寒之後，松柏形小彫衰，而心性猶存。如君子之人，遭值積惡，外逼闇世，不得不遜迹隨時，是小彫矣。而性猶不變，如松柏也。而琳公曰：「夫歲寒別木，遭困別士。寒麗〔一〕霜降，知松柏之後彫。謂異凡木也。遭亂世，小人自變，君子不改其操也。」

大寒之歲，衆木皆死，然後知松柏小彫傷也。平歲，則衆木亦有不死者，故須歲寒而後別之。喻凡人處治世，亦能自修整，與君子同；在濁世，然後知君子之正，不苟容也。

子曰：「智者不惑，此章談人性分不同也。智以照了爲用，故於事無疑惑也。故孫綽曰：「智能辨物，故不惑也。」

苞氏曰：「不惑亂也。」

仁者不憂，憂，患也。仁人常救濟爲務，不嘗侵物，故不憂物之見侵患也。孫綽曰：「安於仁，不改其樂，無〔二〕憂也。」

〔一〕「麗」，齋本、庫本作「嚴」，是。

〔二〕「無」上，齋本、庫本有「故」字。

孔安國曰：「無[一]憂患也。」内省不疾，故無憂患也。

勇者不懼。」勇以多力爲用，故無怯懼於前敵也。繆協曰：「見義而不爲[二]畏强禦，故不懼也。」

子曰：「可與共學，未可與適道；此章明權道之難也。夫正道易行，權事難達，既欲明權，故先從正起也。道，謂所學之道也。言凡人乃可與同處師門共學而已。既未得彼性，則未可便與爲友，共適所志之道也。

適，之也。雖學，或得異端，未必能之道也。異端，非正典也。人各自有性，彼或不能寧學正道，而唯能讀史、子，故未可便與之共之於正道也。

可與適道，未可與立；立，謂謀議之立事也。亦人性各異，或能學問，而未必能建立世中正事者。故可與共適所學之道，而未便可與共立事也。

雖能之道，未必能以有所成立也。

可與立，未可與權。權者，反常而合於道者也。自非通變達理，則所不能。故雖可共立於正事，而未可便與之爲權也。故王弼曰：「權者道之變，變無常體，神而明之，存乎其人，不可豫設，最[三]至難者也。」

[一]「無」，齋本、庫本作「不」。正平版何解、邢疏作「無」。

[二]「不爲」，齋本、庫本作「爲不」，是。

[三]「最」，齋本、庫本作「尤」。

雖能有所立，未必能權量其輕重之極也。能權量輕重，即是曉權也。張憑云：「此言學者漸進階級之次耳。始志於學，求發其蒙，而未審所適也。既向道矣，而信道未篤，則所立未固也。又既固，又未達變通之權也。明知反而合道者，則日勸之業，亹亹之功，其幾乎此矣〔一〕。」

『唐棣之華，偏其反而。引明權之逸詩以證權也。康棣〔二〕，逸詩〔三〕也。華，花也。夫樹木之花，皆先合而後開；唐棣之花，則先開而後合。譬如正道，則行之有次，而權之爲用，先反後至於大順，故云「偏其反而」也。言偏者，明唯其道偏與常反也。**豈不爾思？室是遠而。』**言凡思其人而不得見者，其居室遼遠故也。人豈不思權？權道或〔四〕玄邈，如其室奧遠故也。

逸詩也。唐棣，栘也，華反而後合。賦此詩，以言權道反而後至〔五〕大順也。初逆而後從也。**思其人而不得見者，其室遠也。以言思權道〔六〕而不得見者，其道遠也。**如前釋。

〔一〕「張憑云」至「此矣」，齋本、庫本放在解經文處，接於「最至難者也」句下。此段中的「向道」，齋本、庫本作「向方」，觀上下文，「道」是。

〔二〕「康」，誤，堂本正誤表以「唐」爲正。

〔三〕「逸詩」，齋本、庫本作「棣樹」。

〔四〕「或」，齋本、庫本無此字。

〔五〕「至」下，齋本、庫本有「於」字。正平版何解無「於」字。邢疏有「於」字。

〔六〕「道」，齋本、庫本無此字。正平版何解、邢疏亦無「道」字。

子曰：「未之思也，夫何遠之有哉？」又引孔子言證權可思也。言權道易思，但未有思之者耳；若反道而思之，則必可得，故云「夫何遠之有」也。夫思者當思其反。反是不思，所以爲遠也。能思其反，何遠之有？言權可知，唯不知思耳。思之有次序，斯可知之耳。

論語鄉黨第十

何晏集解　凡一章

疏鄉黨者，明孔子教訓在於鄉黨之時也。所以次前者，既朝廷感希，故退還應於鄉黨也。故鄉黨次於子罕也。

孔子於鄉黨，此一篇至末，並記孔子平生德行也。於鄉黨，謂孔子還家教化於鄉黨中時也。天子郊内有鄉黨，郊外有遂鄙。孔子居魯，魯是諸侯，今云鄉黨，當知諸侯亦郊内爲鄉、郊外爲遂也。孔子家當在魯郊内，故云「於鄉黨」也。恂恂如也，恂恂，温恭貌。既還鄉黨，鄉黨宜須和恭以相接，故「恂恂如」也。似不能言者。既其温恭，則言語寡少，故一往觀之，如「似不能言者」也。

王肅曰：「恂恂，温恭之貌也。」

其在宗廟朝廷，便便言，唯謹爾。謂孔子助君祭，在宗廟及朝廷也。既在君朝，應順酬答。及入大廟，每事須問，並不得不言也。言須流㖞，故云「便便言」也。言雖流㖞，而必謹敬，故云「唯謹爾」也。

鄭玄曰：「便便，辨[一]貌也。雖辨而謹敬也。」

朝，與下大夫言，侃侃如也；侃侃，和樂貌也。下大夫賤，孔子與之言，宜用將接，故和樂如也[二]。

孔安國曰：「侃侃，和樂之貌也。」

與上大夫言，誾誾如也。上大夫，卿也。誾誾，中正貌也。卿貴，不敢和樂接之，宜以謹正相對，故「誾誾如也」。

孔安國曰：「誾誾，中正之貌也。」

君在，踧踖如也，君在，謂君出視朝時也。踧踖，恭敬貌也。禮：君[三]每日旦，諸臣列在路門外以朝君，君至日出而[四]視之。視之則一一揖卿大夫，而都一揖士。當此君視朝之時，則臣皆起恭敬之貌，故孔子「踧踖如也」。**與與如也。**雖須踧踖，又不得急速，所以形容舉動每須「與與如也」。與與，猶徐徐也，所

[一]「辨」，當爲「辯」，「辯」通「便」。邢疏作「便便，辯也」。「辨」上，齋本、庫本有「言」字，衍。

[二]「宜用將接，故和樂如也」，齋本、庫本作「宜用和樂相接，故侃侃如也」。

[三]「君」，齋本、庫本無此字。

[四]「而」下，齋本、庫本有「出」字。

以恭而安也。

馬融曰：「君在者，君視朝也。踧踖，恭敬之貌也。與與，威儀中適貌也。」

君召使擯，擯者，爲君接賓也。謂有賓來，君召己迎接之也。

鄭玄曰：「君召使擯者，有賓客使迎之也。」聘禮曰「卿爲上擯，大夫爲承擯，士爲紹擯」是也。

色勃如也，既召己接擯〔一〕，故己宜變色起敬，故勃然如〔二〕也。

孔安國曰：「必變色也。」

足躩如也。躩，盤辟貌也。既被召，不敢自容，故速行而足盤辟也。故江熙曰：「不暇閑步。躩，速貌也。」

苞氏曰：「盤辟之貌也。」盤辟即是〔三〕足轉速也。

揖所與立，左右其手，衣前後，襜如也。此謂君出迎賓，已爲君副，列擯時也。賓副曰命介，主人副曰擯副。且作敵〔四〕國而言，若公詣公法也，賓至主人大門外西邊而向北，去門九十步而下車，面向北而倚。賓則九副在賓北而東向，邐迤而西北，在四十五步之中。主人出門東邊，南向而倚。主人是公則五擯，

〔一〕「擯」，齋本、庫本作「賓」。
〔二〕「如」，齋本、庫本無此字。
〔三〕「是」，齋本、庫本無此字。
〔四〕「敵」上，齋本、庫本有「匹」字，衍。

主人是侯伯則四擯，主人是子男則三擯，不隨命數。主人謙，故並用强半數也。公陳擯，在公之南而西向，邐迤而東南，亦在四十五步中。使主人下擯與賓下介相對，而中間相去三丈六尺。列賓主介擯既竟，主人語上擯，使就賓請辭，問所以來之意。於是上擯相傳，以至於下擯；下擯進前揖賓之下介，而傳語問之。下介傳問，而以次上至賓。賓答語，使上介傳以次而下至下介，下介亦進揖下擯，下擯傳而上以至主人。凡相傳，雖在列位，當授受言語之時，皆半轉身戾手相揖。既並立而相揖，故曰「揖所與立」也。若揖左人，則移其手向左；若揖右人，則移其手向右，故云「左右其手」也。既半迴身，左右迴手，當使身上所著之衣，必襜襜如有容儀也。故江熙云：「揖兩手，衣裳襜如動也。」

鄭玄曰：「揖左人，左其手；揖右人，右其手。一俛一仰，故衣前後則襜如也。」

趨進，翼如也。謂擯迎賓進，在庭行時也。翼如，謂端正也。徐趨，衣裳端正，如鳥欲翔舒翼時也。

孔安國曰：「言端正也。」

賓退，必復命曰：「賓不顧矣。」謂君使已送賓時也。復命，反命也。反命，謂初受君命以送賓，賓退，故反還君命，以白君道「賓已去」。云「不顧」者，舊云主人若禮送賓未足，則賓猶迴顧；若禮足〔一〕送，則賓直去不復迴顧。此明則送賓禮足，故云「不顧」也。

〔一〕「足」上，齋本、庫本有「已」字。

鄭玄〔一〕**曰：「復命白君：『賓已去也。』」**言反白君道：「賓已去也。」然云「賓已去」，亦是不復來見顧也。

入公門，鞠躬如也，如不容。公，君也。謂孔子入君門時也。鞠，曲斂也。躬，身也。臣入君門，自曲斂身也。君門雖大，而己恒曲斂，如君門之狹，不見容受〔二〕爲也。

孔安國曰：「斂身也。」

立不中門，謂在君門倚立時也。中門，謂棖闑之中也。門中央有闑，闑以硋門兩扉〔三〕之交處也。門左右兩棖邊各豎一木，名之爲棖。棖以禦車過，恐觸門也。闑東是君行之道，闑西是賓行之道也。而臣行君道，示係屬於君也。臣若倚門立時，則不得當君所行棖闑之中央，當中是不敬，故云「不中門」也。**行不履閾。**履，踐也。閾，限也。若出入時，則不得踐君之門限也。所以然者，其義有二：一則忽上升限，似自高矜；二則人行跨限，己若履之則汚限，汚限則汚跨者之衣也。

孔安國曰：「閾，門限也。」

〔一〕「鄭玄」，齋本、庫本作「孔安國」。下句「白」字，齋本、庫本無。邢疏此語作「鄭曰：復命白君，賓已去矣」。

〔二〕「受」，齋本、庫本無此字。

〔三〕「扉」，齋本、庫本作「扇」。

過位，色勃如也，足躩如也，謂臣入朝君時也。位，君常所在外之位也。謂在宁屏之門〔一〕揖賓之處也。即君雖不在此位，此位可尊，故臣行入，從君位邊過〔二〕，而色勃然、足躩爲敬也。

苞氏曰：「過君之空位也。」如前釋也〔三〕。

其言似不足者。既入過位，漸以近君，故言語細下，不得多言，如言不足之狀也。不足，少若不能也。

攝齋〔四〕升堂，鞠躬如也。至君堂也。攝，摳也。齋，衣〔五〕裳下縫也。既至君堂，當升之未升之前，而摳提裳前，使齋下去地一尺，故云「攝齋升堂」也。升堂將近君，故又自斂，鞠躬如也。必攝齋者，爲妨履躡行故也。**屏氣似不息者。**屏，疊除貌也。息，亦氣也。已至君前，當疊除藏其氣，如似無氣息者也。不得咆咻㗖君〔六〕也。

孔安國曰：「皆重慎也。衣下曰齋。攝齋者，摳衣也。」曲禮云「兩手摳衣去齋尺」是也。

〔一〕「門」，齋本、庫本作「間」。
〔二〕「從君位邊過」，齋本、庫本作「從位之邊過」。
〔三〕「如前釋也」，齋本、庫本無此四字。
〔四〕「齋」，齋本、庫本作「齊」，下同。「齋」、「齊」通假。
〔五〕「衣」，齋本、庫本無此字，是。
〔六〕「咆咻㗖君」，齋本、庫本作「炰咻振君」。「㗖」是。「咆」「炰」通。

出，降一等，逞顏色，怡怡如也。降，下也。逞，申也。出降一等，謂見君已竟而下堂至階第一級時也。初對君〔一〕既屏氣，故出降一等而申氣。氣申則顏色亦申，故顏容怡悦也。孔安國曰：「先屏氣，下階舒氣，故怡怡如也。」

没階，趨進，翼如也。没，猶盡也。盡階謂下階〔二〕級盡至平地時也。既去君遠，故又徐趨而翼如也。孔安國曰：「没，盡也。下盡階也。」

復其位，踧踖如也。位，謂初入時所過君之空位也。今出至此位，而更踧踖爲敬也。孔安國曰：「來時所過位也。」

執圭，鞠躬如也，如不勝。謂爲君出使聘問鄰國時也。圭，瑞玉也。周禮：五等諸侯各受王者之玉以爲瑞信，公桓圭九寸，侯信圭七寸，伯躬圭七寸，子穀璧五寸，男蒲璧五寸。五等若自執朝王，則各如其寸數。若使其臣出聘鄰國，乃各執其君之玉，而減其君一寸也。今云執圭，魯是侯，侯執信圭，則孔子所執，執君之信圭也。初在國及至他國，執圭皆爲敬慎。圭雖輕而已執之恒如圭重，似已不能勝，故曲身如不勝也。苞氏曰：「爲君使以聘問鄰國，執持君之圭。鞠躬者，敬慎之至也。」

〔一〕「君」下，齋本、庫本有「時」字。
〔二〕「階」，齋本、庫本作「諸」。

上如揖，謂欲授受圭時〔一〕容儀也。上如揖，謂就下取玉上授與人時也。俯身爲敬，故如揖時也。**下如授。**謂奠玉置地時也。雖奠置地，亦徐徐俯僂，如授與之〔二〕時也。**勃如戰色，**通謂執、受〔三〕、行及授時之顔色也。臨陣鬬戰〔四〕，則色必懼怖，故今重君之玉，使己顔色恒如戰時也。**足蹜蹜如有循也。**謂擧玉行時容也。蹜蹜，猶蹴蹴也。循，猶緣循也。言擧玉行時，不敢廣步速進，恒如足前有所蹴，有所緣循也。

鄭玄曰：「上如揖，授玉宜敬也。下如授，不敢忘禮也。戰色，敬也。足蹜蹜如有循，擧前曳踵行也。」解蹜蹜有循之事也。擧足前恒使不至地，而踵曳成〔五〕不離地，如車輪也。

享禮，有容色。享者，聘後之禮也。夫諸侯朝天子，及五等更相朝聘禮，初至皆先單執玉行禮，禮王謂之爲朝，使臣禮主國之君，謂之爲聘。聘，問也。政言久不相見，使臣來問於安否也。既是初至，其禮質敬，故無他物，唯有瑞玉，表至誠而已。行朝聘既竟，次行享禮。享者，獻物也。亦各有玉，玉不與聘玉同也。又皆有物將之，或用皮馬，或用綿〔六〕繡。又獻土地所生，羅列滿庭，謂之庭實。其中差異，不復曲論。但既是

〔一〕「欲」，齋本、庫本作「初」。「時」，齋本、庫本作「之」。
〔二〕「之」，齋本、庫本作「人」。
〔三〕「受」，齋本、庫本無此字。
〔四〕「鬬戰」，齋本、庫本作「戰鬬」。
〔五〕「曳成」，齋本、庫本作「或」。
〔六〕「綿」，齋本、庫本作「錦」。

次後行禮，以多爲貴，則質敬之事猶稍輕。故有容貌采章及裼以行事，故云「有容色」也。

鄭玄曰：「享，獻也。聘禮既聘而享，享用圭璧，有庭實也。」亦有圭璧，所執不同聘時也。

私覿，愉愉如也。私，非公也。覿，見也。愉愉，顔色和也。謂行聘享，公禮已竟，別日使臣私齎己物以見於主君，故謂爲私覿也。既私見非公，故容儀轉以自若，故顔色容貌有和悦之色，無復勃戰之容也。

鄭玄曰：「覿，見也。既享，乃以私禮見。愉愉，顔色之和也。」私禮謂束帛棄〔一〕馬之屬也。

君子不以紺緅飾，君子有〔二〕，自士以上也。士以上衣服有法，不可雜色也。紺緅者，孔意言紺是玄色也，緅是淺絳色也。飾者，衣之領袖緣也。所以不用紺緅爲衣領袖飾者，玄是齋服，若用紺爲衣飾，是似衣齋服，故不用也。又三年之喪，練而受淺絳爲緣也，若用緅爲衣飾，是似衣喪服，故不敢用也。故云「君子不以紺緅飾」也。

孔安國曰：「一入曰緅，飾者不以爲領袖緣也。紺者，齋服盛色，以爲飾，似衣齋服也。緅者，三年練，以緅飾衣，爲其似衣喪服，故皆不以飾衣也。」然案孔以紺爲齋服盛色，或可言紺深於玄，爲似齋服，故不用也。而禮家三年練，以縓爲深衣領緣，不云用緅。且檢孝工記〔三〕「三入

〔一〕「棄」，齋本、庫本作「乘」，是。
〔二〕「有」，齋本、庫本作「者」，是。
〔三〕「孝」，誤，堂本正誤表以「考」爲正。

爲纁，五入爲緅，七入爲緇」，則緅非復淺絳明矣。故解者相承，皆云孔此注誤也。

紅紫不以爲褻服。紅紫，非正色也。褻服，私褻之服，非正衣也。褻尚不衣，則正服故宜不用也。所以言此者，爲時多重紅紫，棄正色，故孔子不衣之也，故後卷云「惡紫之奪朱」也。

王肅曰：「褻服，私居非公會之服，皆不正。褻尚不衣，正服無所施也。」鄭玄注論語〔一〕云：「紺緅，紫玄之類也，紅纁之類也。玄纁所以爲祭服，尊〔二〕其類也。紺緅石染，不可爲衣飾；紅紫草染，不可爲褻服而已。飾，謂純緣也。」侃案：五方正色，青、赤、白、黑、黃。五方間色，緑爲青之間，紅爲赤之間，碧爲白之間，紫爲黑之間，緇爲黃之間也。故不用紅紫，言是間色也。所以爲間者，穎子嚴云：東方木，木色青，木尅於土。土色黃，以青加黃，故爲緑。緑爲東方之間也。又南方火，火色赤，火尅金。金色白，以赤加白，故爲紅。紅爲南方間也。又西方金，金色白，金尅木。木色青，以白加青，故爲碧。碧爲西方間也。又北方水，水色黑，水尅火。火色赤，以黑加赤，故爲紫。紫爲北方間也。又中央土，土色黃，土尅水。水色黑，以黃加黑，故爲緇黃。緇黃爲中央間也。緇黃，黃黑之色也。又一注云：東，甲乙木。南，丙丁火。中央，戊己土。西，庚辛金。北，壬癸水。以木尅土，戊以妹己嫁於木甲，是黃入於青，故爲緑也。又火尅金，庚以妹辛嫁於丙，是白入於赤，故爲紅也。又金尅木，甲以妹乙嫁於

〔一〕「論語」，齋本、庫本無此二字。

〔二〕「尊」，齋本、庫本作「等」。下句「石染」，齋本、庫本作「木染」。「石染」是。

庚，是青入於白，故爲碧也。又水尅火，丙以妹丁嫁於壬，是赤入於黑，故爲紫也。又土尅水，壬以妹癸嫁於戊，是黑入黄，故爲緇黄者也〔一〕。

當暑，縝絺綌，必表而出。暑，熱也。縝，單也。絺，細練葛也。綌，大練葛也。表，謂加上衣也。古人冬則衣裘，夏則衣葛也。若在家，則裘葛之上，亦無别加衣。若出行、接賓，皆加上衣。當暑雖熱，絺綌可單，若出，不可單，則必加上衣。故云「必表而出」也。然裘上出亦必加衣，而獨云「當暑絺綌」者，嫌暑熱不加，故特明之也。然又衣裏之裘，必隨上衣之色，使衣裘相稱。則葛之爲衣，亦未必隨上服之色也。

孔安國曰：「當〔二〕暑則單服。絺綌，葛也。必表而出，加上衣也。」

緇衣，羔裘；裘色既隨衣，故此仍明裘上之衣也。緇染黑七入者也，玄則六入色也。羔者，烏羊也。裘與上衣相稱，則緇衣之内，故曰羔裘也。緇衣服者，玄冠十五升緇布，衣素積裳也。素積者，用素爲之襞，積攝之無數，故云素積也。此是諸侯日視朝服也。諸侯視朝與羣臣同服，孔子是魯臣，故亦服此服以日朝君也。**素衣，麑裘；**素衣，謂衣裳並用素也。麑，鹿子也。鹿子色近白，與素微相稱也。謂國有凶荒，君素服則羣臣從之。故孔子魯臣，亦服之也，喪服則大鹿爲裘也，故檀弓云「鹿裘横長袪」是也。此凶荒之服既

〔一〕「鄭玄注」至「者也」，齋本、庫本放在解經文處，接於「故後卷云惡紫之奪朱也」句下。

〔二〕「當」，齋本、庫本無此字。正平版何解、邢疏亦無「當」字。

輕，故裳〔一〕用鹿子。鹿子文勝於大鹿也。或云：「大蜡祭百物之神，皮弁素服也。」故鄭玄注郊特牲云：「皮弁素服而祭，以送終也。」注云：「素服者，衣裳皆素也。」**黄衣，狐裘。**此服謂蜡祭宗廟五祀也。歲終大蜡報功，象物色黄落，故着黄衣黄冠也。而狐狢亦黄，故特爲裘以相稱也。孔子爲臣助蜡祭，亦隨君着黄衣也。故禮運云「昔者仲尼預於蜡賓」是也。鄭玄注郊特牲云：「『黄衣黄冠而祭』注云：『祭，謂既蜡，而〔二〕臘先祖五祀也。』」又云：「論語云：『黄衣，狐裘。』」案：鄭以論語「黄衣」是〔三〕郊特牲蜡臘祭廟服也。**褻裘長，短右袂。**褻裘，謂家中常着裘也。上無加衣，故不云衣也。家居主温暖，故長爲之〔四〕也。而右臂是有事之用，故短爲右袂，使作事便也。袂，謂衣褾〔五〕屬身者也。手〔六〕間屬袂者則名袪，亦曰袖也。

孔安國曰：「服皆中外之色相稱也〔七〕。私家裘長，主温也。短右袂者，便作事也。」

〔一〕「裳」，誤，堂本正誤表以「裘」爲正。
〔二〕「而」，齋本、庫本無此字。十三經注疏本禮記郊特牲亦無「而」字。
〔三〕「是」上，齋本、庫本有「即」字。
〔四〕「之」，齋本、庫本作「衣」。
〔五〕「褾」，庫本作「袂」，齋本空缺。
〔六〕「手」上，齋本、庫本有「若」字。
〔七〕該句，齋本、庫本接於經文「黄衣狐裘」下；下句「私家」至「事也」，齋本、庫本接於經文「褻裘長短右袂」下，句上有「孔安國曰」四字。

必有寢衣，長一身有半。寢衣，謂被也。被〔一〕宜長，故長一身有半也。

孔安國曰：「今之被也。」

狐貉之厚以居。此謂在家接賓客之裘也。家居主温，故厚爲之也。既接賓客，則其上亦應有衣也。

鄭玄曰：「在家以接賓客也。」然前褻裘亦應是狐貉之厚也。

去喪，無所不佩。去喪，謂三年喪畢，喪服已除也。無所不佩，謂佩已今吉，所宜得佩者悉佩之也。嫌既經喪親，恐除服後猶宜有異，故特明之也。

孔安國曰：「去，除也。非喪則備佩所宜佩也。」備佩所宜佩者，若爲大夫而玄冕、公侯衮鷩之屬，及佩玉佩之飾也。

非帷裳，必殺之。帷裳，謂帷幔之屬也。殺，謂縫之也。若非帷幔裳，則必縫殺之，以殺縫之面置裹，不殺之面在外，而帷裳但刺連之。如今服杷不有裹外，殺縫之異也。所以然者，帷幔内外並爲人所見，必須飾，故刺連之而已也。所以喪服云：「凡裳内削幅，裳外不削幅。」鄭注云：「削，猶殺也。」而鄭〔二〕此云，帷裳

〔一〕「被」，齋本、庫本無此字。
〔二〕「鄭」下，齋本、庫本有「注」字。

謂朝祭之服，其制正幅如帷也。非者，謂餘衣也。殺之者，削其幅，使縫齎倍〔一〕腰也。

王肅曰：「衣必有殺縫，唯帷裳無殺也。」

羔裘玄冠不以弔。 弔，弔喪也。喪凶主素，故羔玄不用弔也。

孔安國曰：「喪主素，吉主玄。吉凶異服，故不相弔也。」

吉月，必朝服而朝。 吉月者，月朔也。朝服者，凡言朝服，唯是玄冠緇布衣素積裳。今此言朝服，謂皮弁十五升白布衣素積裳也。所以亦謂爲朝服者，天子用之以日視朝，今云朝服，是從天子受名也。諸侯用之以視朔〔二〕，孔子魯臣，亦得與君同服，故月朔必服之也。然魯自文公不視朔，故子貢欲去告朔之餼羊。而孔子是哀公之臣，應無隨君視朔之事。而云必服之者，當是君雖不見〔三〕朔，而孔子月朔必服而以朝，是「我受〔四〕其禮」也。

孔安國曰：「吉月，月朔也。朝服，皮弁服也。」皮弁，以鹿皮爲弁，弁形如今祭酒道士扶容冠，而無邊葉也。身著十五升白布衣素積裳，而頭著皮弁也。天子皮弁服内則著素錦衣、狐白裘，諸侯皮

〔一〕「倍」，齋本、庫本作「陪」。「倍」爲「陪」的古字。
〔二〕「朔」及下文「隨君視朔」之「朔」，齋本、庫本作「朝」。
〔三〕「見」，齋本、庫本作「視」，是。
〔四〕「受」，齋本、庫本作「愛」，是。

弁服内著狐黄裘、黄錦衣也。卿大夫不得衣錦，而皮弁服内當着麑〔一〕裘青豻褎，絞衣以裼之者也。

齊〔二〕，必有明衣，布也。謂齋浴時所着之衣也。浴竟身未燥，未堪着好衣，又不可露肉，故用布爲衣，如衫而長身也，着之以待身燥，故玉藻云「君衣布晞身」是也。

孔安國曰：「以布爲沐浴之衣也。」然浴時乃用布，使〔三〕乎待肉燥。江熙曰：「沐者當是沐浴時，亦衣此服，置〔四〕上以辟身濕也。」

齋必變食，方應接神，欲自潔淨，故變其常食也。

孔安國曰：「改常食也。」

居必遷坐。亦不坐恒居之座〔五〕也。故於祭前先散齋於路寢門外七月，又致齋於路寢中三日也。故范寧曰：「齋以敬潔爲主，以期神明之享，故改常之食，遷居齋室者也。」

孔安國曰：「易常處也。」

〔一〕「麑」，齋本、庫本作「麛」。「麑」爲「麛」的借字。
〔二〕「齋」，齋本、庫本作「齊」，下同。「齊」爲「齋」的借字。
〔三〕「使」，齋本、庫本作「便」，義勝。下句「江熙曰」，齋本、庫本作「江長云」，恐誤。
〔四〕「置」下，齋本、庫本有「衣」字。
〔五〕「座」，齋本、庫本作「坐」。「坐」同「座」。下句「月」字，齋本、庫本作「日」，是。

食不厭精，此兼明平常禮也。食若麤，則誤人生病〔一〕，故調和不厭精潔也。**膾不厭細。**細切魚及肉，皆曰膾也。既腥食之，故不厭細也。**食饐而餲，**饐，謂飲食經久而腐臭〔二〕也。餲，謂經久而味惡也，如乾魚乾肉久而味惡也。

孔安國曰：「饐餲，臭味變也。」饐，臭變也。餲，味變也。爾雅曰：「食饐謂之餲。」李充注曰：「皆飲食壞敗之名也〔三〕。」

魚餒而肉敗，不食。餒，謂肉〔四〕臭壞也。魚敗而餒餒然也。爾雅云：「肉謂之敗，魚謂之餒。」李巡曰：「肉敗久則臭，魚膎〔五〕肉爛也。」不食者，自食饐而餲以下，並不可食也。

孔安國曰：「魚敗曰餒也。」

色惡，不食。食失常色，是爲色惡。色惡則不可食也。**臭惡，不食。**臭惡，謂饌臭不宜食，故不食

〔一〕「病」，齋本、庫本作「疾」。

〔二〕「臭」，齋本、庫本作「臰」，下同。「臰」为「臭」的俗字。

〔三〕「爾雅曰」至「名也」，齋本、庫本放在解經文處，接於「如乾魚乾肉久而味惡也」句下。

〔四〕「肉」，齋本、庫本作「魚」，是。

〔五〕「膎」，齋本、庫本作「餒」。「膎」「餒」通。

也。失飪，不食。飪〔一〕，謂失生熟節也。煑食或未熟，或已過熟，並不食也。孔安國曰：「失飪，失生熟之節也。」

不時，不食。不時，非朝夕日中時也。非其時則不宜食，故不食也。江熙曰：「不時，謂生非其時，若冬梅李實也。」鄭玄曰：「不時，非朝夕日中時也。」

割不正，不食。一云〔二〕：「古人割肉必方正，若不方正割之，則不食也。」江熙曰：「殺不以道爲不正也。」不得其醬，不食。食味各有所宜，羸〔三〕醢菰食，魚膾芥醬並相宜也。故若食不得所宜醬，則不食也。馬融曰：「魚膾非芥醬不食也。」古者醬薺〔四〕葅三者通名也。芥醬，即芥薺也。

肉雖多，不使勝食氣。勝猶多也。食謂他饌也。食氣多而肉少，則肉美。若肉多他食少，則肉不

〔一〕「飪」上，齋本、庫本有「失」字，是。
〔二〕「一云」，齋本、庫本無此二字。下句「則不食也」之「則」，齋本、庫本作「故」。
〔三〕「羸」，齋本、庫本作「蠃」。「蠃」通「蠃」。「菰」，齋本、庫本作「菰」，誤。
〔四〕「薺」，齋本、庫本作「齊」。「薺」、「齊」通「齏」，「齏」是正字，指用醬拌和切碎的菜和肉，泛指醬菜和醃菜。

美。故不使肉勝食氣也。亦因殺止多殺也。**唯酒無量，不及亂。**一云〔一〕：「酒雖多無有限量，而人宜隨己能而飲，不得及至於醉亂。」一云：「不格人爲量，而隨人所能，而莫亂也。」**沽酒市脯，不食。**酒不自作則未必清淨，脯不自作則不知何物之肉，故沽市所得，並所不食也。或問曰：「沽酒不飲，則詩那云『無酒沽我』乎？」答曰：「論所明是祭神不用，詩所明是人得用也。」**不撤薑食，**撤，除也。齋禁薰物，薑辛而不薰，嫌亦禁之，故明食時不除薑也。

孔安國曰：「撤者，去也。齋禁薰物，薑辛不臭〔二〕，故不去也。」

不多食。多則傷廉，故不多也。

孔安國曰：「不過飽也。」江熙曰：「少所啖也〔三〕。」

祭於公，不宿肉。祭於公，謂孔子仕時助君祭也。助祭必得賜俎，得賜俎，還即分賦食之，不得留置經宿，經宿是慢鬼神餘也。

周生烈曰：「助祭於君所得牲體，歸則以班賜，不留神惠也。」謂之牲體〔四〕，隨臣貴賤，以牲

〔一〕「一云」，齋本、庫本無此二字。
〔二〕「薑辛不臭」，齋本、庫本作「薑辛而不薰」。堂本是。
〔三〕「江熙曰」至「啖也」，齋本、庫本放在解經文處，接於「故不多也」句下。
〔四〕「謂之」，齋本、庫本無此二字，「牲體」下有「謂」字。

骨體爲俎賜之。祭統云「貴者得貴骨，賤者得賤骨」是也。

祭肉不出三日，出三日，不食之矣。謂家自祭也。自祭肉多，故許經宿，但不得出三日，出三日是褻慢鬼神之餘，故人〔一〕不得後食之也。鄭玄曰：「自其家祭肉也。過三日不食也，是褻鬼神之餘也。」

食不語，寢不言。言是宜出己，語是答述也。食須加益，故許言而不許語。語則口可惜，亦不敬也。寢是眠卧，眠卧須静，若言則驚閙於人，故不言之也。（寢，子鴆切〔二〕。）**雖疏〔三〕食菜羹苽祭，必齋如也。**蔬食，麤食也，菜羹苽祭，謂用麤食菜羹及苽，持此三物供祭也。三物雖薄，而必宜盡齋敬之理，鬼神饗德不饗味故也。孔安國曰：「齋，嚴敬之貌也。三物雖薄，祭之必敬也。」

席不正，不坐。舊説云：「鋪之不周正則不坐之也。」故范寧曰：「正席，所以恭敬也。」或云：「如禮所言，諸侯之席三重，大夫再重，是各有其正也。」**鄉人飲酒，杖者出，斯出矣。**鄉人飲酒，謂鄉飲酒之禮

〔一〕「人」下，齋本、庫本有「亦」字。

〔二〕「寢子鴆切」，齋本、庫本無此四字。

〔三〕「疏」，齋本、庫本作「蔬」。「疏」是。「疏食」，粗糲的食物。

也。杖者，老人也。禮：「五十杖於家，六十杖於鄉。」故呼老人爲杖者也。鄉人飲酒者貴齒〔一〕崇年，故出入以老者爲節也。若飲酒禮畢，杖者先出，則同飲之人乃從之而出，故云「杖者出斯出矣」也。

孔安國曰：「杖者，老人也。鄉人飲酒之禮主於老者，老者禮畢出，孔子從而後出也。」

鄉人儺，儺者，逐疫鬼也。爲陰陽之氣不即時退，厲〔二〕鬼隨而爲人作禍，故天子使方相氏黄金四目，蒙熊皮，執戈揚楯，玄衣未〔三〕裳，口作儺儺之聲，以驅疫鬼也。一年三過爲之，三月、八月、十二月也。故月令季春云：「命國儺。」鄭玄曰：「此儺，儺陰氣也。陰氣〔四〕至此不止，害將及人，厲鬼隨之而出行。」至仲秋又云：「天子乃儺。」鄭玄曰：「此儺，儺陽氣也。陽暑至此不衰，害亦將及人，厲鬼亦隨人〔五〕而出行。」至季冬又云：「命有司大儺。」鄭玄〔六〕曰：「此儺，儺陰氣也。至此不止，害將及人〔七〕，厲鬼將隨强陰出害人也。」侃案：三儺，二是儺陰，一是儺陽。陰陽乃異，俱是天子所命。春是一年之始，彌畏災害，故命國民家家悉儺。八月儺陽，陽是君法，臣民不可儺君，故稱天子乃儺也。十二月儺雖是陰，既非一年之急，故民亦不得同儺也。今云

〔一〕「齒」，齋本、庫本作「齡」。下句「老者」，齋本、庫本作「老人者」，「人」字衍。
〔二〕「厲」，齋本、庫本作「疫」。
〔三〕「未」，齋本、庫本作「朱」，是。
〔四〕「氣」，齋本、庫本作「寒」。
〔五〕「人」，齋本、庫本作「之」。
〔六〕「玄」，齋本、庫本無此字。
〔七〕「至此不止害將及人」，齋本、庫本無此八字。

「鄉人儺」，是三月也。**朝服而立於阼階。**阼階，東階，主人之階也。孔子聞鄉人逐鬼，恐見驚動宗廟，故着朝服而立〔一〕阼階以侍先祖，爲孝之心也。朝服者，玄冠緇布衣素積裳，是卿大夫自祭之服〔二〕也。禮：唯孤卿爵弁自祭。若卿大夫以下，悉玄冠以自齋祭。齋祭不異冠服也。

孔安國曰：「儺，驅逐疫鬼也。恐驚先祖，故朝服立於廟之阼階也。」

問人於他邦，再拜而送之。問者，謂更相聘問也。他邦，謂鄰國之君也。謂孔子與鄰國交遊而遣使往彼聘問時也。既敬彼君，故遣使〔三〕者去，則再拜送之也。爲人臣禮乃無外交，而孔子聖人，應聘東西無疑也。

孔安國曰：「拜送使者敬之也。」

康子饋藥，拜而受之。饋，餉也。魯季康子餉孔子藥也。孔子得彼餉而拜受，是禮也。

苞氏曰：「遺孔子藥也。」

曰：「丘未達，不敢嘗之。」達，猶曉解也。孔子雖拜受而不遂飲，故稱名曰：丘未曉此藥治何病，故

〔一〕「立」下，齋本、庫本有「於」字。下文「孔安國曰」中的「立於廟」，齋本、庫本無「於」字。

〔二〕「自祭之服」，齋本、庫本作「之祭服」。

〔三〕「使」，齋本、庫本作「使使」，衍一「使」字。

不敢飲嘗之也。

孔安國曰：「未知其故，故不嘗，禮也。」

廐焚，廐，養馬處也。焚，燒也。孔子家養馬處被燒也。**子退朝，**孔子早上朝，朝竟而退還家也。少儀云「朝廷曰退」也。**曰：「傷人乎？」不問馬。**從朝還退，見廐遭火。廐是養馬處。而孔子不問傷馬，唯問人之乎[一]，是重人賤馬，故云「不問馬」也。王弼曰：「孔子時爲魯司寇，自公朝退而之火處[二]。不問馬者，矯時重馬者也。」

鄭玄曰：「重人賤畜也。退朝者，自魯之君[三]之朝來歸也。」

君賜食，必正席先嘗之。席，猶坐也。君賜孔子食，孔子雖不嗜食，必正坐先嘗之。敬君之惠也。

孔安國曰：「敬君之惠也。既嘗之，乃以班賜之也。」

君賜腥，必孰而薦之。謂君賜孔子腥肉也。薦，薦宗廟也。孔子受之，煮熟而薦宗廟，重榮君賜也。賜熟食不薦者，熟爲褻也。

[一]「人之乎」，齋本、庫本作「傷人乎」。

[二]「處」，齋本、庫本作「所」。

[三]「之君」，齋本、庫本無此二字。正平版何解作「退朝，自魯君之朝來歸」。邢疏作「退朝，自君之朝來歸」。

孔安國曰：「薦，薦先〔一〕祖也。」

君賜生，必畜之。生，謂活物也。得所賜活物，當養畜之，待至祭祀時充牲用也。**侍食於君，**謂孔子侍君共食時也。**君祭，先飯。**祭，謂祭食之物〔二〕也。夫禮，食必先取食，種種出片子置俎豆邊地，名爲祭。祭者，報昔初造此食者也。君子得惠不忘報，故將食而先出報也。當君政祭食之時，而臣先取飯食之，故云「先飯」。飯，食也。所以然者，示爲君先嘗食，先知調和之是非也。

鄭玄曰：「於君祭，則先飯矣，若爲君〔三〕先嘗食然也。」

疾，君視之，疾，謂孔子疾病時也。孔子病而魯君來視之也。此君，是哀公也。**東首，**病者欲生，東是生陽之氣，故眠首〔四〕東也。故玉藻云「君子之居，恒當户；寢，恒東首」者是也。**加朝服，拖紳。**加，覆也。朝服，謂健時從君日視朝之服也。拖，猶牽也。紳，大帶也。孔子既病，不能復着之〔五〕，而見君不宜私

〔一〕「先」上，齋本、庫本有「其」字。正平版何解亦有「其」字。邢疏此語作「孔曰：薦其先祖」。

〔二〕「物」，齋本、庫本作「先」。

〔三〕「君」，齋本、庫本無此字。正平版何解亦無「君」字。邢疏有「君」字。陸德明經典釋文曰：「『若爲嘗食然』，一本作『若爲君嘗食然』。」

〔四〕「首」上，齋本、庫本有「頭」字，衍。下句「恒當户」，齋本、庫本「當」下有「於」字。

〔五〕「着之」，齋本、庫本作「著衣」。

服，故加朝服覆於體上，而牽引大帶於心下至足〔一〕，如健時着衣之爲也。

苞氏曰：「夫子疾，處南牖之下，病本當户在北壁下，東首。君既來，而〔二〕不宜北面，故移處南窓〔三〕之下，令君入户而西轉面得南向也。故欒肇曰：「南窓下，欲令南面視之也。」**東首，加其朝服，拖紳。紳，大帶。不敢不衣朝服見君也。」**

君命召，不俟駕行矣。謂君有命召見孔子時也。君尊命重，故得召不俟駕車，而即徒趨以往也。故玉藻曰「君命召以三節：一節以趨，二節以走。在官〔四〕不俟屨，在家不俟車」是也。

鄭玄曰：「急趨君命也。行出而車既駕從之也〔五〕。」大夫不可徒行，故後人駕車而隨之，使乘之也。

入大廟，每事問。或云：「此句煩重。」舊通云：「前是記孔子對或人之時，此是録平生常行之事，故兩出也。」

〔一〕「足」，齋本、庫本作「是」，誤。
〔二〕「而」下，齋本、庫本有「君」字。
〔三〕「窓」，齋本作「窗」，庫本作「牕」。三字異體。下句「欒肇曰南窓下」，齋本、庫本作「欒肇云南牖下」。「窓」「牖」義同。
〔四〕「官」，齋本、庫本作「宮」。十三經注疏本禮記玉藻作「在官不俟屨，在外不俟車」。
〔五〕「行出而車既駕從之也」，齋本、庫本作「出行而車既駕隨之」。正平版何解作「行出而車既駕從也」。邢疏作「行出而車駕隨之」。

鄭玄曰：「爲君助祭也。大廟，周公廟也。」

朋友死，無所歸，曰：「於我殯。」殯，謂停喪於寢，以待葬也。時孔子有朋友既〔一〕在孔子之家死，而此朋友無親情來奔喪者，故云「無所歸」也。既未有所歸，故曰「於我家〔二〕殯」也。

孔安國曰：「重朋友之恩也。無所歸，無親昵也。」

朋友之饋，雖車馬，非祭肉，不拜。謂朋友有物見餉也。車馬，家財之大者也。朋友有通財之義，故雖復見餉車馬，而我不拜謝也。所可拜者，若朋友見餉其家之祭肉，雖小亦拜受之，敬祭〔三〕也。故云「雖車馬，非祭肉，不拜」也。

孔安國曰：「不拜，有通財之義也。」

寢不尸，寢，眠也。尸，謂死尸也。眠當小欹，不得直脚申布似死人也〔四〕。

苞氏曰：「不偃卧四體布展手足似死人也。」偃，却〔五〕眠也。展，舒也。曲禮云「寢無伏」，此云

〔一〕「既」，齋本、庫本無此字。
〔二〕「家」，齋本、庫本無此字。
〔三〕「祭」下，齋本、庫本有「故」字。
〔四〕「似死人也」，齋本、庫本作「似於死人者也」。
〔五〕「却」，齋本、庫本此字空缺。

「不偃卧四體展舒手足似死人」，則不得覆却，唯當斂而小屈也。

居不容。謂家中常居也。家主和怡，燕居貌〔一〕温温，故不爲容自處也。孔安國曰：「爲家室〔二〕之敬難久也。」

子見齊衰者，雖狎，必變。狎，謂素相親狎也。衰〔三〕有喪，故必變。必變，謂必作必趨也。孔安國曰：「狎，素相親狎也。」

見冕者與瞽者，雖褻，必以貌。褻，謂無親而卑數者也。尊在位，恤不成人，故「必以貌」。以貌變色對之也。變重貌輕，親狎重，故言變；卑褻輕，故以貌也。周生烈曰：「褻，謂數相見也。必當以貌禮也。」然前篇必作必趨，謂見踈者也〔四〕。

凶服者，必〔五〕式之。凶服，送死人之衣物也。孔子見他人送死之衣物，必爲敬而式之也。式者，古人

〔一〕「貌」，齋本、庫本作「先」，誤。
〔二〕「家室」，齋本、庫本作「室家」。正平版何解作「家室」。邢疏作「室家」。
〔三〕「衰」，齋本、庫本作「哀」，是。
〔四〕「然前篇」至「踈者也」，齋本、庫本放在解經文處，接於「故以貌也」句下。
〔五〕「必」，齋本、庫本無此字。正平版何解、邢疏、朱注、馬國翰輯古論語無「必」字。

乘露車〔一〕，如今龍旂車，皆於車中倚立。倚立難久，故於車箱上安一横木，以手隱憑之，謂之爲較，詩曰「倚重較兮」是也。又於較之下未至車床半許，安一横木，名爲式〔二〕。若在車上應爲敬時，則落手憑軾。憑軾則身俯僂，故云「式之」。式，軾也。**式負板〔三〕者。**負，謂擔揭也。板，謂邦國圖籍也。古未有紙，凡所書畫皆於板，故云「板」也。孔子見人擔揭國之圖板者，皆式敬之也。

孔安國曰：「凶服者，送死之衣物。此釋式凶服也。**負板者，持邦國之圖籍者也。」**鄭司農注宗伯〔四〕職云：「板，名籍也。以板爲之，今時鄉户籍，謂之户板。」鄭康成注内宰云：「版，謂宫中閽寺之屬及其子第〔五〕録籍也。圖，王及后世子之宫，宫中吏官形象〔六〕也。」

有盛饌，必變色而作。作，起也。孔子見主人食饌有盛平常，故變色而起也。所以然者，主人自親饋，故客起敬也。

〔一〕「露車」，齋本、庫本作「路車」。「露車」是，無帷蓋的車子。「路車」同「輅車」，多指帝王所乘之車。
〔二〕「式」，齋本、庫本作「軾」。
〔三〕「板」，齋本、庫本作「版」，下同。
〔四〕「宗」，齋本、庫本作「宫」。
〔五〕「第」，齋本、庫本作「弟」，是。
〔六〕「宫宫中史官形象」，齋本、庫本作「宫中吏官府之形象」。十三經注疏本周禮「内宰」鄭注作「圖，王及后世子之宫中吏官府之形象也」。

孔安國曰：「作，起也。敬主人之親饋也。」親饋，謂主人自執食設之也。

迅雷風烈必變。迅，疾也。風雨〔一〕雷疾急名爲烈也。風疾而雷，此是陰陽氣激爲天之怒，故孔子必〔二〕自整變顔容以敬之也。故玉藻云「若有疾風迅雷甚雨，則必變。雖夜必興，衣服冠而坐」是也。

鄭玄曰：「敬天之怒，風疾雷爲烈也。」

升車，必正立，執綏。謂孔子升車禮也。綏，牽以上車之繩也。若升車時，則正立而執綏以上，所以爲安也。

周生烈曰：「必〔三〕正立執綏，所以爲安也。」

車中不内顧，内，猶後也。顧，回頭也。升在車上，不回頭後顧也。所以然者，後人從己，有〔四〕不能常正，若轉顧見之，則不掩人之私不備〔五〕，非大德之所爲，故不爲也。衛瓘〔六〕曰：「不掩人之不備也。」

苞氏曰：「輿中不内顧者，前視不過衡枙也，車床名輿，故云「輿中」也。衡枙，轅端也。若前視

〔一〕「雨」，齋本、庫本作「而」。
〔二〕「必」，齋本、庫本無此字。下句「若有」，齋本、庫本無「有」字。十三經注疏本禮記玉藻有「有」字。
〔三〕「必」，齋本、庫本無此字。正平版何解、邢疏有「必」字。
〔四〕「有」，齋本、庫本無此字。
〔五〕「則不掩人之私不備」，齋本、庫本作「則掩人私不備」。
〔六〕「衛」上，齋本、庫本有「故」字。

不得遠，故曲禮云：「立視五巂。」五巂，九丈九尺地也。「式視馬尾。」馬尾，近在車床欄間也。並是不過衡枙之類也。**傍**〔一〕**視不過輢轂也。**」旁，謂兩邊也。輢，竪在車箱兩邊，三分居前之一承較者也。轂在箱外，當人兩邊，故云「旁視不過輢轂也」。

不疾言，疾，高急也。在車上言易高，故不疾言，爲驚〔二〕人也。故繆協曰：「車行則言傷疾也。」**不親指。**車上既高，亦不得乎〔三〕有所親指點，爲惑下人也。**色斯舉矣，**謂孔子在處覩〔四〕人顏色而舉動也。

馬融曰：「見顏色不善則去之也。」繆協曰：「自親指以上，鄉黨恂恂之禮，應事適用之迹詳矣。有其禮而無其時，蓋天運之極也。將有遠感高興，故『色斯舉矣〔五〕』。」

翔而後集。謂孔子所至之處也，必迴翔審觀之後乃下集也。

周生烈曰：「迴翔審觀而後下止也。」

〔一〕「傍」，齋本、庫本作「旁」。正平版何解、邢疏作「傍」。「傍」「旁」義同。
〔二〕「驚」下，齋本、庫本有「於」字。
〔三〕「乎」，齋本、庫本作「手」，是。
〔四〕「覩」，齋本、庫本作「觀」。
〔五〕「繆協曰」至「舉矣」，齋本、庫本放在解經文處，接於「謂孔子在處覩人顏色而舉動也」句下。語中「恂恂之禮」，齋本、庫本作「拘拘之禮」。

曰：「山梁雌雉，時哉時哉！」此記者記孔子因所見而有嘆也。山〔一〕梁者，以木架水上，可踐渡水之處也。孔子從山梁間見有此雌雉也〔二〕。時哉者，言雉逍遥得時〔三〕也。所以有嘆者，言人遭亂世，翔集不得其所，是失時矣。而不如梁〔四〕間之雉，十步一啄，百步一飲，是得其時，故嘆之也。獨云「雌」者，因所見而言矣。**子路供之，**子路不達孔子「時哉時哉」之歎，而謂歎雌雉是時月之味，故馳逐駈〔五〕拍，遂得雌雉，煑熟而進以供養孔子，故曰「子路供之」也。**三嗅而作。**臭〔六〕，謂歆翕其氣也。作，起也。子路不達孔子意，而供此熟雉，乖孔子本心。孔子若直爾不食者，則恐子路生怨；若遂而食之，則又乖我本心，故先三歆〔七〕氣而後乃起，亦如得食不食之間也。

言山梁雌雉得其時，而人不得時，故嘆之。子路雖〔八〕以其時物，故供具之。非其本

〔一〕「山」，齋本、庫本無此字。

〔二〕「孔子從山梁間見有此雌雉也」，齋本、庫本作「孔子從山梁間過，見山梁間有此雌雉也」。

〔三〕「時」下，齋本、庫本有「所」字，衍。

〔四〕「梁」上，齋本、庫本有「山」字。

〔五〕「駈」，齋本、庫本作「驅」。「駈」同「驅」。

〔六〕「臭」，齋本、庫本作「嗅」。下句「謂」下，齋本、庫本有「鼻」字。

〔七〕「歆」，齋本、庫本作「嗅」。

〔八〕「雖」，齋本、庫本無此字，是。正平版何解、邢疏亦無「雖」字。

意，不苟食，故三嗅而起也。顧歡曰：「夫栖遲一丘，雉之〔一〕適也。不以剛武傷性，雉之德也。故於翔集之下，繼以斯嘆。而仲由之獻，偶與嘆諧〔二〕。若即饗之，則事與情反；若棄而弗御，則似由之〔三〕有失，故三嗅而起，則心事雙合。」虞氏贊曰：「『色斯舉矣，翔而後集』，此以人事喻於雉也。雉之爲物，精儆難狎。譬人在亂世，去危就安，當如雉也。曰『山梁雌雉時哉』，以此解上義也。時者，是也。供，猶設也。言子路見雉在山梁，因設食物以張之。雉性明儆，知其非常。『三嗅而作』者，不〔四〕食其供也。正〔五〕言『雌』者，記子路所見也。」

論語義疏第五

經一千四百六十二字　注二千二百九十七字

〔一〕「之」下，齋本、庫本有「道」字，疑衍。下句「雉之德」之「雉」，齋本、庫本作「雌」。
〔二〕「諧」上，齋本、庫本有「不」字。
〔三〕「之」，齋本、庫本作「也」。
〔四〕「不」上，齋本、庫本有「去」字，疑衍。
〔五〕「正」，齋本、庫本作「止」。

論語義疏卷第六 先進 顔淵

梁國子助教吴郡皇侃撰

論語先進第十一

何晏集解　凡二十三章

疏 先進者，此篇明弟子進受業者先後也。所以次前者，既還教鄉黨，則進受業者宜有先後，故先進次鄉黨也。

子曰：「先進於禮樂，野人也；後進於禮樂，君子也。此孔子將欲還淳反素，重古賤今，故〔一〕禮樂有君子野人之異也。先進、後進者，謂先後輩人也。先輩謂五帝以上也，後輩謂三王以還也。進於禮樂者，謂其時輩人進行於禮樂者也。野人，質朴之稱也。君子，會時之目也。孔子言：以今人文觀古，古質而今文。文則能隨時之中，此故爲當世之人〔二〕君子也。質則朴素而違俗，此故爲當世之人

〔一〕「故」下，齋本、庫本有「稱」字。
〔二〕「人」，齋本、庫本無此字。

野人也〔一〕。

先進、後進，謂士先後輩也。禮樂因世損益，時淳則禮樂損，時澆則禮樂益。若以益觀損，損則爲野人。若以損行益，益則爲君子也。後進與禮樂俱得時之中，斯君子矣。此謂以益行益，俱得時中，故謂爲君子也。先進有古風，斯野人也。以今觀昔時〔二〕，則有古風，以古比今，故爲野人也。

如用之，則吾從先進。」如猶若也。若比方先後二時而用爲教，則我從先進者也。所以然者，古爲純素，故可從式也。

苞氏曰：「將移風易俗，歸之純素，先進猶近古風，故從之。」先進比三王乃爲古，比結繩則爲今，故云近古也。

子曰：「從我於陳、蔡者，皆不及門者也。」孔子言時世亂離，非唯我道不行，只我門徒經〔三〕從我在陳、蔡者，亦失于時，不復及仕進門也。張憑云：「道之不行，命也。唯聖人安時而處從，故不期於通塞。然從我於陳、蔡者，何能不以窮達爲心耶？故感於天地將閉，君子道消，而恨二三子不及開泰之門也。」

〔一〕「此故爲當世之人野人也」，齋本、庫本作「是故爲當世之野人也」。
〔二〕「時」，齋本、庫本無此字。
〔三〕「經」，齋本、庫本作「雖」。

鄭玄曰：「言弟子之從我而厄於陳、蔡者，皆不及仕進之門而失其所也。」

德行：顔淵、閔子騫、冉伯牛、仲弓。此章初無「子曰」者，是記者所書，並從孔子印可而録在論之中也。孔子門徒三千，而唯有此以下十人名爲四科。四科者，德行也，言語也，政事也，文學也。德行爲人生之本，故爲第一以冠初也。而顔、閔及二冉合其名矣。王弼云：「此四科者，各舉其才長也。顔淵德行之俊，尤兼之矣。」范寧云：「德行，謂百行之美也。四子俱雖在德行之目，而顔子爲其冠也。」**言語：宰我、子貢。**第二科也，宰我及端木二人合其目也。范寧云：「言語，謂賓主相對之辭也。」**政事：冉有、季路。**第三科也，冉、仲二人合其目也。范寧云：「政事，謂治國之政也。」**文學：子游、子夏。**第四科也，言〔一〕及卜商二人合其目也。范寧云：「文學，謂善先王典文。」王弼云：「弟子才不徒俱〔二〕十，蓋舉其美者以表業分名，其餘則各以所長從四科之品也。」侃案：四科次第，立德行爲首，乃爲可解。而言語爲次者，言語，君子樞機，爲德行之急，故次德行也。而政事是人事，則〔三〕比言語爲緩，故次言語也。文學指是〔四〕博學

〔一〕「言」下，齋本、庫本有「偃」字。
〔二〕「俱」，齋本、庫本無此字。
〔三〕「則」，齋本、庫本作「之別」，屬上句，誤。
〔四〕「是」，齋本、庫本無此字。

古文，故比三事爲泰，故最後也。子曰：「回也非助我者也，於吾言無所不悦〔一〕。」聖人爲教，須賢啓發。於〔二〕參之徒，聞言輒問，是助益於我以增曉道〔三〕。顏淵默〔四〕識，聞言悦解，不嘗口諮於我，教化無益，故云「非助我者，於吾言無所不悦」也。

孔安國曰：「助，猶益也。言回聞言即解，無可發起增益於己也。」孫綽云：「所以每悦吾言，理自玄同耳。非爲助我也，言此欲以曉衆且明理也〔五〕。」

子曰：「孝哉閔子騫！人不間於其父母昆弟之言。」間，猶非也。昆，兄也。謂兄爲昆，昆，明也，尊而言之也。言子騫至孝，事父母兄弟盡於美善，故凡人物論無有非間之言於子騫者也。故顏延之云：「言之無間謂盡美也。」

陳羣曰：「言閔子騫爲人，上事父母，下順兄弟，動静盡善，故人不得有非間之言也。」

南容三復白圭，復，猶反也。詩云：「白圭之玷，尚可磨也；斯言之玷，不可爲也。」是白圭有所玷缺〔六〕，

〔一〕「悦」，齋本、庫本作「説」。下文「悦」同。
〔二〕「於」，齋本、庫本作「游」。
〔三〕「道」，齋本、庫本作「導」。
〔四〕「顏淵默識」，齋本、庫本作「而顏淵嘿識」。「嘿」同「默」。
〔五〕「孫綽云」至「明理也」，齋本、庫本放在解經文處，接於「於吾言無所不悦也」句下。
〔六〕「是白圭有所玷缺」，齋本、庫本作「是白玉有玷缺」。

尚可磨治令其全好，若人言忽有瑕玷，則駟馬不及，故云「不可爲也」。南容慎言語，讀詩至「白圭」之句，乃三過反覆，修翫無已之意也。

孔安國曰：「詩云：『白圭之玷，尚可磨也；斯言之玷，不可爲也。』南容讀詩至此，三反覆之，是其心慎言也。」

孔子以其兄之子妻之。重明南容蒙孔子之姻，其善非一，故更記之也。范述云：「南容深味白圭，擬志無玷，豈與縲紲非罪同其流致？猶夫子之情實深天屬，崇義弘教，必自親始。觀二女攸歸，見夫子之讓心也。」侃已有釋在公治長篇中也。

季康子問：「弟子孰爲好學？」孔子對曰：「有顏回者好學，不幸短命死矣。今也則亡，未聞好學者也。」孫綽云：「不應生而生爲幸，不應死而死曰不幸。」侃謂：此與哀公問同而答異者。舊有三〔一〕通：一云：緣哀公有遷怒貳過之事，故孔子因答，以箴之也。康子無此事，故不煩言也。又一云：哀公是君之尊，故須具答，而康子是臣爲卑，故略以相酬也。故江熙云：「此與哀公問同。哀公雖無以賞，要以極對。至於康子，則可量其所及而答也。」

顏淵死，顏路請子之車以爲之槨。顏路，顏淵父也。淵家貧，死無槨，故其父就孔子請車，賣以營槨也。

〔一〕「三」，齋本、庫本作「二」，是。

孔安國曰：「顔路，顔淵之父也。家貧，故欲請孔子之車，賣以營〔一〕槨。」繆協曰：「顔路之家貧，無以備禮；而顔淵之德美，稱於聖師。『喪予』之感，痛之愈深。二三子之徒將厚其禮，路率〔二〕情而行，恐有未允。而未審制義之輕重，故託請車以求聖教也。」

子曰：「才不才，亦各言其子也。孔子將不以車與之，故先説此以拒之。才，謂顔淵也。不才，謂鯉也。言才與不才誠當有異，若各本天屬，於其父則同是其子也。鯉死，有棺而無槨。既天屬各深，昔我子死，我自有車，尚不賣之營槨。今汝子死，寧欲請我之車耶？繆協云：「子雖才，不可貧求備；雖不才，而豐儉亦各有禮，制之由父。故鯉死也〔三〕無槨也。」吾不可徒行以爲之槨。又解所以不爲鯉作槨之由也。徒，猶步也。言我不賣車而步行爲子作槨也。以吾從大夫之後，吾以不可徒行。」又解不步行之意也。言大夫位爵已尊，不可步行故也。然實爲大夫，而云「從大夫後」者，孔子謙也。猶今人爲府國官，而云「在府末國末」也。

孔安國曰：「鯉，孔子之子伯魚也。孔子時爲大夫，故言『吾從大夫之後，不可以徒

〔一〕「營」，齋本、庫本作「作」。正平版何解、邢疏作「作」。

〔二〕「率」，齋本、庫本作「卒」，誤。「率」含「輕率」、「草率」義。

〔三〕「也」下，齋本、庫本有「而」字。

行』，是謙之辭也。」江熙云：「不可徒行，距之辭也。可則與，故仍脱左驂贈於舊館〔一〕。不可則距，故不許路請也。『鯉也無槨』，將以悟〔二〕之，且塞厚葬也。」

顔淵死。子曰：「噫！噫，痛傷之聲也。淵死，遣使報孔子，孔子傷痛之，故云「噫」也。苞氏曰：「噫，痛傷之聲也。」天喪予！天喪予！」喪，猶亡也。予，我也。夫聖人出世也，必須賢輔，如天將降雨，必先山澤出雲。淵未死，則孔道猶可冀，縱不爲君，則亦得共〔三〕爲教化。今淵既死，是孔道亦亡，故云天喪我也。劉歆云：「顔是亞聖人之偶，然則顔孔自然之對物，一氣之別形，玄妙所以藏寄，道〔四〕旨所由讚明，叙顔淵死則夫子體缺，故曰『天喪予』。噫，諒率〔五〕實之情，非過痛之辭。將求聖賢之域，宜自此覺之也。」繆播曰：「夫投竿測深，安知江海之有懸也？何者？俱不究其極也。是以西河之人疑子夏爲夫子，武叔賢子貢於仲尼，斯非其類耶？顔回盡形，形外者神，故知孔子理在回，知淵亦唯孔子也。」

〔一〕「贈」，齋本、庫本作「賻」。「於」，齋本、庫本空缺。「館」下，齋本、庫本有「人」字。

〔二〕「悟」，齋本、庫本空缺。

〔三〕「共」，齋本、庫本空缺。

〔四〕「道」上，齋本、庫本有「既」字。

〔五〕「率」，齋本、庫本作「卒」，誤。「率實」：坦率真實。

「天喪予」者，若喪己也。再言之，則〔一〕痛惜之甚也。

顏淵死，子哭之慟。謂顏淵死，孔子往顏家哭之也。慟，謂哀甚也。既如喪己，所以慟也。郭象云：「人哭亦哭，人慟亦慟，蓋無情者與物化也。」繆協曰：「聖人體無哀樂，而能以哀樂爲體，不失過也。」

馬融曰：「慟，哀過也。」

從者曰：「子慟矣。」子曰：「有慟乎？從者，謂諸弟子也，隨孔子往顏淵家者。見〔二〕孔子哀甚，故云「子慟矣」。

孔安國曰：「不自知己之悲哀過也。」

非夫人之爲慟而誰爲慟？」初既不自知，又向諸弟子明所以慟意也。夫人，指顏淵也。言若不爲顏淵哀慟，而應爲誰耶？言慟〔三〕也。顏淵死，門人欲厚葬之。顏淵之門徒也，見師貧而己欲厚葬之也。一云，是孔子門人欲厚葬朋友。子曰：「不可。」孔子止門人之厚葬，故云「不可」也。王弼云：「有財，死則有禮；無財，則已止焉。無而備禮，則近厚葬矣，故云孔子不聽也。」

〔一〕「再言之，則痛惜之甚也」，齋本、庫本作「再言之者，痛惜之甚也」。

〔二〕「見」上，齋本、庫本有「有」字。

〔三〕「耶言慟」，齋本、庫本「耶言」二字空缺，「慟」下有「事」字。

禮：貧富各有宜。顔淵家貧，而門人欲厚葬之，故不聽也。門人厚葬之。不從孔子言也。范寧云：「厚葬非禮，故不許也。門人欲厚葬何也？緣回父有厚葬之意，故欲遂門人之深情也。」子曰：「回也，視予猶父也，予不得視猶子也。回事我在三如一，故云「視予猶父也」。我葬鯉無槨，而不能止回無槨，是視回不得猶子也。非我也，夫二三子也。」言此貧而過禮厚葬，非是我意也，政[一]是夫二三子意也。二三子則顔路亦在其中也。范寧云：「言回雖以父事我，我不得以子遇回。雖曰師徒，義輕天屬。今父欲厚葬，豈得制止？言厚葬非我之教，出乎門人之意耳。此以抑門人而救世弊也。」

馬融曰：「言回自有父，父意欲聽門人厚葬之，我不得制止也。非其厚葬，故云爾也。」非，猶鄙薄。

季路問事鬼神。外教無三世之義，見乎此句也。周孔之教，唯説現在，不明過去未來。而子路此問事鬼神，政言鬼神在幽冥之中，其法云何也。此是問過去也。子曰：「未能事人，焉能事鬼？」孔子言：人事易，汝尚未能，則何敢問幽冥之中乎？故云「焉能事鬼」也。曰：「敢問事[二]死。」此又問當來之事也。言問今日以後死事復云何也。曰：「未知生，焉知死？」亦不答之也。言汝尚未知即見生

[一]「政」，齋本、庫本作「故」。

[二]「事」，齋本、庫本無此字。邢疏、朱注無「事」字。正平版何解有「事」字。

之事難明，焉能豫問知死後〔一〕也。

陳羣曰：「鬼神及死事難明，語之無益，故不答也。」顧歡曰：「夫從生可以善死，盡人可以應神，雖幽顯路殊，而誠恒一。苟未能此，問之無益，何處問彼耶〔二〕？」

閔子騫侍側，誾誾如也；卑者在尊者之側曰侍。此明子騫侍於孔子座側也。誾誾，中正也。子騫性中正也。子路，行行如也；亦侍孔子座側也。行行，剛强貌也。子路性剛强也。冉有、子貢，侃侃如也。此二人亦侍側也。侃侃，和樂也。二子並和樂也。子樂，孔子見四子之各極其性，無所隱情，故我亦懽樂也。

鄭玄曰：「樂各盡其性也。行行，剛强之貌也。」

曰：「若由也，不待〔三〕其死然。」孔子見子路獨剛强，故發此言也。由，子路名也。不得其死然，謂必不得壽終也。後果死衛亂也。

孔安國曰：「不得以壽終也。」袁氏曰：「道直時邪，自然速禍也〔四〕。」

〔一〕「焉」上，齋本、庫本有「又」字。「後」，齋本、庫本作「没」。

〔二〕「顧歡曰」至「問彼耶」，齋本、庫本放在解經文處，接於「焉能豫問知死後也」句下。

〔三〕「待」，齋本、庫本作「得」，是。

〔四〕「袁氏曰」至「禍也」，齋本、庫本放在解經文處，接於「後果死衛亂也」句下。

魯人爲長府。魯人，魯君臣爲政者。爲，作也。長府〔一〕，藏名也。魯人爲政，更造作長府也。**閔子騫曰：「仍舊貫，如之何？何必改作？」**子騫譏魯人也。仍，因也。貫，事也。言爲政之道，因舊事自足〔二〕。「如之何」，何必須更〔三〕有所改作耶？「如之何」，猶奈何也。

鄭玄曰：「長府，藏名也。藏貨〔四〕曰府。貨，錢帛也。藏錢帛曰府，藏兵甲曰庫也。**仍，因也。貫，事也。因舊事則可，何乃復更改作也？」**

子曰：「夫人不言，言必有中。」夫人，指子騫也。言子騫性少言語，言語必中於事理也。

王肅曰：「言必有中，善其不欲勞民更改作也。」

子曰：「由之鼓瑟，奚爲於丘之門？」子路性剛，其鼓琴瑟亦有壯氣。孔子知其必不得以壽終，故每抑之，言〔五〕：汝鼓瑟何〔六〕得在於我門？我門文雅，非用武之所〔七〕也。故自稱名以抑之。奚，何也。侃

〔一〕「府」，齋本、庫本作「者」。
〔二〕「足」，齋本、庫本作「是」。
〔三〕「更」，齋本、庫本作「臾」。
〔四〕此處及下句「貨」上，齋本、庫本有「財」字。
〔五〕「言」，齋本、庫本無此字。
〔六〕「何」，齋本、庫本無此字。
〔七〕「所」，齋本、庫本作「處」。

謂：此門非謂孔子之所住之門，正〔一〕是聖德深奧之門也。故子貢答武叔云：「得其門者，或寡也。」

馬融曰：「子路〔二〕鼓瑟，不合雅頌也。」

門人不敬子路。門人見孔子譏瑟，便不復敬子路也。子曰：「由也升堂矣，未入於室也。」孔子見門人不敬子路，故又爲解之也。古人當屋棟下隔斷窗户〔三〕，窗户之外曰堂，窗户之内曰室。孔子言：子路爲弟子，才德已大，雖未親入我室，亦已登升我堂，未易可輕慢也。若近而言之，即〔四〕以屋之堂室爲喻；若推而廣之，亦謂聖人妙處爲室，麤處爲堂。故子路得堂，顏子入室。故下章説善人，云「亦不入於室」是也。所以此前言入於門，而門人不敬；爲其不敬，故引之於堂也。

馬融曰：「升我堂矣，未入室耳。門人不解，謂孔子言爲賤子路，故復解之也。」孔子譏瑟，本非謂子路可輕，政在於「行行〔五〕」耳。而門人不達斯意，承而慢之，故〔六〕孔子解説之也。

子貢問曰：「師與商也孰賢乎？」師，子張；商，子夏也。孰，誰也。子貢問孔子，欲辨師、商誰爲

〔一〕「正」，齋本、庫本作「故」。
〔二〕「子」上，齋本、庫本有「言」字。正平版何解亦有「言」字。邢疏無「言」字。
〔三〕「窗户」，齋本、庫本作「爲」，其下空缺一字。
〔四〕「即」，齋本、庫本作「既」。
〔五〕「行行」，齋本、庫本祇一「行」字。上文有「子路行行如也」一語，「行行」是。
〔六〕「故」，齋本、庫本無此字。

賢勝也。**子曰：「師也過，**過，謂子張性繁冗，爲事好在僻過而不止也。**商也不及。」**言子夏性踈濶，行事好不及而止也。

孔安國曰：「言俱不得中也。」

曰：「然則師愈與？」愈，勝也。子貢又問：若師爲事好過，好過則爲勝耶？**子曰：「過猶不及也。」**答言：既俱不得中，則過與不及無異也，故云「過猶不及也」。江熙云：「聖人動爲物軌，人之勝否未易輕言。兩既俱未得中，是不明其優劣，以貽於來者也。」

愈，猶勝也。

季氏富於周公，季氏，魯臣也。周公，天子臣，食菜〔一〕於周，爵爲公，故請〔二〕爲周公也。蓋是〔三〕公旦之後也。天子之臣，地廣祿大，故周公宜富。諸侯之臣，地狹祿小，季氏宜貧。而今僭濫，遂勝天子臣，故云「季氏富於周公」也。

孔安國曰：「周公，天子之宰，卿士也。」天子之宰，即謂冢宰也。冢宰是有事之職，故云卿士。士，事也〔四〕。

〔一〕「菜」，齋本、庫本作「采」。「菜」通「采」。
〔二〕「請」，堂本正誤表以「謂」爲正。
〔三〕「是」，齋本、庫本作「周」。
〔四〕「士事也」，齋本、庫本無此三字。

而求爲之聚斂而附益也。求，冉求也。季氏已富，而求時仕季氏，爲季氏邑宰，又助斂聚急賦稅，以附益季氏之富也。

孔安國曰：「冉求爲季氏宰，爲之急賦稅也。」急賦稅，謂斂民下財帛也。

子曰：「非吾徒也，徒，門徒也。孔子言：冉求昔雖是我門徒，而我門徒皆尚仁義，今冉求遂爲季氏急聚斂，則非復吾門徒也。故禮云：「孟獻子曰：『百乘之家，不畜聚斂之臣；與其畜聚斂之臣，寧有盜臣。』」言盜臣乃傷財，而聚斂之臣則傷仁義，傷財不如傷仁義。小子鳴鼓而〔一〕攻之可也。」小子，門徒諸弟子也。攻〔二〕，治也。求既爲季氏聚斂，故孔子先云非復我門徒，又使諸弟子鳴鼓治之也。所以鳴鼓者，若直爾而治，不言其過，則聞之者局，故鳴鼓而且言之，則聞者衆也。繆協云：「季氏不能納諫，故求也莫得匡救。匡救不存，其義屈，故曰『非吾徒』也。致譏於求，所以深疾季氏。子然之問，明其義也。」

鄭玄曰：「小子，門人也。鳴鼓，聲其罪以責也。」

柴也愚，此以下評數子各有累也。柴，弟子也，其累在於愚也。王弼云：「愚，好仁過也。」

弟子高柴也，字子羔。愚，愚直之愚也。

〔一〕「而」，齋本、庫本無此字。正平版何解、邢疏有「而」字。
〔二〕「攻」，庫本作「政」，誤。

參也魯，參，曾參也。魯，遲鈍也。言曾子性遲鈍也。王弼云：「魯，文勝質〔一〕也。」

孔安國曰：「魯，鈍也。曾子遲鈍也。」

師也僻，師，子張也。子張好文其過，故云僻也。王弼云：「僻，飾過差也。」

馬融曰：「子張才過人，失在邪僻文過。」

由也喭。由，子路也。子路性剛，失〔二〕㕭喭也。王弼云：「喭，剛猛也。」

鄭玄曰：「子路之行，失於㕭喭也。」

子曰：「回也其庶乎，屢空。」記者上列四子病重於先，自此以下引孔子曰，更舉顏子精能於後。解此義者凡有二通：一云：庶，庶幾也。屢，每也。空，窮匱也。顏子庶慕於幾，故匱〔三〕忽財利，所以家每空貧而簞瓢陋巷也。故王弼云：「庶幾慕聖，忽忘財業，而屢〔四〕空匱也。」又一通云：空，猶虛也。言聖人體寂，而心恒虛無累，故幾動即見。而賢人不能體無，故不見幾，但庶幾慕聖，而心或時而虛，故曰「屢空」。其虛非一，故「屢」名生焉。故顏特進云：「空非回所體，故庶而數得。」故顧歡云：「夫無欲於無欲者，聖人之常也；有

〔一〕「文勝質」，齋本、庫本作「質勝文」，是。

〔二〕「失」下，齋本、庫本有「在」字。

〔三〕「匱」，齋本、庫本作「遺」，義勝。

〔四〕「屢」，齋本、庫本作「數」。

欲於無欲者，賢〔一〕人之分也。二欲同無，故全空以目聖；一有一無，故每虛以稱賢。賢人自有觀之，則無欲於有欲；自無觀之，則有欲於無欲。虛而未盡，非『屢』如何？」大史叔明申之云：「顏子上賢，體具而敬〔二〕則精也，故無進退之事，就義上以立『屢』名。按其遺仁義，忘禮樂，隳支體，黜聰明，坐忘大通，此亡〔三〕有之義也。忘有頓盡，非空如何？若以聖人驗之，聖人忘忘，大賢不能忘忘。不能忘忘，心復爲未盡。一未一空，故『屢』名生也焉。」**賜不受命，而貨殖焉，**此孔子又評子貢累也。亦有二通：一云：不受命者，謂子貢性動，不能信天任命，是「不受命」也。而貨殖者，財物曰貨，種藝曰殖。子貢家富，不能清素，所以爲惡也。又一通云：殷仲堪云：「不受驕〔四〕君命。」江熙云：「賜不榮濁世之祿，亦幾庶道者也。雖然，有貨殖之業，恬愉不足，所以不敢望回耳。亦曰『不受命』者，謂子貢不受孔子教命，故云『不受命』也。」**億則屢中。」**此亦有二通：一云：億謂心億度事宜也。言子貢性好億度是非，而屢幸中，亦是失也，故君子不億不信也。又一通云：雖不虛心如顏，而億度事理必亦能每〔五〕中也。故左傳：「邾隱公朝魯，執玉高，其容仰。魯定公受玉卑，其容俯。子貢曰：『以禮觀之，二君皆有死亡。君爲主，其先亡乎？』是歲定公卒。仲尼曰：『賜不幸而言

〔一〕「賢」，齋本、庫本作「聖」，誤。
〔二〕「敬」，齋本、庫本作「微」，是。
〔三〕「亡」，齋本、庫本作「忘」，是。
〔四〕「驕」，齋本作「嬌」，庫本作「矯」。「驕」是。「驕君」指驕横無道之君。
〔五〕「每」，齋本、庫本作「屢」。

中，是〔一〕賜多言也。』」此憶中之類也。王弼云：「命，爵命也。憶，憶度也。子貢雖不受爵命而能富，雖不窮理而幸中，蓋不逮顏之『庶幾』。輕四子所病，故稱『子曰』以異之也。」

言回庶幾聖道，雖數空匱，而樂在其中矣。賜不受教命，唯財貨是殖，憶度是非。是〔二〕蓋美回，所以勵賜也。此注與前通並會。一曰：**屢，猶每也。空，猶虛中也。**此以下並是後解也。中，猶心也，謂虛心也。禮曰：「虛中以治之。」**以聖人之善道，**謂孔子也。**教數子之庶幾，**柴、參之屬也。並被孔子教於「庶幾」之事也。**猶不至於知道者，各內有此害也。**道，謂庶幾之道也。緣其各有愚、魯、僻、喭之害，故不能至知「庶幾」之道〔三〕。**其於庶幾，每能虛中者，唯回懷道深遠。**唯回一人能懷道深遠，故庶幾虛心。**不虛心，不能知道。**更明所以須虛心之義也。庶幾之道既〔四〕深遠也，欲知庶幾者，虛心乃知其道也。**子貢無數子病，**無愚、魯、僻、喭之病也。**然亦不知道者，**既無病，應能庶幾。何亦不能乎？**雖不窮理而幸中，**說〔五〕其不知之由也，申先解「憶

〔一〕「是」下，齋本、庫本有「使」字。十三經注疏本左傳亦有「使」字。
〔二〕「是」，齋本、庫本無此字。正平版何解、邢疏亦無「是」字。
〔三〕「道」，齋本、庫本作「事」。
〔四〕「既」，齋本、庫本無此字。
〔五〕「說」，齋本、庫本作「解」。

則屢中」也。言子貢不能虛心，心好億度，雖不能窮理如顏，而有時幸中。幸中故不能知大道也。**雖非天命而偶富，**此釋「不受命而貨殖焉」也。「雖非天命」者，謂雖非受當時天子之命也。「偶富」者，謂家自偶富，非祿位所得也。然雖非時祿而富之，亦非清虛之士，故亦不知大道。**亦所以不虛心也。**憶事幸中，及家富榮心，所以並不虛心也。

子張問善人之道，此問善人，非聖人也。問其道云：何而可謂爲善人也？**子曰：「不踐迹，**亦[一]善人之法也。踐，循也。迹，舊迹也。言善人之道亦當別宜創建善事，不得唯依循前人舊迹而已。**亦不入於室。」**又雖有創立，而未必使能入聖人奧室也。能入室者，顏子而已。**孔安國曰：「踐，循也。言善人不但循追舊迹而已，亦多少能創業。然亦不能入於聖人之奧室也。」**創業謂創仁義之業也。「聖人之奧室」，即前云「子路升堂矣，未入於室」是也。

子曰：「論篤是與？君子者與[二]？色莊者乎？」此亦答善人之道也。當是異時之問，故更稱「子曰」。俱是答善，故共在一章也。篤，厚也。言善人有所論說，必出篤厚謹敬之辭也，故云「論篤是與」也。又能行君子之行，故云「君子者乎」。又須顏色莊嚴，故云「色莊者乎」。

[一]「亦」，誤，堂本正誤表以「答」爲正。

[二]「與」，齋本、庫本作「乎」，是。

「論篤」者，謂口無擇言。擇者，除麤取好之謂也。論篤是言語並善，故復無可擇之言也。「君子」者，謂身無鄙行也。所行皆善，故無鄙惡也。然此注亦與上互也。「色莊」者，不惡而嚴，以遠小人者也。威而不猛是也。言此三者，皆可以爲善人道[一]也。三者，言、行、色也。云必備三，皆可爲善人。明若能有一，則亦可爲善人，不必備三也。殷仲堪云：「夫善者，淳穆之性，體之自然，雖不擬步往迹，不能入闚奥室，論篤質正，有君子之一致焉。」

子路問：「聞斯行諸？」斯，此也。此，此於振[二]窮救乏之事也。諸，之也。子路問孔子，若聞有周窮救乏之事，便得行之不乎？

苞氏曰：「賑窮救乏之事也。」

子曰：「有父兄在，人子無私假與，故若有事，必先啓告父兄也。如之何其聞斯行之也？」既由父兄，故己如何聞而行乎？言不可也。

孔安國曰：「當白父兄，不可得自專也。」

冉有問：「聞斯行諸？」與子路問同也。子曰：「聞斯行之。」此答異也。言聞而即行之也。

[一]「道」，齋本、庫本無此字。正平版何解、邢疏亦無「道」字。

[二]「振」，齋本、庫本作「賑」。「振」「賑」義同，「振」有「賑濟」、「救助」義。

公西華曰：「由也問『聞斯行諸』，子曰『有父兄在』；公西華疑二人問同而答異，故領〔一〕二人之問答也。此領子路問答也。求之問『聞斯行諸』，子曰『聞斯行之』。此領冉有之問答也。求，冉有名也。赤也惑，惑，疑〔二〕也。二人問同而孔子答異，故己生疑惑，故云「惑」〔三〕。赤，公西華名也。敢問。」敢，果敢也。既惑其深，故果敢而問之。

孔安國曰：「惑其問同而答異也。」

子曰：「求也退，故進之；答所以答異義也。言冉求謙退，故引之令進，所以不云先白父兄也。由也兼人，故退之。」言子路性行行兼人，好在率爾，故抑退之，必令白父兄也。

鄭玄曰：「言冉有性謙退，子路務在勝尚人，各因其人之失而正之也。」或問曰：禮若必諮父兄，則子路非抑；若必不諮，則冉求非引。今夫子云進退，請問其旨。或答曰：夫賑施之理，事有大小。大者車馬，小或一飡。若其大者必諮，小可專行，而由施無大小，悉並不諮，求大小悉諮，今故抑由之不諮，欲令其並諮，引冉之必諮，令其並不諮也。但子路性進，雖抑而不患其退；冉求性退，雖引不嫌

〔一〕「領」上，齋本、庫本有「先」字。
〔二〕「疑」下，齋本、庫本有「惑」字。
〔三〕「故云惑」，齋本、庫本無此三字。

其過也[一]。

子畏於匡，猶是前被匡人誤圍。**顏淵後。**時顏淵與孔子俱爲匡圍，孔子先得出還至家，而顏淵後乃得出還至也。

孔安國曰：「言與孔子相失，故在後也。」於圍中相失也。

子曰：「吾以汝爲死矣。」淵後至，而孔子云：汝不還，我言汝當死於匡難中。**曰：「子在，回何敢死？」**顏淵之答，其有以也。夫聖賢影響，如天降時雨，山澤必先爲出雲。孔子既在世，則顏回理不得死。死則孔道便絶。故淵死而孔云「天喪予」也。庾翼云：「顏子未能盡窮理之妙，妙有不盡，則不可以涉險津；理有未窮，則不可以冒屯路。故賢不遭聖，運否則必隱；聖不值賢，微言不顯。是以夫子因畏匡而發問，顏子體其致[二]而仰酬。稱入室爲指南，啓門徒以出處，豈非聖賢之誠言互相與爲「起予」者也？

苞氏曰：「言夫子在，己無所敢死也。」李充云：「聖無虚慮之悔，賢無失理之患，而斯言何興乎？將以世道交喪，利義相蒙，或殉名以輕死，或昧利以苟生。苟生非存理，輕死非明節。故發顏子之死，對以定死生之命也[三]。」

[一]「或問曰」至「其過也」，齋本、庫本放在解經文處，接於「必令白父兄也」句下。
[二]「致」，齋本、庫本作「旨」。
[三]「李充云」至「對以定死生之命也」，齋本、庫本放在解經文處，接於「起予者也」句下。

季子然問：「仲由、冉求，可謂大臣與？」季子然，季氏家之子弟也。時仲由、冉求仕季氏家，子然[一]自誇己家能得此二賢爲臣，故問孔子，以謂此二人可謂大臣不也。

孔安國曰：「季子然，季氏之子弟也。自多得臣此二子，故問之也。」自多，猶言己有豪勢，能得臣此二人爲多也。

子曰：「吾以子爲異之問，此因答而拒之也。子，指子然也。言子今所尚[二]是異事也。所以是異事之問者，由、求非大臣，而汝云可謂大臣，故謂汝爲異事之問也。曾由與求之問。此是舉異問也。曾，猶則也。言汝問所以是異者，則問由與求，是異問也。

孔安國曰：「謂子問異事耳。謂汝所問爲異事之問也。則此二人之問安足爲大臣乎？」如前釋也[三]。（問，去聲。言則問此由、求二人，安足爲汝家大臣乎也？）

所謂大臣者，以道事君，不可則止。此明大臣之事也。以道事君，謂「君有惡名必諫」也。不可則止，謂「三諫不從，則越境而去」者也。今由與求也，可謂具臣矣。」言今由、求二人亦不諫，諫若

[一]「子然」上，齋本、庫本有「季」字。
[二]「尚」，齋本、庫本作「問」。
[三]「如前釋也」及下面括号内文字，齋本、庫本無。

不從則亦不去，不可名此爲大臣，則〔一〕乃可名爲備具之臣而已也。繆協稱中正曰：「所以假言二子之不能盡諫者，以譏〔二〕季氏雖知貴其人而不能敬其言也。」

孔安國曰：「言備臣數而已也。」

曰：「然則從之者與？」子然聞孔子云二人不爲大臣，故更問〔三〕云：既不「以道」及「不可則〔四〕止」，若如此者，其君有惡事則二人皆從君爲之不乎？

孔安國曰：「問爲臣皆當從君所欲耶？」

子曰：「殺父與君，亦不從也。」答言：雖不諫不止，若君有殺上之事，則二人亦所不從也。

孔安國曰：「二子雖從其主，亦不與爲大逆也。」孫綽云：「二子者皆政事之良也，而不出具臣之流，所免者唯殺〔五〕之事，其罪亦豈少哉？ 夫抑揚之教不由乎理，將以深激子然，以重季氏之責也〔六〕。」

〔一〕「則」，齋本、庫本無此字。
〔二〕「譏」，齋本、庫本作「説」。
〔三〕「問」，齋本、庫本無此字。
〔四〕「則」下，齋本、庫本有「不」字，義勝。
〔五〕「殺」，齋本、庫本作「弑」。
〔六〕「孫綽云」至「責也」，齋本、庫本放在解經文處，接於「則二人亦所不從也」句下。

子路使子羔爲費宰，費，季氏采邑也。季氏邑宰叛，而子路欲使子羔爲季氏邑宰也。子曰：「賊夫之人子〔一〕。」賊，猶害也。夫人之子，指子羔也。孔子言子羔習學未習熟，若使其爲政，則爲〔二〕必乖僻，乖僻則爲罪累所及，故云「賊夫人之子」也。

苞氏曰：「子羔學未熟習，而使爲政，所以賊害人之也。」張憑云：「季氏不臣，由不能正，而使子羔爲其邑宰，直道而事人，焉往不致弊；枉道而事人，不亦『賊夫人之子』乎〔三〕？」

子路曰：「有民人焉，有社稷焉，何必讀書然後爲學？」子路云：既邑有民人、社稷，今爲其宰，則是習治民事神，此即是學，亦何必在於讀書，然後方謂爲學乎？

孔安國曰：「言治民事神，於是而習，亦學也。」

子曰：「是故惡夫佞者。」孔子以此語罵子路也。佞，口才也。我言子羔學未習熟，所以不欲使之爲政，而汝仍云有民神，亦是學，何必讀書，此是佞辯之辭，故古人所以惡之也。

孔安國曰：「疾其以口給應，遂己非而不知窮者也。」繆協云：「子路以子羔爲學藝可仕矣，而

〔一〕「賊夫之人子」，齋本、庫本作「賊夫人之子」，是。

〔二〕「爲」，齋本、庫本無此字。

〔三〕「張憑云」至「之子乎」，齋本、庫本放在解經文處，接於「故云賊夫人之子也」句下。

孔子猶曰不可者，欲令愈精愈究也。而于時有以佞才惑世，竊位要名，交不以道，仕不由學，以之宰牧，徒有民人社稷。比之子羔，則長短相形。子路舉兹以對者，所以深疾當時，非美之也。夫子善其來旨，故曰『是故惡夫佞者』。此乃斥時，豈譏由乎也〔一〕？」

子路、曾晳〔二〕、冉有、公西華侍坐。此四弟子侍孔子坐也。孔安國曰：「曾晳，曾參父也，名點。」子曰：「以吾一日長乎爾，無吾以也。孔子將欲令四子言志，故先説此言以勸引之也。爾，汝也。言吾今一日年齒長大於汝耳，汝等無以言吾年長而不敢言己志也。孔安國曰：「言我問汝，汝無以我長，故難對也。」居則曰：『不吾知也。』居，謂弟子常居時也。吾，弟子自指〔三〕也。言汝等常居之日，則皆自云無知吾者也。孔安國曰：「汝常居云：人不知己也。」

〔一〕「繆協云」至「豈譏由乎也」，齋本、庫本放在解經文處，接於「故古人所以惡之也」句下。

〔二〕「晳」，齋本、庫本作「晳」，是。全章「晳」字下同。

〔三〕「指」，齋本、庫本作「謂」。

如或知爾，則何以哉？」言如或有人欲知用汝等，汝等則志各欲何爲治哉？

孔安國曰：「如有用汝者，則何以爲治乎也？」

子路卒〔一〕爾而對曰：禮：「侍坐於君子，君子問，更端則起而對」，及宜顧望而對。而子路不起，又不顧望，故云「卒爾對」也。卒爾，謂無禮儀也。

卒爾先三人對也。

「千乘之國，攝乎大國之間，此子路言志也。千乘，大國也。攝，迫也。大國，又大於千乘者也。言己願得治於大國，而此大國又有迫近他大國間，所謂他大國挾己國於中也。加之以師旅〔二〕，因之以飢饉，乏穀爲飢，乏菜爲饉。言己國既被四方大國兵陵，又自國中因大荒餓也。

苞氏曰：「攝，攝迫乎大國之間也。」

由也爲之，爲，猶治也。言己國以爲他兵所加，又荒飢日久，而〔三〕由願得此國治之。比及三年，可使有勇，且知方也。」比，至也。言由治此國，至於三年，而使民人皆勇健，又皆知識義方也。

〔一〕「卒」，正平版何解、邢疏、朱注作「率」。

〔二〕「加之以師旅」下，齋本、庫本有疏文「言他大國以師旅兵刃加陵於己所治之國也」十八字。

〔三〕「而」，齋本、庫本無此字。

方，義方也。

夫子哂之。哂，笑也。孔子聞子路之言而笑之也。

馬融曰：「哂，笑也。」齒本曰哂。大笑口開則哂見，故謂哂爲笑者也。

「求，爾何如？」哂由既竟，而餘三人無言，故孔子又問冉求：汝志何如也？對曰：「方六七十，求答曰〔一〕，言志也。言願得國地方六七十里者，而己治之也。如五六十，意又自嫌向所言方六七十爲大，故又退言如方五六十里者也。

求性謙退，言欲得方六七十如五六十里小國治之而已也。一云：願六七十者如五六十大者，己欲得其小也〔二〕。

求也爲之，比及三年，可使足民也。言己願治此小國，若至三年，則能使民人足也。如其禮樂，以俟君子。」又謙也。言己乃能使〔三〕足民而已。若教民之禮樂，則己所不能，故請俟君子爲之也。

孔安國曰：「求自云能足民而已，謂衣食足也。若禮樂之化，當以待君子。謙之辭

〔一〕「曰」，齋本、庫本無此字。

〔二〕「一云」至「小也」，齋本、庫本放在解經文處，接於「故又退言如方五六十里者也」句下。

〔三〕「使」，齋本、庫本無此字。

也。」

「赤，爾何如？」求答已竟，故更問公西華也。**對曰：「非曰能之，願學焉。**赤答也。非曰，猶非謂也。答曰：己非謂自能，願從此而後學爲之也。**宗廟之事，如會同，**此以下並言願所學之事也。宗廟之事，謂人君祭祀之事。如會同，謂〔一〕諸侯有會同之事時也。**端章甫，願爲小相焉。」**端，玄端之服也。章甫，謂章甫之冠也。言願君有祭祀及會同之事，而己玄端服章甫之冠也。爲小相，相君之禮也。**鄭玄曰：「我非自言能也，願學爲之。宗廟之事，謂祭祀也。四時及禘祫皆是也。諸侯時見曰會，殷見曰同。**周禮六服，各隨服而來，是正朝有數也。而時見曰會，此無常期。諸侯有不庭服者，王將有征討之事。則因朝竟，王命爲壇於國，外合諸侯，而發禁亦隨其方。若東方不服，則命與東方諸侯共征之。此是「時見曰會」也。又王十二年一巡狩，若王有事故，則六服諸侯並來京師，朝王受法。此是「殷見〔二〕曰同」也。而鄭玄注云：「殷覜曰同」者，周禮又有「時聘曰問」、「殷覜曰視」，並是諸侯遣臣來京師也。王有事故，諸侯不得自來，而遣臣來聘王，此亦無定時，是「問〔三〕聘曰問」也。又

〔一〕「謂」，齋本、庫本無此字。
〔二〕「見」，齋本、庫本作「覜」。辭源「殷見」「殷覜」同義，指周代諸侯朝見天子之禮。
〔三〕「問」，齋本、庫本作「時」，是。

元年六服唯侯服獨來朝，京師人少，故諸侯並遣臣來京師視王，是「殷覜曰視」也。鄭玄「殷覜〔一〕曰同」者，廣「覜」、「見」之言通也。端，玄端也。衣玄端，冠章甫，章甫，殷冠也。諸侯日視朝之服也。然周家諸侯日視朝之服，服緇布衣素積裳，冠委貌。此云「玄端，日視朝」者，容是周末禮亂者也。小相，謂相君禮者。」宗廟及會同，皆是君事，而已願相之耳。

「點，爾何如？」赤答既竟，又問曾晳也。鼓瑟希。鼓，猶彈也。希，踈也。點政彈瑟，既得孔子之問，將思所以對之言，故彈瑟手遲而聲希也。

孔安國曰：「思所以對，故其音希也。」

鏗爾，舍瑟而作，鏗，投瑟聲也。捨，投也。作，起也。點思所以〔二〕對之辭，將欲仰答，故投瑟而起對也。起對者，禮也。點獨云起，則求、赤起可知也。對曰：「異乎三子者之撰。」撰，具也。點起而對云：己所志者異於路、求、赤三子之志所具。「所具」，即千乘之國等是也。

孔安國曰：「置瑟起對也。撰，具也，爲政之具也。鏗爾者，投瑟之聲也。」

〔一〕「覜」，齋本、庫本作「見」。
〔二〕「以」，齋本、庫本無此字。

子曰：「何傷乎？亦各言其志也。」孔子聞點志異，故云：人生〔一〕所志各異，亦何傷乎？汝但當言之。

孔安國曰：「各言己志，於義無傷也。」

曰：「暮春者，春服既成，此點言志也。暮春，謂建辰夏之三月也。年有四時，時有三月，初月爲孟，次者爲仲，後者爲季。季春是三月也。不云季春而云暮春者，近月末也。月末其時已暖也。「春服成」者，天時暖而衣服單祫者成也。得冠者五六人，已加冠成人者也。五六者，趣舉其數也。童子六七人，童子，未冠之稱也。又有未冠者六七人也。或云，「冠者五六」，冠者〔二〕三十人也；「童子六七」，六七四十二人也。四十二就三十合爲七十二人也。孔子〔三〕升堂者七十二人也。浴乎沂，沂，水名也。暮春者既暖，故與諸朋友相隨，往沂水而浴也。風乎舞雩，風，風凉也。舞雩，請雨之壇處也。請雨祭謂之雩。雩，吁也。民不得雨，故吁嗟也。祭而巫舞，故謂爲「舞雩」也。沂水之上有請雨之壇，壇上有樹木，故入沂浴出登壇，庇於樹下，逐風凉也。故王弼云「沂水近孔子宅，舞雩壇在其上，壇有樹木，遊者託焉」也。詠而歸。」

〔一〕「生」，齋本、庫本作「性」。
〔二〕「冠者」，齋本、庫本作「五六」。
〔三〕「子」，齋本、庫本作「門」。

浴竟涼罷，日光既稍晚，於是朋友詠歌先王之道，歸還孔子之門也。

苞氏曰：「暮春者，季春三月也。春服既成者，衣單袷之時也。我欲得冠者五六人，童子六七人，浴於沂水之上，風涼於舞雩之下，歌詠先王之道，歸夫子之門也。」

夫子喟然歎曰：「吾與點也。」孔子聞點之願，是以喟然而歎也。既歎而云「吾與點也」，言我志與點同也。所以與同者，當時道消世亂，馳競者衆，故諸弟子皆以仕進爲心，唯點獨識時變，故與之也。故李充云：「善其能樂道知時，逍遥遊詠之至也。夫人各有能，性各有尚，鮮能舍其所長而爲其所短。彼三子者之云，誠可各言其志矣。然此諸賢既已漸染風流，喰服道化，親仰聖師誨之無倦，先王〔一〕之門豈執政之所先乎？嗚呼！遽不能一忘鄙願，而暫同于雅好哉！諒知情從中來，不可假已。唯曾生起〔二〕然，獨對揚德音，起予風儀。其辭精而遠，其指高而適，亹亹乎！固盛德之所同也。三子之談，於兹陋矣。」

周生烈曰：「善點之獨知時之。」

三子者出，子路、求、赤三人見孔子與點，故已並先出去也。曾皙後，在後未去。曾皙曰：「夫三子者之言如何〔三〕？」皙既留後，故問孔子也。言向者三子所言者，其理如何也。子曰：「亦各言

〔一〕「王」，齋本、庫本作「生」，是。
〔二〕「起」，齋本、庫本作「超」，是。
〔三〕「如何」，齋本、庫本作「何如」。

其志也已矣。」孔子答言，三子之言雖各不同，然亦各是其心所志也。曰：「吾子何哂由也？」點呼孔子爲吾子也。點又云：若各親是言志，則孔子何獨笑子路乎？故云「何」也。子曰：「爲國以禮，其言不讓，是故哂之。答笑子路之所由也。言我笑子路，非笑其志也，政是笑其卒爾不讓故耳。夫爲國者必應須禮讓，而子路既願治國，而卒爾其言，無所謙讓，故笑之耳。

苞氏曰：「爲國以禮，禮道貴讓，子路言不讓，故笑之也。」

唯求則非邦也與？安見方六七十如五六十而非邦也者？孔子更證我笑非笑子路之志也。若笑子路有爲國之志，則冉求亦是志於爲國，吾何獨不笑耶也？既不笑求，豈獨笑子路乎？故云「唯求非邦也與」，言是邦也。「安見方六七十如五六十非邦也者」，亦云是邦也。唯赤則非邦也與？宗廟之事如〔一〕會同，非諸侯如之何？又引赤證我不笑子路志也。赤云「宗廟會同」，宗廟〔二〕會同即是諸侯之事，豈曰非邦？而我何獨不笑乎？又明笑非笑志也。

孔安國曰：「明皆諸侯之事，與子路同徒。徒，猶黨輩也。言求等所言，皆是諸侯事，與子路猶

〔一〕「之事如」三字，庫本脱。

〔二〕「宗廟」，齋本、庫本無此二字。

是一黨輩耳。笑子路不讓也。」本〔一〕是笑其不讓也。

赤之〔二〕爲之小相，孰能爲之大相？」又因不許赤謙也。言赤之〔三〕才德之〔四〕自願爲小相，若以亦〔五〕爲小，誰堪大者乎？赤又是有明己不笑之故，因美之也。

孔安國曰：「赤謙言小相耳，孰能爲大相者也？」

論語顏淵第十二

何晏集解　凡二十四章

疏顏淵，孔子弟子也，又爲門徒之冠者也。所以次前者，進業之冠莫過顏淵，故顏淵次先進也。

顏淵問仁，問孔子爲仁之道也。子曰：「尅己復禮爲仁。尅，猶約也。復，猶反也。言若能自約

〔一〕「本」上，齋本、庫本有「笑者」二字。
〔二〕「之」，堂本正誤表以「也」爲正。
〔三〕「之」，堂本正誤表以「也」爲正。
〔四〕「之」，齋本、庫本作「云」。
〔五〕「亦」，堂本正誤表以「赤」爲正。

儉己身，還〔一〕反於禮中，則爲仁也。于時爲奢泰過禮，故云「禮」也。一云：身能使禮返反〔二〕身中，則爲仁也。范寧云：「尅，責也。復禮，謂責尅己失禮也。非仁者則不能責己復禮，故能自責己復禮則爲仁矣。」

馬融曰：「尅己，約身也。」孔安國曰：「復，反也。身能反禮則爲仁矣。」

一日尅己復禮，天下歸仁焉。更解尅己復禮所以爲仁之義也。言人君若能一日尅己復禮，則天下之民咸歸於仁君也。范寧云：「亂世之主，不能一日尅己，故言『一日』也。」

馬融曰：「一日猶見歸，況終身乎？」

爲仁由己，而由人乎哉？」行仁一日，而民見歸，所以是由己不由他人也。

孔安國曰：「行善在己，不在人者也。」范寧云：「言爲仁在我，豈俟彼爲仁耶〔三〕？」

顏淵曰：「請問其目。」淵又請求尅己復禮之條目也。

苞氏曰：「知其必有條目，故請問之也。」

子曰：「非禮勿視，非禮勿聽，非禮勿言，非禮勿動。」此舉復禮之目也。既每事用禮，所

〔一〕「還」，齋本、庫本作「返」。

〔二〕「返反」，齋本、庫本作「反返」。

〔三〕「范寧云」至「爲仁耶」，齋本、庫本放在解經文處，接於「所以是由己不由他人也」句下。

以是復禮也。

鄭玄曰：「此四者，尅己復禮之目也。」

顔淵曰：「回雖不敏，請事斯語矣。」回聞條目而敬受之也。敏，達也。斯，此也。言回雖不達仁禮之理，而請敬事此語〔一〕。

王肅曰：「敬事此語，必行之。」

仲弓問仁，亦諮仁也。子曰：「出門如見大賓，使民如承大祭。亦答仁道也。言若行出門，恒起恭敬，如見大賓。見大賓必起敬也。又若使民力役，亦恒用心敬之，如承事大祭。大祭，祭郊廟也。然范寧云：「大賓，君臣嘉會也。大祭，國祀〔二〕也。仁者舉動使民事如此也。傳稱：『臼季〔三〕出門如賓，承事如祭，仁之則也。』」

孔安國曰：「爲仁之道，莫尚乎敬也。」

己所不欲，勿施於人。恕己及物，則爲仁也。先二事明敬，後一事明恕。恕、敬二事乃爲仁也。在

〔一〕「語」下，齋本、庫本有「事猶用也」四字。此四字當在「敏達也」之後。「猶」字似衍。

〔二〕「祀」，齋本、庫本作「祭」。

〔三〕「季」下，齋本、庫本有「言」字，是。

邦無怨，在家無怨。」在邦爲諸侯也，在家爲卿大夫也。既出門、使〔一〕民皆敬，又恕己及物，三事並足，故爲民人所懷，無復相怨者也。

苞氏曰：「在邦爲諸侯也，在家爲卿太〔二〕夫也。」

仲弓曰：「雍雖不敏，請事斯語矣。」事，用也〔三〕。

司馬牛問仁，司馬牛是桓魋弟也，亦問仁也。子曰：「仁者，其言也訒。」答之也。訒，難也。古者言之不出，恐行之不逮，故仁者必不易出言，故云「其言也訒」。一云：仁道既深，不可〔四〕輕説，故言於人仁事，必爲難也。王弼云：「情發於言，志淺則言疎，思深則言訒也。」

孔安國曰：「訒，難也。牛，宋人，弟子司馬犂也。」名牛也〔五〕。

曰：「其言也訒，斯可謂之仁已矣乎〔六〕？」牛又疑云：言語之難，便可謂此爲仁乎？一云：不

〔一〕「使」上，齋本、庫本有「及」字。
〔二〕「太」，齋本、庫本作「大」，是。
〔三〕「事用也」，齋本、庫本無此三字。
〔四〕「可」，齋本、庫本作「得」。
〔五〕「名牛也」，齋本、庫本作「犂牛名也」。
〔六〕「斯可謂之仁已矣乎」，庫本作「斯謂之仁矣乎」，脱「可」「已」二字。

輕易言於仁事，此便可謂爲仁乎？　**子曰：「爲之難，言之得無訒乎？」**又答也。爲，猶行也。凡行事不易，則言語豈得妄出而不難乎？　又一云：行仁既難，言仁豈得易？　故江熙云：「禮記云：『仁之爲器重，其爲道遠，舉者莫能勝，行者莫能致也。勉於仁者不亦難乎？』夫易言仁者，不行之者也。行仁，然後知勉仁爲難，故不敢輕言也。」

孔安國曰：「行仁難，言仁亦不得不難矣。」

司馬牛問君子，問行君子之道也。**子曰：「君子不憂不懼。」**答也。君子坦蕩〔一〕，故不憂懼也。

孔安國曰：「牛兄桓魋將爲亂，牛自宋來學，常憂懼，故孔子解之。」言牛常愁其兄之罪過及己，故孔子釋云：君子不應憂懼者也。

曰：「不憂不懼，斯可謂君子已乎？」牛嫌君子之行不啻不憂懼而已，故又諮之。**子曰：「內省不疾〔二〕，夫何憂何懼？」**內省，謂反自視己心也。疾，病也。言人生若外無罪惡，內忖視己心無有愆病，則何所憂懼乎？

〔一〕「坦蕩」，齋本、庫本作「坦蕩蕩」。

〔二〕「疾」，齋本、庫本作「疚」，下同。正平版何解、邢疏亦作「疚」。

苞氏曰：「疾，病也。内省無罪惡，無[一]可憂懼也。」

司馬牛憂，爲其兄桓魋有罪，故己恒憂也。所以孔子前答云「君子不憂」也。曰：「人皆有兄弟，我獨亡。」此所憂之事也。亡，無也。牛兄行惡，必致殘滅，不旦則夕，即今雖暫在，與無何異，故云「我獨亡」也。

鄭玄曰：「牛兄桓魋行惡，死喪無日，我獨爲無兄弟也。」無日，猶無後餘一日也[二]。

子夏曰：「商聞之矣：商，子夏名也。聞牛之言，故自稱名而爲牛解之也。不敢言出己，故云「聞之」。死生有命，富貴在天。此是我所聞，爲説不須憂之事也。言死生富貴，皆禀天所得，應至不可逆憂，亦不至不可逆求，故云「有命」「在天」也。然同是天命，而死生云命、富貴云天者，亦互之而[三]不可逃也。死生於事爲切，故云命；富貴比死生者爲泰，故云天。天比命，則天爲緩也。繆播云：「死生者，所禀之性分；富貴者，所遇之通塞。人能命養之以福，不能令所禀易分。分不可易，命也。能修道以待賈，不能遭時必泰，泰不可必，天也。天之爲言自然之勢運，不爲主人之貴賤也。」君子敬而無失，死生富貴，既理不易，故當

[一]「無」下，齋本、庫本有「所」字。

[二]「無日」至「日也」，齋本、庫本放在「死喪無日」句下。

[三]「而」，齋本、庫本無此字。

委之天命。此處無憂，而此句以下自可人事易爲修理也。敬而無失，是廣愛衆也。君子自敬己身，則與物無失者也。**與人恭而有禮。**此謂恭而親仁也。人猶仁也，若彼有仁者，當恭而禮之也。**四海之内，皆爲兄弟也。**踈惡者無失，善者恭敬〔一〕，故四海九州皆可親禮如兄弟也。**君子何患乎無兄弟？」**既遠近可親，故不須憂患於無兄弟也。

苞氏曰：「君子踈惡而友賢，九州之人皆可以禮親也。」「踈惡」解「敬而無失」，「友賢」釋「與人恭而有禮」也。

子張問明，問人行何事而可謂之明乎。**子曰：「浸潤之譖，**答也。浸潤猶漸漬也。譖，讒謗也。夫拙爲讒者則人易覺，巧爲讒者日日漸漬，細進譖，當時使人受而不覺，如水之浸潤漸漬，久久必濕也。故謂能讒者爲「浸潤之譖」也。**膚受之愬，**膚者，人肉皮上之薄縐也。愬者，相訴訟讒也。拙相訴者亦易覺也，若巧相訴害者，亦日日積漸稍進，如〔二〕人皮膚之受塵垢，當時不覺，久久方覩不淨。故謂能訴害人者爲「膚受之愬」也。**不行焉，可謂明也已矣。**言人若覺彼浸譖、膚訴害，使二事不行，則可謂爲有明也。

鄭玄曰：「譖人之言，如水之浸潤，以漸成人之禍也。」此巧譖者。**馬融曰：「膚受之愬，**

〔一〕「敬」，齋本、庫本作「禮」。
〔二〕「如」上，齋本、庫本有「爲」字。

皮膚外語，非其内實也。」巧愬者也。如馬意，則謂内實之訴可受，若皮膚外語虚妄，則謂爲膚受也。然馬此注與鄭不類也。若曲曰使相類，則當云皮膚外語非内實者，即是膚愬積漸入於皮膚，非内實也。

浸潤之譖，膚受之愬，不行焉，可謂遠也已矣。」又廣答也。言若使二事不行，非唯是明，亦是高遠之德也。孫綽云：「問明而及遠者，其有高旨乎？夫賴明察以勝讒，猶火發滅之以水，雖消災有方，亦已殆矣。若遠而絶之，則佞根玄拔，鑒巧無迹，而遠體默全。故知二辭雖同，而後喻彌深，微顯之義其在兹乎？」顏延之云：「譖潤不行，雖由於明，明見之深，乃出於體遠。體遠不對於情僞，故功歸於明見。斥言其功故曰『明』，極言其本故曰『遠』也。」

馬融曰：「無此二者，非但爲明，其德行高遠，人莫能及之也。」

子貢問政，問爲政之法也。子曰：「足食，足兵，令民信之矣。」答之也。食爲民本，故先須足食也。時澆後〔一〕須防衛，故次足兵也。雖有食有兵，若君無信，則民衆離背，故必使民信之也。子貢曰：「必不得已而去，於斯三者何先？」已，止也。子貢又諮云：已奉知治國可〔二〕須食、兵、信三事，

〔一〕「後」，齋本、庫本作「復」。
〔二〕「可」，齋本、庫本作「必」。

若假令被逼，必使除三事之一，而辭不得止，則三事先去何者耶？**曰：「去兵。」**答也。兵比二者爲劣，若事不獲已，則先可去兵也。**曰：「必不得已而去，於斯二者何先？」**又〔一〕，子貢又問：雖餘食、信二事，若假令又被逼使去二事一，則先去何者也？**曰：「去食。」**孔子又答云：若復被逼去二中之一，則先去食。**自古皆有死，民不信不立。」**孔子既答云「去食」，又恐子貢致嫌，故更此爲解之也。言人若不食，乃必致死。雖然，自古迄今雖復皆〔二〕食，亦未有一人不死者。是食與不食，俱是有死也。而自古迄今，未有一國無信而國安立者。今推其二事，有死，自古而有；無信國立，自古而無。今寧從其有者，故我云去食也。故李充云：「朝聞道夕死，孔子之所貴；捨生取義，孟軻之所尚。自古有不亡之道，而無有不死之人。故有殺身非喪己，苟存非不亡己也。」

孔安國曰：「死者，古今常道也，人皆有之。治邦不可失信也。」

棘子城曰：「君子質而已矣，何以文爲？」棘子城云：君子所行，但須〔三〕質樸而足，何必用於文華乎？

〔一〕「又」，齋本、庫本無此字。
〔二〕「皆」，齋本、庫本無此字。
〔三〕「須」，齋本、庫本作「備」。

鄭玄曰：「舊説云：棘子城，衛大夫也。」

子貢曰：「惜乎，夫子之説君子也！ 子貢聞子城之言而譏之也。夫子，謂呼子城爲夫子也。言汝所説君子用質不用文，爲過失之甚，故云「惜乎，夫子説君子」。**駟不及舌。** 此所惜之事也。駟，四馬也。古用四馬共牽一車，故呼四馬爲駟也。人生過言一出口，則雖四馬駿足追之，亦所不及，故〔一〕「駟不及舌」。

鄭玄曰：「惜乎夫子之説君子也。過言一出，駟馬追之，不及舌也。」

文猶質也，質猶文也。 更爲子城解汝所説君子用質不用文所以可惜之理也。將欲解之，故此先述其意也。言汝意云：文猶質，質猶文，故曰何用文爲者耳。**虎豹之鞹，猶犬羊之鞹也。」** 述子城意竟，故此又譬之不可也。鞹者，皮去毛之稱也。虎豹所以貴於犬羊者，政〔二〕以毛文炳蔚爲異耳。今若取虎豹及犬羊皮，俱滅其毛，唯餘皮在，則誰復識其貴賤，別於虎豹與犬羊乎？譬於君子所以貴者，政以文華爲別。今若遂〔三〕使質而不文，則何以別於君子與衆人乎？

〔一〕「故」下，齋本、庫本有「云」字。

〔二〕「政」，庫本作「正」，下同。「政」通「正」。

〔三〕「若遂」，齋本、庫本作「遂若」。

孔安國曰：「皮去毛曰鞟。虎豹與犬羊別者，正以毛文異耳。今使文質同者，何以別虎豹與犬羊耶？」

哀公問於有若曰：「年飢，用不足，如之何？」魯哀公愚暗，政苛賦重，故民廢其業，所以積年飢荒，國用不足。公苦此惡，故問有若，求不飢而用足之法也。有若對曰：「盍徹乎？」盍，何不也。徹，謂十而稅一也。魯起宣公而十稅二，至于哀公亦猶十二。賦稅既重，民飢國乏，由於十二也。故有若答云今依舊十一，故云「何不徹」也。

鄭玄曰：「盍者，何不也。周法十一而稅，謂之徹。徹，通也。爲天下通法也。」徹字訓通，故漢武名徹，而改天下宜言徹者，一切云通也。今依王制云：「古者公田藉而不稅。」鄭玄曰：「『藉』之言借也。借民力作[一]公田，美惡取於是，不稅民之所自治也。孟子曰：『夏后氏五十而貢，殷人七十而助，周人百畝而徹。』則所云古者，謂殷時也。其實皆十一也。」侃案：如記注，夏家民人盛多[二]，則一夫受田五十畝。殷承夏末，民人稍少，故一夫受田七十畝。周承於紂，人民凋盡，故一夫受田百畝。三代雖異，同十分徹一，故徹一爲通法也。夏云貢者，是分田與民作之，所獲隨豐[三]儉，十分貢一，以上

[一]「作」，齋本、庫本作「治」。下句「是」，齋本、庫本作「此」。
[二]「多」，齋本、庫本作「大」。
[三]「豐」，原作「豊」，據齋本、庫本改，下同。

於王也。夏民猶淳，少於欺詐，故云貢也。殷人漸澆，不復所可信，故分田與民，十分取一，爲君借民力以耕作，於一年豐儉，隨其所得還君，不復税民私作者也。至周大文，而王畿内用夏之貢法。所以然者，爲去王近，爲王視聽所知，兼鄉遂公邑之吏，旦夕從民事，爲其役之以公，使不得恤其私也。若王畿外邦國諸侯，悉用殷之助法。所以然者，爲諸侯專一國之政，貪暴税民無法故也。故詩有「雨我公田，遂及我私」。又宣公十五年初税畝，傳曰：「非禮也，穀出不過藉，以豐財也。」按此二文説，既有公私税，又云不過藉，則知諸侯助法也。又以周禮載師篇〔一〕論之，則畿内用夏之貢法也。其中有輕重，輕重不同，自各有意，此不復具言也。

曰：「二，吾猶不足，如之何其徹也？」公聞有若使爲十一，故拒之也。言税十取二，吾國家之用猶尚不足，今若爲令我十〔二〕取一乎？故云「如之何其徹也」。

孔安國曰：「二，謂十二而税也。」

對曰：「百姓足，君孰與不足？」有若答君所以合十一之理也。言君若輕税，則民下百姓得寬，各從其業。業從人寬，則家家豐足。民既豐足，則豈有事君而不足耶？故云「百姓足，君孰與不足」也。孰，誰

〔一〕「篇」，齋本、庫本無此字。

〔二〕「十」下，齋本、庫本有「而」字。

也。**百姓不足，君孰與足？**」又云：君既重税，一則民從公失〔一〕豐，二則貧無糧粮〔二〕，故家家食空竭，人人不足。既人人不足，故君豈得足？故云「君誰與足」也。故江熙云：「爲家者與一家俱足，乃可謂足，豈可足己而謂之足也？夫儉以足用，寬以愛民，日計之可不足，而歲計則有餘。十二而行，日計可有餘，歲計則不足。行十二而不足，不思損而益，是揚湯止沸，疾行遁影。有子之所以發德音者也。」

孔安國曰：「孰，誰也。」

子張問崇德辨惑，問求崇重有德、辨別疑惑之法也。

苞氏曰：「辨，别也。」

子曰：「主忠信，徙義，崇德也。此答崇德義也。言若能以〔三〕忠信爲主，又若見有義之事則徙意從之，此二條是崇德之法也。

苞氏曰：「徙義，見義則徙意從之也。」

愛之欲其生也，此答辨惑也。中人之情不能忘於愛惡，若有人從己，己則愛之。當愛此人時，必願其生

〔一〕「失」，齋本、庫本作「先」，誤。
〔二〕「粮」，齋本、庫本空缺。
〔三〕「能以」，堂本正誤表以「能復以」爲正。

活於世也。惡之欲其死也。既欲其生也，又欲其死，是惑也。猶是前所愛者而彼〔一〕違己，己便憎惡。憎惡之既深，便願其死也。猶是一人，而愛憎生死起於我心，我心不定，故爲惑矣。

苞氏曰：「愛惡當有常，一欲生之，一欲死之，是心惑也。」

『誠不以富，亦祇以異。』」引詩證爲惑人也。言生死不定之人，誠不足以致富，而只以爲異事之行耳也。

鄭玄曰：「此詩小雅也。祇，適也。言此行誠不可以致富，適以足〔二〕爲異耳。取此詩之異義以非之也。」

齊景公問政於孔子，于時齊弱，爲其臣陳恒所制，景公患之，故問政方法於孔子也。孔子對曰：「君君，臣臣，父父，子子。」孔子隨其政惡而言之也。言爲風政之法，當使君行君德，故云「君君」也。君德謂惠也。臣當行臣禮，故云「臣臣」也。臣禮謂忠也。父爲父法，故云「父父」也。父法謂慈也。子爲子道，故云「子子」也。子道謂孝也。

孔安國曰：「當此時，陳恒制齊，君不君，臣不臣，父不父，子不子，故以此對也。」

公曰：「善哉！信如君不君，臣不臣，父不父，子不子，公聞孔子言而服之也。言我國

〔一〕「彼」下，齋本、庫本有「忽」字。
〔二〕「足」，齋本、庫本作「是」，誤。正平版何解作「足」。邢疏此句作「適足以爲異耳」。

信有此四事也。**雖有粟，吾豈得而食諸？」**諸，之也。公又言國既方亂，我雖有粟米俸禄，我豈得長食之乎？

孔安國曰：「言將危也，陳氏果滅齊也。」後陳恒殺〔一〕齊君是也。江熙云：「景公喻旨，故復遠述四弊不食粟之憂，善其誠言也〔二〕。」

子曰：「片言可以折獄者，其由也與？」片，猶偏也。折獄，謂判辨獄訟之事也。由，子路也。夫判辨獄訟，必須二家對辭，子路既能果斷，故偏聽一辭而能折獄也。一云：子路性直，情無所隱者。若聽子路之辭，亦則一辭亦足也。故孫綽云：「謂子路心高而言信，未嘗文過以自衛。聽訟者便宜以子路單辭爲正，不待對驗而後分明也。非謂子路聞人片言而便能斷獄也。」

孔安國曰：「片，猶偏也。聽訟必須兩辭以定是非。偏信一言以折獄者，唯子路可也。」就此注意亦得兩通也。

子路無宿諾。宿，猶逆也。諾，猶許也。子路性篤信，恐臨時多故，曉有言不得行，故不逆言許人。

〔一〕「殺」，齋本、庫本作「弑」。

〔二〕「江熙云」至「誠言也」，齋本、庫本放在解經文處，接於「我豈得長食之乎」句下。

宿，猶〔一〕豫也。子路篤信，恐臨時多故，故不豫諾也。

子曰：「聽訟，吾猶人也。孔子言，若有訟而使我聽出決之，則我與人不異，故云「吾猶人」。苞氏曰：「言與人等也。」必也使無訟乎！」言我所以異於人者，當訟未起，而化之使不訟耳。故孫綽云：「夫訟之所生，先明其契，而後訟不起耳。若訟至後察，則不異於凡人也。此言防其本也。」

子張問政，問爲政方法也。王肅曰：「化之在前也。」子曰：「居之無倦，行之以忠。」答云，言身居政事，則莫懈倦。又凡所行用於民者，必盡忠心〔二〕也。王肅曰：「言爲政之道，居之於身，無得懈倦；行之於民，必以忠信之也矣。」

子曰：「君子博學於文，約之以禮，能以禮約束也。亦可以弗畔矣夫。」畔，違背也。言人廣學文章，而又以禮自約束，則亦得不違背正理也。

〔一〕「猶」，齋本、庫本無此字。
〔二〕「心」，齋本、庫本作「信」。

弗畔〔一〕，不違道也。

子曰：「君子成人之美，不成人之惡。美與己同，故成之也；惡與己異，故不成之也，小人反是。」惡與己同，故成之也；美與己背〔二〕異，故不成之也，故與君子反。季康子問政於孔子，亦問爲政之法於孔子也。孔子對曰：「政者，正也。解字訓以答之也。言所以謂治官爲政者，政訓中正之正也。子帥而正，孰敢不正？」又解政所以訓正之義也。言民之從上，如影隨身表，若君上自率己身爲正之事，則民下誰敢不正者耶？

鄭玄曰：「季康子，魯上卿，諸臣之帥也。」帥，猶先也。既爲上卿，故爲同朝諸臣之先也。李充云：「我好静而民自正也〔三〕。」

季康子患盜，問於孔子，患國内多偷盜，故問孔子〔四〕，問於孔子求除盜之法也。孔子對曰：「苟子不欲，雖賞之不竊。」孔子答多盜之由也。子，指季康子也。竊，猶盜也。言民所以爲盜者，

〔一〕「弗畔」上，齋本、庫本有「鄭玄曰」三字，邢疏有「鄭曰」二字。
〔二〕「背」，齋本、庫本無此字。
〔三〕「李充云」至「自正也」，齋本、庫本放在解經文處，接於「則民下誰敢不正者耶」句下。
〔四〕「問孔子」，齋本、庫本無此三字，是。

由汝貪欲不厭，故民從汝而爲盜耳。若汝心苟無欲，假令重賞於民，令民爲盜，則民亦不爲也，是從汝故也。

孔安國曰：「欲，多情欲也。言民化於上，不從其所令，從其所好也。」雖賞不竊，是不從其所令也。康子患之，而民爲之不止，是從其所好也。李充云：「我無欲而民自朴者也。」

季康子問政於孔子曰：「如殺無道以就有道，何如？」就，成也。康子問孔子而言：爲政欲并殺無道之人，而成就爵禄有道者，其事好不？故云「何如」也。

孔安國曰：「就，成也。欲多殺以止姦也。」

孔子對曰：「子爲政，焉用殺？孔子不許其殺也。言汝自爲政，爲政由汝，焉用多殺乎？子欲善，而民善矣。民有道無道，終由於汝。汝若善，則民自善。自善豈復無道乎？令〔一〕之無道，由汝無道之故也。君子之德風也，小人之德草也，更爲民從上之譬也。君子，人君。小人，民下也。言人君所行，其德如風也；民下所行，其事〔二〕如草。草尚之風，必偃。」尚，猶加也。偃，卧也。言君如風，民如草，草上加風，則草必卧。東西隨風，如民從君也。

孔安國曰：「亦欲令康子先自正也。偃，仆也。仆，亦踣卧也。加草以風，無不仆者，猶

〔一〕「令」，齋本、庫本作「今」，是。

〔二〕「事」，齋本、庫本作「德」。

民之化於上也。」

子張問：「士何如斯可謂之達？」士，通謂大夫也。達，謂身名〔一〕通達也。子張問爲士之法，何若爲德行，而得謂〔二〕爲達士耶也？子曰：「何哉，爾所謂者達矣〔三〕？」孔子知子張意非，故反質問之也。言汝意謂若爲事是達而問之也。故云「何哉，爾所謂達者」也。子張對曰：「在邦必聞，在家必聞。」在邦，謂仕諸侯也。在家，謂仕卿大夫也。子張答云：己所謂達者，言若仕爲諸侯及卿大夫者，必並使有聲舉〔四〕遠聞者，是爲達也。

鄭玄曰：「言士之所在，皆能有名譽也。」

子曰：「是聞也，非達也。孔子曰：汝所言者，則聞耳，非是達也。繆協云：「聞者達之名，達者聞之實，而殉爲名者衆，體實者寡，故利名者飾僞，敦實者歸真。是以名分於聞，而道隔於達也。」夫達者，質直而好義，既謂子張之達是聞，故此更爲其説達也。言夫達者，質性正直，而所好者義也。察言而觀

〔一〕「名」，齋本、庫本作「命」，誤。
〔二〕「得謂」，齋本、庫本作「謂得」。
〔三〕「者達矣」，齋本、庫本作「達者」。
〔四〕「舉」，齋本、庫本作「譽」，是。

色，達者，入〔一〕能察人言語、觀人容色者也。慮以下人。既察於言色，又須懷於謙退，思以下人也。馬融曰：「常有謙退之志，察言語，見顔色，知其所欲，其念慮常欲以下人也。」在邦必達，有〔二〕家必達。此人所在，必有此諸行以達於人，故云「必達」也。馬融曰：「謙尊而光，卑而不可踰也。」引謙卦證「慮以下人」所以是以〔三〕達之義也。既謙光尊不可踰，故所在必達也。夫聞者，色取仁而行違，孔子更爲子張説聞非達也。時多佞顔色，一往亦能假顔色爲仁，而不能行之，故云「色取仁而行違」也。居之不疑。既能爲假，能爲假故居此假而能使人不疑之也。非唯不爲他所疑而已，亦自不復自疑也。在邦必聞，在家必聞。馬融曰：「此言佞人也。佞人假仁者之色，行之則違。安居其僞，而不自疑者也。」既佞人黨多，故所在必聞也。繆協云：「世亂則佞人多，黨盛則多聞，斯〔四〕所

〔一〕「入」，齋本、庫本作「又」，是。
〔二〕「有」，齋本、庫本作「在」，是。正平版何解、邢疏、朱注亦作「在」。
〔三〕「以」，齋本、庫本作「必」。
〔四〕「斯」字，庫本脱。

謂歎衰運，疾弊俗。」

馬融曰：「佞人黨多也。」沈居士云：「夫聞之與達爲理自異。達者德立行成，聞者有名而已。夫君子深淵隱默，若長沮、桀溺、石門、晨門，有德如此，始都不聞於近世〔一〕。巍巍蕩蕩，有實如此，而人都不知，是不聞也〔二〕。並終年〔三〕顯稱名，則是達也。漢書稱：『王莽始折節下士，鄉黨稱孝，州閭稱悌，至終年豺狼迹著，而母死不臨。』班固云：『此所謂在邦必聞，在家必聞，色取仁而行違者也。』聞者達之名，達者聞之實。有家〔四〕者必有名，有名者〔五〕不必有實，實深乎本，聞浮於末也。」

樊遲從遊於舞雩之下，此舞雩之處近孔子家，故孔子往遊其壇樹之下，而弟子樊遲從也。

苞氏曰：「舞雩之處有壇墠樹木，故其下可遊也。」

曰：「敢問崇德、修慝、辨惑。」既從遊而問此三事也。修，治也。慝，惡也。謂治惡爲善也。問崇德、治惡、辨惑之事也。

孔安國曰：「慝，惡也。修，治也。治惡爲善也。」

〔一〕「不聞於近世」，齋本、庫本作「不聞於世近世」，衍上「世」字。
〔二〕「也」，齋本、庫本作「世」。
〔三〕「年」，齋本、庫本作「然」。下句「至終年豺狼迹著」之「年」字同。
〔四〕「家」，齋本、庫本作「實」。
〔五〕「者」，庫本脱。

子曰：「善哉〔一〕問！將欲答之，故先美其問之善〔二〕也。先事後得，非崇德與？答崇德。先事，謂先爲勤勞之事也。後得，謂後得禄位己勞也。若能如此，豈非崇德與？言其是也。故范寧云：「物莫不避勞而處逸。今以勞事爲先，得事爲後，所以崇德也。」

孔安國曰：「先勞於事，然後得報也。」

攻其惡，毋攻人之惡，非修慝與？答修慝也。攻，治也。言人但自治己身之惡，改之爲善，而不須知他人惡事。若能如此，豈非修慝與？一朝之忿，忘其身，以及其親，非惑與？」答辨惑也。君子有九思，忿則思難。故若人觸惑〔三〕者，則思後有患難，不敢遂肆我忿以傷害於彼也。若遂肆忿忘〔四〕我身，又災過〔五〕及己親，此則己爲惑。故宜辨明，知而不爲也。樊遲問仁，問爲仁之道也。子曰：「愛人。」仁以惻隱濟衆，故曰「愛人」也。問智，樊遲又問智也。子曰：「知人。」孔子答曰：能

〔一〕「哉」，庫本作「或」，誤。
〔二〕「善」，庫本作「事」，誤。
〔三〕「觸惑」，堂本正誤表以「觸威」爲正。
〔四〕「忘」下，齋本、庫本有「於」字。
〔五〕「過」，齋本、庫本作「禍」。

知人者則爲智也。**樊遲未達。**達，猶曉也。已曉愛人之言，而問〔一〕曉知人之旨也。**子曰：「舉直錯諸枉，能使枉者直。」**錯，廢也。枉，邪也。樊遲既未曉知人之旨，故孔子又爲説之也。言若舉直正〔二〕之人在位用之，而廢置邪枉之人不用，則邪枉之人皆改枉爲直以求舉之。

苞氏曰：「舉正直之人用之，廢置邪枉之人，則皆化爲直也。」

樊遲退，見子夏，樊遲猶未曉「舉直錯諸枉」之言，故退而往見子夏，欲問之。**曰：「嚮也吾見於夫子而問智，子曰『舉直錯諸枉，能使枉者直』，何謂也？」**樊遲既見於子夏，而述夫子之言，問之何謂也。**子夏曰：「富哉是言乎！**子夏得問而曉孔子語，故先美之也。富，盛也，云孔子之言甚盛。

孔安國曰：「富，盛也。」

舜有天下，選於衆，舉皋陶，不仁者遠矣。引事以答舉直錯枉也。言舜昔有天位，選擇諸民衆中，舉得皋陶，在位用之，則是「舉直」也。而不仁者不敢爲非，故云「遠矣」，即是「枉者直」也。**湯有天**

〔一〕「問」，齋本、庫本作「未」，是。

〔二〕「直正」，齋本、庫本作「正直」。

下，選於衆，舉伊尹，不仁者遠矣。」恐樊遲猶未曉，故又舉一條事也。孔安國曰：「言舜、湯有天下，選擇於衆，舉皐陶、伊尹，則不仁者遠矣，仁者至矣。」蔡謨云：「何謂『不仁者遠』？遠者，去也。若孔子言能使枉者去，則是智也。今云『能使枉者直』，是化之也。孔子言其化，子夏謂之去者，亦爲商之未達乃甚於樊遲也。子夏言此者，美舜、湯之知人，皐陶、伊尹之致治也。無緣説其道化之美，但言不仁者去。夫言遠者，豈必足陟遐路，身適異邦？賢愚相殊，是亦遠矣，故曰『性相近也，習相遠也』。不仁之人感化遷善，去邪枉，正直是與，故謂遠也。」案：蔡氏之通，與孔氏無異，但孔氏云「不仁者遠」，少爲紆耳。若味而言之，則遠是遠其〔一〕惡行，更改爲善行也。

子貢問友。諮求朋友之道也。子曰：「忠告而以〔二〕善導之，朋友主切磋，若見有不善，當盡己忠心告語之，又以善事更相誘導也。否則止，無自辱焉。」否，謂彼不見從也。若彼苟不見從，則使〔三〕止而不重告也。若重告不止，則彼容反見罵辱，故云「無自辱焉」。苞氏曰：「忠告，以是非告之也。以善導之，不見從則止。必言之，或見辱也。」若必更言之，己或反見辱也。

〔一〕「其」，齋本、庫本無此字。
〔二〕「以」字，庫本脱。
〔三〕「使」，庫本作「便」。

曾子曰：「君子以文會友，言朋友相會，以文德爲本也。孔安國曰：「友以文德合也。」以友輔仁。」所以須友者，政持〔一〕輔成己仁之道故也。孔安國曰：「友有相切磋之道，所以輔成己之仁也。」講學以會友，則道益明；取善以輔仁，則德日進〔二〕。

論語義疏第六

經二千六十二字　注一千九百四十六字

〔一〕「持」，齋本、庫本作「以」。
〔二〕「講學」至「日進」，齋本、庫本無此十八字。

論語義疏卷第七 子路 憲問

梁國子助教吴郡皇侃撰

論語子路第十三

何晏集解　凡三十章

疏子路，孔子弟子也，武爲三千之標者也。所以次前者，武劣於文，故子路次顔淵也。

子路問政。問爲政之法也。**子曰：「先之勞之。」**答也。先之，謂先行德信及於民也。勞之，謂使勞役也。爲政之法，先行德澤，然後乃可勞役也。

孔安國曰：「先導之以德，使民信之，然後勞之。易曰『説以使〔一〕民，民忘其勞』也。」引易證上先有德澤可悦，後乃可勞民也。

請益。子路嫌爲政之法少，故就孔子更求請益也。**曰：「無倦。」**孔子答云：但行「先之勞之」二事，無

〔一〕「使」，當爲「先」。十三經注疏本周易兑卦此句作「説以先民，民忘其勞」。

有懈倦，則自爲足也。

孔安國曰：「子路嫌其少，故請益。曰『無倦』者，行此上事無倦，則可也。」

仲弓爲季氏宰，問政。仲弓將往費爲季氏采邑之宰，故先諮問孔子，求爲政之法也。**子曰：「先有司，**有司，謂彼邑官職屬吏之徒也。言爲政之法，未可〔一〕自逞聰明，且先委任其屬吏，責以舊事。

王肅曰：「言爲政當先任有司，而後責其事。」

赦小過，過，誤也。又當放赦民間小小過誤犯之罪者也。**舉賢才。」**又當舉民中有才智者，薦之於君者也。**曰：「焉知賢才而舉之？」**焉，安也。仲弓又諮云：已識闇昧，豈辨得賢才而可舉之也？**曰：「舉爾所知。爾所不知，人其舍諸？」**仲弓既云「焉知賢才」，故孔子又答云：但隨所識〔二〕而舉之，爾所不知，他人舉之。汝爲民主，汝若好舉賢才，則民心必從汝所好，亦〔三〕各各自舉其所知賢才，皆遂不見於棄捨〔四〕。諸，之也。人其捨於之乎？范寧云：「仲弓以非不欲舉賢才，識闇〔五〕不知人也。孔子以所知

〔一〕「可」，齋本、庫本作「有」。
〔二〕「隨所識」，齋本、庫本作「隨爾所知」。
〔三〕「亦」，齋本、庫本無此字。
〔四〕「於棄捨」，齋本、庫本作「捨棄」。
〔五〕「闇」，齋本、庫本作「昧」。

者則舉之，爾不知者，他人自舉之。各舉所知，則賢才豈棄乎？」

馬融曰〔一〕：「女所不知者，人將自舉之。各舉其所知，則賢才無遺也。」

子路曰：「衛君待子而爲政，子將奚先？」子，孔子也。奚，何也。子路諮孔子云：衛國之君欲待子共爲政化，子若往衛與彼共爲政，則先行何事爲風化也？

苞氏曰：「問往將何所先行也。」

子曰：「必也正名乎！」孔子答曰：若必先行，正百物之名也。所以先須正名者，爲時昏禮亂，言語翻雜，名物失其本號，故爲政必以正名爲先也。所以下卷云「邦君之妻，君稱之曰夫人」之屬，是正名之類也。

馬融曰：「正百事之名也。」韓詩外傳曰：「孔子侍坐季孫，季孫之宰通曰：『君使人價〔二〕馬，其與之不乎？』孔子曰：『君取臣謂之取，不謂之價。』季孫悟，告宰〔三〕曰：『今日以來，云君有取謂之取，無曰假也。』故孔子正假馬之名，而君臣之義定也〔四〕。」

子路曰：「有是哉，子之迂也！奚其正？」迂，遠也。子路聞孔子以正名爲先，以爲不是，故

〔一〕「馬融曰」，齋本、庫本作「孔安國曰」。正平版何解作「孔安國曰」，邢疏作「孔曰」。

〔二〕「價」，齋本、庫本作「假」，下同。

〔三〕「宰」下，齋本、庫本有「通」字。

〔四〕「韓詩外傳」至「定也」，齋本、庫本放在解經文處，接於「是正名之類也」句下。

云「有是哉」，言正名非是也。又云「子之迂也」，謂孔子所言正名，於爲政之事賒遠，不近於事實。又云「奚其正」，言何須正也。

苞氏曰：「迂，猶遠也。言孔子之言疏遠於事也。」謂正名與事相乖遠〔一〕者也。

子曰：「野哉，由也！野，不達也。由，子路名也。子路不曉正名之理，更〔二〕謂孔子言遠於事實，故孔子責之云「野哉，由也」。所以前卷云：「由，誨汝知之乎，不知爲不知，是知也。」

孔安國曰：「野，猶不達也。」

君子於其所不知，蓋闕如也。既先責之云「野哉」，此〔三〕戒之言：君子之人，若事於己有所不知，則當闕而不言。今汝不知正名之義，便謂爲迂遠，何乎？

苞氏曰：「君子於其所不知，當闕而勿據。今由不知正名之義，而謂之迂遠也。」

名不正，則言不順。戒之既竟，更又爲説正名之義。言所以爲政先須正名，且夫名以召實，實以應名，名若倒錯不正，則〔四〕言語紕僻，不得順序也。言不順，則事不成。事，謂國家所行之事。若言不

〔一〕「遠」，齋本、庫本作「違」。
〔二〕「更」，齋本、庫本作「便」。
〔三〕「此」下，齋本、庫本有「又」字。
〔四〕「則」下，齋本、庫本有「當」字。

從順序，則政行觸事不成也。事不成，則禮樂不興。興，猶行也。若國事多失，則禮樂之教不通行也。禮樂不興，則刑罰不中。禮以安上治民，樂以移風易俗，若其不行，則君上不安，惡風不移，故有淫刑濫罰，不中於道理也。

苞氏曰：「禮以安上，樂以移風，二者不行，則有淫刑濫罰也。」

刑罰不中，則民無所錯〔一〕手足。錯，猶置立也。刑罰既濫，故下民畏懼刑罰之濫，所以跼天蹐地，不敢自安，是無所自措立手足也。故君子名之必可言也，既民無所措手足，由於名之不正，故君子爲政者宜正其名，必使順序而可言也。言之必可行也。言既順序，則事所以可行也。

王肅曰：「所名之事，必可得而明言也；所言之事，必可得而遵行也。」

君子於其言，無所苟而已矣。」言必使可行，政於其言不得苟且而不正也。鄭注云：「正名，謂正書字也。古者曰名，今世曰字。」禮記曰：「百名已上，則書之於策。」孔子見時教不行，故欲正其文字之誤。

樊遲請學稼。樊須，字子遲。稼者，種穀之名。樊遲請於孔子，求學種五穀之術也。子曰：「吾不如老農。」農者，濃也，是耕田之人也。言耕田所以使國家倉廩濃厚也。樊遲既請學稼於孔子，孔子言我

〔一〕「錯」，齋本、庫本作「措」。邢疏作「錯」，朱注作「措」。「錯」通「措」。

門唯有先王之典籍，非耕稼之所，汝若欲學稼，當就農夫之老者學之，故云「吾不如老農」。**請學爲圃，**圃者，種菜之事也。既請農不許，又更就孔子求學種菜之術也。**子曰：「不〔一〕如老圃。」**又答云：我不如種菜之老圃者也。

馬融曰：「樹五穀曰稼，樹，種殖也。五穀，黍、稻、稷、粱〔二〕之屬。種之曰稼，收斂曰穡。稼猶嫁也，言種穀欲其滋長田苗，如人稼娶〔三〕生於子孫也。穡，吝嗇也，言穀熟而斂藏之，如慳貪吝嗇之人聚物也。**樹菜蔬曰圃。」**蔬，猶菜也。種菜曰圃。圃之言布也，取其分布於地。若種菓實則曰園。園之言蕃也，種菓於圃外，爲蕃盛也。

樊遲出。既請二者不爲師所許，故出去。**子曰：「小人哉，樊須也！**小人是貪利者也。樊遲出後，孔子呼名罵之。君子喻於義，小人喻於利，樊遲在孔子之門，不請學仁義忠信之道，而學求利之術，故云「小人」也。**上好禮，則民莫敢不敬。**責之既竟，此又説學君子之道勝學小人之事也。言〔四〕上若

〔一〕「不」上，齋本、庫本有「吾」字。正平版何解、邢疏、朱注亦有「吾」字。
〔二〕「黍稻稷粱」，齋本、庫本作「黍稷稻粱」。
〔三〕「稼娶」，堂本正誤表以「嫁娶」爲正。
〔四〕「言」下，齋本、庫本有「君」字。

好禮，則民下誰敢不敬，故云「莫敢不敬」。禮主敬故也。**上好義，則民莫敢不服。**君〔一〕若裁斷得宜，則民下皆服。義者，宜也。**上好信，則民莫敢不用情。**君上若信〔二〕，則民下盡敬不復欺，故相與皆服〔三〕於情理也。李充云：「用情，猶盡忠也。行禮不以求敬，而民自敬。好義不以服民，而民自服。施信不以結心，而民自盡信。言民之從上，猶影之隨形也。」

孔安國曰：「情，情實也。言民化其上，各以情實應也。」

夫如是，則四方之民襁負其子而至矣，夫，發語端也。是者，此也。負子以器曰襁，言〔四〕上若好行上三事，夫得如此，四方之民大小歸化，故並器負其子而來至也。李充云：「負子以器，言化之所感，不召而自來。」**焉用稼？」**焉，猶何也。行此三事而四方自歸，則何用學稼乎？李充云：「余謂樊遲雖非入室之流，然亦從遊侍側，對揚崇德辨惑之義。且聖教殷勤，唯學爲先，故言『君子謀道不謀食』。又曰『耕也餒在其中矣，學也祿在其中矣』，而遲親稟明誨，乃諮圃稼，何頑之固甚〔五〕哉！縱使樊遲欲舍學營生，猶足知非

〔一〕「君」下，齋本、庫本有「上」字。
〔二〕「信」上，齋本、庫本有「好」字。下句「盡」字，齋本、庫本作「有」。
〔三〕「服」，齋本、庫本作「盡」。
〔四〕「言」下，齋本、庫本有「君」字。
〔五〕「頑之固甚」，齋本、庫本作「頑固之甚」。

聖師之謀矣。將恐三千之徒，雖同學聖門，而未能皆忘榮祿。道教之益，奢惰〔一〕之患切，簞食不改其樂者，唯顔回堪之耳。遲之斯問，將必有由，亦如宰我問喪之謂也。」

苞氏曰：「禮義與信，足以成德，何用學稼以教民乎！負者以器，曰襁也。」襁者，以竹爲之，或云以布爲之。今蠻夷猶以布帊裹兒，負之背也。

子曰：「誦詩三百，不用文，背文而念曰誦。亦曰口讀曰誦。詩有三百五篇，云「三百」，舉全數也。言人能誦詩之至〔二〕也。**授之以政，不達；**達，猶曉也。詩有六義，國風、二雅並是爲政之法。今授政與此誦詩之人，不能曉解也。袁氏云：「詩有三百篇，是以爲政者也。」**使於四方，不能專對。**專，猶獨也。孔子語鯉云「不學詩，無以言」，又云「可以羣，可以怨。近之事父，遠之事君，多識於草木鳥獸之名」者，今使此誦詩之人聘問鄰國，而不能專獨〔三〕應對也。袁氏云：「古人使，賦詩而答對。」**雖多，亦奚以爲？」**奚，何也。誦詩宜曉政，而今不達；又應專對，而今不能，雖復誦詩〔四〕之多，亦何所爲用哉？故云「亦奚以爲」也。

〔一〕「惰」，齋本、庫本作「情」。
〔二〕「至」上，齋本、庫本有「過」字。
〔三〕「獨」下，齋本、庫本有「猶」字，衍。
〔四〕「詩」，齋本、庫本作「詠」。

專，猶獨也。

子曰：「其身正，不令而行。如直形而影自直。范寧云：「上能正己以率物，則下不令而自從也。」其身不正，雖令不從。」如曲表而求直影，影終不直也。范寧云：「上行理僻，而制下使正，猶立邪表責直影，猶東行求郢，而此終年不得矣。」

令，教令也。

子曰：「魯、衛之政，兄弟。」魯是周公之封，衛是康叔之封，周公、康叔是兄弟。當周公初時，則二國風化，政亦俱能治化如兄弟。至周末，二國風化俱惡，亦如兄弟。故衛瓘云：「言治亂略同也。」

苞氏曰：「魯，周公之封。衛，康叔之封也。周公、康叔既爲兄弟，康叔睦於周公，其國之政亦如兄弟也。」睦，親也。言康叔親於周公，故風政得和好也。

子謂衛公子荆善居室。衛公子荆，是衛家公子也。諸侯之庶子，並稱公子。居其家能治，不爲奢侈，故曰「善居室」也。

王肅曰：「荆與蘧瑗、史鰌並爲君子也。」蘧瑗，字伯玉。後卷云「君子哉蘧伯玉」亦是也。吳公子札出聘于上國，適衛，説蘧瑗、史狗、史鰌、公子荆、公子叔、公子朝，曰：「衛多君子，未有患已〔一〕。」事在（春秋第十九卷）襄公二十九年〔二〕也。

始有，曰：「苟合矣。」此是善居室之事。始有，謂爲居初有財帛時也。曰，猶云也。苟，苟且也。苟且非本意也。于時人皆無而爲有，虚而爲盈，奢華過實。子荆初有財帛，不敢言己才力所招，但云是苟且遇合而已。少有，曰：「苟完矣。」少有，謂更復多少勝於始有時也。既少勝於前始有，但云苟且得自全完而已，不敢言欲爲久富貴也。富有，曰：「苟美矣。」富有，謂家道遂大富時也。亦云苟且爲美，非是性之所欲，故云「苟美矣」。子適衛，冉子僕。適，往也。僕，御車也。孔子往衛，冉有時爲孔子御車也。

孔安國曰：「孔子之衛，冉有御也。」

子曰：「庶矣哉！」庶，衆也。孔子歎衛人民之衆多也矣。

孔安國曰：「庶，衆也。言衛民衆多也。」

冉有曰：「既庶矣，又何加焉？」加，益也。冉有言其民既衆多，復何以滋之也？曰：「富之。」孔子云：宜益以富。曰：「既富矣，又何加焉？」冉有又問：既已富益，又復何以益之？

〔一〕「已」，齋本、庫本作「也」。十三經注疏本左傳亦作「也」。

〔二〕「年」下，齋本、庫本有「傳」字。

曰：「教之。」既富而後，可以教化之。范寧云：「衣食足，當訓義方也。」子曰：「苟有用我者，期月而已可也，苟，誠也。期月，謂年一周也。可者，未足之辭也。言若誠能用我爲治政者，一年即可小治也。一年天氣一周變，故人情亦小〔一〕改也。三年有成。」成，大成也。三年一閏，是天道一成。故爲政治，若得三年，風政亦成也。

孔安國曰：「言誠有用我於政事者，期月而可以行其政教，必三年乃有成功也。」

子曰：「『善人爲邦百年，亦可以勝殘去殺矣。』善人，謂賢人也。爲者，治也。爲邦，謂爲諸侯也。勝殘，謂政教理勝而殘暴之人不起也。去殺，謂無復刑殺也。言賢人爲諸侯已百年，則殘暴不起，所以刑辟無用。袁氏曰：「善人，謂體善德賢人也。言化當有漸也，任善用賢，則可止刑；任惡，則殺愈生也。」

王肅曰：「勝殘者，勝殘暴之人，使不爲惡也。去殺者，不用刑殺也。」

誠哉，是言也！」誠，信也。古舊有此語，故孔子稱而美信之。

孔安國曰：「古有此言，故孔子信也。」

子曰：「如有王者，必世而後仁。」王者，謂聖人爲天子也。世，卅〔二〕年也。聖人化速，故卅年而

〔一〕「小」，齋本、庫本作「少」。
〔二〕「卅」，齋本、庫本作「三十」，下同。

政乃大成。必須世者，舊被惡化之民已盡，新生之民得卅年，則所稟聖化易成。故顏延之云：「革命之王，必漸化物以善道，染亂之民，未能從道爲化，不得無威刑之用，則仁施未全。改物之道，必須易世，使正化德教，不行暴亂，則刑罰可措，仁功可成。」欒肇曰：「習亂俗，雖畏法刑而外必猶未能化也。必待世變人改，生習治道，然後仁化成。刑措成、康，化隆文、景，由亂民之世易，殷、秦之俗遠也。」

孔安國曰：「三十年曰世。如有受命王者，必三十年，仁政乃成也。」

子曰：「苟正其身矣，於從政乎何有？苟，誠也。言誠能自正其身，則爲政不難，故云「何有」。**不能正身，其如正人何**〔一〕**？」**其身不正，雖令不從，故云「如正人何」也。故江熙云：「從政者以正人爲事也，身不正那能正人乎？」

冉子退朝，退朝，謂且〔二〕朝竟而還家。朝廷曰退也。

周生烈曰：「謂罷朝於魯君也。」冉子爾時仕季氏，且上朝於魯君，當是季氏，冉有從之朝魯君也。

子曰：「何晏也？」晏，晚也。冉子還晚於常朝，故孔子問之：今還何晏也？范寧云：「冉求早朝晚退，故孔子疑而問之。」**對曰：「有政。」**答所以退晚之由也。言在朝論於政事，故至晏也。

〔一〕「不能正身，其如正人何」，齋本、庫本作「不能正其身，如正人何」。邢疏、朱注與齋本、庫本同。

〔二〕「且」，齋本、庫本作「旦」，是。下文「且上朝」之「且」字，亦當作「旦」。

馬融曰：「政者，有所改更匡正〔一〕也。」

子曰：「其事也。孔子謂冉有所云「有政」非之也，應是凡所行小事耳，故云「其事也」。馬融曰：「事者，凡所行常事也。」如有政，雖不吾以，吾其與聞之。」孔子更説所以知非政之由也。以，用也。言若必是有政事，雖不吾既必應用，而吾既爲卿大夫，亦當必應參預聞之。今既不聞，則知汝所論非關政也。馬融曰：「如有政事，非常之事。我爲大夫，雖不見任用，必當與聞也。」欒肇云：「案稱政事，冉有、季路，未有不知其名，而不〔二〕能職其事者。斯蓋微言以譏季氏專政之辭。若以家臣無專〔三〕政之理，則二三子爲宰而問政者多矣，未聞夫子有譏焉〔四〕。」

定公問：「一言而可以興邦，有諸？」定公，魯君也。諸，之也。問孔子有出一言而能興邦者不乎？孔子對曰：「言不可以若是，若是者，猶如此也。答云：豈有出言〔五〕而興得邦國乎？言不

〔一〕「正」，齋本、庫本作「政」。正平版何解、邢疏作「正」。

〔二〕「不」，齋本、庫本無此字。

〔三〕「專」，齋本、庫本作「與」。

〔四〕「欒肇云」至「有譏焉」，齋本、庫本放在解經文處，接於「則知汝所論非關政也」句下。

〔五〕「言」上，齋本、庫本有「一」字。

可得頓如此也。**其幾。**幾，近也。然一言雖不可即使興，而有可近於興邦者，故云「其幾」也。王肅曰：「以其大要，一言不能正興國也。幾，近也。有近一言可興國也。」**人之言而**[一]**曰：『爲君難，爲臣不易。』**此已下是一言近興邦之言。設有人云，在上爲君，既爲人主，不可輕脱，罪歸元首，故爲「難」也。又云：爲人臣者，國家之事應知無不爲也，必致身竭命，故云「不易」也。**如知爲君難也，不幾乎一言而興邦乎？」**如，若也。若知爲君難，而云不敢作，此言則豈不近一言興邦[二]乎？不云爲臣不易者，從可知也。且君道尊貴，爲人所貪，故特舉君也。孔安國曰：「事不可以一言而成也，知如此，則可近也。」

曰：「一言而可以喪邦，有諸？」定公又問，有一言而令邦國即喪者不乎？**孔子對曰：「言不可以若是，其幾也。**亦如前答，亦有言近之者也。**人之言曰：『予無樂乎爲君，唯其言而樂莫予違也。』**此舉近喪邦之言也。設有人言，我本無樂爲人之君上，所以樂爲君者，正言我有言語而人異我，無敢違距[三]我者，爲此故，所以樂爲君耳。

[一]「而」，齋本、庫本無此字。正平版何解、邢疏、朱注亦無「而」字。
[二]「邦」，齋本、庫本作「國」。
[三]「距」，齋本、庫本作「拒」。「距」通「拒」。

孔安國曰：「言無樂於爲君，所樂者，唯樂其言而不見違也。」如其善而莫之違也，不亦善乎？將説〔一〕其惡，故先發此句也。此若爲君而出言必善，而民不違，如此者乃可爲善耳，故云「不亦善乎」。如不善而莫之違也，不幾乎一言而喪邦乎？」又答：若爲君而言不善，使民若〔二〕不違，則此言不近一言而喪邦乎？

孔安國曰：「人君所言善，無違之者，則善也；其所言不善，而無敢違之者，則近一言而喪國也。」

葉公問政。葉公亦問孔子爲政之道。子曰：「近者悦，遠者來。」言爲政之道，若能使近民懽悦，則遠人來至也。江熙云：「邊國之人，豪氣不除，物情不附，故以悦近以〔三〕諭之。」子夏爲莒父宰，問政。子夏欲往莒父爲宰，故先問孔子爲政之法也。

鄭玄曰：「舊説曰：莒父，魯下邑也。」

〔一〕「説」，齋本、庫本作「譏」。
〔二〕「若」，齋本、庫本無此字。
〔三〕「以」，齋本、庫本無此字。

子曰：「無欲速，言爲政之道，每當閑緩，不得倉卒〔一〕求速成也。毋見小利。政貴有恒，不得見小財利而曲法爲之。欲速則不達，解欲速之累也。若不安緩，每事而欲速成，則不通達於事理也。見小利則大事不成。」若見小利而枉法曲教，則爲政之大事無所成就也。

孔安國曰：「事不可以速成，而欲其速，則不達矣。見小利，妨大事，則大事不成也。」

葉公語孔子曰：「吾黨有直躬者，葉公稱己鄉黨中有直躬之人，欲自矜誇於孔子也。

孔安國曰：「直躬，直身而行也。」躬，猶身也。言言無所邪曲也〔二〕。

其父攘羊，而子證之。」此直躬者也。攘，盜也。言黨中有人行直，其父盜羊，而子與失羊之主〔三〕證明，道父之盜也。

周生烈曰：「有因而盜，曰攘也。」謂他人物來己家而藏隱取之，謂之攘也。

孔子曰：「吾黨之直者異於是。拒於葉公，故云：吾黨中有直行者，則異於證父之盜爲直者。父爲子隱，子爲父隱，直在其中矣。」孔子舉所異者，言爲風政者，以孝悌爲主。父子天性，率由自

〔一〕「率」，齋本、庫本作「卒」。

〔二〕「躬猶」至「邪曲也」，齋本、庫本放在解經文處，接於「欲自矜誇於孔子也」句下。「言言」，齋本、庫本不重。

〔三〕「與失羊之主」，齋本、庫本作「告失羊主」。

然至情，宜應相隱。若隱惜則自不爲非，故云直在其中矣。若不知相隱，則人倫之義盡矣。樊光云：「父爲子隱者，欲求子孝也，父必先爲慈，家風由父，故先稱父。」范寧云：「夫子〔一〕所謂直者，以不失其道也。若父子不相隱諱，則傷教破義，長不孝之風焉，以爲直哉？故相隱乃可爲直耳。今王法則，許期親以上得相爲隱，不問其罪，蓋合先王之典章。」江熙云：「葉公見聖人之訓，動有隱諱，故舉直躬欲以訾毁儒教，抗提行〔二〕中國。夫子答之，辭正而義切，荆蠻之豪喪其誇矣。」

樊遲問仁。問孔子行仁之道也。**子曰：「居處恭，**答仁道。居，謂常居。恒以恭遜爲用也。燕居温温是也。**執事敬，**謂行禮執事時，禮主於敬也。**與人忠。**謂交接朋友時，宜盡忠不相欺。**雖之夷狄，不可棄也。」**假令之入夷狄無禮義之處，亦不可捨棄於此三事，此則是仁也。江熙云：「恭、敬、忠，君子任性而行己，所以爲仁也。本不爲外物，故以夷狄不可棄而不行也。若不行於無常，則僞斯見矣。僞見則去仁邈也。」

苞氏曰：「雖之夷狄無禮儀之處，猶不可棄去而不行也。」

子貢問曰：「何如斯可謂之士矣？」謂問在朝爲士之法，是卿大夫可知也。**子曰：「行己**

〔一〕「子」，齋本、庫本無此字。
〔二〕「提行」，齋本、庫本作「衡」，義勝。

有恥，答士行也。言自行己身，恒有可恥之事，故不爲也。李充云：「居正惜〔一〕者當遲退，必無者其唯有恥乎？是以當其宜行，則恥己之不及；及其宜止，則恥己之不免；爲人臣，則恥其君不如堯舜；處濁世，則恥〔二〕不爲君子；將出言，則恥躬之不逮。是故孔子之稱丘明，亦貴其同恥義，苟孝悌之先者也。」

孔安國曰：「有恥，有所不爲也。」

使於四方，不辱君命，君號令出使於四方之國，則必使稱當，不使君命之見凌辱也。故李充云：「古之良使者，受命不受辭。事有權宜，則與時消息。排患釋難、解紛挫鋭者，可謂良也。」**可謂士矣。」**能有恥及不辱二事，並行無虧，乃可謂爲士矣。此行最高，故在先也。**曰：「敢問其次？」**子貢聞士之上者，故敢更問士之次者。**曰：「宗族稱孝〔三〕，鄉黨稱悌焉。」**孝是事父母，爲近。悌是事兄長，爲遠。宗族爲近，近故稱孝。鄉黨爲遠，故稱悌也。繆協曰：「雖孝稱於宗族，悌及於鄉黨，而孝或爲未優，使於四方，猶未能備，故爲之次者也。」**曰：「敢問其次？」**子貢又問：求次於士者也。**曰：「言必信，行必果，**此答士之次也。君子達士，貞而不諒。言不期苟信，捨藏隨時，何期必遂？若小行之士，言必須

〔一〕「惜」，齋本、庫本作「情」，義勝。
〔二〕「恥」下，齋本、庫本有「獨」字。
〔三〕「孝」下，齋本、庫本有「焉」字。正平版何解、邢疏、朱注亦有「焉」字。

信，行必須果也。**硜硜然小人哉！**果，必信爲譬也。硜硜，堅正難移之貌也。小人爲惡，堅執難化。今小人之士，必行信果，守志不迴，如小人也。**抑亦可以爲次矣。」**抑，語助也。凡事欲强使相關，亦多云「抑」也。言此小行，亦强可爲士之次也。李充云：「言可覆而行必成，雖爲小器，取其能有所立。」繆協云：「果，成也。言必合乎信，行必期諸成。君子之體，其業大矣。雖行硜硜小器，而能必信必果者，取其〔一〕有成，抑亦可爲士之次也。」

鄭玄曰：「行必果，所欲行必敢爲之。硜硜者，小人之貌也。抑亦其次，言可以爲次也。」

曰：「今之從政者何如？」子貢又問云：今士之從政者復云何如？**子曰：「噫！斗筲之人，何足算也？」**噫，不平聲。筲，竹器也，容一斗二升，故云「斗筲」也。算，數也。子貢已聞古之是，而又問今之非，故云「噫」也。不平之聲既竟，故又云今之人也。言今之小人器量，如斗筲之器耳，何足數也。

鄭玄曰：「噫，心不平之聲也。筲，竹器，容斗二升者也。算，數也。」

子曰：「不得中行而與之，中行，行能得其中者。當時僞多實少，無復所行得中之人，故孔子歎云：

〔一〕「其」下，齋本、庫本有「共」字，衍。

不得中行而與之，謂共處於世乎。**必也狂狷乎！**狂，謂應直進而不退也。狷，謂應退而不進者也。二人雖不得中道，而能各任天然，而不爲欺詐。故孔子云：既不得中道者而與之，而得與此二人亦好。故云「狂狷乎」。言世亦無此人。江熙云：「狂者知進而不知退，知取而不知與；狷者急狹，能有所所〔一〕不爲，皆不中道也。然率其天真，不爲僞也。季世澆薄，言與實違背，必〔二〕以惡時飾詐以誇物，是以録狂狷之一法也。」

苞氏曰：「中行，行能得其中者也。言不得中行，則欲得狂狷者也。」

狂者進取，狷者有所不爲也。」此説狂狷之行。言狂者不爲惡，唯直進取善，故云「進取」。狷者應進而不遷，故云「有所不爲也」。

苞氏曰：「狂者進取於善道，進而不爲惡，故云取善道也。**狷者守節無爲，**不進，故云守節無爲也。**欲得此二人者，以時多進退，取其恒一也。」**説時多僞，而狂狷天然恒一，故云取之也。

子曰：「南人有言曰：『人而無恒，不可以作巫醫。』南人，南國人也。無恒，用行無常也。巫，接事鬼神者。醫，能治人病者。南人舊有言云：人若用行不恒者，則巫醫爲治之不差，故云不可作巫醫也。

〔一〕「所所」，齋本、庫本不重，是。
〔二〕「必」，齋本、庫本作「心」。

孔安國曰：「南人，南國之人也。」鄭玄曰：「言巫醫不能治無常之人也。」一云：人〔一〕不可使無恒之人爲巫醫也。衛瓘云：「言無恒之人乃不可以爲巫醫。巫醫則疑誤人也，而況其餘乎〔二〕！」

善夫！孔子述南人言，故先稱之，而後云「善夫」也矣。

苞氏曰：「善南人之言也。」

『不恒其德，或承之羞。』」孔子引易恒卦不恒之辭，證無恒之惡。言人若爲德不恒，則必羞辱承之。羞辱必承，而云「或」者，或，常也，言羞辱常承之也。何以知「或」是常？案詩云：「如松柏之茂，無不爾或承。」鄭〔三〕云：「或，常也。」老子曰：「湛兮似或存。」河上公注云：「或，常也。」

孔安國曰：「此易恒卦之辭也。言德無常，則羞辱承之也。」

子曰：「不占而已矣。」此記者又引禮記孔子語，來證無恒之惡也。言無恒人非唯不可作巫醫而已，亦不可爲作卜筮〔四〕。卜筮亦不能占無恒之人，故云「不占而已矣」。禮記云：「南人有言曰：人而無恒，不可

〔一〕「人」，齋本、庫本作「言」。
〔二〕「一云」至「餘乎」，齋本、庫本放在解經文處，接於「故云不可作巫醫也」句下。
〔三〕「鄭」下，齋本、庫本有「玄」字。
〔四〕「不可爲作卜筮」，齋本、庫本作「不可以爲卜筮」。下同。

爲作卜筮，古之遺言與？龜與筮猶不知〔一〕，而況於人乎？」是明南人有兩時兩語，故孔子兩稱之，而禮記、論語亦各有所録也。

鄭玄曰：「易所以占吉凶也。無恒之人，易所不占也。」

子曰：「君子和而不同，和，謂心不争也。不同，謂立志各異也。君子之人千萬，千萬其心和如一，而所習立之志業不同也。小人同而不和。」小人爲惡如一，故云「同」也。好鬭争，故云「不和」也。

君子心和，然其所見各異，故曰不同；小人所嗜好者同，然各争其利，故曰不和也。

子貢問曰：「鄉人皆好之，何如？」子貢問孔子云：設有一人，爲鄉人共所崇好之，則此人如何？衆人共見稱美，故未可信也。

子曰：「未可也。」孔子不許，故云「未可也」。知所以未可者，設一鄉皆惡，而此人爲惡，與物同黨，故爲衆人共見稱美，故未可信也。「鄉人皆惡之，如何〔二〕？」既云皆好爲未可，故更問：設其鄉之人皆共憎惡此人，則何如？子曰：「未可也。孔子亦所以未許者，設一鄉皆惡，而此人獨爲善，不與衆同，故爲羣惡所疾，故未可信也。不如鄉人之善者好之，其不善者惡之也。」向答既並云「未可」，故

〔一〕「龜與筮猶不知」，齋本、庫本作「龜筮猶不能知也」。
〔二〕「如何」，齋本、庫本作「何如」。

此說其可之事也。言若此人爲鄉人善者所好，又爲不善者所惡，如此則是善人，乃可信也。

孔安國曰：「善人善己，惡人惡己，是善善明，己〔一〕善人，爲善人之所好，故是善善明也。**惡惡著也。」**惡人惡己，則非己惡，故是惡惡著也。一通云：子貢問孔子曰：與一鄉人皆親好，何如？孔子答云：未可。又問曰：與一鄉人皆爲疎惡，何如？孔子又答云：未可。既頻答未可，所以故〔二〕更爲說云：不如擇鄉人善者與之親好，若不善者與之爲疎惡也〔三〕。

子曰：「君子易事而難說也。君子忠恕，故易事也。照見物理，不可欺詐，故難悦也。（說音悦〔四〕。）

孔安國曰：「不責備於一人，故易事也。」

說之不以道，不說也。此釋難悦也。君子既照識理深，若人以非道理之事來求使之悦，己則識之，故不悦也。**及其使人也，器之。**此釋易事也。器，猶能也。君子既不責備於一人，故隨人之能而用之，不過分責人，故易事。

〔一〕「己」下，齋本、庫本有「爲」字。
〔二〕「故」，齋本、庫本無此字。
〔三〕「一通云」至「疎惡也」，齋本、庫本放在解經文處，接於「乃可信也」句下。
〔四〕「說音悦」，齋本、庫本無此三字，疑涉何解「君子自纵泰」而衍。

孔安國曰：「度才而任官也。」

小人難事而易說。小人不識道理，故難事也，可以非法欺之也。**說之雖不以道，說也。**此釋易悅也。既不識道理，故雖不以道之事悅之，亦既悅之。**及其使人也，求備焉。」**此解難事也。不測度他人器量，而過分責人，故難事也。**子曰：「君子泰而不驕，**君子坦蕩蕩，心貌怡平，是泰而不爲憍[一]慢也。**小人驕而不泰。」**小人性好輕凌，而心恒戚戚自縱泰[二]，是驕而不泰也。

君子自縱泰，似驕而不驕。小人拘忌，而實自驕矜也。多拘忌，是不泰也[三]。

子曰：「剛、毅、木、訥，近仁。」言此四事與仁相似，故云「近仁」。剛者性無求欲，仁者靜，故剛者近仁也。毅者性果敢，仁者必有勇，周窮濟急，殺身成仁，故毅者近仁也。木者質朴，仁者不尚華飾，故木者近仁也。訥者言語遲鈍，仁者慎言，故訥者近仁也。

王肅曰：「剛，無欲也。毅，果敢也。木，質樸也。訥，遲鈍也。有此四者，近於仁也。」

子路問曰：「何如也斯可謂士矣？」問爲士之行，和悅切磋之道也。**子曰：「切切偲偲，**

[一]「憍」，齋本、庫本作「驕」。「憍」同「驕」。
[二]「自縱泰」，齋本、庫本無此三字，疑涉何解「君子自纵泰」而衍。
[三]「多拘忌是不泰也」，齋本、庫本無此七字。

怡怡如也，可謂士矣。答也。切切偲偲，相切磋之貌也。怡怡，和從之貌也。言爲士之法，必須有切磋，又須和從也。朋友切切偲偲，向答雖合云怡怡三事，而不可專施一人，故更分之也。若是朋友，義在相益，故須切偲也。兄弟怡怡如也。」兄弟骨肉，理在和順，故須怡怡如也。繆協云：「以爲朋友不唯切磋，亦貴和諧；兄弟非但怡怡，亦須戒厲。然友〔一〕道缺，則面朋而匿怨；兄弟道缺，則鬩牆而外侮。何者？憂樂本殊，故重弊至于恨匿。將欲矯之，故云朋友切切偲偲、兄弟怡怡〔二〕也。」偲偲〔三〕，相切責之貌也。怡怡，和順之貌也。

馬融曰：「切切偲偲，相切責之貌。怡怡，和順之貌也。」

子曰：「善人教民七年，亦可以即戎矣。」善人，賢人也。即戎，謂就兵戰之事。夫教民三年一考，九歲三考，三考黜陟幽明，待具〔四〕成者，九年則正可也。今云七年者，是兩考已竟，新入三考之初者也。若有可急，不假〔五〕待九年，則七年考亦可。亦可者，未全好之名。繆協云：「亦可以即戎，未盡善義也。」江熙

〔一〕「友」上，齋本、庫本有「朋」字。
〔二〕「怡怡」下，齋本、庫本有「如」字。
〔三〕「偲偲」上，齋本、庫本有「切切」二字。
〔四〕「具」，齋本、庫本作「其」。
〔五〕「假」，齋本、庫本作「暇」。「假」有「須」「必」義，在此能够講得通。

云：「子曰：『苟有用我者，期月而以可〔一〕，三年有成。』善人之教，不逮機理，倍於聖人，亦可有成。六年之外，民何〔二〕用也。」

苞氏曰：「即戎，就兵，可以攻戰也。」

子曰：「以不教民戰，是謂棄之。」民命可重，故孔子慎戰。所以教至七年，猶曰「亦可」。若不經教戰而使之戰，是謂棄擲民也。江熙云：「善人教民如斯，乃可即戎，況乎不及善人，而馳駈〔三〕不習之民戰，以肉餒〔四〕虎，徒棄而已。」琳公曰：「言德教不及於民，而令就戰，民無不死也，必致破敗，故曰『棄』也。」

馬融曰：「言用不習民使之攻戰，必破敗，是謂棄之也。」

論語憲問第十四　何晏集解　凡卌四章

疏憲者，弟子原憲也。問者，問於孔子進仕之法也。所以次前者，顔、路既允文允武，則學優者宜仕，故

〔一〕「期月而以可」，齋本、庫本作「朞月而已可也」。「期月」同「朞月」，有時指一整月，有時指一整年。辭源釋此處含義爲一整年。
〔二〕「何」，齋本、庫本作「可」。
〔三〕「駈」，齋本、庫本作「驅」。「駈」同「驅」。
〔四〕「餒」，齋本、庫本作「餧」，是。「餧」：喂养。「餧」又同「餒」，義「飢餓」、「魚腐爛」。

憲問次於子路也。

憲問恥。弟子原憲問孔子凡行事最爲可恥者也。子曰：「邦有道，穀。答可恥事也。將言可恥者，先舉不恥者也。穀，禄也。若有道，則以可〔一〕仕而食其禄也。

孔安國曰：「穀，禄也。邦有道，當食其禄也。」

邦無道，穀，恥也。」此可恥者。若君無道而仕食其禄，則可爲恥也。

孔安國曰：「君無道，而在其朝，食其禄，是恥辱也。」

「克、伐、怨、欲不行焉，可以爲仁矣？」克，勝也，謂性好凌人也。伐，謂有功而自稱。怨，謂小小忌怨。欲，貪欲也。原憲又問：若人能不行此四事，可以得爲仁也？

馬融曰：「尅，好勝人也。伐，自伐其功也。怨，忌小怨也。欲，貪欲也。」

子曰：「可以爲難矣，仁則吾不知也。」孔子不許。能不行前四事則爲難耳，謂爲仁則非吾所知也。仁者必不伐，不伐必有仁。顔淵無伐善，夷、齊無怨，老子云「少私寡欲」，此皆是仁也。公綽之不欲，孟之反不伐，原憲蓬室不怨，則未及於仁，故云「不知也」。

苞氏曰：「此四者行之難者，未足以爲仁也。」

〔一〕「以可」，齊本、庫本作「可以」。

子曰：「士而懷居，不足以爲士矣。」懷居，猶居求安也。不足爲士，謂非士也。君子居無求安，士也。若懷居，非爲士也。

士當志道不求安，而懷其居，非士也。

子曰：「邦有道，危言危行。危，厲也。君若有道，必以正理處人，故民以可〔一〕得嚴厲其言行也。

苞氏曰：「危，厲也。邦有道，可以厲言行也。」

邦無道，危行言遜。」君若無道，必以非理罪人，故民下所行乃嚴厲不同亂俗，而言不可厲，厲必獲罪，當遜順隨時也。江熙云：「仁者豈以歲寒虧貞松之高志？於〔二〕言語可以免害，志知愈深。孔子曰：『諾，吾將仕矣。』此皆遜辭以遠害也。」

遜，順也。厲行不隨俗，順言以遠害也。

子曰：「有德者必有言，既有德，則其言語必中，故必有言也。

德不可以憶中，故必有言也。夫德之爲事，必先有言語教喻，然後其德成，故有德者必有言。有言，是不可憶度中事也。

〔一〕「以可」，齋本、庫本作「可以」，疑是。

〔二〕「於」下，齋本、庫本有「其」字。下句「志知」，齋本、庫本作「知志」。

有言者不必有德。人必多言，故不必有德也。殷中堪〔一〕云：「修理蹈道，德之義也。由德有言，言則末矣。末可矯而本無假，故有德者必有言，有言者不必有德也。」李充曰：「甘辭利口，似是而非者，佞巧之言也；敷陳成敗，合縱連横〔二〕者，説客之言也；凌誇之談，多方論者，辯士之言也；德音高合，發爲明訓，聲滿天下，若出全〔三〕，有德之言也。故有德必有言，有言不必有德也。」**仁者必有勇，**殺身成仁，故必有勇也。**勇者不必有仁。」**暴虎馮〔四〕河，不必有仁也。殷仲堪云：「誠愛無私，仁之理也。見危授命，若身手之相救焉。存道忘生，斯爲仁矣。若夫强以肆武，勇以勝物，陵超在於要利輕死，元非以爲仁。故云『仁者必有勇，勇者不必仁〔五〕』。」李充云：「陸行〔六〕不避虎兕者，獵夫之勇也；水行不避蛟龍者，漁父之勇也；鋒刃交於前，視死若生者，烈士之勇也；知窮之有命，知通之有時，臨大難而不懼者，仁者之勇也。故『仁者必有勇，勇者不必有仁』也。」**南宫适**姓南宫，名适，字敬叔。**孔安國曰：「适，南宫敬叔，魯大夫也。」**

〔一〕「殷中堪」，誤，堂本正誤表以「殷仲堪」爲正。
〔二〕「合縱連横」，齋本、庫本作「合連縱横」。
〔三〕「全」下，齋本、庫本有「者」字。
〔四〕「馮」，齋本、庫本作「憑」。「憑」同「馮」。
〔五〕「仁」上，齋本、庫本有「有」字。
〔六〕「行」下，齋本、庫本有「而」字。

問於孔子曰：「羿善射，奡盪舟，适問孔子之事也。云古有一人名羿，而善能射，故云「羿善射」。淮南子云：「堯時有十日並出，草木焦〔一〕枯，堯命羿令射之，中其九日，日中烏皆死焉。」奡者，古時多力人也。盪，推也。舟，船也。能陸地推舟也。孔安國曰：「羿，有窮之君也。有窮，夏時諸侯國名也。其君名羿也。篡夏后相之位，篡，奪也。夏后，禹之後，世爲天子。名相，即位爲君。有窮之君篡夏后相之位，殺奪之。其臣寒浞殺之，羿奪相位而自立爲君，其位號有窮之君，不修德政，好田〔二〕獵，臣寒浞殺之，而篡其位。因其室而生奡。因，猶通也。室，妻也。浞〔三〕既殺羿而通於羿妻，遂有孕，生奡。奡多力，能陸地行舟，奡是浞之子，多力，於陸地推舟。爲〔四〕少康所殺也。」夏后少康，亦夏禹後世子孫，又殺奡而自立爲天子也。俱不得其死然。言羿、奡二人雖能射及多力，俱爲人所殺，不終天壽，故云「俱不得其死然」。孔安國曰：「此二子者，皆不得以壽終也。」

禹、稷躬稼而有天下。禹，夏禹。禹帝姓姒，名文命，黄帝玄孫，鯀之子。謚法：「受禪成功曰禹。」治

〔一〕「焦」，齋本、庫本作「燋」。「燋」通「焦」。

〔二〕「田」，齋本、庫本作「畋」。「田」、「畋」音義同，狩獵。

〔三〕「浞」，齋本作「促」，誤。

〔四〕「爲」下，齋本、庫本有「夏后」二字。正平版何解、邢疏亦有「夏后」二字。

水九年也。稷，后稷。事舜，蒔百穀也。躬稼，播種也。有天下，謂爲天子也。言禹身治溝洫，手足時胼胝，勤勞九州，稷播種百穀。二人不爲篡，並有德爲民，禹即身爲天子，稷子孫爲天子。适所問孔子者，以孔子之德比於禹、稷。則孔子亦當必有王位也。夫子不答。孔子知适以禹、稷比己，故謙而不答也。

馬融曰：「禹盡力於溝洫，稷播殖百穀，故曰躬稼也。禹及其身，禹身得天子也。稷及後世，文王、武王得天下也。皆王也。皆爲天子也。适意欲以禹、稷比孔子，孔子謙，故不答也。」

南宮适出。孔子不答，适自退出。子曰：「君子哉若人！尚德哉若人！」孔子不對面答适，是謙也。适出後而美之，欲天下皆知尚德也。若人，如此人也。言适知賤於羿、奡，貴重禹、稷，所以〔一〕君子尚德如此人也。

孔安國曰：「賤不義，羿、奡之不義，故适賤之。而貴有德，禹、稷有德，故貴重也。故曰君子也。」然就此南宮适非周有十士之南宮适也〔二〕。

子曰：「君子而不仁者有矣夫，此謂賢人已下不仁之君子也。未能圓足，時有不仁。如管氏有三歸，官事不攝，後則一匡天下，九霸〔三〕諸侯，是長也。袁氏云：「此君子無定名也。利仁慕爲仁者，不能盡體

〔一〕「以」，齋本、庫本作「德也」，語義不順。

〔二〕「然就」至「适也」，齋本、庫本放在解經文處，接於「所以君子尚德如此人也」句下。

〔三〕「霸」，齋本、庫本作「合」。「霸」義爲「諸侯聯盟的首領」，在此作動詞用，似能講得通。

仁，時有不仁一迹也。」夫，語助也。**未有小人而仁者也。」**小人并爲惡事，未能有行民善，達於仁道，故云「未有小人而仁者也」。又袁氏曰：「小人性不及仁道，故不能及仁事者也。」

孔安國曰：「雖曰君子，猶未能備也。」王弼云：「謂假君子以甚小人之辭，君子無不仁也〔一〕。」

子曰：「愛之，能勿勞乎？愛，慕也。凡人有〔二〕志在心，見形於外也。既有心愛慕此人，學問之道，不無勞賴之辭也。**忠焉，能勿誨乎？」**忠者，盡中心也。誨，教也。有人盡中心來者，不無教誨之辭也。

孔安國曰：「言人有所愛，必欲勞來之。有所忠，必欲教誨之也。」李充曰：「愛志不能不勞心，盡忠不能不教誨〔三〕。」

子曰：「爲命，爲，作也。命，君命也。此謂鄭國之事也，作盟會之書也。**裨諶草創之，**裨諶，鄭國大夫，性静怯弱，謂其君作盟會之辭，則入於草野之中，以創之獲之。

孔安國曰：「卑諶〔四〕，鄭大夫名也。謀於野則獲，謀於國則否。此注是（春秋十九卷）魯襄公三十一年傳語也。獲，得也。諶入野爲盟會之辭則成，於國中則辭不成也。**鄭國將有諸侯之**

〔一〕「王弼云」至「仁也」，齋本、庫本放在解經文處，接於「故不能及仁事者也」句下。語中「謂」字，齋本、庫本無。
〔二〕「有」，齋本、庫本作「在」。
〔三〕「李充曰」至「教誨」，齋本、庫本放在解經文處，接於「不無教誨之辭也」句下。
〔四〕「卑」，齋本、庫本作「裨」。據經文當作「裨」。

事，則使乘車以適野，而謀作盟會之辭也。」

世叔討論之，世叔，亦是鄭大夫也。討，治也。論者，評也。世叔有不能草創，學問寡才藻，盟會之辭，但能討論治正諶〔一〕所造之辭。**行人子羽脩飾之，**子羽，亦鄭大夫。行人，是掌使者官名也。不能始創，又不能討治，能取前人創治者〔二〕，更彫脩飾之。**東里子產潤色之。」**居鄭之東里，因爲氏。姓又公孫，僑名，亦曰國僑，字子產。才學過超前之三賢，加添潤色周旋盟會〔三〕之辭也。有此四賢，鮮有過失。

馬融曰：「世叔，鄭大夫游吉也。討，治也。卑諶〔四〕既造謀，世叔復治而論之，詳而審之也。行人，掌使之官也。子羽，公孫揮也。子產居東里，因以爲號也。更此四賢而成，故鮮有敗事也。」更，經也。鮮，少也。事經此裨諶等之四人也，故鄭國少有敗事也。

或問子產。或人問於孔子，鄭之子產德行於民何如？**子曰：「惠人也。」**答或人也。言子產之德，於民不吝家資，拯救於民，甚有恩惠，故云「惠人也」。

孔安國曰：「惠，愛也。子產，古之遺愛也。」子產德行流於後世，有古人之遺風。子產卒，仲尼

〔一〕「諶」，齋本、庫本作「謀」，誤。

〔二〕「能取前人創治者」，齋本、庫本作「但能取前人所創治者」。下句「更」下，齋本、庫本有「唯」字。

〔三〕「盟會」，齋本、庫本作「會盟」。

〔四〕「卑」，齋本、庫本作「裨」。參見前校。

聞之，出涕曰：「古之遺愛也。」事在春秋（第二十四卷）魯昭公二十四年冬〔一〕也。

問子西。或人又問孔子，鄭之大夫子西德業如何？鄭之公孫夏，或云楚令尹子西。曰：「彼哉！彼哉！」又答或人，言人自是彼人耳，無別行可稱也。

馬融曰：「子西，鄭大夫。『彼哉！彼哉』，言無足稱也。或曰楚令尹子西也。」

問管仲。更或人問〔二〕孔子，齊大夫管仲之德行於民如何也矣？曰：「人也。答云：管仲是人也。

猶〔三〕詩言「所謂伊人」也。詩云「所謂伊人，於焉逍遥」，是美此人。今云管仲「人也」，是美管仲也。

奪伯氏駢邑三百，釋所以是「人」之事也。伯氏，名偃，大夫。駢邑者，伯氏所食采邑也。時伯氏有罪，管仲相齊，削奪伯氏之地三百家也。飯蔬食，没齒無怨言。」飯，猶食也。蔬，猶麤也。没，終；齒，年也。伯氏食邑時，家資豐足。奪邑之後，至死而貧，但食麤糲，以終餘年，不敢有怨言也。所以然者，明管仲奪之當理，故不怨也。

孔安國曰：「伯氏，齊大夫。駢邑，地名也。齒，年也。伯氏食邑三百家，管仲奪之。

〔一〕「冬」下，齋本、庫本有「傳」字。

〔二〕「更或人問」，齋本、庫本作「或人更問」，語順。下句中的「如何」，齋本、庫本作「何如」。

〔三〕「猶」上，齋本、庫本有「鄭玄曰」三字。正平版何解、邢疏無。

使至蔬食而没齒無怨言，以當其理故也。」

子曰：「貧而無怨，難。貧交困於飢寒，所以有怨，若能無怨者，則爲難矣。江熙云：「顔原〔一〕無怨，不可及也。」富而無驕，易。」富貴豐足，無所應怨，然應無驕則爲易也。江熙云：「若子貢不驕，猶可能也。」

子曰：「孟公綽爲趙、魏老則優，此明人生性分各有所能。趙、魏皆晉卿〔二〕地也。老者，采邑之室老也。優，猶寬閑也。公綽性静寡欲，若爲采邑之時〔三〕，則寬緩有餘裕也矣。不可以爲藤〔四〕、薛大夫也。」藤、薛，皆小國。職煩，公綽不能爲大夫也。

孔安國曰：「公綽，魯大夫也。趙、魏，皆晉卿也。家臣稱老。公綽性寡欲，趙、魏貪賢，賢〔五〕人多，職不煩雜，故家臣無事，所以優也。家老無職，故優。藤、薛小國，大夫職煩，故不可爲也。」藤、薛二國不貪賢，賢人小〔六〕，其職煩雜，故不可使公綽爲之。

〔一〕「原」，齋本、庫本作「愿」。此處似言顔淵，「原」、「愿」當作「淵」。

〔二〕「卿」，齋本、庫本無此字。

〔三〕「時」，齋本、庫本作「臣」，義勝。

〔四〕「藤」，齋本、庫本作「騰」，下同。

〔五〕「賢」上，齋本、庫本有「趙魏」二字。

〔六〕「小」，齋本、庫本作「少」，是。下句「職」下，齋本、庫本有「事」字。

子路問成人。問人何所行德可爲成人乎？**曰〔一〕：「若臧武仲之知〔二〕，**答也。若德成人者，使智如臧武仲。然武仲唯有求立後於魯，而〔三〕孔子所譏，此亦非智者。齊侯將與〔四〕臧紇田，臧孫聞之，見齊侯，與之言伐晉。對曰：「多則多矣，抑君似鼠。夫鼠，晝伏夜動，不穴於寢廟，畏人故也。今君聞晉之亂而後作焉，寧將事之，非鼠如何？」乃弗與田。臧孫知齊侯將敗，不欲受其邑，故以比鼠，欲使怒而止。仲尼曰：智之難也。有臧武仲之智，（謂能避齊禍。）而不容於魯國，抑有由也。作不順而施不恕也夫。夏書曰「念茲在茲」，順事恕施也。此是智也。事在（春秋第十七卷）襄公廿三年〔五〕也。

馬融曰：「魯大夫臧孫紇也。」

公綽之不欲，非唯須智如武仲，又須無欲如公綽。不欲，不貪欲。所以唯能爲趙、魏老也。范寧云：「不欲，不營財利也。」

馬融曰：「魯大夫孟公綽也。」

〔一〕「曰」上，齋本、庫本有「子」字。邢疏、朱注亦有「子」字。正平版何解無「子」字。
〔二〕「知」，齋本、庫本作「智」。
〔三〕「而」下，齋本、庫本有「爲」字。
〔四〕「與」，齋本、庫本作「爲」。
〔五〕「年」下，齋本、庫本有「傳」字。

卞莊子之勇，又非但公綽之無欲，又須勇如卞莊子之勇。莊子能獨挌虎。一云：卞莊子與家臣卞莊〔一〕壽，途中見兩虎共食一牛，莊子欲前以劍揮之。家臣曰：牛者虎之美食，牛盡虎未飽，二虎必鬭，大者傷，小者亡，然後可以揮之。信而言之，果如卞壽之言也。

周生烈曰：「卞邑大夫也。」

冉求之藝，又非但勇如莊子，又須有藝如求也。文之以禮樂，言備有上四人之才智，又須加禮樂以文飾之也。

孔安國曰：「加之以禮樂，文成也。」

亦可以爲成人矣。」亦可，未足之辭。言才智如上四人，又加禮樂，則亦可謂爲成。明人之難也。

曰：「今之成人者何必然？曰者，謂也。向之所答，是説古之成人耳。若今之成人，亦不必然也。

見利思義，此已下説下成人之法，是今也。若見財利思〔二〕仁義，合宜之財然後可取。顔特進云：「見利取〔三〕思義，雖不及公綽之不欲，猶顧義也。」

〔一〕「莊」，齋本、庫本無此字。參下文「卞壽」，「莊」字似衍。
〔二〕「思」下，齋本、庫本有「是」字，衍。
〔三〕「取」，堂本正誤表曰「取字衍」。

馬融曰：「義然後取，不苟得也。」

見危授命，若見其君之危，則當授命竭身，不苟免也，曲禮云「臨財無苟得，臨難無苟免」是也。顔特進云：「見危授命，雖不及卞莊子之勇，猶顧義，不苟免也。」久要不忘平生之言，久要，舊約也。平生者，少年時也。言成人平生期約雖久，至今不得忘少時之言。亦以可〔一〕爲成人矣！」言如見利思義，竭身致命，至老不忘平生之言，則亦可得爲今之成人也。

孔安國曰：「久要，舊約也。平生，猶少時也。」

子問公叔文子於公明賈。孔子見公明賈相訪，而問公叔文子之事。時公明賈仕公叔文子，故問之者也。曰：「信乎，夫子不言、不笑、不取乎？」此是問公叔文子之事也。夫子呼公叔文子爲「夫子」，言人傳文子平生不言不笑不取財利，此三事悉〔二〕孔子未信，故見公明賈而問之也。

孔安國曰：「公叔文子，衛大夫公孫拔。文，謚也。」

公明賈對曰：「以告者過也。過，誤也。答孔子云：文子有此三事，是爲誤耳。實理不然也。夫

〔一〕「以可」，齋本、庫本作「可以」，疑是。
〔二〕「悉」，齋本、庫本無此字。

子時然後言，人不厭其言也。先云是告者誤，後答言似〔一〕實事對。言我夫子非時不語，語必得之中。既得之中，故世人不厭其言也。**樂然後笑，人不厭其笑也。**夫笑爲樂，若不樂而强笑，必爲人所厭。更云事言訖然後笑也。**義然後取，人不厭其取也。」**夫取利，若非義取，則爲人所厭。我夫子見得思義，義而後取，故人不厭其取也。**子曰：「其然，**然，如此也。言今汝所説者當如此也。**豈其然乎？」**謂人所傳三事不言、不笑、不取，豈容如此乎？一云：「其然」是驚其如此；「豈其然乎」，其不能悉如此也。袁氏云：「『其然』，然之。此則善之者。恐其不能，故設疑辭。」

馬融曰：「美其得道，釋「其然」也。**嫌其不能悉然也。」**釋「豈其然」也。

子曰：「臧武仲以防求爲後於魯，姓臧，名紇。武，謚也。防是武仲故食采邑也。爲後，謂立後也。武仲魯襄公二十三年爲孟氏所譖，出奔邾。後從邾還防，而使人請於魯，爲其後於防，故云以防〔二〕爲後於魯。**雖曰不要君，吾不信也。」**要，謂要君也。不先盡忠，而先欺君也。武仲出奔，而猶求立後於其故邑，時人皆謂武仲此事非要。孔子據其理是要，故云「雖曰不要，吾不信也」，是不信時人不要之言也。袁氏云：「奔不越境，而據私邑求立先人之後，此正要君也。」

〔一〕「似」，齋本、庫本作「以」。

〔二〕「防」下，齋本、庫本有「求」字，同經文。

孔安國曰：「防，武仲故邑。武仲食邑於防，既已出奔故邑。**爲後，立後也。**其既自出奔，欲更立後於防也。**魯襄公二十三年，武仲爲孟氏所譖，出奔邾。**季武子無適子，有公子鉏，是公彌也。及紇，是悼子也。季氏愛紇，欲立之。又公子鉏年長，而臧紇謀爲立紇，季氏從之。孟孫死，又廢大立小。是依季氏家用事，故孟氏家惡臧紇。閉門譖於季孫曰：「臧氏將爲亂，不使我葬，欲爲公鉏讐臧氏。」季孫不信。後孟氏除葬道，臧孫使正夫助之除於東門，介甲從己而視之。孟氏又告季孫，怒，命攻臧氏之家。臧紇斬鹿門之關以出，奔邾。**自邾如防，使爲以大蔡納請。**大蔡，是大龜也。納，進也。進龜請立後。臧紇有異母兄臧賈、臧爲二人在鑄，（在舅氏國也。）紇在邾，先遣使以龜告魯，求立爲後。賈聞命矣，再拜受龜，而使弟臧爲以納請。紇遣使後，乃自邾還防。**曰：『紇非敢害也，智不足也。**紇至防，使臧爲爲使，至魯傳紇之言。初，孟氏譖紇以甲自隨，謂欲爲亂，季孫信而攻之，故紇令謝之，而言：己以介甲從己而視之，非敢欲爲害，正是智不足也。**非敢私請，苟守先祀，**又言今日之請，非敢私求還，正是欲求立後，守先人之祀，是爲先人之請。**無廢二勳，**是〔一〕臧文仲、宣叔也。是紇之祖父，並於魯有功勳。今願得立祀，是不敢廢二世之勳也。**敢不避邑？』**若二勳〔二〕大勳不

〔一〕「是」上，齋本、庫本有「二勳」二字。

〔二〕「勳」，齋本、庫本無此字。

廢，得有守祀之人，則紇敢不避邑。**乃立臧爲。**魯得紇請，仍立臧爲爲後也。所以立〔一〕者，臧爲于時又私自爲請求立立〔二〕己也。**紇致防而奔齊。**紇得立臧爲後竟，故致防與臧爲而奔齊。**此所謂要君也。」**還據私邑，求爲先而立後，要望魯邑，即此是要君也。事在（春秋第十七卷）襄公廿三年之傳也。

子曰：「晉文公譎而不正，晉文公，是晉獻公之子重耳也。初爲驪姬之難，遂出奔新城，遊歷諸國。至三十八年，受命爲侯伯，遂爲之主。此評其有失也。譎，詭詐也。文公爲霸主，行詭詐而不得爲正禮。時天子是周襄王，微弱。文公欲爲霸主，大合諸侯，而欲事天子以爲名義，自嫌强大，不敢朝天子，乃喻諸天子，令出畋狩，因此盡君臣之禮。天子遂至晉河陽之地。此是文公譎而不正禮也。事在〔三〕僖公廿八年。

鄭玄曰：「譎者，詐也，謂召於天子而使諸侯朝之。仲尼曰：以臣召君，不可以訓。故書曰『天王狩于河陽』，是『譎而不正』也。」此臣無召君之禮，而文公召之，故不爲教訓也。故春秋不云晉公〔四〕召君，但云「天王狩于河陽」，言是天子自狩以至河陽也。

〔一〕「立」下，齋本、庫本有「臧爲」二字。
〔二〕「立立」，齋本、庫本不重，是。
〔三〕「在」下，齋本、庫本有「春秋七卷」四字。
〔四〕「公」，齋本、庫本作「侯」。

齊桓公正而不譎。」此是齊侯爲霸主依正而行，不爲詐譎，是勝於晉文公也。江熙云：「言此二君霸迹

不同，而所以翼佐天子，以〔一〕綏諸侯，使車無異轍，書無異文也。」

馬融曰：「伐楚以公義，責苞〔二〕茅之貢不入，問昭王南征不還，是正而不譎也。」魯僖公三年冬，齊侯與蔡姬乘舟于囿，蕩公。蔡姬，齊侯夫人。蕩，摇也，是摇蕩船也。公懼變色，禁之不可，公怒歸之，未之絶也。蔡人嫁之。至明年，四年春，齊侯之師侵蔡，蔡潰散也，遂伐楚。楚子使與師言曰：「君處北海，寡人處南海，唯是風馬牛不相及也。不慮君之涉吾地也，何故？」齊侯使管仲對曰：「昔召康公命我先君太公曰：『五侯九伯，汝實征之，以夾輔周室。』賜我先君履，東至于海，西至于河，南至于穆陵，北至于無棣。爾貢包茅不入，王祭不供，無以縮酒，寡人是徵。昭王南征不還，寡人是問。」對曰：「貢之不入，寡君之罪也，敢不供給！昭王之不還，君其問諸水濱。」接〔三〕春秋，齊侯伐楚，責此二事，是正不譎也。楚地出好茅，貢王祭，將縮酒。縮酒者，謂束茅而灌之以酒，謂之縮酒。楚既久不貢茅，故周王祭時無茅以供縮酒，乃就齊徵求之。又昭王是成王之孫，南巡狩涉漢，船壞而溺死。周人諱而不赴，諸侯不知其故，故問之。所以伐楚，楚受不貢包茅之失，而不受昭王溺水之咎。于時溺水之

〔一〕「以」，齋本、庫本無此字。

〔二〕「苞」，齋本、庫本作「包」。「苞」通「包」。

〔三〕「接」，齋本、庫本作「按」。「春秋」下，齋本、庫本有「傳」字。

地不屬楚境，故云「問諸水濱」也。事在（春秋第五卷）僖四年春〔一〕也。

子路曰：「桓公殺公子糾，桓公是齊公之子，名小白也，是僖公庶子〔二〕。子糾是桓公之庶兄。桓公與子糾爭國，而殺子糾也。**召忽死之，**召忽是子糾之傅，子糾被殺，故召忽赴敵而同死也。**管仲不死。**管仲亦是子糾輔相，召忽既死，管仲猶生，故曰「不死」。**曰：未仁乎？」**曰者，謂也。是時人物議者，皆謂管仲不死，是不仁之人也。管仲非唯不死，亦迴復輔相桓公，故爲無仁恩也。

孔安國曰：「齊襄公立，無常。此注至「召忽死之」，並是春秋魯莊公八年〔三〕傳文，是記前時之事也。襄公者，是齊僖公之適子，名諸兒，作倪字呼，是桓公之兄。既得立爲君，風化不恒，爲政之惡，故曰「無常」。**鮑叔牙曰：『君使民慢，亂將作矣。』**齊僖公有三子：長是襄公，是（鮑叔牙者，小白之輔）〔四〕適。次子糾，是庶。小者是小白也，亦是庶〔五〕。僖公薨，襄公繼父之位爲君，政不常。相見襄公風政無常，故云「亂將作矣」。**奉公子小白出奔莒。**叔牙見襄公危政，不居亂邦，故奉小白奔往莒

〔一〕「春」下，齋本、庫本有「傳」字。

〔二〕「桓公」至「庶子」，齋本、庫本作「桓公是齊僖公之庶子，名小白也」。

〔三〕「八年」下，齋本、庫本有「九年」二字。

〔四〕括號中文字，當在下文「相見襄公」之上。「輔相」二字連讀。

〔五〕「亦是庶」，齋本、庫本脱此三字。

國。襄公從弟公孫無知殺襄公，小白奔後，而襄公從弟公母弟夷仲年之子名無知，作亂而殺襄公，自立爲君。禮：諸侯之子曰公子，公子之子曰公孫，公孫之子曰公族。管夷吾、召忽奉公子糾出奔魯。夷吾，管仲也。襄公死後，管仲、邵忽〔一〕二人奉持子糾出奔魯。齊人殺無知，齊人是雍廩也。子糾出奔後，公孫得爲君，惡虐于雍廩，齊〔二〕大夫也。至九年春，雍廩殺無知。魯伐齊納子糾。子糾奔魯，齊人又殺無知，而齊無君。至魯莊公九年夏四月伐齊，入子糾，欲擬立爲齊君。納，入也。小白自莒先入，是爲桓公。小白先奔在莒，聞魯伐齊納子糾，故先子糾而入，遂爲君，死謚爲桓公。乃殺子糾，召忽死也。」小白既入得爲君，遂殺庶兄子糾于生竇，在魯地也，故云「桓公殺公子糾，召忽死之」。一云：召忽投河而死。事在莊公八年九年也〔三〕。

子曰：「桓公九合諸侯，不以兵車，孔子答子路，說管仲有仁之迹。齊桓公爲霸主，遂經九過盟會諸侯，不用兵車而能辨也。不用兵車而諸侯九會〔四〕，管仲之力也。史記云：「兵車之會三，乘車之會六。」

〔一〕「邵」，齋本、庫本作「召」，與經文一致。
〔二〕「齊」上，齋本、庫本重出「雍廩」二字。
〔三〕此句，齋本、庫本作「事在春秋第三卷莊公八年九月傳也」。查春秋左傳，該事發生在莊公八年、九年間。
〔四〕「會」，齋本、庫本作「合」。

穀梁傳云：「衣裳之會十一。」范寧注云：「十三年會北杏，十五〔一〕年又會鄄，十六年會幽，二十七年又會幽，僖元年會于〔二〕檉，二年會于貫，三年會于陽穀，四年盟于召陵〔三〕，五年會于首止〔四〕，七年會于寧母，九年會于葵丘，凡十一會。（又非十一會。）鄭不取北杏及陽穀，爲九會。」**管仲之力也。如其仁！如其仁！」**管仲不用民力，而天下平静，誰如管仲之智乎？再言之者，深美其仁也。

孔安國曰：「誰如管仲之仁矣。」

子貢曰：「管仲非仁者與？問孔子，嫌管仲非是仁者乎。**桓公殺公子糾，不能死，又相之。」**此舉管仲非仁之迹。言管仲是子糾之相，而桓公是子糾之賊，管仲既不爲子糾致命殺讎，而更相公〔五〕，非爲仁也。**子曰：「管仲相桓公，霸諸侯，一匡天下，**孔子説管仲爲仁之迹也。管仲得相桓公者，管仲爲子糾争國〔六〕，仲射桓公中鉤帶。子糾死，管仲奔魯。初鮑叔牙與管仲同於南陽拯相〔七〕，敬

〔一〕「十五」上，齋本、庫本有「十四年會鄄」一語。
〔二〕「于」及下幾句中的「于」字，齋本、庫本無。
〔三〕「四年盟于召陵」，齋本、庫本無此句。
〔四〕「首止」，齋本、庫本作「首戴」，是。范寧所述十一會，齋本、庫本與邢疏同。
〔五〕「公」上，齋本、庫本有「桓」字。
〔六〕「管仲爲子糾争國」，齋本、庫本作「桓公與子糾争國」。下句「仲」上，齋本、庫本有「管」字。
〔七〕「同於南陽拯相」，齋本、庫本作「同遊南陽極相」。

重叔牙。叔牙〔一〕後相桓公，而欲取管仲還，無漸，因〔二〕告老辭位。桓公問叔牙：「誰復堪爲相者？」牙曰：「唯管仲堪之。」桓公曰：「管仲射朕鉤帶，殆近死，今日豈可相乎？」牙曰：「在君爲君，謂忠也。至君有急，當射彼人鉤帶。」桓公從之。遣使告魯，不放，欲殺〔三〕管仲。遣使者曰：「管仲射我君鉤帶，君自斬之。」魯還之，遂得爲相。莊九年夏云：小白既先入，而魯猶輔子糾，至秋，齊與魯戰于乾時，魯師敗績。鮑叔牙志欲生管仲，乘勝進軍，來告魯曰：（子糾，親，請君討之。管、召，讎也，請受而甘心焉。）子糾是我親也，我不忍殺，欲令魯殺之。管仲、召忽，是我欲自得而殺之。魯乃殺子糾于生竇，召忽死之，管仲請囚，鮑叔牙受之，及堂阜而脱之，遂使爲相也。霸諸侯，使輔天子。合諸侯〔四〕，故曰霸諸侯也。一匡天下，一切皆正也。

馬融曰：「匡，正也。天子微弱，桓公率諸侯以尊周室，一正天下也。」

民到于今受其賜。賜，猶恩惠也。于時夷狄侵逼中華，得管仲匡霸桓公，今不爲夷狄所侵，皆由管仲之恩賜也。

受其賜者，謂不被髮左衽之惠也。王弼曰：「于時戎狄交侵，亡荆〔五〕滅衛，管仲攘戎狄而封之。

〔一〕「叔牙」，齋本、庫本無此二字。
〔二〕「因」上，齋本、庫本有「既」字。
〔三〕「不放欲殺」，齋本、庫本作「不欲放殺」。
〔四〕「侯」，齋本、庫本作「侯」，是。
〔五〕「荆」，齋本、庫本作「邢」，是。春秋莊公三十二年：「狄伐邢。」

南服楚師，北伐山戎，而中國不移，故曰『受其賜』也。」

微管仲，吾〔一〕被髮左衽矣。此舉受賜之事也。被髮，不結也。左衽，衣前從右來向左。孔子言：若無管仲，則今我亦爲夷狄，故被髮左衽矣也。

馬融曰：「微，無也。無管仲，則君不君，臣不臣，皆爲夷狄也。」

豈若匹夫匹婦之爲諒也，自經於溝瀆而莫之知也？」孔子更語子貢，喻召忽死之不足爲多，管仲不死不足爲小也。諒，信也。匹夫匹婦無大德，而守於小信，則其宜也。自經，謂經死於溝瀆中也。溝瀆小處，非宜死之處也。君子直而不諒，事存濟時濟世，豈執守小信，自死於溝瀆，而世莫知者乎？喻管仲存於大業，不爲召忽守小信。而或云：召忽投河而死，故云溝瀆。或云：自經，自縊也。白虎通云：「匹夫匹婦者，謂庶人也。言其無德及遠，但夫婦相爲配匹而已。」

王肅曰：「經，經死於溝瀆之中也。管仲、召忽之於公子糾，君臣之義未正成，故死之未足深嘉，不死未足多非。二人並足〔二〕爲是非也。死事既難，亦在於過厚。死是人生之難，而召忽於子糾未成君臣，今爲之死，亦是過厚，不及管仲不死也。故仲尼但美管仲之功，亦不

〔一〕「吾」下，齋本、庫本有「其」字。正平版何解、邢疏、朱注亦有「其」字。

〔二〕「足」上，齋本、庫本有「不」字。

言召忽不當死也。」

公叔文子之臣大夫僎，即前孔子所問公明賈之文子也。有臣名僎，亦爲大夫也。與文子同升諸公。升，朝也。諸，之也。公，衛君也。文子是衛大夫，僎本是家臣，見之有才德〔一〕，不將爲己之臣，恐掩賢才，乃薦於衛君。衛君用之，亦爲大夫，與文子尊卑使敵，恒與文子齊列同班者也。

孔安國曰：「大夫僎，本文子家臣也，薦之使與己並爲大夫，同升在公朝也。」

子聞之曰：「可以爲文矣。」子，孔子也。聞文子與家臣同升，而美之也。言謚爲〔二〕文也。以其德行必大，得謚爲文矣。謚，音誌〔三〕。

孔安國曰：「言行如是，可謚爲文也。」

子曰：「衛靈公之無道久也。」孔子歎衛靈〔四〕無道。康子曰：「夫如是，奚而不喪？」康子，魯季康子也。夫，指衛靈公也。奚，何也。康子問〔五〕孔子歎衛君無道，故致其言：夫無道者必須喪傾

〔一〕「德」，齋本、庫本作「能」。
〔二〕「爲」，齋本、庫本無此字。
〔三〕「謚音誌」，齋本、庫本無此三字。
〔四〕「衛靈」，齋本、庫本作「衛君」。
〔五〕「問」，齋本、庫本作「聞」，是。

邦，靈公奚無道行意不喪亡其邦〔一〕乎？ 孔子曰：「仲叔圉治賓客，祝鮀治宗廟，王孫賈治軍旅。夫如是，奚其喪？」孔子答康子，言靈公無道邦國不喪之由也，此〔二〕三臣各掌其政也。喪，亡也。或問曰：靈公無道，焉得有好臣？ 答曰：或是先人老臣未去者也，或是靈公少時可得良臣，而後無道，故臣未去也。

孔安國曰：「言君雖無道，所任者各當其才，何爲當亡乎也？」

子曰：「其言之不怍，則其爲之難也。」怍，慙也。人内心虛詐者，外言貌必慙。若内有其實，則外貌無慙。時多虛妄，無慙怍少〔三〕，故王弼曰：「情動於中而外形於言，情正實而後言之不怍。」

馬融曰：「怍，慙也。内有其實，則言之不慙。積其實者，爲之難也。」

陳成子殺簡公。陳恒〔四〕也，謚成子。魯哀公十四年甲午，齊陳恒殺其君壬于舒州。孔子沐浴而朝，告於哀公。魯、齊同盟，分災救患，故齊亂則魯宜討之。禮：臣下凡欲告君諮謀，必先沐浴。孔子

〔一〕「邦」，齋本、庫本作「國」。
〔二〕「此」上，齋本、庫本有「有」字。
〔三〕「少」，齋本、庫本作「也」，是。
〔四〕「陳恒」上，齋本、庫本有「陳成子」三字。

是臣，故先沐浴，告於哀公。孔丘三日齊〔一〕，而請伐齊。曰：「陳恒殺其君，請討之。」此〔二〕哀公之事也。哀公言：「魯爲齊弱久矣。子之伐之，將若之何？」對曰：「陳恒殺其君，民不與者半，以魯衆加齊之半，可克。」是孔子對曰也。

馬融曰：「陳成子，齊大夫陳恒也。將告君，故先齊，齊必沐浴也。」

公曰：「告夫二三子。」二三子是三卿：仲孫、叔孫、季孫。公得孔子告，不敢自行，更令孔子往告三卿。孔子辭之而不告也。

孔安國曰：「謂三卿也。」

孔子曰：「以吾從大夫之後，不敢不告也。孔子得公令告三卿，故言此答之。言我是大夫，大夫聞事，應告于〔三〕主君。云「從大夫之後」者，孔子謙也。君曰『告夫二三子』者。」我禮〔四〕應告君，本不應告三子，今君使我告三子，我當往告。

馬融曰：「我於禮當告君，不當告二三子。君使我往，故復往也。」

〔一〕「孔丘三日齊」，齋本、庫本無此五字。
〔二〕「此」下，齋本、庫本有「告」字，當從。
〔三〕「于」，齋本、庫本作「先」，誤。
〔四〕「我禮」，齋本、庫本作「禮我」。

之二三子，之，往也。孔子從君命而往。告，不可。三子告孔子曰不可討齊也。孔子曰：「以吾從大夫之後，不敢不告。」三子既告孔子云齊不可討，故孔子復以此辭語之曰〔一〕止也。

馬融曰：「孔子由君命，之二三子，告，不可，故復以此辭語之而止之也。」

子路問事君。問孔子求事君之法。子曰：「勿欺也，而犯之。」答事君當先盡忠而不欺也。君若有過，則必犯顔而諫之也。禮云：「事君有犯而無隱，事親有隱而無犯。」

孔安國曰：「事君之道，義不可欺，當能犯顔色諫争也。」

子曰：「君子上達，上達者，達於仁義也。小人下達。」下達，謂達於財利。所以與君子反也。

本爲上，末爲下也。明今古有異也〔二〕。

子曰：「古之學者爲己，古人所學，己未善，故學先王之道，欲以自己行之，成己而已也。今之學者爲人。」今之世，學非以〔三〕復爲補己之行闕，正是圖能勝人，欲爲人言己之美，非爲己行不足也。

〔一〕「曰」，齋本、庫本作「而」，義勝。

〔二〕「明今古有異也」，齋本、庫本放在經文處，接於「古之學者爲己」句下，當從。

〔三〕「以」，齋本、庫本無此字。

孔安國曰：「爲己，履〔一〕而行之也。爲人，徒能言之也。」徒，空也。爲〔二〕人言之而已，無其行也。一云：徒則圖也，言徒爲人説也。

蘧伯玉使人於孔子。使人往孔子處。孔子與之坐而問焉，孔子與伯玉之使者坐而問之。

孔安國曰：「伯玉，衛大夫蘧瑗也。」

曰：「夫子何爲？」此孔子所問之事。孔子指伯玉爲夫子，問使者，汝家夫子何所作〔三〕爲耶？對曰：「夫子欲寡其過而未能也。」使者答言：我家夫子恒自修省，夙夜戒慎，欲自寡少於過失，而未能寡於過也。

言夫子欲寡其過，而未能無過也。

使者出。使者答竟而出。子曰：「使乎！使乎！」孔子美使者之爲美，故再言「使乎」者，言伯玉所使得爲〔四〕其人也。顔子尚未能無過，況伯玉乎！而使者云「未能」，是得伯玉之心而不見欺也。

陳羣曰：「再言『使乎』，善之也，言使得其人也。」

〔一〕「履」下，齋本、庫本有「道」字。正平版何解、邢疏無「道」字。
〔二〕「爲」上，齋本、庫本有「外空」二字。
〔三〕「作」，齋本、庫本無此字。
〔四〕「得爲」，齋本、庫本作「爲得」。

子曰：「不在其位，不謀其政。」誡人各專己職，不得濫謀圖他人之政也。曾子曰：「君子思不出其位。」君子思慮當己分内，不得出己之外，而思他人事。思於分外，徒勞不〔一〕得。袁氏云：「不求分外。」

孔安國曰：「不越其職也。」

子曰：「君子恥其言之過其行也。」君子之人，顧言慎行。若空出言而不能行遍，是言過其行也。君子恥之，小人則否。子曰：「君子道者三，我無能焉：言君子所行之道者〔二〕三。夫子自謙，我不能行其一也。我者，孔子自言也。仁者不憂，一，樂天知命，内省不疾〔三〕，是無憂。智者不惑，二，智者以昭了爲用，是無疑惑。勇者不懼。」三，既有才力，是以捍難衛侮，是無懼敵也。子貢曰：「夫子自導〔四〕也。」孔子云無，而實有也，故子貢云：孔子自道説也。江熙云：「聖人體是極於冲虚，是以忘其神武，遺其靈智，遂與衆人齊其能否，故曰『我無能焉』。子貢識其天真，故曰『夫子自道之』也。」子貢方

〔一〕「不」下，齋本、庫本有「可」字。
〔二〕「者」，齋本、庫本作「有」。
〔三〕「疾」，齋本、庫本作「疚」。
〔四〕「導」，齋本、庫本作「道」。邢疏、朱注作「道」。正平版何解作「導」。

人。方，比方人也。子貢以甲比乙，論彼此之勝劣者。

孔安國曰：「比方人也。」

子曰：「賜也賢乎我夫哉？夫人行難知，故比方人優劣之不易，且誰聞己之劣？故聖人不言。聖人不言，而子貢專輒比方之，故抑之而〔一〕云賢乎哉。**我則不暇。」**事既爲難，故我則不暇有比方之說。

孔安國曰：「不暇比方人也。」江熙云：「比方人不得不長短相傾，聖人誨人不倦，豈當相藏〔二〕否？故云『我則不暇』。是以問師〔三〕之賢而無毀譽，長物之風於是乎〔四〕。」

子曰：「不患人不己知，患己無能。」言不患人之不知我之有才能也，正患無才能以與人知耳。

王肅曰：「徒患己之無能也。」

子曰：「不逆詐，逆者，返〔五〕也。君子含弘接納，不得逆欺物以詐僞也。李充云：「物有似真而僞，亦有

〔一〕「而」，齋本、庫本無此字。

〔二〕「藏」，齋本、庫本作「臧」，是。

〔三〕「師」，齋本、庫本作「人」。

〔四〕「乎」下，齋本、庫本有「暢」字。「江熙云」至「是乎」，齋本、庫本放在解經文處，接於「故我則不暇有比方之説」句下。

〔五〕「返」，齋本、庫本作「迎」。

似僞而真者。信僭則懼及僞人，詐濫則懼及真人。寧信詐則爲教之道弘也。」不億不信，億，億必也。事必須驗，不得億必，懸期人之不信。李充云：「人而無信，不知其可也。然閑邪存誠，不在善察，若見失信於前，必億其無信於後，則容長之風虧，而改過之路塞矣。」（億，音憶。）抑亦先覺者，是賢乎？」言若逆詐及憶不信者，此乃是先少覺人情者耳，寧可謂是爲賢者之行乎？李充云：「夫至覺忘覺，不爲覺以求覺〔一〕。先覺雖覺，同逆詐之不覺也。」

孔安國曰：「先覺人情者，是寧能爲賢乎？或時反怨人也。」言先覺或濫，則反受怨責也。顏特進云：「能無此者，雖未窮明理，而亦先覺之次也〔二〕。」

微生畝謂孔子曰：「丘何爲是栖栖者與？無乃爲佞乎？」微生畝見孔子東西遑遑，屢適不合，故呼孔子名而問之也。言丘何是爲此栖栖乎？將欲行詐佞之事於時世乎也？

苞氏曰：「微生，姓也。畝，名也。」

孔子對曰：「非敢爲佞也，疾固也。」孔子答云：我之栖栖，非敢詐佞，政是忿疾世固陋，我欲行

〔一〕「覺」上，齋本、庫本有「先」字。

〔二〕「顏特進云」至「次也」，齋本、庫本放在解經文處，接於「同逆詐之不覺也」句下。末句「亦」字上，齋本、庫本有「抑」字。

道以化之故耳。

苞氏曰：「疾世固陋，欲行道以化之〔一〕也。」

子曰：「驥不稱其力，稱其德也。」驥者，馬之上善也。于時輕德重力，故孔子引譬言〔二〕之也。言伯樂曰，驥非重其力，政是稱其美德耳。驥既如此，而人亦宜然。

鄭玄曰：「德者，謂調良之德也。」江熙云：「稱伯樂曰，驥有力而不稱，君子雖有兼能，而惟稱其德也〔三〕。」

或曰：「以德報怨，何如？」或人問孔子曰：彼與此有怨，而此人欲行德以報彼怨，其事理何如也？

子曰：「何以報德？孔子不許也。言彼有怨，而德以報彼，設彼有德於此，則又何以報之也？

德，恩惠之德也。

以直報怨，以德報德。」既不許「以德報怨」，故更答以此也。不許「以德報怨」，言與我有怨者，我宜用直道報之；若與我有德者，我以備德報之。所以不持〔四〕德報怨者，若行怨而德報者，則天下皆行怨以要德

〔一〕「之」，齋本、庫本作「人」。正平版何解亦作「人」。邢疏作「之」。
〔二〕「言」，齋本、庫本作「抑」。
〔三〕「江熙云」至「德也」，齋本、庫本放在解經文處，接於「而人亦宜然」句下。
〔四〕「持」，齋本、庫本作「以」。

報之，如此者是取怨之道也。**子曰：「莫我知也夫！」**莫，無也。孔子歎世人無知我者。**子貢曰：「何爲其莫知子也？」**子貢怪夫子有此言，云何謂莫知子乎？何爲，猶若爲也。

子貢怪夫子言何爲莫知己，故問也。

子曰：「不怨天，不尤人。孔子答無知我之事。尤，責也。言我不見用，而世人咸言我應怨天責人，而我實無此心也。人不見知而我不責人，天不見用我亦不怨天也。

馬融曰：「孔子不用於世，而不怨天；人不知己，亦不尤人也。」

下學而上達，解無知我所以不怨天不尤人之由也。下學，學人事。上達，達天命。我既學人事，人事有否有泰，故我〔一〕不尤人。上達天命，天命有窮有通，故我不怨天也。

孔安國曰：「下學人事，上知天命也。」

知我者其唯〔二〕天乎！」人不見知我，我不怨不尤者，唯天知之耳。

聖人與天地合其德，故曰唯天知己也。聖人德合天地，天地無怨責，故亦不怨責之也〔三〕。

〔一〕「我」，齋本、庫本無此字。

〔二〕「唯」，齋本、庫本無此字。正平版何解、邢疏、朱注亦無「唯」字。

〔三〕「天地無怨責，故亦不怨責之也」，齋本、庫本作「天地無可怨責，故我亦不怨責之也」。

公伯寮愬子路於季孫。愬，譖也。子路時仕季氏，而伯寮讒季氏，令信讒〔一〕譖子路也。

馬融曰：「愬，譖也。伯寮，魯人，弟子也。」亦是孔子弟子，其家在魯，故云「魯人，弟子也」。

子服景伯以告，子服景伯聞〔二〕伯寮譖子路，故告孔子。

馬融曰：「魯大夫子服何忌也。告，告孔子也。」

曰：「夫子固有惑志，此景伯所告之辭。夫子者，季孫爲夫子也。惑志，謂季孫信伯寮之讒子路也。

孔安國曰：「季孫信讒〔三〕，恚子路也。」

於公伯寮也，吾力猶能肆諸市朝。」景伯既告孔子云：季子〔四〕猶有惑志，而又説此〔五〕助子路，使子路無罪，而伯寮致死。言若於他人絯〔六〕有豪勢者，則吾力勢不能誅耳。主〔七〕於伯寮者，則吾之力勢，是能使季孫審子路之無罪，而殺伯寮於市朝也。肆者，殺而陳尸也。

〔一〕「讒」，齋本、庫本作「譏」，誤。
〔二〕「聞」下，齋本、庫本有「公」字。
〔三〕「讒」，齋本、庫本作「纔」，誤。
〔四〕「季子」，齋本、庫本作「季氏」。
〔五〕「説此」，齋本、庫本作「此説」。
〔六〕「絯」，齋本、庫本作「該」。「絯」有「拘束」、「約束」義，「該」有「譖」義，比較而言，「該」字義勝。
〔七〕「主」，齋本、庫本作「若」，義順。

鄭玄曰：「吾勢能辨子路之無罪於季孫，使之誅伯寮而肆也。有罪既刑，陳其尸，曰肆也。」殷禮：殺大夫已上於朝，殺士於市，殺而猶陳曝其尸以示百姓，曰肆也。

子曰：「道之將行也與，命也。孔子答景伯，以子路無罪，言人死生有命，非伯寮之譖如何。言人之道德得行於世者歟，此是天之命也。道之將廢也與，命也。公伯寮其如命何！」又言人君道廢墜不用於世者，此亦是天之命也。子路之道廢興，由天之命耳。雖公伯寮之譖，其能違天命而興廢於子路耶？江熙云：「夫子使景伯辨子路，則不過季孫爲甚，拒之則逆其區區之誠，故以行廢之命期之，或有如不救而大救也。」子曰：「賢者避世，聖人磨而不磷，涅而不緇，無可無不可，故不以治亂爲隔。若賢者去就順時，若天地閉塞，則〔一〕賢人便隱，高蹈塵外，枕石漱流〔二〕。天子不得而臣，諸侯不得而友，此謂避世之士也。孔安國曰：「世主莫得而臣〔三〕之也。」

其次避地，謂中賢也。未能高栖絶世，但擇地處，去亂就治，此是避地之士也。馬融曰：「去亂國，適治邦也。」

〔一〕「則」字，庫本脱。

〔二〕「枕石漱流」，齋本、庫本作「枕流漱石」，誤。

〔三〕「臣」，齋本、庫本作「匡」，誤。

其次避色，此次中之賢也。不能預擇治亂，但臨時觀君之顔色，顔色惡則去，此謂避色之士也。

孔安國曰：「色斯舉也。」

其次避言。」此又次避色之賢者。不能觀色斯舉矣，唯但聽君言之是非，聞惡言則去，此謂避言之士也。

孔安國曰：「有惡言，乃去也。」

子曰：「作者七人矣。」引孔子言，證能避世已〔一〕下，自古已來，作此行者唯七人而已矣。

苞氏曰：「作，爲也。爲之者凡七人，謂長沮、桀溺、丈人、石門、荷篢〔二〕、儀封人、楚狂接輿也。」七人，是注中有七人也。王弼云：「七人：伯夷、叔齊、虞仲、夷逸、朱張、柳下惠、少連也。」鄭康成云：「伯夷、叔齊、虞仲，避世者；荷蓧、長沮、桀溺，避地者；柳下惠、少連，避色者；荷篢、楚狂接輿，避言者也。」七，當爲十字之誤也。

子路宿於石門。石門，地名也。子路行住石門宿也。云〔三〕石門者，魯城門外也。**石門晨門曰：「奚自？」**晨門，守石門晨昏開閉之吏也，魯人也。自，從也。子路既在石門，守門之吏朝早開見子路從石

〔一〕「已」，齋本、庫本作「以」。

〔二〕「篢」，齋本、庫本作「蕢」，下同。正平版何解、邢疏作「蕢」。

〔三〕「云」上，齋本、庫本有「一」字。

門行過，故問子路云：汝將從何而來耶？

晨門者，閽人也。守昏晨者也。

子路曰：「自孔氏。」子路答曰：我此行，從孔子〔一〕處來也。曰：「是知其不可而爲之者與？」晨門聞子路云從孔子〔二〕，故知是孔子也。言孔子知世不可教化，而强周流東西，是知其不可爲之，故問之。

苞氏曰：「言孔子知世不可爲，而强爲之也。」

子擊磬於衛，孔子時在衛，而自以槌擊磬而爲聲也。有荷蕢而過孔子〔三〕之門者，荷，擔揚〔四〕也。蕢，織草爲器，可貯物也。當孔子擊磬之時，有一人擔揚草器而過孔子之門也。曰：「有心哉，擊磬乎！」荷蕢者聞孔子磬聲而云：非是平常之其聲乎，有別所志，故云「有心哉」。

蕢，草器也。有心，謂契契然也。契契，謂心別有所志。詩云：「契契寤歎。」

〔一〕「孔子」，齋本、庫本作「孔氏」。

〔二〕「孔子」，齋本、庫本作「孔氏」，語義更順。

〔三〕「孔子」，齋本、庫本作「孔氏」。邢疏、朱注亦作「孔氏」。

〔四〕「揚」，齋本、庫本作「揭」，是。下同。「揭」有「擔」「負」義。

既而曰：「鄙哉，既而，猶既畢也。荷蕢既云「有心」而察之，察之既畢，又云「鄙哉」，言磬中之聲甚可鄙劣也。硜硜乎！莫己知也，此鄙哉之事，言聲中硜硜，有無知己之也。斯己而已矣。又言孔子硜硜，不肯隨世變，唯自信己而已矣。

此硜硜徒信己而已，言亦無益也。徒，空也。時既不行，而猶空信己道欲行之，是於教化無所益也。

深則厲，淺則揭。」荷蕢者又引言〔一〕爲譬，以諫孔子也。以衣涉水爲厲，褰衣涉水曰揭。言人之行道化世，當隨世盛衰，如涉水也。若水深者，則不須揭衣，揭衣曾是無益，當合而厲之。水若淺〔二〕者，涉當褰揭而度。譬如爲教，若世不可教，則行之如不揭也。若世可教，則行之如揭衣以涉水也。爾雅云：「繇膝以下爲揭，繇膝以上爲厲。」繇，猶由也。

苞氏曰：「以衣涉水爲厲。揭，揭衣。言隨世以行己，若遇水必以濟，知其不可則當不爲也。」

〔一〕「言」，齋本、庫本作「事」。
〔二〕「水若淺」，齋本、庫本作「若水淺」。

子曰：「果哉，末之難矣！」孔子聞荷蕢譏己，而發此言也。果者，敢也。末，無也。言彼未解我意，而便譏我，此則爲果敢之甚也，故云「果哉」。但我道之深遠，彼是中人，豈能知我？若就彼中人求無譏者，則爲難矣。玄風之攸在，賢聖〔一〕相與，必有以也。夫相與於無相與，乃相與之至。相爲於無相爲，乃相爲之遠。苟各修本，奚其泥也？同自然之異也。雖然，未有如荷蕢之談譏甚也。案文索義，全近則泥矣，其將遠則通理。嘗試論之，武王從天應民，而夷齊叩馬，謂之殺君。夫子疾固勤誨，而荷蕢之聽以爲硜硜。言其未達邪〔二〕，則彼皆賢也。達之先於衆矣。殆以聖人作而萬物都覩，非聖人，則無以應萬方之求，救天下之弊。然救弊之迹，弊之所緣。勤誨之累，則焚書坑儒之禍起。革命之弊，則王莽、趙高之釁成。不格擊其迹，則無振希聲之極致。故江熙云：「隱者之談夫子，各致此出處不乎。」

未知己志，而便譏己，所以爲果也。末，無也。無難者，以其不能解己道也。

子張曰：「書云：『高宗諒陰，三年不言。』何謂也？」高宗，殷中興之王也，名武丁。殷家卅帝，水德，王六百廿九年。高宗是第二十二帝也，前帝小乙之子也。其武丁登祚之時，殷祚已得三百四十

〔一〕「賢聖」，齋本、庫本作「聖賢」。

〔二〕「邪」，齋本、庫本作「耶」。

三年。其德高而可宗，故謂爲高宗也。諒，信也。陰，默也。尚書云：「祚〔一〕其即位，乃或亮陰，三年不言。」是武丁起其即王位，則小乙死，乃有信默，言其孝行著。子張讀尚書，見之不曉，嫌與世異，故發問孔子「何謂也」。

孔安國曰：「高宗，殷之中興王武丁也。諒，信也。陰，猶默也。」或呼倚廬爲諒陰，或呼爲梁闇，或呼梁庵，各隨義而言之。

子曰：「何必高宗，古之人皆然。孔子答子張古之人君也。言古之人君有喪者，皆三年不言，何必獨美高宗耶？此言亦激時人也。**君薨，百官總己，**說人君之喪，其子得不言之由。若君死，則羣臣百官不復諮詢於君，而各總束己之事，故云「總己」也。

馬融曰：「己，己百官也。」具〔二〕己於百官，各自束己身也。

以聽於冢宰三年。」冢宰，上卿也。百官皆束己職三年，聽冢宰，故嗣君〔三〕三年不言也。

孔安國曰：「冢宰，天官卿，佐王治者也。三年喪畢，然後王自聽政之也。」

〔一〕「祚」，齋本、庫本作「作」。下句「亮陰」，齋本、庫本作「諒陰」。十三經注疏本尚書無逸作「作其即位，乃或亮陰，三年不言」。
〔二〕「具」上，齋本、庫本有「己」字。
〔三〕「君」上，齋本、庫本有「王」字。

子曰：「上好禮，則民易使之也。」禮以敬爲主，君既好禮，則民莫敢不敬，故易使也。民莫敢不敬，故易使之也〔一〕。子路問君子。問爲君子之法也。子曰：「脩己以敬。」身正則民從，故君子自脩己身而自敬也。

孔安國曰：「敬其身也。」

曰：「如斯而已乎？」子路嫌其少，故重更諮問孔子如此而已乎。斯，此也。曰：「脩己以安人。」答子路，言當能先自脩敬己，而後安人也。

孔安國曰：「人謂朋友九族也。」

曰：「如斯而已乎？」子路又嫌少也。曰：「脩己以安百姓。」又答云：先脩敬己身，然後乃安於百姓也。脩己以安百姓，堯、舜其猶病諸！」病，難也。諸，之也。言先能內自脩己而外安百姓，此事爲大難也。堯、舜之〔二〕聖，猶患此事爲難，故云「病諸」也。衛瓘云：「此難事，而子路狹掠之，再云『如斯而已乎』，故云：過此則堯、舜所病也。」郭象云：「夫君子者不能索足，故脩己者索己。故脩己者僅可以內敬其身，外安同己之人耳，豈足安百姓哉？百姓百品，萬國殊風，以不治治之，乃得其極。若欲脩己以治

〔一〕「民莫敢不敬，故易使之也」，此句齋本、庫本爲何晏注文，正平版何解、邢疏亦爲何晏注文。
〔二〕「之」下，齋本、庫本有「至」字。下句「爲」字，齋本、庫本無。

之，雖堯、舜必病，況君子乎？ 今見〔一〕堯、舜非脩之也，萬物自無爲而治，若天之自高，地之自厚，日月之明，雲行雨施而已，故能夷暢條達、曲成不遺而無病也。」

孔安國曰：「病，猶難也。」

原壤夷俟。原壤者，方外之聖人也，不拘禮教〔二〕，與孔子爲朋友。夷，踞也。俟，待也。壤聞孔子來，而夷踞豎膝以待孔子之來也。

馬融曰：「原壤，魯人，孔子故舊也。夷，踞也。俟，待也。踞待孔子也。」

子曰：「幼而不遜悌，長而無述焉，孔子方内聖人，恒以禮教爲事。見壤之不敬，故歷數之以訓門徒也。言壤少而不以遜悌自居，至於年長猶自放恣，無所效述也。老而不死，是爲賊。」言壤年已老而未死，行不敬之事，所以賊害於德也。

賊，爲〔三〕賊害也。

以杖叩其脛。脛，脚脛也。膝上曰股，膝下曰脛。孔子歷數言之既竟，又以杖叩擊壤脛，令其脛而不夷踞也。

〔一〕「見」，齋本、庫本無此字。

〔二〕「教」，齋本、庫本作「敬」。

〔三〕「爲」，齋本、庫本作「謂」。邢疏亦作「謂」。正平版何解作「爲」。

孔安國曰：「叩，擊也。脛，脚脛也。」

闕黨童子將命矣。五百家爲黨。此黨名闕，故云闕黨也。童子，未冠者之稱。將命，是傳賓主之辭。謂闕黨之中有一小兒，能傳賓主之辭出入也。

馬融曰：「闕黨之童子將命者，傳賓主之語出入之也。」

或問之曰：「益者與？」或見小兒傳辭，故問孔子云：此童子而傳辭，是自求進益之道也與？子曰：「吾見其居於位也，孔子答云：其非求益之事也。禮：童子隅坐無有別〔一〕位，而此童子不讓，乃與或〔二〕人並居位也。

童子隅坐無位，成人乃有位也。隅，角也。童子不令〔三〕與成人並位，但就席角而坐，是無位也矣。

見其與先生並行也。先生者成人，謂先己之生也，非謂師也。禮：「父之齒隨行，足〔四〕之齒雁行。」此童子行不讓於長，故云「與先生並行也」。非求益者也，欲速成者也。」孔子又云：此童子既居位並

〔一〕「別」，齋本、庫本作「列」，是。
〔二〕「或」，齋本、庫本作「成」，是。
〔三〕「令」，齋本、庫本作「合」。
〔四〕「足」，齋本、庫本作「兄」，是。

行，則非自求進益之道，正是欲速成人耳。違禮欲速成者，非是求益之道也。

苞氏曰：「先生，成人也。並行，不差在後也。違禮，欲速成者也，則非求益者之也。」

論語義疏第七　經二千三百九十四字　注二千五百五十六字

論語義疏卷第八 衛靈公 季氏

梁國子助教吳郡皇侃撰

論語衛靈公第十五

何晏集解　凡卅章

疏 衛靈公者，衛國無道之君也。所以次前者，憲既問仕，故舉時不可仕之君，故〔一〕衛靈公次憲問也。

衛靈公問陣於孔子。孔子至衛，欲行文教，而靈公不慕勝業，唯知問於軍陣之事也。

孔安國曰：「軍陣，行列之法也。」

孔子對曰：「俎豆之事，則嘗聞之矣。俎豆，禮器也。孔子武文自然兼能，今抑靈公，故〔二〕唯嘗聞俎豆事也。

孔安國曰：「俎豆，禮器也。」

〔一〕「故」下，齋本、庫本有「以」字。
〔二〕「故」下，齋本、庫本有「云」字。

軍旅之事，未之學也。」拒之，故云不嘗〔一〕學軍旅也。鄭玄曰：「萬二千五百人爲軍，五百人爲旅也。」周禮小司徒職云：「五人爲伍，五五〔二〕爲兩，四兩爲卒，五卒爲旅，五旅爲師，五師爲軍也。」鄭玄曰：「萬二千五百人爲軍，五百人爲旅也。軍旅，末事。本未立，則不可教以末事也。」本，謂文教也。靈公未能文，故不教之武者也。

明日遂行。孔子至衛，既爲問武，故其明日遂行，不留衛〔三〕也。在陳絶粮，明日遂行，初往曹，曹不容。又往宋，在宋遭匡人之圍。又往陳，遇吴伐陳，陳大亂，故乏絶粮食矣。從者病，莫能興。從者，諸〔四〕弟子從孔子行在陳者也。病，飢困也。興，起也。既絶粮，故從行弟子皆餓困，莫能起者也。孔安國曰：「從者，弟子。興，起也。孔子去衛如曹，曹不容。如，往也。又之宋，遭匡人難。之，亦往也。又之陳，會吴伐陳，陳亂，故乏食也。」會，猶遇也。

子路愠見。諸〔五〕子皆病，無能起者，唯子路剛强，獨能起也。心恨君子行道乃至如此困乏，故便愠色而

〔一〕「嘗」，齋本、庫本無此字。
〔二〕下「五」字，齋本、庫本作「伍」，是。
〔三〕「衛」下，齋本、庫本有「國」字。
〔四〕「諸」上，齋本、庫本有「謂」字。
〔五〕「諸」，齋本、庫本作「弟」。

見孔子也。曰：「君子亦〔一〕窮乎？」此愠見之辭也。曾聞孔子云「學也祿在其中」，則君子不應窮乏，今日如此，與孔子言乖，故問云：君子亦窮乎？子曰：「君子固窮，小人窮斯濫矣。」孔子言〔二〕此答，因抑小人也。言君子之人固窮，亦有窮時耳。若不安〔三〕窮而爲濫溢，則是小人，故云「小人窮斯濫」者矣。

濫，溢也。君子固亦有窮時，但不如小人窮則濫溢爲非也。

子曰：「賜也，汝以予爲多學而識之者與？」時人見孔子多學〔四〕識，並謂孔子多學世事而識之，故孔子問子貢而釋之也。對曰：「然，然，如此也。子貢答云：賜亦謂孔子多學，故如此多識之也。

孔安國曰：「然者，謂多學而識之也。」

非與？」子貢又嫌孔子非多〔五〕而識，故更問定云「非與」。非與〔六〕，與，不定辭也。

孔安國曰：「問今不然耶。」

〔一〕「亦」下，齋本、庫本有「有」字。邢疏、朱注亦有「有」字。觀疏文「故問云君子亦窮乎」，證無「有」字。

〔二〕「言」，齋本、庫本無此字。

〔三〕「安」，齋本、庫本作「守」。

〔四〕「學」，齋本、庫本無此字。

〔五〕「多」下，齋本、庫本有「學」字。

〔六〕「非與」，齋本、庫本無此二字。

曰：「非也，孔子又答曰：非也，言定非又〔一〕多學而識之也。予一以貫之。」貫，猶穿也。既答曰「非也」，故此更答所以不多學而識之由也。言我所以多識者，我以一善之理貫穿萬事，而萬事自然可識，故得知之，故云「予一以貫之」也。

善有元，事有會。元，猶始也。會，猶終也。元者善之長，故云「善有元」也。事各有所終，故云「事有會」也。天下殊塗而同歸，解「事有會」也。事雖殊塗，而其要會皆同，有所歸也。百慮而一致。解「善有元」。致，極也。人慮乃百，其元極則同起一善也。知其元則衆善舉矣，故不待多學，一以知之也。是善長舉元，則衆善自舉，所以不須多學，而自能識之也。

子曰：「由，知德者鮮矣！」由，子路也。呼子路語之也，云夫知德之人難得，故爲少也。

王肅曰：「君子固窮，而子路愠見，故謂之少於知德者也。」按如注意，則孔子此語爲問絶糧而發〔二〕之也。

子曰：「無爲而治者，其舜也與？舜上受堯禪於己，己又不〔三〕禪於禹，受授得人，故孔子歎舜

〔一〕「言」下，齋本、庫本有「我」字。「又」字，齋本、庫本無。
〔二〕「發」上，齋本、庫本有「譏」字。
〔三〕「不」，齋本、庫本作「下」，是。

無爲而能治也。**夫何爲哉？恭己正南面而已矣。」**既授受〔一〕善得人，無勞於情慮，故云「夫何爲哉」也。既垂拱而民自治，故〔二〕所以自恭敬而居天位，正南面而已也。

言任官得其人，故無爲而治也。由授受〔三〕皆聖，舉十六相在朝，故是任官得其人也。蔡謨云：「謨昔聞過庭之訓於先君曰：堯不得無爲者，所承非聖也。禹不得無爲者，所授非聖也。今三聖相係，舜居其中，承堯授禹，又何爲乎？夫道同而治異者，時也。自古以來，承至治之世，接二聖之間，唯舜而已，故特稱之焉〔四〕。」

子張問行。問人立身居世修善，若爲事而其道事，可得行於世乎？**子曰：「言忠信，行篤敬，**答也。云欲使道行於世者，出言必使忠信，立行必須篤厚恭敬也。**雖蠻貊之邦，行矣。**若身自脩〔五〕前德，無論居處於華夏，假令居住蠻貊遠國，則己之道德無所不行也。**言不忠信，行不篤敬，雖州里，行乎哉？**又云：若不能脩身〔六〕前德，而身雖居中國州里之近，而所行亦皆不行，故云「行乎哉」，言

〔一〕「授受」，齋本、庫本作「受授」。
〔二〕「故」，齋本、庫本作「政」。
〔三〕「授受」，齋本、庫本作「受授」。
〔四〕「蔡謨云」至「稱之焉」，齋本、庫本放在解經文處，接於「正南面而已也」句下。
〔五〕「自脩」，齋本、庫本作「修」。
〔六〕「脩身」，齋本、庫本作「身修」。

不行也。

鄭玄曰：「萬二千五百家爲州，五家爲鄰，五鄰爲里。此王畿遠郊内外民居地名也。『行乎哉』，言不可行也。」

立則見其參然[一]於前也，參，猶森也。言若敬德之道行，己立在世間，則自想見忠信篤敬之事，森森滿亘於己前也。在輿則見其倚於衡也，倚，猶憑依也。衡，車衡軛也。又若在車輿之中，則亦自想見忠信篤敬之事，羅列憑依滿於衡軛之上也。夫然後行也。」若能行存想不忘，事事如前，則此人身無往而不行，故云「夫然後行也」。

苞氏曰：「衡，軛也。言思念忠信，立則常想見參然在前，在輿則若倚衡軛也。」

子張書諸紳。紳，大帶也。子張聞孔子之言可重，故書題於己衣之大帶，欲日夜在[二]録不忘也。

孔安國曰：「紳，大帶也。」

子[三]曰：「直哉，史魚！美史魚之行正直也。

[一]「然」字，庫本脱。
[二]「在」，齋本、庫本作「存」，義勝。
[三]「子」，原作「民」，據齋本、庫本改。

孔安國曰：「衛大夫史鰌也。」

邦有道，如矢。邦無道，如矢。證其爲直，譬矢箭也，性唯直而不曲。言史魚之德，恒直如箭，不似〔一〕國有道無道爲變曲也。

孔安國曰：「有道無道，行直如矢，不曲也。」

君子哉，蘧伯玉！又美蘧瑗也。進退隨時，合時之變，故曰「君子哉」也。邦有道，則仕。出其君子之事也。國若有道，則肆其聰明以佐時也。邦無道，則可卷而懷之。」國若無道，則韞〔二〕光匿智，而懷藏以避世之害也。

苞氏曰：「卷而懷，謂不與時政，柔順不忤於人也。」

子曰：「可與言而不與言，失人；謂此人可與共言，而已不〔三〕與之言，則此人不復見顧，故是失於可言之人也。不可與言而與之言，失言。言與不可言之人共言，是失我之言者也。智者不失人，亦不失言。」唯有智之士，則備照二途，則人及言並無所失也。

〔一〕「似」，齋本、庫本作「以」，是。
〔二〕「韞」，齋本、庫本作「韜」。「韞」「韜」義同，皆有「藏」義。
〔三〕「不」下，齋本、庫本有「可」字，衍。

所言皆是，故無所失者也。

子曰：「志士仁人，謂心有善志之士及能行仁之人也。無求生以害仁，既志善行仁，恒欲救物，故不自求我之生以害於仁恩之理也。生而害仁，則志士不爲也。有殺身以成仁。」若殺身而仁事可成〔一〕，則志士仁人必殺身爲之，故云「有殺身成仁」也。殺身而成仁，則志士所不吝也。

孔安國曰：「無求生而害仁，死而後成仁，則志士仁人不愛其身也。」繆播云：「仁居理足，本無危亡。然賢而圖變，變則理窮，窮則任分，所以有殺身之義，故比干割〔二〕心，孔子曰：『殷有三仁也〔三〕。』」

子貢問爲仁。問爲仁人之法也。子曰：「工欲善其事，必先利其器。將欲答於爲仁術，故先爲設〔四〕譬也。工，巧師也。器，斧斤之屬也。言巧師雖巧藝若般輸〔五〕，而作器不利，則巧事不成。如欲其所作事善，必先磨利其器也。居是邦也，事其大夫之賢者，友其士之仁者也。」合譬成答

〔一〕「成」下，齋本、庫本有「仁也」二字，衍。
〔二〕「割」，庫本作「剖」。
〔三〕「繆播云」至「三仁也」，齋本、庫本放在解經文處，接於「則志士所不吝也」句下。
〔四〕「設」，齋本、庫本作「説」，恐誤。
〔五〕「般輸」，齋本、庫本作「輸般」，是。

也。是，猶此也。言人雖有賢才美質，而居住此國，若不事賢不友〔一〕仁，則其行不成，如工器之不利也。必欲行成，當事此國大夫之賢者，又友此國士之仁者也。大夫貴，故云「事」。士賤，故云「友」也。大夫言賢，士云仁，互言之也。

孔安國曰：「言工欲〔二〕以利器爲用，人以賢友爲助也。」

顏淵問爲邦。爲，猶治也。顏淵，魯人。當時魯家禮亂，故問治魯國之法也。子曰：「行夏之時，孔子此答，舉魯舊法以爲答也。行夏之時，謂用夏家時節以行事也。三王所尚正朔、服色雖異，而田獵祭祀播種並用夏時，夏時得天之正故也。魯家行事亦用夏時，故云「行夏之時」也。

據見萬物之生，以爲四時之始，取其易知也。解所以周〔三〕用夏時之義也。夏之春，物出地上，和暖著見，已故易知之也。

乘殷之輅，亦魯禮也。殷輅，木輅也。周禮天子自有五輅：一曰玉〔四〕，二曰金，三曰象，四曰革，五曰木。五輅並多文飾，用玉輅以郊祭。而殷家唯有三輅：一曰木輅，二曰先輅，三曰次輅。而木輅最質素無飾，用以

〔一〕「友」下，齋本、庫本有「於」字。

〔二〕「欲」，齋本、庫本無此字。正平版何解、邢疏亦無「欲」字。

〔三〕「周」，齋本、庫本無此字。

〔四〕「玉」下，齋本、庫本有「輅」字，衍。

郊天。魯以周公之故，雖得郊天，而不得事事同王，故用木輅以郊也。故郊特牲説魯郊云：「乘素車，貴其質也。旂十有二旒，旒〔一〕龍章而設日月，以象天也。」鄭玄注云：「設日月畫於旂上也。素車，殷輅也。魯公之郊，用殷禮也。」案如記注，則魯郊用殷之木輅也。

馬融曰：「殷車曰大輅。左傳曰：『大輅，越席也，昭其儉也。』」左傳之言，亦説魯禮〔二〕也。

服周之冕，亦魯禮〔三〕也。周禮有六冕：一曰大裘冕，二曰衮，三曰鷩，四曰毛毳，五曰絺，六曰玄。周王郊天以大裘而冕，魯雖〔四〕郊不得用大裘，但用衮以郊也。郊特牲云：「祭之日，王被〔五〕衮以象天。」鄭玄注曰：「謂有日月星辰之章也。」此魯禮也。周禮：王祀昊天上帝，則服大裘而冕，祀五帝亦如之。魯侯之服，自衮冕而下冕也〔六〕。案此記注即是魯郊用衮也。然魯廟亦衮。或問曰：魯既用周次冕以郊，何不用周金輅以郊耶？答曰：周郊乘玉輅以示文，服用大裘以示質，但車不對神，故亦〔七〕示文。服以接天，故用質也。

苞氏曰：「冕禮，冠也。周之禮文而備也，取其黈纊塞耳，不任視聽也。」周既文，民人多

〔一〕「旒」，齋本、庫本無此字。
〔二〕「禮」字，庫本脱。
〔三〕「禮」，齋本、庫本作「郊」。
〔四〕「魯雖」，齋本、庫本作「雖魯」。
〔五〕「被」，庫本作「披」。
〔六〕「魯侯之服，自衮冕而下冕也」，齋本、庫本作「魯公之服，自衮冕而下也」。
〔七〕「亦」，齋本、庫本無此字。

過，君上若任己視聽，見民犯罪者多，數用刑辭〔一〕過。若見過不治，則非謂人君之法，故冕服。前後垂旒以亂眼，左右兩邊垂瑱以塞耳，示不任視聽也。黈，黃色也。纊，新綿也。當兩耳垂黃綿，纊〔二〕綿之下又係玉，名爲瑱也。

樂則韶舞。謂魯所用樂也。韶舞，舜樂也。周用六代樂：一曰雲門，黃帝樂也；二曰咸池，堯樂也；三曰大韶，舜樂也；四曰大夏，夏禹樂也；五曰大濩，殷湯樂也；六曰大武，周樂也。若餘諸侯，則唯用時王之樂。魯既得用天子之事，故賜四代禮樂，自虞而下，故云舜樂〔三〕也。所以明堂位云：「凡四代之服器官，魯兼用之。」是故魯王禮也，而用四代，並從有虞氏爲始也。又春秋魯襄公二十九年傳：「吴公子季札聘魯，請觀周樂，乃爲之舞，自周以上，至見舞韶萷〔四〕者。曰：『至矣哉，大矣！如天之無不幬，如地之無不載也。雖甚盛德，其蔑以加於此矣。觀止矣！若有他樂，吾不敢請已也。』」杜注云：「魯用四代之樂，故及韶萷，而季子知其終也。」

韶，舜樂也。盡善盡美，故取之也。解魯所以極韶，不取堯樂義也。

〔一〕「辭」，誤，堂本正誤表以「辟」爲正。
〔二〕「纊」，齋本、庫本無此字。
〔三〕「舜樂」，齋本、庫本作「樂韶舞」。
〔四〕「萷」，齋本、庫本作「箾」，是。下同。

放鄭聲，遠佞人。亦魯禮法也。每言禮法，亦因爲後教也。鄭聲淫也，魯禮無淫樂，故言放之也。佞人，惡人也。惡人壞亂邦家，故黜遠之也。鄭聲淫，佞人殆。」出鄭聲、佞人所以宜放遠之由也。鄭地聲淫，而佞人鬪亂，使國家爲危殆也。

孔安國曰：「鄭聲、佞人，亦俱能感人心，與雅樂、賢人同。而使人淫亂危殆，故當放遠之也。」案樂記云：「鄭音好敖放僻，濫驕淫志。」所以是淫也〔一〕。

子曰：「人而無遠慮，必有近憂。」人生當思漸慮遠，防於不〔二〕然，則憂患之事不得近至。若不爲遠慮，則憂患之來不朝則夕，故云「必有近憂」也。

王肅曰：「君子當思慮而預防也。」

子曰：「已矣！吾未見好德如好色者也。」既先云已矣，明〔三〕久已不見也，疾時色興德廢，故

〔一〕「案樂記」至「淫也」，齋本、庫本作「按樂記云：『鄭音好濫淫志，宋音燕女溺志，衛音趨數煩志，齊音傲僻驕志。』所以是淫也」。齋本、庫本源自根本遜志本，所引樂記文字與十三經注疏本禮記樂記基本相同，唯末句中的「傲僻驕志」，十三經注疏本禮記樂記作「敖辟喬志」。又，齋本、庫本此段放在解經文處，接於「使國家爲危殆也」句下。

〔二〕「不」，齋本、庫本作「未」。下句「憂患」，庫本作「憂慮」，誤。

〔三〕「明」，庫本作「則」。

起斯欲〔一〕也。此語亦是重出，亦孔子再時行教也。

子曰：「臧文仲，其竊位者與！魯〔二〕大夫也。竊，盜也。臧文仲雖居位，居位不當，與盜位者同，故云「竊位者歟」也。知柳下惠之賢，而不與立也。」此臧文仲竊位之由也。凡在位者，當助君舉賢才以共匡佐。而文仲在位，知柳下惠之賢而不薦之於君，使與己同立公朝，所以是素飡盜位也。

孔安國曰：「柳下惠，展禽也。知其賢而不舉，爲竊位也。」

子曰：「躬自厚而薄責於人，則遠怨矣。」躬，身也。君子責己厚，小人責人厚。責人厚則爲怨之府，責己厚人不見怨，故云「遠怨」。

孔安國曰：「自責己厚，責人薄，所以遠怨咎也。」蔡謨云：「儒者之説，雖於義無違，而於名未安也。何者？以自厚者爲責己，文不辭矣。厚者謂厚其德也，而人又若己所未能而責物以能，故人心不服。若自厚其德而不求多於人，則怨路塞。責己之美雖存乎中，然自厚之義不施於責也。」侃案：蔡雖欲異孔，而終不離孔辭，孔辭亦得爲蔡之釋也〔三〕。

子曰：「不曰『如之何，不曰，猶不謂也。如之何，謂事卒至，非己力勢可奈何者也。言人生常當思

〔一〕「欲」，齋本、庫本作「歎」，是。
〔二〕「魯」上，齋本、庫本有「臧文仲」三字。
〔三〕「蔡謨云」至「釋也」，齋本、庫本放在解經文處，接於「故云遠怨」句下。

慮，卒有不可如何之事，逆而防之，不使有起。若無慮而事欻起，是「不曰如之何」事也。李充云：「謀之於其未兆，治之於其未亂，何當至於臨難而方曰『如之何』也。」

孔安國曰：「不曰如之何者，猶言不曰奈是何也。」

如之何』者，吾末如之何也已矣。」若不先慮而如之何之事，非唯凡人不能奈何矣，雖聖人亦無如之何也，故云「吾末如之何也已矣」。

孔安國曰：「如之何者，言禍難已成，吾亦無如之何也。」

子曰：「羣居終日，言不及義，三人以上爲羣居。羣居共聚有所説談〔一〕，終於日月而未曾有及義之事也。好行小惠，難矣哉！」小惠，小小才智也，若安陵調謔之屬也。以此處世，亦難爲成人也。

鄭玄曰：「小惠，謂小小才智也。難矣哉，言終無成功也。」

子曰：「君子義以爲質，義，宜也。質，本也。人識性不同，各以其所宜爲本。禮以行之，雖各以所宜爲本，而行之皆須合禮也。遜以出之，行及合禮而言出之，必使遜順也。信以成之。行信〔二〕合

〔一〕「説談」，齋本、庫本作「談説」。
〔二〕「信」，齋本、庫本作「之」。

禮，而言遜順而出塞〔一〕，終須信以成之也。君子哉！」如上義，可謂爲君子之行之也。

鄭玄曰：「義以爲質，謂操行也。遜以出之，謂言語也。」

子曰：「君子病無能焉，不病人之不己知也。」病，猶患也。君子之人，常患己無才能耳，不患己有才能而人不見知之也。

君〔二〕子之人，但病無聖人之道，不病人不知己。

子曰：「君子疾没世而名不稱焉。」没世，謂身没以後也。身没而名譽不稱揚爲人所知，是君子所疾也。故江熙云：「匠終年運斧〔三〕不能成器，匠者病之；君子終年爲善不能成名，亦君子病之也。」

疾，猶病也。

子曰：「君子求諸己，小人求諸人。」求，責也。君子自責己德行之不足，不責人也。小人不自責己，而責人之也。

君子責己，小人責人。

〔一〕「塞」，齋本、庫本作「之」。
〔二〕「君」上，齋本、庫本有「苞氏曰」三字。邢疏有「包曰」二字。
〔三〕「斧」，齋本、庫本作「斤」。

子曰：「君子矜而不争，矜，矜莊也。君子自矜莊己身，而已不與人争也。故江熙云：「君子不使其身俛〔一〕焉若不〔二〕，終日自敬而已，非〔三〕與人争勝之也。」

苞氏曰：「矜，矜莊也。」

羣而不黨。」君子乃朋羣義聚而不相阿黨爲私也。故江熙曰：「君子以道知〔四〕相聚，聚則爲羣，羣則似黨，羣居所以切磋成德，非於私也。」

孔安國曰：「黨，助也。君子雖衆，不相私助，義之與比也。」

子曰：「君子不以言舉人，舉人必須知其德行，不可聽言而薦舉之，故君子不爲也。

苞氏曰：「有言者不必有德，故不可以言舉人也。」

不以人廢言。」言又不可以彼人之卑賤而廢其美言而不用也。故李充云：「詢于蒭蕘，不恥下問也。」

王肅曰：「不可以無德而廢善言也〔五〕。」

〔一〕「俛」，齋本、庫本作「倪」。「倪」：輕率，洒脱不羈。
〔二〕「不」，齋本、庫本作「非」。
〔三〕「非」，齋本、庫本作「不」。
〔四〕「知」，齋本、庫本無此字。
〔五〕「王肅曰」至「善言也」，齋本、庫本無此句。正平版何解亦無此句。邢疏有此句。

子貢問曰：「有一言而可以終身行者乎也？」問求善事，欲以終身奉行之也。**子曰：「其恕乎！**此是可終身行之一言也。恕謂内忖己心，外以處物。言人在世，當終身行於恕也，故云「其恕乎」。**己所不欲，勿施於人。」**此釋恕事也。夫事非己所欲者，不可施度與人也。既己所不欲，亦必人所不欲也。**子曰：「吾之於人，誰毁誰譽？**孔子曰：我之於世，平等如一，無有憎愛毁譽之心，故云「誰毁誰譽」之也。**如有可譽者，其有所試矣。**既平等一心，不有毁譽，然君子掩惡揚善，善則宜揚。而我從來若有所稱譽者，皆不虚妄，必先試驗其德，而後乃譽之耳，故云「其有所試矣」。

苞氏曰：「所譽輒試以事，不空譽而已矣。」注意如向説。又通云：我乃無毁譽，若民人百姓有相稱譽者，則我亦不虚信而美之，其必以事試之也〔一〕。

斯民也，三代之所以直道而行也。」斯民者，謂若此養民也。三代，夏、殷、周也。言養民如此無私毁譽者，是三代聖王治天下用直道而行之時也。郭象云：「無心而付之天下者，直道也。有心而使天下從己者，曲法者也〔二〕。故直道而行者，毁譽不出於區區之身，善與不善，信之百姓。故曰吾之於人，誰毁誰譽，

〔一〕「又通云」至「試之也」，齋本、庫本放在解經文處，接於「故云其有所試也」句下。

〔二〕「者也」，齋本、庫本無此二字。

如有所與〔一〕，必試之斯民也。」

馬融曰：「三代，夏、殷、周也。用民如此，無所阿私，所以云『直道而行也』。」

子曰：「吾猶及史之闕文也。孔子此歎世澆流迅速，時異一時也。史者，掌書之官也。古史爲書，若於字有不識者，則懸而闕之，以俟知者，不敢擅造爲者也。孔子自云己及見昔史有此時闕文也。

苞氏曰：「古之良〔二〕史，於書字有疑，則闕之以待知者也。」

有馬者借人乘之，孔子又曰：亦見此時之馬難調，御者不能調，則借人乘服之也。今則亡矣夫！」亡，無也。當孔子末年時，史不識字，輒擅而不闕，有馬不調，則恥云其不能，必自乘之，以致傾覆，故云「今亡也矣夫」。

苞氏曰：「有馬者不能調良，則借人使乘習之。孔子自謂及見其人如此，至今無有矣。言此者，以俗多穿鑿也。」

子曰：「巧言亂德。辭達而已，不須巧辯〔三〕。巧辯文多，更於德爲亂之也。小不忍則亂大

〔一〕「與」，齋本、庫本作「譽」，是。

〔二〕「良」，齋本、庫本無此字。正平版何解亦無「良」字。邢疏有「良」字。

〔三〕「辯」，齋本、庫本作「辨」。下同。

謀。」人須容忍，則大事乃成。若不能忍小，則大事之謀亂也。又一通云：凡爲人法，當依事以斷，事無大小，皆便求了。若小小不忍，有所慈爲，則大謀不成也。

孔安國曰：「巧言利口，則亂德義。小不忍，則亂大謀也。」

子曰：「衆惡之，必察焉。設有一人，爲衆所憎惡者，必當察其德，不可從衆雷同而惡之也。所以然者，此人或特立不羣，爲衆佞共所陷害，故必察之也。衆好之，必察焉。」又設有一人，爲衆所好愛者，亦當必察，不可隨衆而崇重之也。所以然者，或此人行惡，爲羣惡之所黨愛，故亦必察也。衛瓘云：「賢人不與俗爭，則莫不好愛也。俗人與時同好，亦則見好也。凶邪害善，則莫不惡之。行高志遠，與俗違忤，俗亦惡之。皆不可不察也。」

王肅曰：「或衆阿黨比周，或其人特立不羣，故好惡不可不察也。」

子曰：「人能弘道，非道弘人也。」道者，通物之妙也。通物之法，本通於可通，不通於不可通。若人才大，則道隨之而大，是人能弘道也。若人才小，則道小，不能使大，是非道弘人之也。

材大者，道隨大，材小者，道隨小，故不能弘人也。故蔡謨云：「道者寂然不動〔一〕，行之由人。

〔一〕「動」，庫本作「同」，誤。

人可適道，故曰『人能弘道』。道不適人，故云『非道弘人』之也〔一〕。」

子曰：「過而不改，是謂過矣。」人有過能改，如日食反明，人皆仰之，所以非過。遂〔二〕而不改，則成過也。江熙云：「過〔三〕容恕，又文則成罪也。」**子曰：「吾嘗終日不食，終夜不寢，以思，無益，不如學也。」**勸人學也。終，猶竟也。寢，眠也。言我嘗竟日終夕不食不眠，以思天下之理，唯學益人，餘事皆無益，故云「不如學也」。郭象曰：「聖人無詭教，而云不寢不食以思者何？夫思而後通，習而後能者，百姓皆然也。聖人無事，而不與百姓同事。事同則形同，是以見形以爲己唯〔四〕，故謂聖人亦必勤思而力學，此百姓之情也，故用其情以教之。則聖人之教，因彼以教彼，安容詭哉！」

子曰：「君子謀道不謀食。謀，猶圖也。人非道不立，故必謀道也。自古皆有死，不食亦死，死而後已，而道不可遺，故「謀道不謀食」之也。**耕也，餒在其中矣。**餒，餓也。唯知耕而不學，是無知〔五〕之人也。雖有穀，必他人所奪，而不得自食，是餓在于其中也。**學也，祿在其中矣。**雖不耕而學，則昭

〔一〕「故蔡謨」至「之也」，齋本、庫本放在解經文處，接於「是非道弘人也」句下。
〔二〕「遂」，齋本、庫本作「過」，是。
〔三〕「過」上，齋本、庫本有「一」字。
〔四〕「唯」，齋本、庫本作「異」，義更勝。
〔五〕「知」，齋本、庫本作「智」。

識斯明，爲四方所重。縱不爲亂君之所禄，則門人亦共貢贍，故云「禄在其中矣」。故子路使門人爲臣，孔子曰「與其死於臣之手，無寧死二三子之手」是也。**君子憂道不憂貧。」**學道必禄在其中，所以憂己無道而已也。若必有道，禄在其中，故不憂貧也。

鄭玄曰：「餒，餓也。言人雖念耕而〔一〕不學，故飢餓。學則得禄，雖不耕，而不飢餓。此〔二〕勸人學也。」江熙云：「董仲舒云：『遑遑求仁義，常患不能化民者，大人之意也。遑遑求財利，常恐匱乏者，小人之意也。』此君子小人謀之不同者也。慮匱乏，故勤耕。恐道闕，故勤學。耕未必無餓，學亦〔三〕未必得禄。禄在其中，恒有之勢是未必。君子但當存大而遺細，故憂道不憂於貧也〔四〕。」

子曰：「智及之，仁不能守之，謂人有智識，能任〔五〕得及爲官位者，故云「智及之」也。雖謀智能及，不〔六〕能用仁守官位，故云「仁不能守之」也。此皆謂中人，不備德者也。**雖得之，必失之。**禄位雖

〔一〕「而」下，齋本、庫本有「與」字，衍。正平版何解、邢疏無「與」字。
〔二〕「此」，齋本、庫本無此字。
〔三〕「亦」字，庫本脱。
〔四〕「江熙云」至「貧也」，齋本、庫本放在解經文處，接於「故不憂貧也」句下。
〔五〕「能任」，齋本、庫本無此二字。
〔六〕「不」下，齋本、庫本有「及」字。

由智而得爲之，無仁以恃[一]守之，必失禄位也。

苞氏曰：「智能及治其官，而仁不能守，雖得之，必失之也。」

智及之，仁能守之，不莊以莅之，則民不敬。莅，臨也。又言若雖能智及仁守，爲[二]臨民不用莊嚴，則不爲民所敬。

苞氏曰：「不嚴以臨之，則民不敬從其上也。」

智及之，仁能守之，莊以莅之，動之不以禮，未善也。」雖智及、仁守、莅莊，而動静必須禮以將之，若動静不用禮，則爲未盡善也。

王肅曰：「動必以禮，然後善也。」李充云：「夫智及以惠，其失也蕩。仁守以静，其失也寬。莊莅以威，其失也猛。故必須禮，然後和之。以禮制智，則精而不蕩。以禮輔仁，則温而不寬。以禮御莊，則威而不猛。故安上治民莫善於禮也。」顔特進曰：「智以通其變，仁以安其性，莊以安其慢，禮以安其情。化民之善必備此四者也[三]，必有大成量也。」

[一]「恃」，齋本、庫本作「持」。

[二]「爲」，齋本、庫本作「若」。

[三]「李充云」至「四者也」，齋本、庫本放在解經文處，接於「則爲未盡善也」句下。其中的「智及以惠」，齋本、庫本作「智及以得」；末句「必有大成量也」，齋本、庫本無。

子曰：「君子不可小知，而可大受也。君子之道深遠，不與凡人可知，故云「不可小知」也。德能深潤物，物受之深，故云「而可大受也」。張憑云：「謂之君子，必有大成之量，不必能爲小善也。故宜推誠闇信，虚以將受之，不可求備，責以細行之也。」

小人不可大受，而可小知也。」小人道淺，故曰「不可大受」。淺則易爲物所見，故可以小知也。

君子之道深遠，不可以小了知，而可大受。小人之道淺近，可以小了知，而不可大受也。

子曰：「民之於仁也，甚於水火。甚，猶勝也。仁、水、火三事，皆民人所仰以生者也。水火是人朝夕所須，仁是萬行之首，故非水火則無以食，非仁則無有恩義。若無恩及飲食，則必死，無以立世。三者並爲民人所急也。然就三事之中，仁最爲勝，故云「甚於水火」也。

馬融曰：「水火與仁，皆民所仰而生者也，仁最爲甚也。」

水火，吾見蹈而死者矣，未見蹈仁而死者也。」此明仁所以勝水火事也。水火乃能治民人，民人若誤履蹈之，則必殺人，故云「水火吾見蹈而死者」也。仁〔一〕是恩愛，政行之，故宜爲美，若誤履蹈而〔二〕則未嘗殺人，故云「未見蹈仁而死者也」。

〔一〕「仁」上，齋本、庫本有「而」字。
〔二〕「而」，齋本、庫本作「之」。

馬融曰：「蹈水火，或時殺人。蹈仁，未嘗殺人者也。」王弼云：「民之遠於仁，甚於遠水火也。見有蹈水火者，不嘗見蹈仁者也〔一〕。」

子曰：「當仁不讓於師。」仁者，周窮濟急之謂也。弟子每事則宜讓師，唯行仁宜急，不得讓師也。

孔安國曰：「當行仁之事，不復讓於師，行仁急也。」張憑云：「先人後己，外身愛物，履謙處卑，所以爲仁。非不好讓，此道非所以讓也〔二〕。」

子曰：「君子貞而不諒。」貞，正也。諒，信也。君子權變無常，若爲事苟合道，得理之正，君子爲之，不必存於小信，自經於溝瀆也。

孔安國曰：「貞，正也。諒，信也。君子之人正其道耳，言不必有信也。」一通云：君子道無不正，不能使人信之也〔三〕。

子曰：「事君，敬其事而後其食。」國家之事，知無不爲，是「敬其事」也。必有纏勳績，乃受禄賞，

〔一〕「王弼云」至「者也」，齋本、庫本放在解經文處，接於「故云未見蹈仁而死者也」句下。末二句，齋本、庫本作「見有蹈水火死者，未嘗見蹈仁死者也」。

〔二〕「張憑云」至「讓也」，齋本、庫本放在解經文處，接於「不得讓師也」句下。

〔三〕「一通云」至「之也」，齋本、庫本放在解經文處，接於「自經於溝瀆也」句下。

是「後其食」也。江熙云：「格〔一〕居官次，以達其道，事君之意也。蓋傷時利禄以事君之也。」

子曰：「有教無類。」孔安國曰：「先盡力，然後食禄也。」人乃有貴賤，同宜資教，不可以其種類庶鄙而不教之。教之則善，無本類之也〔二〕。

馬融曰：「言人在見教，無有種類。」繆播曰：「世咸知斯言之崇教，未信斯理之諒深。生生之類，同稟一極，雖下愚不移，然化所遷者，其萬倍也。生而聞道，長而見教，處之以仁道，養之以德，與道終始，爲乃非道者，余所不能論之也〔三〕。」

子曰：「道不同，不相爲謀。」人之爲事，必須先謀。若道同者共謀，則精審不誤；若道不同而與共謀，則方圓義鑿枘，事不成也。子曰：「辭，達而已矣。」言語之法，使辭足宜達其事而已，不須美奇其言以過事實也。

〔一〕「格」，齋本、庫本作「恪」，是。
〔二〕「無本類之也」，齋本、庫本作「本無類也」，義明。
〔三〕「繆播曰」至「論之也」，齋本、庫本放在解經文處，接於「無本類之也」句下。此段中的「斯言」，齋本、庫本作「斯旨」；「生而」上，齋本、庫本有「若」字。

孔安國曰：「凡事莫過於實〔一〕也，辭達則足矣，不煩文豔之辭也。」

師冕見，師冕，魯之樂師也。見，來見孔子也。孔安國曰：「師，樂人盲者也，名冕也。」

及階，及，至也。階，孔子家堂階也。師冕來見，至孔子家階也。子曰：「階也。」師冕盲，來見至階，孔子語之云「階也」，使之知而登之也。及席也〔二〕，冕已升階，至孔子堂上席也。子曰：「席也。」皆坐。孔子語〔三〕之云「至席」，令其登席而坐。皆，俱也。孔子見瞽者必起，師既起，則弟子亦〔四〕隨而起。冕至席已坐，故孔子亦坐，弟子並坐，故云「皆坐」之也。子告之曰：「某在斯，某在斯。」某，坐〔五〕中人。冕無目，不識坐〔六〕上人，故孔子歷告之以坐上人之姓名也。既多人，故再云「某在斯，某在斯」也。隨人百十，每一一告之云子張在此、子貢在此也。

〔一〕「實」下，齋本、庫本有「足」字。正平版何解亦有「足」字。邢疏無「足」字。

〔二〕「也」，齋本、庫本無此字，義更勝。

〔三〕「語」上，齋本、庫本有「又」字。

〔四〕「亦」，齋本、庫本作「又」。

〔五〕「坐」，齋本、庫本作「席」。

〔六〕「坐」，齋本、庫本作「座」。「坐」同「座」。

孔安國曰：「歷告以坐中人姓字〔一〕及所在處也。」

師冕出。見孔子事畢而出去也。**子張問曰：「與師言之道與？」**道，猶禮也。子張見孔子告之階席人姓名字，故冕出而問孔子：向與師冕言之是禮與〔二〕也？**子曰：「然，**答曰：是禮者也。**固相師之道也。」**又云：冕既無目，故主人宜爲之導〔三〕相，所以歷告也。

馬融曰：「相，導也。」

論語季氏第十六　何晏集解　凡四十章

疏季氏者，魯國上卿，豪强僭濫者也。所以次前者，既明君惡，故據臣凶，故以季氏次衛靈公也。

季氏將伐顓臾。此章明季氏專征濫伐之惡也。顓臾，魯之附庸也。其地與季氏采邑相近，故季氏欲伐而併之也，故云「季氏將伐顓臾」。**冉有、季路見於孔子。**二人時仕季氏爲臣，見季氏欲濫伐，故

〔一〕「字」，庫本作「氏」。
〔二〕「與」上，齋本、庫本有「不」字，衍。
〔三〕「導」，庫本作「道」。

來見孔子，告道之也。曰：「季氏將有事於顓臾。」此冉有告孔子之辭也。有事，謂有征伐之事也。

孔安國曰：「顓臾，宓犧之後，風姓之國。本魯之附庸，當時臣屬魯。季氏貪其土〔一〕地，欲滅而有之，冉有與季路爲季氏臣，來告孔子〔二〕也。」

孔子曰：「求！無乃爾是過與？求，冉有名也。爾，汝也。雖二人俱來而告，冉有獨告，嫌冉有又爲季氏有聚斂之失，故孔子獨呼其名而問云：此征伐之事，無乃是汝之罪過與？言是其教道〔三〕季氏爲之也。

孔安國曰：「冉求爲季氏宰，相其室，爲之聚斂，故孔子獨疑求教也。」

夫顓臾，昔者先王以爲東蒙主。孔子拒冉有不聽伐之也。言顓臾是昔先王聖人之所立，以主蒙山之祭。蒙山在東，故云「東蒙主」也。既是先王所立，又爲祭祀之主，故不可伐也。

孔安國曰：「使主祭蒙山也。」

且在邦域之中矣，言且顓臾在魯七百里封内，故云在邦域中之也。

〔一〕「土」，齋本、庫本無此字。
〔二〕「子」，齋本、庫本作「氏」。正平版何解、邢疏作「子」。
〔三〕「道」，齋本、庫本作「導」。

孔安國曰：「魯七百里之邦，顓臾爲附庸，在其域中也。」

是社稷之臣也，國主社稷，顓臾既屬魯國，故是社稷之臣也。何以爲伐也？」既歷陳不可伐之事，而此改問其何以用伐滅之爲也〔一〕。

孔安國曰：「已屬魯爲社稷之臣，何用滅之爲也。」鄭注詩云：「諸侯不臣附庸。」而此云是社稷臣者，當爾時已臣屬魯故也〔二〕。

冉有曰：「夫子欲之。夫子，指季氏也。冉有言伐顓臾之事是季氏所欲，故云「夫子欲之」也。吾二臣者，皆不欲也。」稱吾二臣，是冉有自謂及子路也。言我二臣皆不欲伐之也。冉有恐孔子不獨信己，故引子路爲儔證也。

孔安國曰：「歸咎於季氏也。」

孔子曰：「求！孔子不許冉有歸咎於季氏，故云〔三〕又呼求名語之也。周任有言曰：『陳力就列〔四〕，不能者止。』此語之辭也。周任，古之良史也。周任有言云：人生事君，當先量後入，若計陳我才

〔一〕「既歷陳」至「爲也」，齋本、庫本無此句，脱。

〔二〕「鄭注」至「故也」，齋本、庫本放在解經文處，接於「故是社稷之臣也」句下。

〔三〕「云」，齋本、庫本無此字。

〔四〕「陳力就列」，庫本作「陳列就力」。齋本、邢疏、正平版何解皆作「陳力就列」。

力所堪，乃後就其列次，治其職任耳。若自量才不堪，則當止而不爲也。

馬融曰：「周任，古之良史也。言當陳其才〔一〕力，度己所任，以就其位，不能則當止也。」

危而不持，顛而不扶，則將焉用彼相矣？既量而就，汝今爲人之臣，臣之爲用，正至匡弼，持危扶顛。今假季氏欲爲濫伐，此是危顛之事，汝宜諫止。而汝不諫止，乃云夫子欲之，吾等不欲，則何用汝爲彼之輔相乎？若必不能，是不量而就之也。

苞氏曰：「言輔相人者，當能持危扶顛，若不能，何用相爲也。」

且爾言過矣。虎兕出柙，龜玉毁櫝中，是誰之過與？」又罵之而設譬也。兕，如牛而色青。柙，檻也，檻貯於虎兕之器也。櫝，函也，貯〔二〕龜玉之匣也。言汝云吾二臣皆不欲也，此是汝之罪也。汝爲人輔相，當主諫君失。譬如爲人掌虎兕龜玉，若使虎兕破檻而逸出，及龜玉毁碎於函匱〔三〕之中，此是誰過？則豈非守檻函者過乎？今季氏濫伐，此是誰過？則豈非汝輔相之過乎？何得言吾二臣不欲邪！

馬融曰：「柙，檻也。櫝，櫃也。失毁，非典守者之過邪也？」櫃，即函也。欒肇云：「陽虎家

〔一〕「才」字，庫本脱。
〔二〕「貯」上，齋本、庫本有「函」字。
〔三〕「匱」，齋本作「櫃」，庫本作「樻」。「匱」「櫃」「樻」音義同。

臣而外叛，是出虎兕於檻也。伐顓臾於邦内，是毁龜玉於櫝中也。」張憑曰：「虎兕出柙，喻兵擅用於外也。龜玉毁於櫝中，喻仁義廢於内之也〔一〕。」

冉有曰：「今夫顓臾，固而近於費。固，謂城郭甲兵堅利。費，季氏采邑名也。冉有既得孔子罵及譬喻，而輸誠服罪，更説顓臾宜伐之意也。言所以伐顓臾者，城郭甲兵堅利，復與季氏邑相近之也。

馬融曰：「固，謂城郭完堅，兵甲利也。費，季氏之邑也。」兵，刃也。甲，鎧也。

今不取，後世必爲子孫憂。」子孫，季氏之子孫也。冉有又言顓臾既城郭堅甲兵利，又與費邑相近，其勢力方豪，及其〔二〕今日猶可撲滅，若今日伐取〔三〕，則其後世必伐於費，所以爲後世子孫之憂也。孔子曰：「求！君子疾夫，孔子聞冉有言，知其虚妄，故更呼而語之也。夫，夫冉有之言也。季氏欲伐，實是貪顓臾之地。今汝不言季孫是貪顓臾欲伐取之，而假云顓臾固而近費，恐爲子孫憂，如汝此言，是君子之所謂疾也，故云「君子疾夫」也。

孔安國曰：「疾如汝之言也。」

〔一〕「欒肇云」至「内之也」，齋本、庫本放在解經文處，接於「何得言吾二臣不欲耶」句下。

〔二〕「及其」，齋本、庫本作「其及」。

〔三〕「今日伐取」，堂本正誤表以「今日不伐取」爲正。

舍曰欲之，而必更爲之辭。此是君子所疾者也。捨，猶除也。冉有不道季氏貪欲濫伐，是捨曰欲之，而假稱顓臾固近費，是是而必爲之辭。

孔安國曰：「舍其貪利之説，而更作他辭，是所疾也。」

丘也聞有國有家者，不患寡而患不均，孔子罵冉有既竟，而更自稱名，爲其説季氏子孫之憂不顓臾也。將欲言之，故先廣陳其理也。不敢云出己，故曰聞也。有國，謂諸侯也。有家，謂卿大夫也。言夫爲諸侯及卿大夫者，不患土地人民寡少，所患政之不能均平耳。今季氏爲政，不能均平，則何用濫伐，欲多土地人民爲也。

孔安國曰：「國，諸侯也。家，卿大夫也。不患土地人民之寡少，患政治之不均平也。」

不患貧而患不安。爲國家者，何患民貧乏耶，政患不能使民安。

孔安國曰：「憂不能安民耳，民安則國富。」「百姓足，君孰與不足」是也。

蓋均無貧，結前事也〔一〕。此結前不貧之事也。若爲政均平，則國家自富，故無貧乏也。**和無寡，**此結不寡也。言政若能和，則四方來至，故土地民人不寡少也。**安無傾。**若能安民，則君不傾危也。然上云

〔一〕「結前事也」，齋本、庫本無此四字。

「不患寡患不均，不患貧患不安」，則應云「均無寡，安無傾〔一〕」。今云「均無貧，和無寡」，又長云「安無傾」者，並相互爲義，由均和，故「安無傾」之也。

苞氏曰：「政教均平，則不患貧矣。上下和同，不患寡矣。小大安寧，不傾危也。」

夫如是，故遠人不服，則修文德以來也。此明不患寡少之由也。如是，猶如此也。若國家之政能如此安不傾者，若遠人猶有不服化者，則我廣修文德於朝，使彼慕德而來至也。故舜舞干羽於兩階，而苗民至。既來之，則安之。遠方既至，則又用德澤撫安之。今由與求也，相夫子，夫子，季氏也。言今汝及由二人相於季氏，無恩德也。遠人不服而不能來也，言汝二人爲季氏相，不能修文德以來服遠人也。邦分崩離折〔二〕而不能守也，言汝二人相季氏，季氏治魯，既外不來遠人，而内又離折，不能守國也。

孔安國曰：「民有異心曰分，欲去曰崩，不可會聚曰離拆〔三〕也。」

而謀動干戈於邦内。汝二人既不能來遠安近，而唯知與動干戈以自伐邦國内地，何也？

〔一〕「則應云均無寡安無傾」，齋本、庫本作「則下應云均無寡安無貧」。
〔二〕「離折」，堂本正誤表以「離析」爲正。
〔三〕「離拆」，堂本正誤表以「離析」爲正。

孔安國曰：「干，楯也。戈，戟也。」

吾恐季孫之憂，不在顓臾，冉有云：顓臾近費，恐爲後世子孫憂。孔子廣陳事理也，已竟，故此改答〔一〕也。言我之所思，恐異於汝也。汝恐顓臾，而我恐季孫後世之憂，不在於顓臾也。而在蕭牆之内也。」此季孫所憂者也。蕭，肅也。牆，屏也。人君於門樹屏，臣來至屏而起肅敬，故謂屏爲蕭牆也。臣朝君之位，在蕭牆之内也。今云季孫憂在蕭牆内，謂季孫之臣必作亂也。然天子外屏，諸侯内屏，大夫以簾，士以帷。季氏是大夫，應無屏而云蕭牆者，季氏皆僭爲之也。蔡謨云：「冉有、季路並以王佐之姿，處彼家〔二〕相之任，豈有不諫季孫以成其惡。所以同其謀者，將有以也。量己撥〔三〕勢，不能制其悖心於外，順其意以告夫子，實欲致大聖之言以救斯弊。是以夫子發明大義，以酬來感，弘舉治體，自救時難。引喻虎兕，爲以罪相者。雖文譏二子，而旨在季孫。既示安危之理，又抑强臣擅命，二者兼著，以寧社稷。斯乃聖賢同符，相爲表裏者也。然守文者衆，達微者寡也。覩其見軌，而昧其玄致，但釋其辭，不釋所以辭，懼二子之見幽，將長淪於腐學，是以正之，以莅來旨也。」

鄭玄曰：「蕭之言肅也。蕭牆，謂屏。君臣相見之禮，至屏而加肅敬焉，是以謂之『蕭

〔一〕「答」上，齋本、庫本有「容」字。
〔二〕「家」，齋本、庫本無此字。
〔三〕「撥」，齋本、庫本作「揆」，是。

牆』。後季氏家臣陽虎，果囚季桓子也。」證是〔一〕在蕭牆也。

孔子曰：「天下有道，則禮樂征伐自天子出；禮樂，先王所以飾喜。鈇鉞，先王所以飾怒。故有道世，則禮樂征伐並由天子出〔二〕也。**天下無道，則禮樂征伐自諸侯出。**若天下無道，天子微弱，不得任自由，故禮樂征伐從諸侯出也。**自諸侯出，蓋十世希不失矣；**希，少也。若禮樂征伐從諸侯出，非其所，故僭濫之國，十世少有不失國者也。諸侯是南面之君，故至全數之年而失之也。**孔安國曰：「希，少也。周幽王爲犬戎所殺，平王東遷，周始微弱。諸侯自作禮樂，專行征伐，始於隱公，至昭公，十世失政，死乾侯。」**證十世爲濫失國之君也。周幽王無道，爲犬戎所殺，其子平王東遷雒邑，於是周始微弱，不能制諸侯。故于時魯隱公始專征濫伐，至昭公十世，而昭公爲季氏所出，死於乾侯之地也。十世者，隱一、桓二、莊三、閔四、僖五、文六、宣七、成八、襄九、昭十也。

自大夫出，五世希不失矣。若禮樂征伐從大夫而專濫，則五世此大夫少有不失政者也。其非南面之君，道從勢短，故半諸侯之年，所以五世而失之也。

〔一〕「是」，齋本、庫本作「憂」。

〔二〕「出」上，齋本、庫本有「而」字。

五是也。

孔安國曰：「季文子初得政，至桓子五世，爲家臣陽虎所囚也。」此證大夫專濫，五世而失家者。季文子始得政而專濫，至五世，桓子爲臣所囚也。五世者，文子一、武子二、悼子三、平子四、桓子五是也。

陪臣執國命，三世希不失矣。陪，重也。其爲臣之臣，故云重也。是大夫家臣僭執邦國教令也，此至三世必失也。既卑，故不至五也[一]。則半十而五，三亦半五。大夫[二]難傾，故至十。十，極數。小者易危，故轉相半，理勢使然。亡國喪家，其數皆然，未有過此而不失者也。按此但云「執國命」，不云禮樂征伐出者，其不能僭禮樂征伐也。繆播云：「大夫五世、陪臣三世者，苟得之有由，則失之有漸。大者難傾，小者易滅。近本罪輕，彌遠[三]罪重。輕故禍遲，重則敗速。二理同致，自然之差也。」

馬融曰：「陪，重也，謂家臣也。陽氏爲季氏[四]臣，至虎三世而出奔齊也。」證陪臣執政三世而失者也。

天下有道，則政不在大夫。政由於君，故不在大夫。在大夫，由天下失道故也。

〔一〕「也」，齋本、庫本作「世」。

〔二〕「夫」，齋本、庫本作「者」，是。

〔三〕「彌遠」，齋本、庫本作「遠彌」。

〔四〕「氏」下，齋本、庫本有「家」字。正平版何解亦有「家」字。邢疏此語作「馬曰：陪，重也。謂家臣。陽虎爲季氏家臣，至虎三世而出奔齊」。

孔安國曰：「制之由君也。」

天下有道，則庶人不議。」君有道則頌之聲興，載路有時雍之義，則庶人民下，無所街羣巷聚，以評議天下四方之得失也。若無道，則庶人共有所非議也。

孔安國曰：「無所非議也。」非，猶鄙也。鄙議風政之不是也。

孔子曰：「禄之去公室五世矣，禮樂征伐自大夫出，五世希有不失。于時孔子見其數將爾，知季氏必亡，故發斯旨也。公，君也。禄去君室，謂制爵禄出於大夫，不復關君也。制爵禄不關君，于時〔一〕已五世也，故云「去公室五世」也。

鄭玄曰：「言此之時，魯定公之初也。魯自東門襄仲殺文公之子赤而立宣公，於是政在大夫，爵禄不從君出，至定公爲五世矣。」襄仲既殺赤立宣公，宣公雖立，而微弱不敢自專，故爵禄不復關己也。宣公〔二〕一、成二、襄三、昭四、定五也。

政逮於大夫四世矣，逮，及也。制禄不由君，故及大夫也。季文子初得政，至武子、悼子、平子四世，是孔子時所見，故云四世。

〔一〕「于時」，庫本作「於是」，誤。

〔二〕「公」，齋本、庫本無此字。

鄭玄曰：「文子、武子、悼子、平子也。」

故夫三桓之子孫微矣。」大夫執政五世必失，而季氏已四世，故三桓子孫轉以弱也。謂爲三桓者，仲孫、叔孫、季孫三家同出桓公，故云「三桓」也。初三家皆豪濫，至爾時並衰，故云「微」也。

孔安國曰：「三桓者，謂仲孫、叔孫、季孫也。三卿皆出桓公，故曰『三桓』也。仲孫氏改其氏稱孟氏，至襄公〔一〕皆衰也。」後改仲孫氏稱孟氏〔二〕，故多云孟孫氏也。

孔子曰：「益者三友，明與朋友益者有三事，故云「益者三友」。損者三友。又明與朋友損者只有三事，故云「損者三友」也。友直，一益也。所友得正直之人也。友諒，二益也。所友得有信之人也。諒，信也。友多聞，益矣。三益也。所友得能多所聞解人之〔三〕也。益矣，上所言三事，皆是有益之朋友也。友便辟，此一損也。謂與便辟之人爲朋友者也。

馬融曰：「便辟，巧避人之所忌，以求容媚者也。」謂語巧能辟人所忌者，爲便辟也〔四〕。

〔一〕「襄」，齋本、庫本作「哀」，是。正平版何解、邢疏亦作「哀」。

〔二〕「後改仲孫氏稱孟氏」，齋本、庫本作「後仲孫氏改其氏稱孟氏」。

〔三〕「人之」，齋本、庫本作「之人」，義順。

〔四〕「謂語」至「辟也」，齋本、庫本放在解經文處，接於「謂與便辟之人爲朋友者也」句下。其上句「能」字下，齋本、庫本有「爲」字。

友善柔，二損也。謂所友者善柔者也。善柔，謂面從而背毀者也。

馬融曰：「面柔者也。」

友便佞，三損也。謂與便佞爲友也。便佞，辨而佞者也〔一〕。損矣。」上三事，皆是爲損之朋友也。

鄭玄曰：「便，辨〔二〕也，謂佞而辨也。」

孔子曰：「益者三樂，謂以心中有所受〔三〕樂之事，三者爲益人者也。損者三樂。又謂以心中所愛樂，有三事爲損人者也。樂節禮樂，一益也。謂心中所愛樂，樂得於禮樂之節也。

動靜得於禮樂之節也。動靜樂得禮樂之節也〔四〕。

樂道人之善，二益也。心中所愛樂，樂道說揚人之善事也。樂多賢友，三益也。心中所愛樂，樂得多賢爲朋友也。益矣。此上三樂，皆是爲益之樂也。樂驕樂，此明一損也。心中所愛樂，爲驕傲以自樂也。

孔安國曰：「恃尊貴以自恣也。」

〔一〕「辨而佞者也」，齋本、庫本作「謂辯而巧也」。

〔二〕「辨」，齋本、庫本作「辯」，是，下句同。邢疏亦作「辯」。

〔三〕「受」，齋本、庫本作「愛」。觀下文「愛樂」一詞頻頻出現，當以「愛」爲是。

〔四〕此句疏文，齋本、庫本無。

樂佚遊，此二損也。心中所愛樂，恣於自逸悆〔一〕而遨遊，不用節度也。

王肅曰：「佚遊，出入不知節也。」

樂宴樂，三損也。心中所愛樂，宴飲酖酤〔二〕以爲樂也。**損矣。」**此上三樂，皆是爲損之樂也。

孔安國曰：「宴樂，沈荒淫瀆也。三者，自損之道也。」

孔子曰：「侍於君子有三愆：愆，過也。卑侍於尊，有三事爲過失也。

孔安國曰：「愆，過也。」

言未及之而言，謂之躁；一過也。侍君子之坐，君子言語次第承之，未及其抄次而言，此是輕動將躁之者。

鄭玄曰：「躁，不安靜也。」

言及之而〔三〕不言，謂之隱；二過也。言語次第已應及其人，忽君之不肯〔四〕出言，此是情心不盡，有

〔一〕「悆」下，齋本、庫本衍一「悆」字。悆：喜悅。

〔二〕「酖酤」，齋本、庫本作「酖酗」。酖：嗜酒；酤：一夜釀成的酒。酖酤：指嗜酒，沉迷於酒。

〔三〕「而」，齋本、庫本無此字。正平版何解亦無「而」字。邢疏、朱注有「而」字。

〔四〕「君之不肯」，齋本、庫本作「君子不肎」。「肎」同「肯」。

所隱匿之者也。

孔安國曰：「隱匿不盡情實也。」

未見顏色而言，謂之瞽。」瞽者，盲人也。盲人目不見人顏色，而只言人之是非。今若不盲侍坐，未見君子顏色趣向而便逆言之，此是與盲者無異質，故謂之爲瞽也。

周生烈曰：「未見君子顏色所趣向而便逆先意語者，猶瞽也。」

孔子曰：「君子有三戒：君子自戒，其事有三，故云「有三戒」也。少之時，血氣未定，戒之在色；一戒也。少，謂卅以前也。爾時血氣猶自薄少，不可過欲，過欲則爲自損，故戒之也。及其壯也，血氣方剛，戒之在鬬；二戒也。壯，謂三十以上也。禮：卅壯而爲室，故不復戒色也。但年齒已壯，血氣方剛，性力雄猛，有〔一〕無所與讓，好爲鬬〔二〕，故戒之也。及其老也，血氣既衰，戒之在得。」三戒也。老，謂年五十以上也。年五十始衰，無復鬬争之勢，而戒之在得也。得，貪得也。老人好貪，故戒之也。老人所以好貪者，夫年少象春夏，春夏爲陽，陽法主施，故少年明怡也。年老象秋冬，秋冬爲陰，陰體斂藏，故老耆好斂聚，多貪也。

〔一〕「有」，齋本、庫本無此字。
〔二〕「鬬」下，齋本、庫本有「争」字。

孔安國曰：「得，貪得也。」

孔子曰：「君子有三畏：心服曰畏。君子所畏有三事也。畏天命，一畏也。天命，謂作善降百祥，作不善降百殃。從吉逆凶，是天之命，故君子畏之，不敢逆之也。

順吉逆凶，天之命也。

畏大人，二畏也。大人，聖人也。見其含容，而曰大人。見其作教正物，而曰聖人也。今云「畏大人」，謂居位爲君者也。聖人在上，含容覆幬〔一〕，一〔二〕雖不察察，而君子畏之也。

大人，即聖人，與天地合其德者也。

畏聖人之言。三畏也。聖人之言，謂五經典籍、聖人遺文也，其理深遠，故君子畏也。

深遠不可易知〔三〕，則聖人之言也。理皆深遠，不可改易也。

小人不知天命而不畏也，既小人與君子反，故〔四〕不畏君子之所畏者也。小人見天道恢疏，而不信從吉逆凶，故不畏之，而造爲惡逆之也。

〔一〕「幬」，齋本、庫本作「燾」。「燾」有「覆蓋」義，「覆燾」同「覆幬」，義猶「覆被」，謂施恩、加惠。

〔二〕「一」，齋本、庫本空缺。

〔三〕「知」，齋本、庫本無此字。正平版何解有「知」字。邢疏此語作「深遠不可易知測，聖人之言也」。

〔四〕「故」，齋本、庫本作「竝」。

恢疏，故不知畏也。天網恢恢，疏而不失。小人見天命不切切之急，謂之不足畏也。狎大人，見大人含容，故褻〔一〕慢而不敬也。江熙云：「小人不懼德，故媟慢也。」直而不肆，故狎之也。肆，猶經威毒也。大人但用行〔二〕不邪，而不私威毒也。侮聖人之言。」謂經籍爲虚妄，故輕侮之也。江熙云：「以典籍爲妄作也。」不可小知，故侮之也。經籍深妙，非小人所知，故云「不可小知」也。

孔子曰：「生而知之者，上也；此章勸學也，故先從聖人始也。若生而自有知識者，此明是上智聖人，故云上也。學而知之者，次也；謂上賢也。上賢既不生知，資學以滿分，故次生知者也。困而學之，又其次也。謂中賢以下也。本不好學，特以己有所用，於理困憤不通，故憤而學之，只此〔三〕次前上賢人也。孔安國曰：「困，謂有所不通也。」困而不學，民斯爲下矣。」謂下愚也。既不好學，而困又不學，此是下愚之民也，故云「民斯爲下」也。

〔一〕「褻」下，齋本、庫本有「狎」字。
〔二〕「行」，庫本作「刑」。下句「不私威毒」，齋本、庫本作「不加威毒」。
〔三〕「只此」，齋本、庫本作「此只」。

孔子曰：「君子有九思：言君子所宜思之事，其條有九也。視思明，一也。若自〔一〕瞻視萬事，不得孟浪，唯思分明也。聽思聰，二也。若耳聽萬理，不得落漠，唯思聽了也。色思温，三也。若顏色平常，不得嚴切，唯思温和也。李充〔二〕曰：「静容謂之和，柔暢謂之温也。」貌思恭，四也。若容貌接物，不得違逆，唯思遜恭也。李充曰：「動容謂之貌，謙接謂之恭也。」言思忠，五也。若有所言語，不得虚僞，唯思盡於忠心也。事思敬，六也。凡行萬事，不得慠慢，唯思於敬也，故曲禮云「無不敬也」。疑思問，七也。心有所疑，不得輒自斷決，當思諮問於事有識者也。忿思難，八也。彼有違理之事，來觸於我，我必忿怒於彼。雖然，不得乘此忿心以報於彼，當思於忽有急難日也。一朝之忿，忘其身以及其親，是謂難也。見得思義。」九也。不義而富且貴，於我如浮雲。若見己應有所得，當思是〔三〕義取也。江熙云：「義，然後取也。」孔子曰：「見善如不及，見有善者，當慕而齊之，恒恐己不能相及也。袁氏曰：「恒恐失之，故馳而及之也。」見不善如探湯。若見彼不善者，則己急宜畏避，不相染入，譬如人使己以手探於沸湯

〔一〕「自」，齋本、庫本作「目」，是。
〔二〕「充」，庫本作「容」，誤。
〔三〕「是」，齋本、庫本作「其」。

爲也。**吾見其人矣，吾聞其語矣。**孔子自云：此上二事，吾嘗見其人，亦嘗聞有其語也。孔安國曰：「探湯，喻去惡疾也。」去，猶避。疾，速也，謂避惡之速。顏特進云：「好善如所慕，惡惡如所畏，合義之情，可傳之理，既見其人，又聞其語也〔一〕。」

隱居以求其志，志達昏亂，故願隱居遁〔二〕，言幽居以求其志也。**行義以達其道，**常願道中，故躬行行義〔三〕，以達其道矣。**吾聞其語矣，未見其人也。」**唯聞昔有夷、齊能然，是聞其〔四〕語也。而今世無復此人，故云未見其人也。顏特進云：「隱居所以求志於世表，行義所以達道於古人，無立之高，難能之行，徒聞其語，未見其人也。」

齊景公有馬千駟，千駟，四千匹馬也。**死之日，民無得稱焉。**生時無德而多馬，一死則身與〔五〕名俱消，故民無所稱譽也。

孔安國曰：「千駟，四千匹也。」

伯夷、叔齊餓于首陽之下，夷、齊，是孤竹君之二子也。兄弟讓國，遂入隱于首陽之山。武王伐紂，

〔一〕「顏特進」至「語也」，齊本、庫本放在解經文處，接於「亦嘗聞有其語也」句下。
〔二〕「志達昏亂，故願隱居遁」，齊本、庫本作「志違昏亂，故願隱遁」。
〔三〕「常願道中，故躬行行義」，齊本、庫本作「常願道申，故躬行仁義」。
〔四〕「其」上，齊本、庫本有「有」字。
〔五〕「與」，齊本、庫本無此字。

夷、齊叩〔一〕武王馬諫曰：「爲臣〔二〕伐君，豈得忠乎？ 橫尸不葬，豈得孝乎？」武王左右欲殺之，太公曰：「此孤竹君之子，兄弟讓國，大王不然〔三〕制也。 隱於首陽山，合方立義，不可殺，是賢人。」即止也。 夷、齊反首陽山，責周〔四〕，不食周粟，唯食草木而已。 後遼西令支縣佑家白張石虎往蒲坂採材，謂夷、齊云：「汝不食周粟，何食周草木？」夷、齊聞言，即遂不食，七日餓死。 云首陽下者，在山邊側者也。

馬融曰：「首陽山，在河東蒲坂〔五〕，華山之北，河曲之中也。」

民到于今稱之，雖無馬而餓死，而民至〔六〕孔子之時，相傳〔七〕揄揚愈盛也。 其斯〔八〕謂與？ 斯，此也。 言多馬而無德，亦死即消。 雖餓而有德，稱義無息。 言有德不可不重，其此謂之〔九〕也。

王肅曰：「此所謂以德爲稱者也。」

〔一〕「叩」，齋本、庫本作「扣」。
〔二〕「臣」，庫本作「忠」，誤。
〔三〕「然」，齋本、庫本作「能」。
〔四〕「周」，齋本、庫本作「身」。
〔五〕「蒲坂」下，齋本、庫本有「縣」字。
〔六〕「至」，齋本、庫本作「到」。
〔七〕「傳」下，齋本、庫本有「猶」字。
〔八〕「斯」下，齋本、庫本有「之」字。 正平版何解無「之」字。 邢疏、朱注有「之」字。
〔九〕「謂之」，庫本作「之謂」。

陳亢問於伯魚曰：「子亦有異聞乎？」陳亢，即子禽也。伯魚，即鯉也。亢言伯魚是孔子之子，孔子或私教伯魚，有異門徒聞，故云子亦有異聞不也。呼伯魚而爲子也。

馬融曰：「以爲伯魚孔子之子，所聞當有異也。」

對曰：「未也。伯魚對陳亢云：我未嘗有異聞也。嘗獨立，此述己生平私得孔子見語之時也。言孔子嘗獨立，左右無人也。

孔安國曰：「獨立，謂孔子也。」

鯉趨而過庭。孔子獨立在堂，而已趨從中庭過也。曰：『學詩乎？』孔子見伯魚從庭過〔一〕，呼而問之云：汝嘗學詩不乎？對曰：『未之。』伯魚述己學答孔子〔二〕，言未嘗學之詩也。曰：『不學詩，無以言也。』孔子聞伯魚未嘗學詩，故以此語之。言詩有比興、答對、酧酢，人若不學詩，則無以與人言語也。鯉退而學詩。伯魚得孔子之旨，故還〔三〕己舍而學詩之也。他日又獨立，他日，又別日也。孔

〔一〕「從庭過」，齋本、庫本作「從過庭」。

〔二〕「伯魚述己學答孔子」，齋本、庫本作「伯魚述舉己答孔子」。

〔三〕「還」上，齋本、庫本有「退」字。

子又在堂獨立也。鯉趨而過庭。伯魚又從中庭過也。曰：『學禮乎？』孔子又問伯魚：學〔一〕禮不乎？對曰：『未也。』亦答云：未學禮之也。『不學禮，無以立。』孔子又語伯魚云：禮是恭儉莊敬，立身之本，人有禮則安，無禮則危，若不學禮，則無以自立身也。鯉退而學禮。鯉從〔二〕旨，退而學禮也。聞斯二者矣。』又答陳亢言，己爲孔子之子，唯私聞學詩學禮二事也。陳亢退而喜曰：「問一得三，陳亢得伯魚答己二事，故退而歡喜也。言我問異聞之一事，而今得聞三事也。聞詩，聞禮，又聞君子之遠其子也。」伯魚二也，又君子遠其子，三也。伯魚是孔子之子，一生之中唯〔三〕聞二事，即是君子不獨親子，故相疎遠，是陳亢今得聞君子遠於其子也。范寧曰：「孟子云：『君子不教子何也？勢不行也。教者必以正，以正不行，繼之以怒〔四〕。繼之以怒，則反夷矣。父子相夷，惡也。』」邦君之妻，君稱之曰夫人，當時禮亂，稱謂不明，故此正之也。邦君自呼其妻曰夫人也。夫人自稱曰小童，此夫人向夫自稱，則曰小童。小童，幼少之目也，謙不敢自以比於成人也。邦人稱之曰君夫人，

〔一〕「學」上，齋本、庫本有「汝」字。
〔二〕「從」下，齋本、庫本有「孔子」二字。
〔三〕「唯」下，齋本、庫本有「知」字。
〔四〕「怒」，齋本、庫本作「忿」。下同。

邦人，其國民人也。若其國之民呼君妻，則曰君夫人也。君自稱云〔一〕單曰夫人，故夫人〔二〕民人稱，帶君言之也。**稱諸異邦曰寡小君，**自我國臣〔三〕民向他邦人稱我君妻，則曰寡小君也。君自稱曰寡人，故臣民稱君爲寡君，稱君妻爲寡小君也。**異邦人稱之亦曰君夫人也。**若異邦臣來，即稱主國君之妻，則亦同曰君夫人也。

孔安國曰：「小君，君夫人之稱也。對異邦謙，故曰寡小君。當此之時，諸侯嫡妾不正，稱號不審，故孔子正言其禮也。」

論語義疏第八

經一千七百七十四字　注一千九百七十字

〔一〕「云」，齋本、庫本作「則」。

〔二〕「夫人」，齋本、庫本無此二字。「故夫人民人稱」，此句似應作「故民人稱夫人」。

〔三〕「臣」，庫本作「人」。

論語義疏卷第九 陽貨 微子

梁國子助教吴郡皇侃撰

論語陽貨第十七

何晏集解　凡廿四章

疏陽貨者，季氏家臣，凶〔一〕惡者也。所以次前者，明於時凶亂，非唯國臣無道，至於陪臣賤，亦並凶愚〔二〕，故陽貨次季氏也。

陽貨欲見孔子，陽貨者，季氏家臣陽虎也。于時季氏稍微，陽貨爲季氏宰，專魯國政，欲使孔子仕己，故使人召孔子，欲與孔子相見也。孔子不見，孔子惡其專濫，故不與之相見也。孔安國曰：「陽貨，陽虎也，季氏家臣而專魯國之政，欲見孔子使仕也。」

歸孔子豚。歸，猶餉也。既召孔子，孔子不與相見，故又遣人餉孔子豚也。所以召不來而餉豚者，禮，得

〔一〕「凶」上，齋本、庫本有「亦」字。
〔二〕「愚」，齋本、庫本作「惡」。

敵己以下餉，但於己家拜餉而已。勝己以上見餉，先既拜於己家，明日又往餉者之室也。陽虎乃不勝孔子。然己交專魯政，期度孔子必來拜謝己，因得與相見也，得相見而勸之欲仕也。

孔安國曰：「欲使往謝，故遺〔一〕孔子豚也。」

孔子時其亡也，而往拜之，亡，無也，謂〔二〕虎不在家之時也。孔子曉虎見餉之意，故往拜謝也。若往謝，必與相見，相見於家，事或盤桓，故敢伺〔三〕虎不在家時，而往拜於其家也矣。**遇諸塗。**塗，道路也。既伺其不在而往拜，拜竟而還，與之相逢遇〔四〕於路中也。孔子聖人，所以不計避之而在路與相逢者，其有所以也。若遂不相見，則陽虎求召不已，既得相見，期〔五〕其意畢耳，但不欲久與相對，故造次在塗路也。所以知是已拜室還與相逢者，既先云「時亡也」，後云「遇塗」，故知已至其家也。其若未至室，則於禮未畢，或有更隨其至己家之理，故先伺不在而往，往畢還而相逢也。

孔安國曰：「塗，道也。於道路與相逢也。」一家通云：餉豚之時，孔子不在，故往謝之也。然於

〔一〕「遺」，齋本、庫本作「遺」，是。
〔二〕「謂」上，齋本、庫本有「無」字。
〔三〕「敢伺」，齋本、庫本作「伺取」。
〔四〕「遇」，齋本、庫本無此字。
〔五〕「期」，齋本、庫本作「則」。

玉藻中爲便，而不勝此集解通也〔一〕。

謂孔子曰：「來！貨於道〔二〕見孔子，而呼孔子令來，孔子趍〔三〕就己也。**予與爾言。」**予，我也。爾，汝也。貨先呼孔子來，而又云我與汝言也。**曰：「懷其寶而迷其邦，可謂仁乎？」**此陽貨〔四〕與孔子所言之辭也。既欲令仕己，故先發此言也。此罵孔子不仕〔五〕也。寶，猶道也。言仁人之行，當惻隱救世以安天下，而汝懷藏佐時之道，不肯出仕，使邦國迷亂，爲此之事，豈可謂爲仁乎？**曰：「不可。」**孔子曉虎之言，故遜辭求免，而答己〔六〕不可也，言不可謂此爲仁人也。

馬融曰：「言孔子不仕，是懷寶也。知國不治而不爲政，是迷邦也。」

「好從事而亟失時，可謂智乎？」此亦罵孔子不智也。好從事，謂好周流東西，從於世事也。亟，數也。言智者以照了爲用，動無失時，而孔子數栖栖遑遑，東西從事，而數失時，不爲時用，如此豈可謂汝爲

〔一〕「一家通云」至「通也」，齋本、庫本放在解經文處，接於「往畢還而相逢也」句下。
〔二〕「道」，齋本、庫本作「路」。
〔三〕「孔子趍」，齋本、庫本作「趨」，無「孔子」二字。「趍」同「趨」。
〔四〕「陽」，齋本、庫本作「是」。
〔五〕「仕」，齋本、庫本作「仁」。
〔六〕「己」，齋本、庫本作「云」。

聖〔一〕人乎矣？ 曰：「不可。」又遜辭云「不可」也。

孔安國曰：「言孔子栖栖好從事，而數不遇失時，不爲有智也。」

「日月逝矣，歲不我與。」罵孔子。孔子辭既畢，故貨又以此辭勸孔子出仕也。逝，速也，言日月不停，速不待人，豈得懷寶至老而不仕乎？ 我，我孔子也。

馬融曰：「年老，歲月已往，當急仕也。」

孔子曰：「諾，吾將仕矣。」孔子得勸，故遜辭答之云「諾，吾將仕也」。郭象云：「聖人無心，仕與不仕隨世耳。陽虎勸仕，理無不諾，不能用我，則我〔二〕無自用。此直道而應者也，然免遜之理亦在其中也。」

孔安國曰：「以順辭免害也。」

子曰：「性相近也，習相遠也。」性者，人所稟以生也。習者，謂生而後有儀〔三〕，常所行習之事也。人俱〔四〕稟天地之氣以生，雖復厚薄有殊，而同是稟氣，故曰相近也。及至識〔五〕，若值善友，則相效爲善；若

〔一〕「聖」，齋本、庫本作「智」。
〔二〕「我」，齋本、庫本無此字。
〔三〕「而後有儀」，齋本、庫本作「後有百儀」。
〔四〕「俱」，庫本作「具」。
〔五〕「識」，庫本作「習」。

逢惡友，則相效爲惡。惡善既殊，故云相遠也。故范寧云：「人生而靜，天之性也；感於物而動，性之欲也，斯相近也。習洙、泗之教爲君子，習申、商之術爲小人，斯相遠矣也。」

孔安國曰：「君子慎所習也。」然性情之義，説者不同，且依一家舊釋云：性者，生也。情者，成也。性是生而有之，故曰生也。情是起欲動彰事，故曰成也。然性無善惡，而有濃薄。情是有欲之心，而有邪正。性既是全生，而有未涉乎用，非唯不可名爲惡，亦不可目爲善，故性無善惡也。所以知然者，夫善惡之名，恒就事而顯，故老子曰：「天下以知美之爲美，斯惡已。以知善之爲善，斯不善已。」此皆據事而談。情有邪正者，情既是事，若逐欲流遷，其事則邪，若欲當於理，其事則正，故情不得不有邪有正也。故易曰：「利貞者，性情也。」王弼曰：「不性其情，焉能久行其正？」此是情之正也。若心好流蕩失真，此是情之邪也。若以情近性，故云性其情。情近性者，何妨是有欲？若逐欲遷，故云「遠」也。若欲而不遷，故曰「近」。但近性者正，而即性非正，雖即性非正，而能使之正。譬如近火者熱，而即火非熱，雖即火非熱，而能使之熱。能使之熱者何？氣也，熱也。能使之正者何？儀也，靜也。又知其有濃薄者。孔子曰「性相近也」，若全同也，相近之辭不生；若全異也，相近之辭亦不得立。今云近者，有同有異，取其共是無善無惡則同也，有濃有薄則異也，雖異而未相遠，故曰「近」也〔一〕。

子曰：「唯上智與下愚不移。」前既云性近習遠，而又有異，此則明之也。夫降聖以還，賢愚萬品。

〔一〕「然性情之義」至「故曰近也」，齋本、庫本放在解經文處，接於「斯相遠矣也」句下。首句「性情」，齋本、庫本作「情性」。

若大而言之，且分爲三：上分是聖，下分是愚，愚人以上，聖人以下，其中階品不同，而共爲一。此之共一，則有推移。今云「上智」，謂聖人；「下愚」，愚人也。夫人不生則已，若有生之始，便禀天地陰陽氛氳之氣。氣有清濁，若禀得淳清者，則爲聖人；若得淳濁者，則爲愚人。愚人淳濁，雖澄亦不清；聖人淳清，攪之不濁。故上聖遇昏亂之世，不能撓其真；下愚值重堯疊舜，不能變其惡。故云「唯上智與下愚不移」也。而上智以下，下愚以上，二者中間，顔、閔以下，一善以上，其中亦多清少濁，或多濁少清，或半清半濁，澄之則清，攪之則濁。如此之徒，以隨世變改，若遇善則清升，逢惡則滓淪，所以别云「性相近習相遠」也。

孔安國曰：「上智不可使强爲惡，下愚不可使强賢也。」

子之武城，聞弦歌之聲。

之，往也。于時子游爲武城宰，而孔子往焉。既入其邑，聞弦歌之聲也。但解聞弦歌之聲，其則有二：一云：孔子入武城堺，聞邑中人家家有弦歌之響，由子游正〔一〕化和樂故也。繆播云：「子游宰小邑，能使〔二〕民得其可〔三〕弦歌以樂也。」又一云：謂孔子入城〔四〕，聞子游身自弦歌以教民也。故江熙云：「小邑但當令足衣食教敬而已，反教歌詠先王之道也。」

孔安國曰：「子游爲武城宰也。」

〔一〕「正」，齋本、庫本作「政」。
〔二〕「使」，齋本、庫本作「令」。
〔三〕「可」，庫本作「所」。
〔四〕「城」上，齋本、庫本有「武」字。

夫子莞爾而咲，孔子聞弦歌聲而咲之也。

莞爾，小笑貌也。

曰：「割雞焉用牛刀？」孔子説可咲之意也。牛刀，大刀也。割雞宜用雞刀，割牛宜用牛刀，若割雞而用牛刀，刀大而雞小，所用之過也。譬如武城小邑之政，可用小才而已，用子游之大才，是才大而用小也。故繆播云：「惜〔一〕不得導千乘之國，如牛刀割雞，不盡其才也。」江熙云：「如牛刀割雞，非其宜也。」

孔安國曰：「言治小何須用大道也。」

子游對曰：「昔者偃也聞諸夫子曰：『君子學道則愛人，小人學道則易使也。』」子游得孔子咲己，故對所以弦歌之意也。先據聞之於孔子言云：若君子學禮樂，則必以愛人爲用，小人學道，則易使爲樂業，而偃今日所以有此弦歌之化也。一云：子游既學道於孔子，今日之化，政是小人易使。故繆播云：「夫博學之言，亦可進退也。夫子聞鄉黨之人言，便引得射御，子游聞牛刀之喻，且取非宜，故曰小人學道則易使也；其不知之者，以爲戲也；其知之者，以爲賢聖之謙意也。」

孔安國曰：「道，謂禮樂也。樂以和人，人和則易使也。」就如注意言，子游對所以弦歌化民者，欲使邑中君子學之則愛人，邑中小人學之則易使也。

〔一〕「惜」下，齋本、庫本有「其」字。

子曰："二三子！二三子，從孔子行者也。孔子將欲美言偃〔一〕之是，故先呼從行之二三子也。孔安國曰："從行者也。"偃之言是也。言子游之言所以用弦歌之化是也。前言戲之耳。"言我前云「割雞焉用牛刀」，是戲是〔二〕治小而才大也。孔安國曰："戲以治小而用大道也。"

公山不擾姓公山，名不擾也。以費畔，費，季氏采邑也。畔，背叛也。不擾當時爲季氏邑宰而作亂，與陽虎共執季氏，是背畔於季氏也。召，子欲往。既背畔，使人召孔子，孔子欲往應召也。孔安國曰："不擾爲季氏宰，與陽虎共執季桓子，而召孔子也。"

子路不悅，子路見孔子欲往，故已不欣悅也。曰："末〔三〕之也已，何必公山氏之之也？"子路不悅，而後〔四〕說此辭也。末，無也。之，適也。已，止也。中「之」，語助也。下「之」，亦適也。子路云：

〔一〕「言」，齋本、庫本無此字。

〔二〕「是」，齋本、庫本無此字，是。

〔三〕「末」，齋本、庫本作「未」。定州漢墓竹簡論語、邢疏、朱注作「末」。正平版何解作「未」。「末」「未」皆可表示「没有」、「無」的意思，此處不好裁斷是非。

〔四〕「後」，齋本、庫本作「復」。

雖時不我用，若無所適往，則乃當止耳，何必公山氏之適也。

孔安國曰：「之，適也。無可之，則止耳，何必公山氏之適也？」

子曰：「夫召我者，而豈徒哉！孔子答子路所以欲往之意也。徒，空也。言夫欲召我者，豈容無事空然而召我乎？必有以也。如有〔一〕用我者，吾其爲東周乎？」若必不空然而用我時，則我當爲興周道也。魯在東，周在西，云「東周」者，欲於魯而興周道，故云「吾其爲東周」也。一云：周室東遷洛邑，故曰東周。王弼云：「言如能用我者，不擇地而興周室道。」

興周道於東方，故曰東周也。

子張問仁於孔子。孔子對〔二〕曰：「能行五者於天下，爲仁矣。」言若能行五事於天下，則可謂之爲仁人也矣。請問之。子張不曉五者之事，故反請問其目也。曰：「恭、寬、信、敏、惠。答五者之目也。恭則不侮，又爲歷解五事所以爲仁之義也。言人君行己能恭，則人以敬己，不敢見輕侮也。故江熙云：「自敬者，人亦敬己也。」

孔安國曰：「不見侮慢也。」

〔一〕「有」下，齋本、庫本有「復」字，衍。正平版何解、邢疏、朱注無「復」字。

〔二〕「對」，齋本、庫本無此字。邢疏、朱注亦無「對」字。正平版何解有「對」字。

寬則得衆，人君所行寬弘，則衆附歸之，是故得衆也。信則人任焉，人君立言必信，則爲人物所見〔一〕委任也。一云：人思任其事，故不見冥〔二〕也。敏則有功，敏，疾也，人君行事不懈而能進疾也，則事以成而多功也。

孔安國曰：「應事疾則多成功也。」

惠則足以使人。」人君有恩惠加民，民則以不憚勞役也。故江熙云：「有恩惠則民忘勞也。」

昲昑〔三〕召，昲昑使人召於孔子。子欲往。孔子欲應召使而往也。

孔安國曰：「晉大夫趙簡子之邑宰也。」

子路曰：「昔者由也聞諸夫子曰：『親於其身爲不善者，君子不入。』子路見孔子欲應昲昑之召，故據昔聞孔子之言而諫止之也。子路云：由昔親聞孔子〔四〕之言云：若有人自親行不善之事者，則君子不入其家也。

孔安國曰：「不入其國也。」

〔一〕「見」，齋本、庫本無此字。

〔二〕「冥」，齋本、庫本作「暝」。

〔三〕「昲昑」，齋本、庫本作「胇肣」，下同。邢疏、朱注作「佛肸」。作爲人名，當以「佛肸」爲是。

〔四〕「孔」，齋本、庫本作「夫」。

佛肸以中牟畔，據佛肸身自爲不善之事也。佛肸經爲中牟邑宰，而遂背畔，此是不善之事也。子之往也，如之何？」佛肸身爲不善，而今夫子若爲往之，故云「如之何」也。子曰：「然，有是言也。然，如此也。孔子答曰：有如此所説也，我昔者有此君子不入於不善之國之言。不〔二〕曰堅乎，磨不〔三〕磷；不曰白乎，涅而不緇。孔子既然之，而更廣述我從來所言非一，或云君子不入不善之國，亦云君子入不善之國而〔三〕不爲害。徑爲之説〔四〕二譬，譬天下至堅之物磨之不薄，至白之物染之不黑。是我昔亦有此二言，汝今那唯憶不入而不憶亦入乎？故曰「不曰堅乎，磨而不磷；不曰白乎，涅而不緇」。言我昔亦經有曰也，故云「不曰白〔五〕乎」以問之也。

孔安國曰：「磷，薄也。涅，可以染皂者。言至堅者磨之而不薄，至白者染之涅不黑〔六〕。喻君子雖在濁亂，濁亂不能污。」然孔子所以有此二説不同者，或其不入是爲賢人，賢人以下易

〔一〕「不」上，齋本、庫本有「曰」字。正平版何解亦有「曰」字。邢疏、朱注無「曰」字。
〔二〕「不」上，齋本、庫本有「而」字。正平版何解、邢疏、朱注亦有「而」字。
〔三〕「而」上，齋本、庫本有「故君子入不善之國」八字，恐衍。
〔四〕「徑」，齋本、庫本作「經」。「説」，齋本、庫本作「設」。
〔五〕「白」，齋本、庫本無此字。
〔六〕「染之涅不黑」，齋本、庫本作「染之於涅而不黑」。

染，故不許入也；若許入者是聖人，聖人不爲世俗染黑〔一〕，如至堅至白之物也。子路不欲往，孔子欲往，故其〔二〕告也〔三〕。

吾豈匏瓜也哉？焉能繫而不食？」孔子亦爲說我所以一應召之意也。言人非匏瓜，匏瓜係滯一處，不須飲食而自然生長，乃得不用，何通乎？而我是須食之人，自應東西求覓，豈得如匏瓜係而不食耶？一通云：匏瓜，星名也。言人有才智，宜佐時理務，爲人所用，豈得如匏瓜係天而不可食邪？王弼云：「孔子機發後應，事形乃視，擇地以處身，資教以全度者也，故不入亂人之邦。聖人通遠慮微，應變神化，濁亂不能污其潔，凶惡不能害其性，所以避難不藏身，絶物不以形也。有是言者，言各有所施也，苟不得係而不食，舍此適彼，相去何若也。」

匏，瓠也。言匏瓜得繫一處者，不食故也。吾自食物，當東西南北，不得如不食之物繫滯一處也。江熙云：「夫子豈實之公山弗肹〔四〕乎？故欲往之意耶。汎爾〔五〕無係，以觀門人之情，如欲居九夷，乘桴浮於海耳。子路見形而不及道，故聞乘桴而喜，聞之公山而不悅，升堂而未入室，

〔一〕「黑」，齋本、庫本作「累」。

〔二〕「其」，誤，堂本正誤表以「具」爲正。

〔三〕「然孔子」至「告也」，齋本、庫本放在解經文處，接於「故云不曰白乎以問之也」句下。

〔四〕「弗肹」，上文作「𥇍肹」，齋本、庫本作「胇肦」。參前校記。

〔五〕「爾」，齋本、庫本作「示」。

安測聖人之趣哉〔一〕？」

子曰：「由！呼子路名而問之也。汝聞六言六弊〔二〕矣乎？」夫所欲問子路：汝曾聞六言而每言以有弊塞之事乎？言既有六，故弊亦有六，故云「六言六弊」之。事在下文。王弼云：「不自見其過也。」

六言六弊，下六事，謂仁、智、信、直、勇、剛也。

對曰：「未也。」子路對曰：未曾聞之。曰：「居，吾語汝。居，猶復坐〔三〕也。子路得孔子問，避席而對云「未也」，故孔子呼之使復坐也，吾當語汝也。

孔安國曰：「子路起對，故使還坐也。」

好仁不好學，其弊也愚；一也。然此以下六事，以〔四〕謂中人也。夫事得中適，莫不資學，若不學而行事，猶無燭夜行也。仁者博施周急，是德之盛也，唯學者能裁其中。若不學而施，施必失所，是與愚人同，故其弊塞在於愚也。江熙云：「好仁者，謂聞其風而悅之者也。不學不能深源〔五〕乎其道，知其一而未識其

〔一〕「江熙云」至「趣哉」，齋本、庫本放在解經文處，接於「相去何若也」句下。
〔二〕「弊」，齋本、庫本作「蔽」，下同。邢疏、朱注亦作「蔽」。「蔽」「弊」義同，皆有「弊端」、「弊病」、「害處」的意思。
〔三〕「坐」，齋本、庫本作「座」，下同。
〔四〕「以」，齋本、庫本無此字。
〔五〕「源」，齋本、庫本作「原」。

二，所以弊也。自非聖人，必有所偏，偏才雖美，必有所弊，學者假教以節其性，觀教知變，則見所遇〔一〕也。」

孔安國曰：「仁者愛物，不知所以裁之，則愚也。」

好智不好學，其弊也蕩；二也。智以運動爲用。若學而裁之，則智動會理；若不學而運動，則弊塞在於蕩，無所的守也。

孔安國曰：「蕩，無所適守也。」

好信不好學，其弊也賊；三也。信者不欺爲用。若學而爲信，信則合宜；不學而信，信不合宜；不合宜則弊塞在於賊害其身也。江熙云：「尾生與女子期，死於梁下；宋襄與楚人期，傷泓不度，信之害也。」

孔安國曰：「父子不知相爲隱之輩也。」

好直不好學，其弊也絞；四也。直者不曲爲用，若學而行之，得中適〔二〕；若不學而直，則弊塞在於絞。絞，猶刺也。好譏刺人之非，成〔三〕己之直也。好勇不好學，其弊也亂；五也。勇是多力。多力若學，則能用勇，敬拜於廟廊，捍難於邊壃；若勇不學，則必弊塞在於作亂也。好剛不好學，其弊也

〔一〕「遇」，齋本、庫本作「過」。
〔二〕「適」，齋本、庫本作「道」。「中適」，義「中正適當」，在此講得通。
〔三〕「成」上，齋本、庫本有「以」字。

狂。」六也。剛者無欲，不爲曲求也。若復學而剛，則中適爲美；若剛而不學，則必弊在於狂。狂，謂抵觸於人，無迴避者也。

孔安國曰：「狂，妄抵觸於[一]人也。」

子曰：「小子！呼諸弟子，欲語之也。何莫學夫詩？莫，無也。夫，語助也。門弟子，汝等何無學夫詩者也？

苞氏曰：「小子，門人也。」

詩，可以興，又爲説所以宜學之由也。興，謂譬喻也。言若能學詩，詩可令人能爲譬喻也。

孔安國曰：「興，引譬連類也。」

可以觀，詩有諸國之風，風俗盛衰，可以觀覽以[二]知之也。

鄭玄曰：「觀，觀風俗之盛衰也。」

可以羣，詩有「如切如磋，如琢如磨」，是朋友之道，可以羣居也。

孔安國曰：「羣居相切磋也。」

[一]「於」，齋本、庫本無此字。正平版何解、邢疏亦無「於」字。

[二]「以」，齋本、庫本作「而」。

可以怨。詩可以怨刺諷諫之法，言之者無罪，聞之者足以戒，故可以怨也。孔安國曰：「怨，刺上政也。」邇之事父，遠之事君；邇，近也。詩有凱風、白華，相戒以養，是近有〔一〕事父之道也。又雅、頌君臣之法，是有遠事君之道者也。江熙云：「言事父與事君，以有其道也。」孔安國曰：「邇，近也。」多識於鳥獸草木之名。」關雎、鵲巢，是有鳥也。騶虞、狼跋，是有獸也。采蘩、葛覃，是有草也。甘棠、棫樸，是有木也。詩並載其名，學詩者則多識之也。子謂伯魚曰：「汝爲周南、邵南〔二〕矣乎？伯魚，孔子之子也。爲，猶學也。周南，關雎以下詩也。召南，鵲巢以下詩也。孔子見伯魚而謂之云：汝已曾學周、召二南之詩乎？然此問即是伯魚趍過庭，孔子問之學詩乎時也。人而不爲周南、邵南，其猶正牆面而立也與？」先問之，而更爲説周、召二南所以宜學之意也。牆面，面向牆也。言

〔一〕「近有」，齋本、庫本作「有近」。

〔二〕「邵南」，堂本經文、注文作「邵南」，疏文作「召南」，齋本、庫本經文、注文、疏文均作「邵南」。十三經注疏本毛詩正義作「召南」。

周、召二南〔一〕既多所含〔二〕載，讀之則多識草木鳥獸，及可事君親，故若不學詩者，則如人面正向牆而倚立，終無所瞻見也。然此語亦是伯魚過庭時，對曰「未學詩」，而孔子云「不學詩無以言」也。

馬融曰：「周南、邵南，國風之始。得淑女以配君子，三綱之首，王教之端，故人而不爲，如向牆而立也。」

子曰：「禮云禮云，玉帛云乎哉？此章辨禮樂之本也。夫禮所貴，在安上治民，但安上治民不因於玉帛而不達，故行禮必用玉帛耳。當乎周季末之君，唯知崇尚玉帛，而不能安上治民，故孔子歎之云也。故重言「禮云禮云，玉帛云乎哉」，明禮之所云不玉帛也。

鄭玄曰：「玉，珪璋〔三〕之屬。帛，束帛之屬。言禮非但崇此玉帛而已，所貴者乃貴其安上治民也。」

樂云樂云，鐘鼓云乎哉？」樂之所貴，在移風易俗，因於鐘鼓而宜〔四〕，故行樂必假鐘鼓耳。當澆季之主，唯知崇尚鐘鼓，而不能移風易俗，孔子重言「樂云樂云，鐘鼓云乎哉」，明樂之所云不在鐘鼓也。

〔一〕「所以宜學之意也。牆面，面向牆也。言周召二南」十八字，庫本脱。
〔二〕「含」，齋本、庫本作「合」。「含」字義勝。
〔三〕「珪璋」，齋本、庫本作「璋珪」。正平版何解作「珪璋」。邢疏作「圭璋」。
〔四〕「宜」，庫本作「宣」。

馬融曰：「樂之所貴者，移風易俗也，非謂鐘鼓而已也。」王弼云：「禮以敬爲主，玉帛者，敬之用飾。樂主於和，鐘鼓者，樂之器也。于時所謂禮樂者，厚贄幣而所簡於敬，盛鐘鼓而不合雅、頌，故正言其義也。」繆播曰：「玉帛，禮之用，非禮之本。鐘鼓者，樂之器，非樂之主。假玉帛以達禮，禮達則玉帛可忘。借鐘鼓以顯樂，樂顯則鐘鼓可遺。以禮假玉帛於求禮，非深乎禮者也。以樂託鐘鼓於求樂，非通乎樂者也。苟能禮正，則無持於玉帛，而上安民治矣。苟能暢和，則無借於鐘鼓，而移風易俗也〔一〕。」

子曰：「色厲而内荏，厲，矜正也。荏，柔佞也。言人有顔色矜正於外而心柔佞於内者也。

孔安國曰：「荏，柔也。謂外自矜厲而内柔佞者也。」

譬諸小人，其猶穿窬之盜也與？」此爲色厲内莊〔二〕作譬也。言其譬如小人爲偷盜之時也。小人爲盜，或穿人屋壁，或踰人垣牆。當此之時，外形恒欲進爲取物，而心恒畏人，常懷退走之路，是形進心退，内外相乖，如色外矜正而心内柔佞者也。

孔安國曰：「爲人如此，猶小人之有盜心。穿，穿壁。窬，窬牆也。」江熙云：「田文之客，能爲狗盜，穿壁如踰而入，盜之密也；外爲矜厲而實柔，佞之密也。峻其牆宇，謂之免盜，而狗盜者往焉；

〔一〕「王弼云」至「易俗也」，齋本、庫本放在解經文處，接於「明樂之所云不在鐘鼓也」句下。
〔二〕「莊」，齋本、庫本作「荏」，是。

高其抗厲，謂之免佞，而色厲者入焉。古聖難於荏人，今夫子又苦爲之喻，明免者鮮矣。傳云：『篳門珪窬也〔一〕。』」

子曰：「鄉原，德之賊。」鄉，鄉里也。原，源〔二〕本也。言人若凡往所至之鄉，輒憶度逆用意，源本其人情而待之者，此是德之賊也，言賊害其德也。又一云：鄉，向也。謂人不能剛毅，而好面從，見人輒媚向而原趣求合，此是賊德也。

周生烈曰：「所至之鄉，輒原其人情而爲己意以待之，是賊亂德者也。」一曰：鄉，向也，古字同。謂人不能剛毅，而見人輒原其趣向，容媚而合之，言此所以賊德也。如前二釋也〔三〕。張憑云：「鄉原，原壤也。孔子鄉人，故曰鄉原也。彼遊方之外也，而〔四〕行不應規矩，不可以訓，故每抑其迹，所以弘德也〔五〕。」

〔一〕「江熙云」至「珪窬也」，齋本、庫本放在解經文處，接於「如色外矜正而心内柔佞者也」句下。末句「篳門珪窬」下，齋本、庫本有「窬竇」二字。
〔二〕「源」，齋本、庫本作「原」。下文「源本其人情」之「源」亦作「原」。
〔三〕「如前二釋也」，齋本、庫本無此五字。
〔四〕「而」，齋本、庫本無此字。
〔五〕「張憑云」至「弘德也」，齋本、庫本放在解經文處，接於「此是賊德也」句下。

子曰：「道聽而塗説，德之棄。」道，道路也。塗，亦道路也。記問之學，不足以爲人師，人師〔二〕必當温故而知新，研精久習〔三〕，然後乃可爲人傳説耳。若聽之於道路，道路仍即爲人傳説，必多謬妄，所以爲有德者所棄也，亦自棄其德也。江熙云：「今之學者不爲己者也，況乎道聽者乎？逐末愈甚，棄德彌深也。」

馬融曰：「聞之於道路，則傳而説之也。」

子曰：「鄙夫可與事君〔三〕哉？言凡鄙之人，不可與之事君，故云「可與事君哉」。

孔安國曰：「言不可與事君也。」

其未得之，患得之。此以下明鄙夫不可與事君之由也。患得之，謂患不能得也。言初未得事君之時，恒懃懃患己不能得事君也。

患得之者，患不能得之。楚俗言。楚之風俗，其言語如此也，呼患不得爲患得之也。

既得之，患失之。患失之，患不失之也。既得事君而生厭心，故患己不遺失之也。苟患失之，無所不至矣。」既患得失在於不定，則此鄙心迴邪，無所不至，或爲亂也。

〔一〕「人師」，齋本、庫本作「師人」。
〔二〕「久習」，庫本作「習久」。
〔三〕「君」下，齋本、庫本有「也與」二字。邢疏、朱注亦有「也與」二字。正平版何解無「也與」二字。

鄭玄曰：「無所不至者，言邪媚無所不爲也。」

子曰：「古者民有三疾，古，謂淳時也。疾，謂病也。其事有三條，在下文也矣。今也或是之亡也。今，謂澆時也。亡，無也。言今之澆民無復三疾之事也。

苞氏曰：「言古者民疾與今時異也。」江熙云：「今之民無古者之疾，而病過之也矣〔一〕。」

古之狂也肆，一也。古之狂者恒肆意，所爲好在抵觸，以此爲疾者也。

苞氏曰：「肆，極意敢言也。」

今之狂也蕩；蕩，無所據也。蕩，猶動也。今之狂不復肆直，而皆用意澆競流動也，復無得據仗〔二〕也。

孔安國曰：「蕩，無所據也。」

古之矜也廉，二也。矜，莊也。廉，隅也。古人自矜莊者，好大有廉隅，以此爲病〔三〕也。李充曰：「矜厲其行，向廉潔也。」

〔一〕「江熙云」至「也矣」，齋本、庫本放在解經文處，接於「言今之澆民無復三疾之事也」句下。末句「病過」，齋本、庫本作「疾過」。

〔二〕「仗」，齋本、庫本作「杖」。

〔三〕「病」，齋本、庫本作「疾」。

馬融曰：「有廉隅也。」

今之矜也忿戾；今世之人自矜莊者，不能廉隅，而因之爲忿戾怒物也。孔安國曰：「惡理多怒也。」言今人既惡，則理自多怒物也。李充曰：「矜善上人，物所以不與，則復之者至矣，故怒以戾與忿激也〔一〕。」

古之愚也直，三也。古之愚者，不用其智，不知俯仰，病在直情徑行，故云直也。今之愚也詐而已矣。」今之世愚，不識可否，唯欲欺詐自利者也。又通〔二〕云：古之狂者唯肆情，而病於蕩；今之狂則不復病蕩，故蕩不肆也。又古之矜者唯廉隅，而病於忿戾；今之矜者則不復病忿戾，而不廉也。又古之愚者唯直，而病詐；今之愚者則不復病詐，故云詐而不直也。子曰：「惡紫之奪朱也，紫是間色，朱是正色，正色宜行，間色宜降〔三〕，不得用間色之物，以妨奪正色之用也。言此者，爲時多以邪人奪正人，故孔子託云惡之者也。孔安國曰：「朱，正色。紫，間色之好者。惡其邪好而奪正色也。」

惡鄭聲之亂雅樂，鄭聲者，鄭國之音也，其音淫也。雅樂者，其聲正也。時人多淫聲以廢雅樂，故孔子

〔一〕「李充曰」至「激也」，齋本、庫本放在解經文處，接於「而因之爲忿戾怒物也」句下。其「則復之者」之「復」字，齋本、庫本作「反」。

〔二〕「通」上，齋本、庫本有「一」字。

〔三〕「降」，誤，堂本正誤表以「除」爲正。

惡之者也。

苞氏曰：「鄭聲，淫〔一〕之哀者，惡其奪雅樂也。」

惡利口之覆邦家也。」利口，辯佞之口也。邦，諸侯也。家，卿大夫也。君子辭達而已，不用辯佞無實而傾覆國家，故爲孔子所惡也。

孔安國曰：「利口之人，多言少實，苟能悦媚時君，覆傾〔二〕其國家也。」

子曰：「予欲無言。」孔子忿世不用其言，其言爲益之少，故欲無所復言也。子貢曰：「子如不言，則小子何述焉？」小子，弟子也。子貢聞孔子欲不復言，故疑而問之也，言夫子若遂不復言，則弟子等輩何所復傳述也？

言之爲益少，故欲無言也。

子曰：「天何言哉？四時行焉，百物生焉，天何言哉？」孔子既以有言無益，遂欲不言，而子貢怨若遂不言則門徒無述，故孔子遂曰：天亦不言，而四時遞行，百物互生，此豈是天之有言使之然乎？故云「天何言哉」也。天既不言而事行，故我亦欲不言而教行，是欲則天以行化也。王弼云：「子欲無

〔一〕「淫」下，齋本、庫本有「聲」字。正平版何解、邢疏亦有「聲」字。

〔二〕「覆傾」，齋本、庫本作「傾覆」。

言，蓋欲明本，舉本統末，而示物於極者也。夫立言垂教，將以通性，而弊至於淫〔一〕；寄旨傳辭，將以正邪，而勢至於繁。既求道中，不可勝御，是以修本廢言，則天而行化。以淳而觀，則天地之心見於不言；寒暑代序，則不言之令行乎四時。天豈諄諄者乎？

孺悲欲見孔子，使人召孔子，欲與孔子相見也。孺悲，魯人也〔二〕。**孔子辭之以疾。**孔子不欲應孺悲之召，故辭云有疾不堪往也。**將命者出户，**將命者，謂孺悲所使之人也。出户，謂受孔子疾辭畢，而出孔子之户以去也。**取瑟而歌，使之聞之。**孺悲使者去，裁出户，而孔子取瑟以歌，欲使孺悲使者聞之也。所以然者，辭〔三〕唯有疾而不往，恐孺悲問疾差，又召己不止也，故取瑟而歌，使使者聞之，知孔子辭疾非實〔四〕，以還白孺悲，令孺悲知故不來耳，非爲疾不來也。**孺悲，魯人也。孔子不欲見，故辭以疾。爲其將命者不知已，故歌，令將命者悟，所以令孺悲思也。**李充云：「孔子曰：『人潔己以進，與其潔，不保其往。』所以不逆乎互鄉也。今不見孺悲者何？明非崇道歸聖，發其蒙矣。苟不崇道，必有舛寫之心，則非教之所崇，言之所喻，將欲化之，未若不見也。聖人不顯物短，使無日新之塗，故辭之以疾，猶未足以誘之，故絃歌以表旨，使抑之而不

〔一〕「淫」，齋本、庫本作「滛」。
〔二〕「孺悲，魯人也」，齋本、庫本放在「使人召孔子」句上。
〔三〕「辭」上，齋本、庫本有「若」字。
〔四〕「實」下，齋本、庫本有「疾」字。

彰，挫之而不絶，則矜鄙之心頹，而思善之路長也〔一〕。」

宰我問：「三年之喪，期已久矣。禮，爲至親之服至三年，宰我嫌其爲重，故問至期則久，不假三年也。君子三年不爲禮，禮必壞；三年不爲樂，樂必崩。宰我又説喪不宜三年之義也。君子，人君也。人君化物，必資禮樂，若有喪三年，則廢於禮樂，禮樂崩壞，則無以化民。爲此之故，云宜期而不三年。禮云壞、樂云崩者，禮是形化，形化故云壞，壞是漸敗之名；樂是氣化，氣化無形，故云崩，崩是墜失之稱也。舊穀既没，新穀既升，宰予又説一期爲足意也。言夫人情之變，本依天道，天道一期，則萬物莫不悉易。舊〔二〕穀既没盡，又新穀已熟，則人情亦宜法之而奪也。鑽燧改火，鑽燧者，鑽木取火之名也，内則云「小〔三〕觿木燧」是也。改火者，年有四時，四時所鑽之木不同。若一年，則鑽之一周，變改已遍也。期可已矣。」宰我斷之也。穀没又升，火鑽已遍，故有喪者一期亦爲可矣。

馬融曰：「周書月令有更火之文〔四〕，春取榆柳之火，夏取棗杏之火，季夏取桑柘之火，秋取柞楢之火，冬取槐檀之火。一年之中，鑽火各異木，故曰改火也。」引周書中月令之

〔一〕「李充云」至「路長也」，齋本、庫本放在解經文處，接於「非爲疾不來也」句下。

〔二〕「舊」上，齋本、庫本有「故」字。

〔三〕「小」，齋本、庫本作「大」。十三經注疏本禮記内則作「大」。

〔四〕「之文」，齋本、庫本無此二字。正平版何解亦無「之文」二字。邢疏有「之文」二字。

語有改火之事來爲證也。更，猶改也。改火之木，隨五行之色而變也。榆柳色青，春是木，木色青，故春用榆柳也。棗杏色赤，夏是火，火色赤，故夏用棗杏也。桑柘色黄，季夏是土，土色黄，故季夏用桑柘也。柞楢色白，秋是金，金色白，故秋用柞楢也。槐檀色黑，冬是水，水色黑，故冬用槐檀也。所以一年必改火者，人若依時而食其火，則得氣又宜，令人無災厲也。

子曰：「食夫稻也，衣夫錦也，於汝安乎？」孔子聞宰予云一期爲足，故舉問之也。夫，語助也。稻是穀之美者，錦是衣中之文華者。若一期除喪，除喪畢便食美衣華，在三年之内爲此事，於汝之心以此爲安不乎也？ **曰：「安。」**宰我答孔子也，云期而食稻衣錦以爲安也。 **曰：「汝安，則爲之。」**孔子聞宰我之答云安，故孔子〔一〕云：汝言此爲安，則汝自爲之也。 **夫君子之居喪，食旨不甘，聞樂不樂，居處不安，故不爲也。**孔子又爲宰我説三年内不可安於食稻衣錦也。言夫君子之人居親喪者，心如斬截，故無食美衣錦之理。假令食於美食，亦不覺以爲甘；聞於韶、武〔二〕，亦不爲雅樂；設居處華麗，亦非身所安。故聖人依人情而制苴麤之禮，不設美樂之具，故云「不爲」也。（上樂音岳〔三〕。） **今汝安，則爲之！」**陳舊事

〔一〕「孔子」，齋本、庫本無此二字。
〔二〕「武」，齋本、庫本作「樂」。
〔三〕「上樂音岳」，齋本、庫本無此四字。

既竟，又更語之也。昔君子之所不爲，今汝若以一期猶此爲安，則自爲之。再言之者，責之深也。

孔安國曰：「旨，美也。責其無仁恩於親，故再言女安則爲之。」或問曰：喪服傳曰：「既練，及〔一〕素食。」鄭玄云：「謂復平生時食也。」若如彼傳及注，則期外食稻非嫌，孔子何以怪耶？答曰：北人重稻，稻爲嘉食，唯盛饍乃食之耳，平常所食，食黍稷之屬也。云「反素食」，則謂此也。

宰我出。宰我得孔子之罵竟而出去也。**子曰：「予之不仁也！**仁，猶恩也，言宰我無恩愛之心，故曰「予之不仁也」。予，謂〔二〕宰我之名也。**子生三年，然後免於父母之懷。**又解所以不仁之事也。案聖人爲禮制〔三〕以三年，有二義：一是抑賢，一是引愚。抑賢者，言夫人子於父母，有終身之恩，昊天罔極之報，但聖人爲三才宜理，人倫超絶，故因而裁之，以爲限節者也。所以〔四〕者何？夫人是三才之一，天地資人而成，人之生世，誰無父母？父母若喪，必使人子滅性及身服長凶，人人以爾，則二儀便廢，爲是不可。故斷以年月，使送死有已，復生有節。尋制服致節，本應斷期，斷期是天道一變。人情亦宜隨人〔五〕而易，但故改火促期，不可權終天之性，鑽燧過隙，無消創鉅文。故隆倍以再變，再變是二十五月，始末三年之

〔一〕「及」，齋本、庫本作「反」，是。
〔二〕「謂」，齋本、庫本無此字。
〔三〕「禮制」，齋本、庫本作「制禮」。
〔四〕「以」下，齋本、庫本有「然」字。
〔五〕「人」，齋本、庫本作「之」。

中，此是抑也。一是引愚者，言子生三年之前，未有知儀〔一〕，父母養之，最鍾懷抱。及至三年以後，與人相關，飢渴痛癢，有須能言，則父母之懷，稍得寬免。今既終身難遂，故報以極時，故必至三年，此是引也。而宰予既爲其父母所生，亦必爲其父母所懷矣。將欲罵之，故先發此言引之也。

馬融曰：「子生未三歲，爲父母所懷抱也。」

夫三年之喪，天下通喪也。人雖貴賤不同，以爲父母懷抱，故制喪服不以尊卑致殊，因以三年爲極，上自天子，下至庶人，故云「天下通喪」也。且汝是四科之限，豈宜不及無儀之庶人乎？故言通喪引之也。

孔安國曰：「自天子達於庶人也。」

予也有三年之愛於其〔二〕父母乎？」予，宰我名也。爲父母愛己，故限三年。今宰我欲不服三年，是其誰有三年之愛於其父母不乎？一云：愛，吝惜也。言宰我何忽愛惜三年於其父母也？

孔安國曰：「言子之於父母，欲報之德，昊天罔極，而予也有三年之愛乎？」依注亦不得爲前兩通也。繆播曰：「爾時禮壞樂崩，而三年不行，宰我大懼其往，以爲聖人無微旨以戒將來，故假時人之謂，啓〔三〕憤於夫子，義在屈己以明道也。『予之不仁』者何？答曰：時人失禮，人失禮而予謂爲

〔一〕「儀」，齋本、庫本作「識」。
〔二〕「其」，庫本無此字。
〔三〕「啓」，齋本、庫本作「咎」，誤。

然，是不仁矣。言不仁於萬物。又仁者施與之名，非奉上之稱，若予安稻錦，廢此三年，乃不孝之甚，不得直云不仁。」李充曰：「子之於親，終身莫已。而今不過三年者，示民有終也。而予也何愛三年，而云久乎？余謂孔子目四科，則宰我冠言語之先，安有知言之人而發違情犯禮之問乎？將以喪禮漸衰，孝道彌薄，故起斯問，以發其責，則所益者弘多也〔一〕。」

子曰：「飽食終日，無所用心，難矣哉！ 夫人若飢寒不足，則心情所期期〔二〕於衣食，期於衣食，則無暇思慮他事。若無事而飽食〔三〕終日，則必思計爲非法之事，故云「難矣哉」，言難以爲處也。**不有博弈者乎？爲之，猶賢乎已。」** 博者，十二棊對而擲采者也。弈，圍棊也。賢，猶勝也。已，止也。言若飽食而無事，則必思爲非法，若會〔四〕是無業，而能有棊奕以消食采〔五〕日，則猶勝乎無事而止〔六〕住者也。**爲〔七〕其無所據樂，善生淫慾也。**

〔一〕「繆播曰」至「弘多也」，齋本、庫本放在解經文處，接於「言宰我何乎愛惜三年於其父母也」句下。

〔二〕「期期」，齋本、庫本不重。下句「期」上，齋本、庫本有「所」字。

〔三〕「食」上，齋本、庫本有「衣」字，恐衍。

〔四〕「會」，齋本、庫本作「曾」。

〔五〕「采」，齋本、庫本作「終」。此「采」字，似與上文所云「擲采」義同，可否理解为「擲采度日」？

〔六〕「止」上，齋本、庫本有「直」字，恐衍。

〔七〕「爲」上，齋本、庫本有「馬融曰」三字。邢疏有「馬曰」二字，正平版何解無。

子路曰：「君子尚勇乎？」子路既有勇，常言勇可崇尚，故問於孔子：君子之人，常尚勇乎？袁氏曰：「見世尚須勇，故謂可尚乎？」子曰：「君子義以爲上，孔子答云：君子唯所尚於義以爲上也。君子有勇而無義爲亂，君子既尚義，若無義，必作亂也。李充曰：「既稱君子，又謂職爲亂階也。若遇君親失道，國家昏亂，其於赴患致命而不知居正顧義者，則亦畏蹈平〔一〕爲亂，而受不義之責也。」小人有勇而無義爲盜。」畏〔二〕於君子不敢作亂，乃爲盜竊而已。

子貢問曰：「君子亦有惡乎？」惡，謂憎疾也。舊説子貢問孔子曰：天下君子之道，有所憎疾以不乎？江熙云：「君子即夫子也。禮記云：『昔者仲尼與於蜡賓，事畢出，喟然而歎。言偃曰：「君子何歎乎？」』」子曰：「有惡。孔子答言：君子亦有所憎惡也。惡稱人之惡者，此以下並是君子所憎惡之事也。君子掩惡揚善，故憎人稱揚他人之惡事者也。苞氏曰：「好稱説人惡，所以爲安〔三〕也。」

〔一〕「蹈平」，齋本、庫本作「陷乎」，誤。「蹈平」，似應理解爲「蹈赴平定」。

〔二〕「畏」，齋本、庫本作「異」。

〔三〕「安」，誤，堂本正誤表以「惡」爲正。

惡居下流而訕上者，訕，猶謗毀也。又憎惡爲人臣下而毀謗其君上者也，禮記〔一〕云「君臣之禮，有諫而無訕」是也。

孔安國曰：「訕，謗毀也。」

惡勇而無禮者，勇而無禮則亂，故君子亦憎惡之也。惡果敢而窒者。」窒，塞〔二〕也。又憎好爲果敢而塞人道理者也。若果敢不塞人道理者，則亦所不惡也。

馬融曰：「窒，窒塞也。」

曰：「賜也亦有惡也。子貢聞孔子説有惡已竟，故云賜亦有所憎惡也。故江熙云：「己亦有所賤惡也。」惡撽〔三〕以爲智者，此子貢説己所憎惡之事也。撽，抄也。言人生發謀出計，必當出己心儀〔四〕，乃得爲善，若抄他人之意以爲己有，則子貢所憎惡也。

孔安國曰：「撽，抄也。抄〔五〕人之意以爲己有之。」

〔一〕「禮」上，齋本、庫本有「故」字。

〔二〕「塞」上，齋本、庫本另有一「窒」字。下句「塞」字，齋本、庫本作「窒」。

〔三〕「撽」，齋本、庫本作「徼」，是，下同。正平版何解、邢疏、朱注亦作「徼」。「徼」有「竊取」、「抄襲」義，「撽」無此義。

〔四〕「心儀」，齋本、庫本作「心義」。「心儀」指「内心傾向」，近似「心意」，基本符合皇疏文意。

〔五〕「抄」上，齋本、庫本有「惡」字，衍。正平版何解、邢疏無「惡」字。

惡不遜以爲勇者，勇須遜從，若不遜而勇者，子貢所憎惡也。然孔子云惡不遜爲勇者，二事又相似。但孔子所明，明體先自有勇而後行之無禮者。子貢所言，本自無勇，故假於孔子不遜以爲勇也。惡訐以爲直者。」訐，謂面發人之陰私也。人生爲直，當自己不犯觸他人，則乃是善，若對面發人陰私欲成己直者，亦子貢所憎惡也。然孔子所惡者有四，子貢有三，亦示減師也。

苞氏曰：「訐，謂攻發人之陰私也。」

子曰：「唯女子與小人爲難養也，女子、小人，並禀陰閉氣多，故其意淺促，所以難可養立也。近之則不遜，此難養之事也。君子之人，人愈近愈敬，而女子、小人，近之則其承狎而爲不遜從也。遠之則有怨。」君子之交如水，亦相忘江湖，而女子、小人，人若遠之則生怨恨，言人不接己也。子曰：「年〔二〕四十而見惡焉，其終也已。」人年未四十，則德行猶進，當時雖未能善，猶望可改。若年四十，已在不惑之時，猶爲衆人共所見憎惡者，則當終其一生無復有善理，故云其終也已。

鄭玄曰：「年在不惑而爲人所惡，終無善行也。」

〔二〕「年」字，庫本脱。

論語微子第十八　　何晏集解　凡十一章

疏微子者，殷紂〔一〕庶兄也。明其覩紂凶惡必喪天位，故先拂衣歸周，以存宗祀也。所以次前者，明天下並惡，則賢宜遠避，故以微子次陽貨也。

微子去之，微子名啓，是殷王帝乙之元子，紂之庶兄也。殷紂暴虐，殘酷百姓，日月滋甚，不從諫争。微子都〔二〕國必亡，社稷顛殞，己身〔三〕元長，宜存係嗣，故先去殷投周，早爲宗廟之計，故云「去之」。**箕子爲之奴，**箕子者，紂之諸父也。時爲父師，是三公之職。屢諫不從，知國必殞，己身非長，不能輒去，職任寄重，又不可死，故佯狂而受囚爲奴，故云「爲之奴」也。鄭注尚書云：「父師者，三公也。」時箕子爲之奴也。**比干諫而死。**比干，亦紂之諸父也，時爲小〔四〕師，小師是三孤之職也。進非長適，無存宗之去；退非台輔，

〔一〕「紂」，齋本作「討」，誤。
〔二〕「都」，齋本、庫本作「覩」。
〔三〕「身」下，齋本、庫本有「是」字。
〔四〕「小」，齋本、庫本作「少」，是。下同。

不俟佯狂之留。且生難死易，故正言極諫，以至割〔一〕心而死，故云「諫而死」也。鄭注尚書云：「少師者，大師之佐，孤卿也。」時比干爲之死也。

馬融曰：「微、箕，二國名也。是殷家畿内菜〔二〕地名也。子，爵也。殷家畿外三等之爵，公、侯、伯也。畿内唯子爵，而箕、微二人並食箕、微之地而子爵也。微子，紂之庶兄。鄭玄注尚書云：「微子與紂同母，當生微子，母猶未正，及生紂時，已得正爲妻也。故微子大而庶，紂小而嫡也。」箕子、比干，紂之諸父也。二人皆是帝乙之弟也。微子見紂無道，早去之。故尚書云：「微子乃告父師、小卿〔三〕曰：『王子弗出，我乃顛躋〔四〕。』」是遂去敢〔五〕歸周，後封微子於〔六〕宋，以爲殷後也。箕子佯狂爲怒〔七〕，比干以諫而見殺也。」故武王勝紂，釋箕子囚，以箕子歸作洪範，而彝綸〔八〕攸叙，封比干墓，天下悦服也。

〔一〕「割」，齋本、庫本作「剖」。
〔二〕「菜」，齋本、庫本作「采」。「菜」通「采」。
〔三〕「小卿」，齋本、庫本作「少師」，是。十三經注疏本尚書微子此語作「微子作誥父師、少師」。
〔四〕「顛躋」，齋本、庫本作「顛隮」。十三經注疏本尚書微子作「顛隮」。
〔五〕「敢」，庫本作「殷」，是。
〔六〕「於」字，庫本脱。
〔七〕「怒」，齋本、庫本作「奴」，是。
〔八〕「綸」，齋本、庫本作「倫」，是。

孔子曰：「殷有三仁焉。」孔子評微子、箕子、比干，其迹雖異而同爲仁，故云「有三仁焉」。所以然者，仁以憂世忘己身爲用，而此三人事迹雖異，俱是爲憂世民也。然若易地而處，則三人共〔一〕互能耳。但若不有去者，則誰保宗祀耶？不有佯狂者，則誰爲親寄耶？不有死者，則誰爲高〔二〕臣節耶？各盡其所宜，俱爲臣法，於教有益，故稱仁也。

仁〔三〕者愛人。三人行各異而同稱仁，以其俱在憂亂寧民也。

柳下惠爲士師，柳下惠，典禽〔四〕也。士師，獄官也。惠時爲獄官也。

孔安國曰：「士師，典獄之官也。」

三黜，黜，退也。惠爲獄官，無罪而三過被黜退也。人曰：「子未可以去乎？」人，或人也。去，謂更出國往他邦也。或人見惠無罪而三被退逐，故問之云：子爲何事而未可以去此乎？欲令其去也。曰：「直道而事人，焉往而不三黜？柳答或人，云己所以不去之意也。言時人世皆邪曲，而我獨用直道，直道事曲，故無罪而三黜耳。若用直事不正，非唯我國見黜，假令至彼，彼國復曲，則亦當必復見黜，故

〔一〕「共」，齋本、庫本作「皆」。
〔二〕「高」，齋本、庫本作「亮」。
〔三〕「仁」上，齋本、庫本有「馬融曰」三字。正平版何解、邢疏無「馬融曰」三字。
〔四〕「典」，齋本、庫本作「展」，是。柳下惠名展獲，字禽。因食邑柳下，私謚惠，故稱柳下惠。

云「焉往而不三黜」也。禽是三黜，故不假去也。故李充曰：「舉世喪亂，不容正直，以國觀國，何往不黜也？」

孔安國曰：「苟直道以事人所〔一〕至之國，俱當復三黜也。」

枉道而事人，何必去父母之邦？」枉，曲也〔二〕。又對或人也。父母邦，謂今〔三〕舊居桑梓之國也。言我若能捨直爲曲，曲則是地皆合，既往必皆合，亦何必遠離我之舊邦而更他適耶？故曲直並不須去也。孫綽云：「言以不枉道而求留也。若道而可枉，雖九生不足以易一死，柳下惠之無此心明矣。故每仕必直，直必不用，所以三黜也。」

齊景公待孔子孔子往齊，而景公初欲處待孔子，共爲政化也。**曰：「若季氏，則吾不能，**景公慕聖不篤，初雖欲待，而末又生悔，發此言也。季氏者，魯之上卿也，惣〔四〕知魯政，專任一國。今景公云：若使我以國政委任孔子，如魯之任季氏，則可不能也。**以季、孟之間待之。」**孟者，魯之下卿也，不被任用者也。景公言：我不能用孔子如魯處季氏，又不容令之無事如魯之處孟氏也，我當以有事無事之間處之，故云以孟、季〔五〕之間待之也。

〔一〕「所」上，齋本、庫本有「於」字，衍。正平版何解、邢疏無「於」字。

〔二〕「枉曲也」，齋本、庫本放在下「又對或人也」句下。

〔三〕「今」，齋本、庫本作「禽」。

〔四〕「惣」，齋本、庫本作「總」。「惣」爲「總」之異體。

〔五〕「孟季」，齋本、庫本作「季孟」。

孔安國曰：「魯三卿，季氏爲上卿，最貴。孟氏爲下卿，不用事。言待之以二者之間也。」

曰：「吾〔一〕老矣，不能用也。」景公初雖云待之於季、孟之間，而末又悔，故自託我〔二〕老，不能復用孔子也。**孔子行。**孔子聞不能用己，故行去也。江熙云：「麟不能爲豺步，鳳不能爲隼擊，夫子所陳，必正道也〔三〕。景公不能用，故託吾老。可合則往，於離則去，聖人無常者也。」**以聖道難成，故云「老矣，不能用也」。**

齊人歸女樂，歸，猶餉也。女樂，女伎〔四〕也。齊餉魯定公女伎，致時孔子在魯，齊畏魯强，故餉魯於女樂，欲使孔子去也。**季桓子受之，**季氏〔五〕使定公受齊之餉也。**三日不朝，**桓子既受之，仍與定公奏之，三日廢於朝禮者也。**孔子行。**既君臣淫樂，故孔子遂行也。江熙云：「夫子色斯舉矣，無禮之朝，安可以處乎？」

〔一〕「吾」，齋本、庫本作「我」。正平版何解、邢疏、朱注作「吾」。
〔二〕「我」，齋本、庫本作「吾」。
〔三〕「必正道也」，齋本、庫本作「必也正道」。
〔四〕「伎」，齋本、庫本作「妓」，下句同。「伎」「妓」義同，皆指女歌舞藝人。
〔五〕「氏」，齋本、庫本作「子」。

孔安國曰：「桓子，季孫斯也。使定公受齊之女樂，君臣相與觀之，廢朝禮三日也。」

楚狂接輿歌而過孔子之門〔一〕，接輿，楚人也，姓陸，名通，字接輿。昭王時，政令無常，乃被髮佯狂不仕，時人謂之爲楚狂也。時孔子過楚〔二〕，而接輿行歌從孔子邊過，欲感切孔子也。

孔安國曰：「接輿，楚人也，佯狂而來歌，欲以〔三〕感切孔子也。」

曰：「鳳兮鳳兮，何德之衰也？此接輿歌曲也。知孔子有聖德，故以鳳比〔四〕，但鳳鳥待聖君乃見，今孔子周行，屢適不合，所以是鳳德之衰也。

孔安國曰：「比孔子於鳳鳥也。鳳鳥待聖君而乃見，非孔子周行求合，故曰衰之也。」

往者不可諫也，言屢適不合，是已示〔五〕往事不復可諫，是既往不咎也。

孔安國曰：「已往所行，不可復諫止也。」

〔一〕「之門」，齋本、庫本無此二字。正平版何解有，邢疏、朱注無。阮元校勘記曰：「高麗本有『之門』二字，頗與古合。蓋接輿乃楚狂之名，過孔子者，過孔子之門也。莊子人間世言孔子適楚，楚狂接輿遊其門，正指此事。」

〔二〕「時」，庫本脱。「過楚」，齋本、庫本作「適楚」。

〔三〕「欲以」，齋本、庫本作「以欲」。堂本義順。

〔四〕「鳳比」，齋本、庫本作「比鳳」。

〔五〕「已示」，齋本、庫本作「示已」。

來者猶可追也。來者，謂未至之事也。未至事猶可追止，而使莫復周流天下也。

孔安國曰：「自今以來，可追自止，避亂隱居也。」

已而已而，今之從政者殆而！」已而者，言今世亂已甚也。殆而者，言今從政者皆危殆，不可復救治之者也。

孔安國曰：「已而者，世〔一〕亂已甚，不可復治。再言之者，傷之甚也。」

孔子下，欲與之言。下，下車也。孔子初在車上，聞接輿之歌感切於己，已故下車欲與之共語也。江熙云：「言下車，明在道聞其言也。」**趨而避之，不得與之言也。**趨，疾走也。接輿見孔子下車欲與己言，已故急趨避之，所以令孔子不得與之言也。江熙云：「若接輿與夫子對共清〔二〕言，則非狂也。達其懷於議者，修其狂迹，故疾行而去也。」

苞氏曰：「下，下車也。」

長沮、桀溺二人皆隱士也。**耦而耕，**二人既隱山野，故耦而共耕也。**孔子過之，**孔子行從沮、溺二人所耕之處過也。**使子路問津焉。**津，渡水處也。時子路從孔子行，故孔子使子路訪問於沮、溺，覓

〔一〕「世」上，齋本、庫本有「言」字。
〔二〕「清」，齋本、庫本作「情」。

渡水津之處也。宛叔〔一〕曰：「欲顯之，故使問也。」

鄭玄曰：「長沮、桀溺，隱者也。耜廣五寸，二耜爲耦。耕用耒，是今之鉤鎛〔二〕，耜是今之鐸〔三〕，廣五寸。五寸則不成伐，故二人並耕，兩耜並得廣一尺，一尺則成伐也，故云二耜爲耦也。津，濟渡處。」

長沮曰：「夫執輿者爲誰乎？」子路行〔四〕問津，先問長沮，長沮不答津處，而先反問子路也。執輿，猶執轡也。子路初在車上，即爲御，御者執轡。今即〔五〕下車而往問津渡，則廢轡與孔子，孔子時執轡，故長沮問子路云：夫在車中執轡者是爲誰子乎？子路曰：「爲孔丘。」子路答云：車中執轡者是孔丘也。然子路問長沮稱師名者，聖師欲令天下而知之也。曰：「是魯孔丘與？」長沮更定之也，此是魯國孔丘不乎？對曰：「是也。」答曰：是魯孔丘也。曰：「是知津矣。」沮聞魯孔丘，故不語津處

〔一〕「宛叔」，齋本、庫本作「范升」。

〔二〕「鉤鎛」，齋本、庫本作「鉤喹」。漢語大字典釋「鎛」爲「鋤類農具」，釋「喹」爲「農具名」，形狀不詳。

〔三〕「鐸」，齋本、庫本作「釋」。「鐸」、「釋」皆與農具無關，疑是「鍏」、「鏵」之類。

〔四〕「行」，齋本、庫本作「往」。

〔五〕「即」，齋本、庫本作「既」。

也。言若是魯之孔子〔一〕，此人數周流天下，無所不至，必知津處也，無俟我今復告也。

馬融曰：「言數周流，自知津處也。」

問於桀溺。長沮不答，子路又問桀溺。桀溺曰：「子爲誰？」又問子路，汝是誰也？曰：「爲仲由。」子路答言：我是姓仲名由也。曰：「是魯孔丘之徒與？」又問言：汝名由，是孔丘之門徒不乎？對曰：「然。」子路答云：是也。曰：「滔滔者天下皆是也，而誰以易之？」滔滔者，猶周流也。天下皆是，謂一切皆惡也。桀溺又云：孔子何事〔二〕周流者乎？當今天下治亂如一，捨此適彼，定誰可易之者乎？言皆惡也。

孔安國曰：「滔滔者，周流之貌也。言當今天下治亂同，空舍此適彼，故曰『誰以易之』也。」

且而與其從避人之士也，豈若從避世之士哉？」桀溺又微以此言招子路，使從己隱也，故謂孔子爲避人之士，其自謂己爲避世之士也。言汝今從於避人之士，則豈如從於避世之士也。

士有避人法，有避世之法。長沮、桀溺謂孔子爲士，從避人之法也。己之爲士，則從避世之法者也。若如注意，則非但令子路從己，亦謂孔子從己也。

〔一〕「子」，齋本、庫本作「丘」。
〔二〕「事」，齋本、庫本作「是」。

耰而不輟。耰，覆種也。輟，止也。二人與子路且語且耕，覆種不止也。覆種者，植穀之法，先散後覆。

鄭玄曰：「耰，覆種也。輟，止也。覆種不止，不以津處〔一〕告也。」

子路行以告。子路問二人，二人皆不告，及於借問而覆種不止，故子路備以此事還車上以告孔子也。

夫子撫〔二〕然，撫然，猶驚愕也。孔子聞子路告，故愕怪彼不達己意而譏己也。

爲其不達己意而便非己也。

曰：「鳥獸不可與同羣也，孔子既撫然，而又云：隱山林者則鳥獸同羣，出世者則與世人爲徒旅。我今應出世，自不得居於山林，故云「鳥獸不可與同羣也」。

孔安國曰：「隱居於山林，是與鳥獸同羣也。」

吾非斯人之徒與而誰與？言必與人爲徒也〔三〕。亦云我既出世，應與人爲徒旅，故云「吾非斯人徒與而誰與」，言必與人爲徒也。

〔一〕「處」，齋本、庫本無此字。
〔二〕「撫」，齋本、庫本作「憮」。下同。「撫」通「憮」。
〔三〕「言必與人爲徒也」，齋本、庫本無此七字。

孔安國曰：「吾自當與此天下人同羣，安能去人徒〔一〕鳥獸居乎？」

天下有道，丘不與易也。」言凡我道雖不行於天下，天下有道者，而我道皆不至與彼易之，是我道大彼道小故也。

孔安國曰：「言凡天下有道者，丘皆不與易之，己道〔二〕大而人小故也。」江熙云：「易稱『天下同歸而殊塗，一致而百慮』。君子之道，或出或處，或默或語，所以爲歸致者，期於内順生徒、外惙教旨也。惟此而已乎？凡教，或即我以導物，或報彼以明節，以救急疾於當年，而發逸操於沮、溺，排披抗言於子路，知非問津之求也。于時風政日昏，彼此無以相易，良所以猶然，斯可已矣。彼故不屑去就，不輟其業，不酬栖栖之問，所以遂節於世而有惙於聖〔三〕教者存矣。道喪于兹，感以事反，是以夫子憮然曰：『鳥獸不可與同羣也。』明夫理有大師〔四〕，吾所不獲已也。若欲潔其身，韜其蹤，同羣鳥獸，不可與斯民，則所以居大倫者廢矣。此即我以致言，不可以乘彼者也。丘不與易，蓋物之有道，故大湯、武亦稱夷、齊，美〔五〕管仲而無譏邵忽。今彼有其道，我有其道，不執我以求彼，不係彼以易我，夫可滯

〔一〕「徒」，齋本、庫本作「從」，義勝。
〔二〕「道」，齋本、庫本無此字。
〔三〕「聖」下，庫本衍「人」字。
〔四〕「師」，齋本、庫本作「倫」，義勝。
〔五〕「美」，齋本、庫本作「由」，誤。

哉！」沈居士曰：「世亂，賢者宜隱而全生，聖人宜出以弘物，故自明我道以救大倫。彼之絶迹隱世，實由世亂，我之蒙塵栖遑，亦以道喪，此即彼與我同患世也。彼實中賢，無道宜隱，不達教者也。我則至德，宜理大倫，不得已者也。我既不失，彼亦無違，無非可相非。且沮、溺是規子路，亦不規夫子，謂子路宜從已，不言仲尼也。自我道不可復與鳥獸同羣，宜與人徒，本非言彼也。彼居林野，居然不得不羣鳥獸，羣鳥獸避世外以爲高行，初不爲鄙也。但我自得耳，以體大居正，宜弘世也。下云『天下有道，丘不與易也』，言天下人自各有道，我不以我道易彼，亦不使彼易我，自各處其宜也。如江熙所云：『大〔一〕湯、武而亦賢夷、齊，美管仲亦不譏召忽也〔二〕。』」

子路從而後。孔子與子路同行，孔子先發，子路在後隨之，未得相及，故云「從而後」也。**遇丈人，以杖荷篠。**遇者，不期而會之也。丈人者，長宿之稱也。荷，擔揚〔三〕也。篠，竹器名。子路在孔子後，未及孔子，而與此丈人相遇。見此丈人以杖擔一器，籮簾〔四〕之屬，故云「以杖荷篠」也。

苞氏曰：「丈人，老者也。篠，竹器名也。」

〔一〕「大」字，庫本脱。

〔二〕「江熙云」至「召忽也」，齋本、庫本放在解經文處，接於「是我道大彼道小故也」句下。末句的「召忽」，齋本、庫本作「邵忽」。

〔三〕「揚」，齋本、庫本作「揭」，是。「揭」有「擔」義。

〔四〕「簾」，齋本、庫本作「篚」，是。

子路問曰：「子見夫子乎？」子路既見在後，故借問丈人見夫子不乎。

丈人曰：「四體不勤，五穀不分，孰爲夫子？」四體，手足〔一〕也。勤，勤勞也。五穀，黍稷之屬也。分，播種也。孰，誰也。子路既借問丈人，丈人故答子路也，言當今亂世，汝不勤勞四體以播五穀，而周流遠走，問誰爲汝之夫子，而問我索之乎？袁氏云：「其人已委曲識孔子，故譏之四體不勤，不能如禹稷躬植〔二〕五穀，誰爲夫子而索耶？」

苞氏曰：「丈人曰，不勤勞四體，不分殖五穀，誰爲夫子而索之耶？」

植其杖而芸。植，竪也。芸，除草也。丈人答子路竟，至草田而竪其所荷篠之杖，當掛篠於杖頭而植竪之，竟而芸除田中穢草也。

孔安國曰：「植，倚也。除草曰芸。」杖以爲力，以一手芸草，故云植其杖而芸也〔三〕。

子路拱而立。拱，沓手也。子路未知所以答，故沓手而〔四〕倚立，以觀丈人之芸也。

〔一〕「手足」，齋本、庫本作「足手」。

〔二〕「植」，齋本、庫本作「殖」。「植」「殖」義同。

〔三〕「杖以爲力」至「芸也」，齋本、庫本放在解經文處，接於「竟而芸除田中穢草也」句下。「杖」上，齋本、庫本有「一通云」三字。

〔四〕「而」字，庫本脱。

未知所答〔一〕。

止子路宿，子路住倚當久，已至日暮，故丈人留止子路，使停住就己宿也。殺雞爲黍而食之，子路停宿，故丈人家殺雞爲臛，作黍飯而食子路也。見其二子焉。丈人知子路是賢，故又以丈人二兒見於子路也。明日，子路行，至明日之旦，子路得行逐孔子也。以告。行及孔子，而具以昨丈人所言及雞黍見子之事，告於〔二〕孔子道之也。子曰：「隱者也。」孔子聞子路告丈人之事，故云此丈人是隱處之士也。使子路反見之。孔子既云丈人是隱者，而又使子路反還丈人家，須與丈人相見，以己事說之也。其事在下文。至，則行矣。子路反至丈人家，而丈人已復出行，不在也。

孔安國曰：「子路反至其家，丈人出行不在也。」

子路曰：「不仕無義。丈人既不在，而子路留此語以與丈人之二子，令其父還述之也。此以下之言，悉是孔子使子路語丈人之言也。言人不生則已，既生便有三〔三〕之義，父母之恩，君臣之義，人若仕則職於義，故云「不仕無義」也。

〔一〕「未知所答」，齋本、庫本作「未知所以答也」。

〔二〕「於」，齋本、庫本無此字。

〔三〕「三」上，齋本、庫本有「在」字。

鄭玄曰：「留言以語丈人之二子也。」

長幼之節，不可廢也；君臣之義，如之何其可廢也？既有長幼之恩，又有君臣之義，汝知見汝二子，是識長幼之節不可廢闕，而如何廢於君臣之義而不仕乎？

孔安國曰：「言女〔一〕知父子相養不可廢，反可廢君臣之義耶？」

欲潔其身，而亂大倫。大倫，謂君臣之道理也。又言汝不仕濁世，乃是欲自清潔汝身耳，如〔二〕亂君臣之大倫何也？

苞氏曰：「倫，道也，理也。」

君子之仕也，行其義也。又言君子所以仕者，非貪榮禄富貴，政是欲行大義故也。道之不行也，已知之矣。」爲行義故仕耳，濁世不用我道，而我亦反自知之也。

苞氏曰：「言君子之仕，所以行君臣之義也，不自必道得行〔三〕。孔子道不見用，自己知之也。」

〔一〕「女」，齋本、庫本作「汝」。正平版何解、邢疏作「女」。

〔二〕「如」下，齋本、庫本有「爲」字。

〔三〕「不自必道得行」，齋本、庫本作「不必自道得行也」。邢疏作「不必自己道得行」。堂本與正平版何解同。

逸民：逸民者，謂民中節行超逸不拘於世者也。其人在下。伯夷、一人也。叔齊、二人也。虞仲、三人也。夷逸、四人也。朱長〔一〕、五人也。柳下惠、六人也。小連〔二〕。七人也。

逸民者，節行超逸者也。苞氏曰：「此七人皆逸民之賢者也。」

子曰：「不降其志，不辱其身者，伯夷、叔齊與！」逸民雖同，而其行事有異，故孔子評之也。夷、齊隱居餓死，是不降志也；不仕亂朝，是不辱身也，是心迹俱超逸也。

鄭玄曰：「言其直己之心，不入庸君之朝。」直己之心，是不降志也。不入庸君之朝，是不辱身也。

謂柳下惠、少連，降志辱身矣。此二人心逸而迹不逸也，並仕魯朝。而柳下惠三黜，則是降志辱身也。言中倫，行中慮，其斯而已矣。雖降志辱身，而言行必中於倫慮，故云「其斯已〔三〕矣」。

孔安國曰：「但能言應倫理，行應思慮，若此而已〔四〕。」張憑云：「彼被禄仕者乎？其處朝也，

〔一〕「朱長」，齋本、庫本作「朱張」，是。正平版何解、邢疏、朱注亦作「朱張」。
〔二〕「小」，齋本、庫本作「少」，是。
〔三〕「已」上，齋本、庫本有「而」字，是。
〔四〕「若此而已」，齋本、庫本作「如此而已矣」。

唯言不廢大倫，行不犯色，思慮而已。豈以世務蹔〔一〕嬰其心哉！所以爲逸民〔二〕。」

謂虞仲、夷逸，隱居放言，放，置也。隱居幽處，廢置世務，世務不須及言之者也矣。

苞氏曰：「放，置也，置〔三〕不復言世務也。」

身中清，廢中權。身不仕亂朝，是中清潔也。廢事免於世患，是合於權智也。故江熙云：「超然出於埃塵之表，身中清也。晦明以遠害，發動中權也。」

馬融曰：「清，潔〔四〕也。遭世亂，自廢棄以免患，合於權也。」

我則異於是，無可無不可。我則退不拘於世，故與物無異，所以是無可無不可也。江熙云：「夫迹有相明，教有相資，若數子者，事既不同，而我亦有以異矣。然聖賢致訓，相爲内外，彼協契於往載，我拯溺於此世，不以我異而抑物，不以彼異而通滯，此吾所謂無可無不可者耳，豈以此自目己之所以異哉？我迹之異，蓋著于當時，彼數子者，亦不宜各滯於所執矣。故舉其往行而存其會通，將以導夫方類所挹仰乎！」

〔一〕「蹔」，齋本、庫本作「暫」。「蹔」「暫」同。
〔二〕「張憑云」至「逸民」，齋本、庫本放在解經文處，接於「故云其斯已矣」句下。
〔三〕「置」，齋本、庫本無此字。
〔四〕「潔」上，齋本、庫本有「純」字。正平版何解、邢疏亦有「純」字。

馬融曰：「亦不必進，亦不必退，唯義所在也。」或問曰：前七人，而此唯評於六人，不見朱張，何乎？答曰：王弼云：「朱張，字子弓，荀卿以比孔子。」今序六〔一〕而闕朱張者，明趣〔二〕舍與己合同也〔三〕。

大師摯適齊，自此以下皆魯之樂人名也。魯君無道，禮樂崩壞，樂人散走所不同也。大師，樂師也，名摯，其散逸適往於齊國也。**亞飯干適楚，**亞，次也。飯，飡也。干，其名也。古天子諸侯飡，必〔四〕奏樂，每食各有樂人。亞飯干是第二飡奏樂人也，其奔逸適於楚國。然周禮大司樂王朔望食乃奏樂，日食不奏也，夏殷則日奏也，故王制及玉藻皆云然也。

苞氏〔五〕曰：「亞，次也。次飯樂師也。摯、干，皆〔六〕名也。」

三飯繚適蔡，繚，名也。第三飡奏樂人，散逸入蔡國也。**四飯缺適秦，**缺，名也。第四飡奏樂人，奔散入秦國也。

苞氏曰：「三飯、四飯，樂章名也，各異師。繚、缺，皆名也。」

〔一〕「六」下，齋本、庫本有「人」字。

〔二〕「趣」，齋本、庫本作「取」。「趣」通「取」。

〔三〕「或問曰」至「合同也」，齋本、庫本放在解經文處，接於「將以導夫方類所挹仰乎」句下。

〔四〕「必」下，齋本、庫本有「共」字。

〔五〕「苞氏」，齋本、庫本作「孔安國」。正平版何解、邢疏亦作「孔安國」。

〔六〕「皆」，齋本、庫本作「共」。正平版何解、邢疏作「皆」。

鼓方叔入于河，鼓，能擊鼓者也。方叔，名也，亦散逸入河内之地居也。

苞氏曰：「鼓，擊鼓者。方叔，名也。入謂居其河内也。」

播鞀武入于漢，播，猶摇也。鞀，鞀鼓也。其人能摇鞉〔一〕鼓者也，名武，亦散奔入漢水内之地居也。

孔安國曰：「播，猶摇。武，名也。」

少師陽、擊磬襄入于海。小〔二〕師名陽，又擊磬人名襄，二人俱散奔入海内居也。

孔安國曰：「魯哀公時，禮毁樂崩，樂人皆去。陽、襄，皆名也。」

周公語〔三〕魯公周公旦也。魯公，周公之子伯禽也。周公欲教之，故云謂魯公也。孫綽云：「此是周公顧命魯公所以之辭也。」

孔安國曰：「魯公，周公之子伯禽，封於魯也。」

曰：「君子不施其親，此周公所命之辭也。施，猶易也，言君子之人，不以他人易己之親，是固〔四〕不失

〔一〕「鞉」，齋本、庫本作「鞀」。「鞉」同「鞀」，即「鼗」。
〔二〕「小」，齋本、庫本作「少」。
〔三〕「語」，齋本、庫本作「謂」。
〔四〕「固」，齋本、庫本作「因」。

其親也。

孔安國曰：「施，易也。不以他人親易其親也。」孫綽云：「不施，猶不偏也。謂不惠偏所親〔一〕，使魯公崇至公也。」張憑云：「君子於人義之與比，無偏施於親親，然後九族與庸勳並隆，仁心與至公俱著也〔二〕。」

不使大臣怨乎不以。以，用也。爲君之道，當委用大臣，大臣若怨君不用，則是君之失也。

孔安國曰：「以，用也。怨不見聽用也。」

故舊無大故，則不棄也。故舊，朋友也。大故，謂惡逆也。朋友之道，若無大惡逆之事，則不得相速〔三〕棄也。無求備於一人。」無具足，不得責必備，是君子易事之德也。

孔安國曰：「大故，謂惡逆之事也。」

周有八士：舊云：周世有一母，身四乳而生於此八子。八子並賢，故記録之也。伯達、伯适、仲突、仲忽、叔夜、叔夏、季隨、季騧。侃按：師説云：「非謂一人四乳。乳，猶俱生也。有一母四過

〔一〕「謂不惠偏所親」，齋本、庫本作「謂人以不偏惠所親」。

〔二〕「孫綽云」至「俱著也」，齋本、庫本放在解經文處，接於「是固不失其親也」句下。

〔三〕「速」，齋本、庫本作「遺」，是。

生，生輒双二子，四生故八子也。何以知其然？就其名兩兩相隨，似是双生者也。」

苞氏曰：「周時四乳得八子，皆爲顯士，故記之耳。」

論語義疏第九　經一千六百五十字　注一千七百七十八字

論語義疏卷第十 子張 堯曰

梁國子助教吴郡皇侃撰

論語子張第十九

何晏集解　凡廿四章　凡廿五章

疏子張者，弟子也。明其君若有難，臣必致死也。所以次前者，既明君惡臣宜拂衣而即去，若人人皆去，則誰爲匡輔？故此次。明若未得去者，必宜致身，故以子張次微子也。

子張曰：「士見危致命，此是第一〔一〕。此一篇皆是弟子語，無孔子語也。士者知義理之名，是謂升朝之士也。並〔二〕若見國有危難，必不愛其身，當以死救之，是見危致命也。士既如此，則大夫以上可知也。

孔安國曰：「致命，不愛其身也。」

〔一〕「此是第一」上，齋本、庫本有「就此篇凡有二十四章，大分爲五段，宗明弟子禀仰記言行，皆可軌則。第一先述子張語，第二子夏語，第三子游語，第四曾參語，第五子貢語」五十四字；「此是第一」下，齋本、庫本有「子張語自有二章也」八字。這些文字，疑非皇侃疏文，似是後世講經者所加。

〔二〕「並」，齋本、庫本無此字。

見得思義，此以下並是士行也。得，得禄也。必不素飡，義然後取，是見得思義也。**祭思敬，**士始得立廟，守其祭祀，祭神如神在，是祭思敬也。**喪思哀，**方喪三年，爲君如父母，必窮苴斬，是喪思哀也。**其可已矣。」**如上四事，爲士如此，則爲可也。江熙云：「但言若是則〔一〕可也。」**子張曰：「執德不弘，信道不篤，焉能爲有？焉能爲亡？」**弘，大也。篤，厚也。亡，無也。人執德能至弘大，信道必使〔二〕篤厚，此人於世乃爲可重。若雖執德而不弘，雖信道而不厚，此人於世不足可重，如有如無，故云「焉能爲有？焉能爲亡」也。江熙云：「有德不能弘大，信道不務厚至，雖有其懷道德，蔑然不能爲損益也。」

孔安國曰：「言無所輕重也。」世無此人，則不足爲輕；世有此人，亦不足爲重，故云「無所輕重」之也。二章訖此，是子張語，是第一。

子夏之門人問交於子張，此下是第二，是子夏語，自有十一章，子夏弟子問子張求交友之道也。

孔安國曰：「問，問〔三〕與人交接之道也。」

子張曰：「子夏云何？」子張反問子夏之門人云：汝師何所道？故曰「云何」也。**對曰：「子夏**

〔一〕「則」，齋本、庫本作「自」。
〔二〕「使」，齋本、庫本作「便」，誤。
〔三〕「問問」，齋本、庫本不重。

曰：『可者與之，其不可者距之。』」子夏弟子對子張述子夏言也。言子夏云：結交之道，若彼人可者，則與之交；若彼人不可者，則距而不交也。子張曰：「異乎吾所聞：子張聞子夏之交與己異，故云「異乎吾所聞」也。君子尊賢而容衆，嘉善而矜不能。彼既異我，我故更說我所聞也。言君子取交之法：若見賢者，則尊重之；衆來歸我，我則容之；容之中有善者，則嘉而美之；有不善不能者，則務〔一〕而不責，不得可者與不可者距之。我之大賢與，於人何所不容？更說不宜不可者距之也。設他人欲與我交，我若是大賢，則他人必與我，故云「於人何所不容」也。我之不賢與，人將距我，又云：若我設不賢，而他人必亦距我而不矜也。如之何其距人也？」我若矜人，人必矜我，我若距人，人必距我，故云「如之何其距人也」。

苞氏曰：「友交當如子夏，既欲與爲友，故宜可者與之，不可者距也。汎交當如子張。」若德悠悠汎交，則嘉善矜不能也。明二子各一是也。鄭玄曰：「子夏所云，倫黨之交也。子張所云，尊卑之交也。」王肅曰：「子夏所云，敵體交。子張所云，覆蓋交也。」欒肇曰：「聖人體備，賢者或偏，以偏師備，學不能同也，故準其所資而立業焉。猶易云：『仁者見其仁，智者見其智。』寬則得衆而遇濫，偏則寡合而

〔一〕「務」，齋本、庫本作「矜」，是。

身孤，明各出二子之偏性，亦未能兼弘夫子度也。」

子夏曰：「雖小道，必有可觀者焉；小道，謂諸子百家之書也。一往看覽，亦微有片理，故云「必有可觀者焉」也。

小道謂異端也。

致遠恐泥，致，至也。遠，久也。泥，謂泥難也。小道雖一往可觀，若持行事，至遠經久，則恐泥難不能通也。

苞氏曰：「泥難不通也。」

是以君子不爲也。」爲，猶學也。既致遠，必恐泥，故君子之人秉持正典，不學百家也。江熙云：「聖人所以訓世軌物者，遠有體趣，故〔一〕文質可改，而此〔二〕處無反也。至夫百家競說，非無其理，然家人之規謨〔三〕，不及於經國，慮止於爲身，無貽厥孫謀，是以君子舍彼取此也。」

〔一〕「故」下，齋本、庫本有「又」字。
〔二〕「此」，齋本、庫本無此字。
〔三〕「謨」，齋本、庫本作「模」。「規謨」「規模」義同，指規劃、謀劃。

子夏曰：「日知其所亡，此勸人學也。亡，無也。謂〔一〕從來未經所識者也。令人日新其德，日〔二〕知所未識者，令識録也。

孔安國曰：「日知〔三〕所未聞也。」

月無忘其所能，所能，謂己識在心者也。既〔四〕日日識所未知，又月月無忘其所能，故云識也〔五〕。可謂好學也已矣。」能如上事，故可謂好學者也。然此即是温故而知新也。日知其所亡，是知新也；月無忘所能，是温故也。可謂好學，是謂爲師也。

子夏曰：「博學而篤志，亦勸學也。博，好〔六〕也。篤，厚也。志，識也。言人當廣學經典，而深厚識録之不忘也。

孔安國曰：「廣學而厚識之也。」

切問而近思，切，猶急也。若有所未達之事，宜急諮問取解，故云「切問」也。近思者，若有所思，則宜思

〔一〕「謂」上，齋本、庫本有「無」字。

〔二〕「日」下，齋本、庫本另有一「日」字。

〔三〕「知」下，齋本、庫本有「其」字。正平版何解、邢疏亦有「其」字。

〔四〕「既」下，齋本、庫本有「自」字。

〔五〕「故云識也」，齋本、庫本作「故言識之也」。

〔六〕「好」，齋本、庫本作「廣」。

己所已學者，故曰「近思」也。**切問者，切問於己所學而未悟之事也。近思者，近思於己所能及之事也。汎〔一〕問所未學，遠思所未達，則於所學者不精，於所思者不解也。仁在其中矣。」**能如上事，雖未是仁，而方可能爲仁，故曰「仁在其中矣」。**子夏曰：「百工居肆以成其事，**亦勸學也。先爲設譬。百工者，巧師也。言百，舉全數也。居肆者，其居者常所作物器之處也。言百工由〔二〕日日居其常業之處，則其業乃成也。**君子學以致其道。」**致，至也。君子由學以至於道，如工居肆以成事也。

苞氏曰：「言百工處其肆則事成，猶君子學以立其道也。」江熙云：「亦非生巧也，居肆則是見廣，見廣而巧成。君子未能體足也，學以廣其思，思廣而道成也〔三〕。」

子夏曰：「小人之過也必則〔四〕文。」君子有過，是己誤行，非故爲也，故知之則改。而小人有過，是知而故爲，故愈文飾之，不肯言己非也。故繆播云：「君子過由不及，不及而失，非心之病，務在改行，故無

〔一〕「汎」上，齋本、庫本有「若」字。正平版何解、邢疏無「若」字。
〔二〕「由」字，庫本脱。
〔三〕「江熙云」至「道成也」，齋本、庫本放在解經文處，接於「如工居肆以成事也」句下。
〔四〕「則」，正平版何解、邢疏、朱注無此字。

吝也。其失之理明，然後能〔一〕之理著，得失既辨，故過可復改也。小人之過生於情僞，故不能不飾，飾則彌張，乃是謂過也。」

孔安國曰：「文飾其過，不言其情實也。」

子夏曰：「君子有三變：變者有三，其事但在一時也。望之儼然，一也。君子正其衣冠，嚴然人望而畏之也。即之也温，二也。即，就也。就近而視，則其體温。温，潤也，而人不憎之也。袁氏注曰：「温，和潤也。」聽其言也厲。」三也。厲，嚴正也。雖見其和潤，而出言其嚴正也。所以前卷云「君子温而厲」是也。

鄭玄曰：「厲，嚴正也。」李充曰：「厲，清正之謂也。君子敬以直内，義以方外，辭正體直，而德容自然發。人謂之變耳，君子無變也〔二〕。」

子夏曰：「君子信而後勞其民，君子，謂國君也。國君若能行信素著，則民知其非私，故勞役不憚，故云「信而後勞其民」也。未信，則以爲厲己也。厲，病也。君若信未素著，而動役使民，民則怨君行私，而横見病役於己也。江熙云：「君子克厲德也，故民素信之服勞役，故知非私。信不素立，民動以爲

〔一〕「能」，齋本、庫本作「得」。
〔二〕「李充曰」至「無變也」，齋本、庫本放在解經文處，接於「所以前卷云君子温而厲是也」句下。

病己而奉其私也。」

王肅曰：「厲，病也。」

信而後諫，此謂臣下也。臣下信若素著，則可諫君，君乃知其措〔一〕我非虛，故從之也。未信，則以爲謗己也。」臣若信未素立，而忽諫君，君則不信其言，其言〔二〕其所諫之事，是謗於己也。江熙云：「人非忠誠相與，未能諫也。然投人夜光，鮮不案〔三〕劍。易〔四〕貴乎在道，明無素信，不可輕致諫之也。」子夏曰：「大德不踰閑，大德，上賢以上也。閑，猶法也。上德之人，常不踰越於法則也。

孔安國曰：「閑，猶法也。」

小德出入可也。」小德，中賢以下也。其立德不能恒全，有時蹔至，有時不及，故曰出入也。不素〔五〕其備，故曰可也。

〔一〕「措」，齋本、庫本作「惜」，誤。「措」同「刺」。「諫」「措（刺）」義近。

〔二〕「其言」，齋本、庫本作「認爲」，誤。儒藏本以爲是「且言」，可從。

〔三〕「案」，齋本、庫本作「按」。「案」通「按」。

〔四〕「易」下，齋本、庫本有「曰」字。查周易，無「貴乎在道」等語。

〔五〕「素」，齋本、庫本作「責」，是。

孔安國曰：「小德不能不踰法，故曰出入可也。」子夏語十一章訖此也〔一〕。

子游曰：「子夏之門人小子，當洒掃應對進退可矣。此下第三子游語，自有二章。門人小子，謂子夏之弟子也。子游言：子夏諸弟子不能廣學先王之道，唯可洒掃堂宇，當對賓客，進退威儀之少〔二〕禮，於此乃則爲可也耳矣〔三〕。抑末也，本之則無，如之何？」抑，助語也。洒掃以下之事，抑但是末事耳。若本事則無，如之何也。本，謂先王之道。

苞氏曰：「言子夏弟子，但於當對賓客修威儀禮節之事則可，然此但是人之末事耳，不可無其本也，故云『本之則無，如之何』也。」

子夏聞之曰：「噫！噫，不平之聲也。子夏聞子游鄙己門人，故爲不平之聲也。

孔安國曰：「噫，心不平之聲也。」

言游過矣！既不平之，而又云言游之説實爲過矣〔四〕也。君子之道，孰先傳〔五〕？孰後倦

〔一〕「子夏」至「此也」，齋本、庫本無此句。
〔二〕「少」，齋本、庫本作「小」。
〔三〕「於此乃則爲可也耳矣」，齋本、庫本作「於此乃爲則可也」。
〔四〕「矣」，齋本、庫本作「失」，誤。
〔五〕「傳」下，齋本、庫本有「焉」字。正平版何解、邢疏、朱注亦有「焉」字。

焉？既云子游之說是過，故更說我所以先教以小事之由也。君子之道，謂先王之道也。孰，誰也。言先王大道即既深且遠，而我知誰先能傳而後能倦懈者耶，故云「孰先傳焉？孰後倦焉」。既不知誰，故先歷試小事，然後乃教以大道也。張憑云：「人性不同也，先習者或早懈，晚學者或後倦，當要功於歲終，不可以一限也。」

苞氏曰：「言先傳大業者必〔一〕厭倦，故我門人先教以小事，後將教以大道也。」熊埋云：「凡童蒙初學，固宜聞漸日進，階麁入妙，故先且啓之以小事，後將教之以大道也〔二〕。」

譬諸草木，區以別矣。言大道與小道殊異，譬如草木，異類區別，學者當以次，不可一往學，致生厭倦也。

馬融曰：「言大道與小道殊異，譬如草木異類區別，言學當以次也。」

君子之道，焉可誣也？君子大道既深，故傳學有次，豈可發初使誣罔其儀而並學之乎？

馬融曰：「君子之道，焉可使誣，言我門人但能洒掃而已也？」

有始有終〔三〕者，其唯聖人乎！」唯聖人有始有終，學能不倦，故可先學大道耳。自非聖人，則不可不先從小起也。張憑云：「譬諸草木，或春花而風〔四〕落，或秋榮而早實。君子道亦有遲速，焉可誣也？唯聖

〔一〕「必」下，齋本、庫本有「先」字。正平版何解無「先」字。邢疏此句作「言先傳業者必先厭倦」。
〔二〕「熊埋云」至「大道也」，齋本、庫本放在解經文處，接於「不可以一限也」句下。
〔三〕「終」，齋本、庫本作「卒」。正平版何解、邢疏、朱注亦作「卒」。
〔四〕「風」，齋本、庫本作「夙」，是。

人始終如一，可謂永無先後之異也。」

孔安國曰：「始終〔一〕如一，唯聖人耳也。」

子夏曰：「仕而優則學，亦勸學也。優，謂行有餘力也。若仕官、治官、官法而已。力有優餘，則更可研學先王典訓也。

馬融曰：「行有餘力，則可以學文也。」

學而優則仕。」學既無當於立官，立官不得不治，故學業優足則必進仕也〔二〕。子游曰：「喪致乎哀而止〔三〕。」致，猶至也。雖喪禮主哀，然孝子不得過哀以滅性，故使各至極哀而止也。

孔安國曰：「毀不滅性也。」

子游曰：「吾友張也，爲難能也，張，子張也。子游言：吾同志之友有於〔四〕子張，容貌堂偉，難爲人所能及，故云「爲難能也」。

苞氏曰：「言子張之容儀之難及者也。」

〔一〕「始終」，齋本、庫本作「終始」。

〔二〕「也」下，齋本、庫本有「子夏語十一章訖此也」九字。

〔三〕「止」下，齋本、庫本有「此下第三子游語，自有二章」十一字。

〔四〕「有於」，齋本、庫本無此二字。

然而未仁。」袁氏云：「子張容貌難及，但未能體仁也。」**曾子曰：「堂堂乎張也，**此以下是〔一〕第四。曾參語自有四章。堂堂，儀容可怜也。**難與並爲仁矣。」**言子張雖容貌堂堂，而仁行淺薄，故云難並爲仁。並，竝也。

鄭玄曰：「言子張容儀盛，而於仁道薄也。」江熙云：「堂堂，德宇廣也。仁，行之極也。難與並，仁蔭人上也。」然江熙之意，是子張仁勝於人，故難與並也〔二〕。

曾子曰：「吾聞諸夫子：據有所聞仁〔三〕孔子也，其事在下。**人未有自致者也，必也親喪乎！」**此所聞於孔子之事也。致，極也。言人於他行，了〔四〕可有時不得自極，然及君〔五〕親喪，則必宜自極其哀，故云「必也親喪乎」也。

馬融曰：「言人雖未能自致盡於他事，至於親喪，必自致盡也。」

曾子曰：「吾聞諸夫子：孟莊子之孝也，其他可能也；人子爲孝，皆以愛敬而爲體，而孟

〔一〕「是」，齋本、庫本作「自」。
〔二〕「江熙云」至「並也」，齋本、庫本放在解經文處，接於「並，竝也」句下。
〔三〕「仁」，齋本、庫本作「於」。
〔四〕「了」，齋本、庫本作「方」。
〔五〕「君」，齋本、庫本作「若」。

莊子爲孝，非唯愛敬，愛敬之外別又有事，故云「其他可能也」。其不改父之臣與父之政，是難也。」此是其他可能之事也。時人有喪，三年之内，皆改易其父平生時臣及於[一]政事，而莊子居喪，父臣、父政雖有不善者，而莊子猶不忍改之，能如此者，所以是難也。

馬融曰：「孟莊子，魯大夫仲孫速也。謂在諒陰[二]之中，父臣及父政雖不善者，不忍改之也。」

孟氏使陽膚爲士師，孟氏，魯下卿也。陽膚，曾子之弟子也。士師，典[三]獄官也。孟子使陽膚爲己家獄官也。

苞氏曰：「陽膚，曾子弟子也。士師，典獄官也。」

問於曾子。曾子，曾參也。陽膚將爲獄官，而還問師，求其法術也。曾子曰：「上失其道，民散久矣。曾子答之使爲法也。言君上若善，則民下不犯罪，故堯、舜之民比屋可封；君上若惡，則民下多犯罪，故桀、紂之民比屋可誅。當于爾時，君上失道既久，故民下犯罪離散者衆，故云久也。如得其情，則

[一]「於」，齋本、庫本無此字。

[二]「陰」，齋本、庫本作「闇」。「諒陰」同「諒闇」，指居喪時所住的小屋，也稱凶廬。

[三]「典」，齋本、庫本無此字。

哀矜而勿喜。」如，猶若也。若得其情，謂責覈〔一〕得其罪狀也。言汝爲獄官，職之所司，不得不辨覈，雖然，若得罪狀，則當哀矜愍念之，慎勿自喜言汝能得人之罪也。所以必須哀矜者，民之犯罪，非其本懷，政是由從君上故耳。罪既非本，所以宜哀矜也。

馬融曰：「民之離散爲輕漂犯法，乃上之所爲也，非民之過也，當哀矜之，勿自喜能得其情也。」

子貢曰：「紂之不善也，不如是之甚也。此以下是第五子貢語，自有五章。紂者，殷家無道君也。無道失國，而後世經是惡事，皆云是紂昔所爲。然紂昔者爲惡，實不應頓如此之甚，故云「不如是之甚也」。是以君臣〔二〕惡居下流，天下之惡皆歸焉。」下流，謂爲惡行而處人下者也。言紂不遍爲衆惡，而天下之惡事皆云是紂所爲。故君子立身，惡爲居人下流，若一居下流，則天下之罪并歸之也。

孔安國曰：「紂爲不善，以喪天下，後世憎甚之，皆以天下之惡歸之於紂也。」蔡謨云：「聖人之化，由羣賢之輔，闇主之亂，由衆惡之黨，是以有君無臣，宋襄以敗，衛靈無道，夫奚其喪，言一紂之不善，其亂不得如是之甚。身居下流，天下惡人皆歸之，是故亡也。」若如蔡謨意，是天下惡人皆助

〔一〕「覈」，齋本、庫本作「徼」，下同。「覈」是。「責覈」，指責究查覈。
〔二〕「君臣」，齋本、庫本作「君子」，是。正平版何解、邢疏、朱注亦作「君子」。

紂爲惡，故失天下耳，若直置一紂，則不能如甚也〔一〕。

子貢曰：「君子之過也，如日月之蝕也。日月之食〔二〕，非日月故爲，君子之過，非君子故爲，故云「如日月之蝕也」。過也，人皆見之，日月之食，人並見之。如君子有過不隱，人亦見之也。更也，人皆仰之。」更，改也。日月食罷，改闇更明，則天下皆並瞻仰，君子之德亦不以先過爲累也。

孔安國曰：「更，改也。」

衛公孫朝

馬融曰：「朝，衛大夫也。」

問於子貢曰：「仲尼焉學？」公孫問意故〔三〕嫌孔子無師，故問云「仲尼焉學」也。子貢曰：「文武之道，未墜於地，子貢答稱仲尼必學也，將答道學，故先廣引道理也。文武之道，謂先王之道也。未墜於地，謂未廢落在於地也。在人。既未廢落墜地〔四〕，而在於人所行也。賢者識其大者，不賢

〔一〕「蔡謨云」至「如甚也」，齋本、庫本放在解經文處，接於「則天下之罪并歸之也」句下。末句「如甚也」，齋本、庫本作「如此甚也」。

〔二〕「食」，齋本、庫本作「蝕」。

〔三〕「故」，齋本、庫本作「政」。

〔四〕「既未廢落墜地」，齋本、庫本作「既猶未廢落於地」。

者識其小者，既猶在人所行，人有賢否，若大賢者，則學識文武之道大者也；不〔一〕賢者，則學識文武之道小者也。莫不有文武之道焉。雖大小有異，而人皆有之，故曰「莫不有文武之道」也。夫子焉不學？大人，學識大者。孔子是人之大者，豈得獨不學識之乎？孔安國曰：「文武之道未墜落於地，賢與不賢各有所識，夫子無所不從學〔二〕也。」而亦何常師之有？」言孔子識大，所學者多端。多端，故無常師也。孔安國曰：「無所不從學，故無常師也。」

叔孫武叔語大夫於朝，武叔身是大夫，又語他大夫於朝廷，以説〔三〕孔子也。馬融曰：「魯大夫叔孫州仇也。武，謚也。」曰：「子貢賢於仲尼。」此所語之事也。言子貢人身〔四〕識量賢於孔子也。子服景伯以告子貢。景伯亦魯大夫，當是于時在朝，聞叔孫之語，故來告子貢道之也。子貢曰：「譬諸宮牆，子貢聞

〔一〕「不」上，齋本、庫本有「若」字。
〔二〕「學」上，齋本、庫本有「其」字，衍。正平版何解、邢疏無「其」字。
〔三〕「説」，齋本、庫本作「識」。
〔四〕「身」，齋本、庫本作「才」。

景伯之告，亦不驚距，仍爲之設譬也。言人之器量各有深淺，深者難見，淺者易覩。譬如居家之有宮牆，牆高則非闚闞所測，牆下，闚闞易了，故云「譬之〔一〕宮牆」也。賜之牆也及肩，賜，子貢名也。子貢自言，賜之識量短淺，如及肩之牆也。闚見室家之好。牆既及肩，故他人從牆外行，得闚見牆內室家之好也。夫子〔二〕之牆數仞，七尺曰仞。言孔子聖量之深，如數仞之高牆也。不得其門而入者，不見宗廟之美，百官之富。牆既高峻，不可闚闞，唯從門入者乃得見內。若不入門，則不見其所內之美也。然牆短下者，其內止有室家；牆高深者，故廣有容宗廟百官也。得其門者，或寡矣。富貴之門，非賤者輕入，入者唯富貴人耳。孔子聖人器量之門，非凡鄙可至，至者唯顏子耳，故云得門或寡。寡，少也。

苞氏曰：「七尺曰仞也。」

夫子云，不亦宜乎！」子貢呼武叔爲夫子也。賤者不得入富貴之門，愚人不得入聖人之奧室。武叔凡愚，云賜賢於孔子，是其不入聖門而有此言，故是其宜也。袁氏云：「武叔凡人，應不達聖也。」

苞氏曰：「夫子，謂武叔也。」

叔孫武叔毁仲尼。猶是前之武叔，又訾毁孔子也。子貢曰：「無以爲也！子貢聞武叔之言，故

〔一〕「之」，齋本、庫本作「諸」。
〔二〕「夫」上，齋本、庫本有「夫」字，疑衍。

抑止之，使無以爲訾毁。**仲尼不可毁也。**又明言語之云，仲尼聖人，不可輕毁也。**他人之賢者，丘陵也，猶可踰也；**更喻之，設〔一〕仲尼不可毁之譬也。言他人賢者，雖有才智，才智之高止如丘陵，丘陵雖高，而人猶得踰越其上，既猶可踰，故不〔二〕可毁也。**仲尼如日月也，無得而踰焉。**言仲尼聖知〔三〕，高如日月，日月麗天，豈有人得踰踐者乎？既不可踰，故亦不可毁也。**人雖欲自絶也，其何傷於日月乎？**世人踰丘陵而望下，便謂丘陵爲高，未曾踰踐日月，不覺日月之高。既不覺高，故訾毁日月，謂便〔四〕不勝丘陵，是自絶日月也。日月雖得人之見絶，而未曾傷滅〔五〕其明，故言「何傷於日月」也。譬凡人見小才智便謂之高，而不識聖人之奧，故毁絶之，雖復毁絶，亦何傷聖人德乎？**多見其不知量也。」**不測聖人德之深而毁絶之，如不知日月之明而棄絶之。若有識之士視覩於汝，則多見汝愚闇不知聖人之度量也。**言人雖欲自絶棄於日月，其何能傷乎？**適〔六〕**自見其不知量也。**

〔一〕「設」，齋本、庫本作「説」。「設」是。
〔二〕「不」，齋本、庫本無此字，是。
〔三〕「知」，齋本、庫本作「智」。
〔四〕「謂便」，齋本、庫本作「便謂」。
〔五〕「滅」，齋本、庫本作「滅」。
〔六〕「適」下，齋本、庫本有「足」字。邢疏亦有「足」字。正平版何解無「足」字。

陳子禽謂子貢曰：「子爲恭也，仲尼豈賢於子乎？」此子禽必非陳亢，當是同姓名之子禽也。其見子貢每事稱師，故謂子貢云：汝何每〔一〕事事崇述仲尼乎？故政當是汝爲人性多恭敬故爾耳！而仲尼才德豈賢勝於汝乎？呼子貢以爲子也。子貢曰：「君子一言以爲智，一言以爲不智，子貢聞子禽之言，故方便答距之也。言智與不智由於一言耳，今汝出此言，是不智也。言不可不慎也。智否既寄由一言，故宜慎之耳！夫子之不可及也，猶天之不可階而升也。此出子禽不知〔二〕之事也。夫物之高者，莫峻嵩岳，嵩岳雖峻，而人猶得爲階梯以升上之也。今孔子聖德，其高如天，天之懸絶，既非人可得階升，而孔子聖德，豈可謂我之賢勝之乎！汝謂不勝爲勝，即是一言爲不智，故不可不慎也。夫子之得邦家者，子禽當是見孔子栖遑不被時用，故發此不智之言。子貢抑之既竟〔三〕，故此更廣爲陳孔子聖德不與世人同也。邦，謂作諸侯也。家，謂作卿大夫也。言孔子若爲時所用，得爲諸侯及卿大夫之日，則其風化與堯舜無殊，故先張本云「夫子之得邦家者」也。

孔安國曰：「謂爲諸侯若卿大夫也。」

〔一〕「每」，齋本、庫本作「爲」，誤。下句句首的「故」字，齋本、庫本無。

〔二〕「知」，齋本、庫本作「智」。

〔三〕「竟」，庫本作「竞」，誤。

所謂立之斯立，言夫子若得爲政，則立教無不立，故云「所謂立之斯立」也。**導之斯行，**又若導民以德，則民莫不興行也，故云「導之斯行」也。**綏之斯來，**綏，安也。遠人不服，修文德安之，遠者莫不繦負而來也。**動之斯和。**動，謂勞役之也。悦以使民，民忘其勞，故役使〔一〕莫不和穆也。**其生也榮，**孔子生時，則物皆賴之得性，尊崇於孔子，是其生也榮也。**其死也哀，如之何其可及也？」**孔子之死，則四海遏密，如喪考妣，是其死也哀也。袁氏云：「生則時物皆榮，死則時物咸哀也。」

孔安國曰：「綏，安也。言孔子爲政，其立教則無不立，導之則莫不興行，安之則遠者至〔二〕，動之則莫不和穆，故能生則見榮顯，死則見哀痛也。」

論語堯曰第二十

何晏集解　凡三章

疏堯曰者，古聖天子所言也。其言天下太平，禪位與舜之事也。所以次〔三〕前者，事君之道，若宜去者

〔一〕「使」下，齋本、庫本有「之」字。

〔二〕「遠者至」，堂本正誤表以「遠者來至」爲正。

〔三〕「次」，庫本無此字。

拂衣，宜留者致命。去留當理，事迹無虧，則太平可覩，揖讓如堯，故堯曰最後，次子張也。

堯曰：云「堯曰」者，稱堯之言教也。此篇凡有三章，雖初稱「堯曰」，而寬通衆聖，故其章内并陳二帝三王之道也。就此一章中凡有五重，自篇首至「天禄永終」爲第一，是堯命授舜之辭。又下云「舜亦以命禹」爲第二，是記者序舜之命禹，亦同堯命舜之辭也。又自「予小子履」至「萬方有罪在朕躬」爲第三，是湯伐桀告天之辭。又自「周有大賚」至「在予一人」爲第四，是明周武伐紂之文也。又自「謹權量」至章末爲第五，明二帝三王雖有揖讓與干戈之異，而安民取治之法則同也。又下次子張問孔子章，明孔子之德同於堯舜諸聖也。上章諸聖所以能安民者，不出尊五美、屏四惡，而孔子非不能爲之，而時不值耳，故師資殷勤往反論之也。下又一章「不知命無以爲君子也」，此章以明孔子非不能爲，而不爲者，知天命故也。

「咨！爾舜！自此以下，堯命舜以天位之辭也。咨，咨嗟也。爾，汝也。汝〔一〕於舜也。舜者，謚也。堯名放勳，謚云堯也。舜名重華，謚云舜也。謚法云：「翼善傳聖曰堯，仁盛聖明曰舜也。」堯將命舜，故先咨嗟歎而命之，故云咨汝舜也。所以歎而命之者，言舜之德美兼合用我命也。**天之歷數在爾躬，**天，天位也。歷數，謂天位列次也。爾，汝也。躬，身也。堯命舜云：天位列次，次在汝身，故我今命授與汝也。

歷數，謂列次也。列次者，謂五行金、木、水、火、土更王之次也。

〔一〕「汝」上，齋本、庫本另有一「汝」字。

允執其中。允，信也。執，持也。中，謂中正之道也。言天位〔一〕運次既在汝身，則汝宜信執持中正之道也。**四海困窮，**四海，謂四方蠻夷戎狄之國也。困，極也。窮，盡也。若內執中正之道，則德教外被四海，一切服化莫不極盡。**天祿永終。」**永，長也。終，猶卒竟也。若內正中國，外被四海，則天祚祿位長卒竟汝身也。執其中則能窮極四海，天祿所以長終也。

苞氏曰：「允，信也。困，極也。永，長也。言爲政信執其中，則能窮極四海，天祿所以長終也。」

舜亦以命禹。此〔二〕二重，明舜讓禹也。舜受堯禪在位，年老而讓與禹，亦用堯命己之辭以命於禹也，故云「舜亦以命禹」也。所以不別爲辭者，明同是揖讓而授也，當云「舜曰咨爾禹天之歷數」以下之言也。

孔安國曰：「舜亦以堯命己之辭命禹也。」

曰：「予小子履，此第三重，明湯伐桀也。伐與授異，故不因前揖讓之辭也。澆淳既異，揖讓之道不行，禹受人禪而不禪人，乃傳位與其子孫。至末孫桀無道，爲天下苦患。湯有聖德，應天從民，告天而伐之。此以下是其辭也。予，我也。小子，湯自稱，謙也。履，湯名。將告天，故自稱我小子而又稱名也。**敢用玄**

〔一〕「位」，齋本作「信」，誤。
〔二〕「此」下，齋本、庫本有「第」字。

牡，敢，果也。玄，黑也。牡，雄也。夏尚黑，爾時湯猶未改夏色，故猶用黑牡以告天，故云果敢用於玄牡也。

敢昭告于皇皇后帝：昭，明也。皇，大也。后，君也。帝，天帝也。用玄牡告天，而云敢明告于大大君天帝也。

孔安國曰：「履，殷湯名也。此伐桀告天文也。殷家尚白，未變夏禮，故用玄牡也。皇，大也。后，君也。大大君帝，謂天帝也。墨子引湯誓，其辭若此也。」此伐桀告天辭，是墨子之書所言也。然易説云「湯名乙」，而此言名「履」者，白虎通云：「本湯名履。」尅夏以後，欲從殷家生子以日爲名，故改履名乙，乙〔一〕以爲殷家法也。

有罪不敢赦。湯既應天，天不赦罪，故凡有罪者，則湯亦不敢擅赦也。

苞氏曰：「從天奉法，有罪者不敢擅赦也。」

帝臣不蔽，簡在帝心。此明有罪之人也。帝臣，謂桀也。桀是天子，天子事天，猶臣事君，故謂桀爲帝臣也。不蔽者，言桀罪顯著，天地共知，不可陰〔二〕蔽也。

〔一〕「乙」，堂本正誤表以「乙」字爲衍。

〔二〕「陰」，齋本、庫本作「隱」。

言桀居帝臣之位也，有罪過不可隱蔽，已簡在天心也〔一〕。

朕躬有罪，無以萬方；朕，我也。萬方，猶天下也。湯言我〔二〕自有罪，則我自在〔三〕當之，不敢關預天下萬方也。**萬方有罪，在朕躬。**若萬方百姓有罪，則由我身也。我爲民主，我欲善而民善，故有罪則歸責於我也。

孔安國曰：「無以萬方，萬方不不〔四〕預也。萬方有罪，我〔五〕過也。」

周有大賚，善人是富。此第四重，明周家法也。此以下是周伐紂誓民之辭也。舜與堯同是揖讓，謙共用一辭。武與湯同是干戈，故不爲別告天之文，即〔六〕用湯之告天文也。而此述周誓民之文，而不述湯誓民文者，尚書亦有湯誓也。今記者欲互以相明，故下舉周誓，則湯其可知也。周，周家也。賚，賜也。言周家受天大賜，故富足於善人也。或云：周家大賜財帛於天下之善人，善人故是富也。

周，周家也。賚，賜也。言周家受天大賜，富於善人也。有亂臣十人是也。此如前通也。

〔一〕「已簡在天心也」，齋本、庫本作「以其簡在天心故也」。
〔二〕「我」下，齋本、庫本有「身若」二字。
〔三〕「在」，齋本、庫本作「有」。下句「預」下，齋本、庫本有「於」字。
〔四〕「不不」，齋本、庫本不重，是。
〔五〕「我」下，齋本、庫本有「身」字。
〔六〕「即」上，齋本、庫本有「而」字。

雖有周親，不如仁人。言〔一〕雖與周有親，而不爲善，則被罪黜，不如雖無親而仁者必有禄爵也。**孔安國曰：「親而不賢不忠則誅之，管、蔡是也。仁人〔二〕箕子、微子，來則用之也。」**管、蔡謂周公之弟管叔、蔡叔也。流言作亂，周公誅之，是有親而不仁，所以被誅也。箕子是紂叔父，爲紂囚奴。武王誅紂，而釋箕子囚，用爲官爵，使之行商容。微子是紂庶兄也，見紂惡而先投周，武王用之，爲殷後於宋。並是仁人，於周無親，而周用之也。

百姓有過，在予一人。」此武王引咎自責辭也。江熙云：「自此以上至『大賚』，周告天之文也。自此以下，所脩之政也。禪者有命無告，舜之命禹，一準於堯。周告天文少〔三〕異於殷，所異者如此，存其體不録備〔四〕也。」侃案：湯伐桀辭皆云天，故知是告天也。周伐紂文，句句稱人，故知是誓人也。**謹權量，**此以下第五重，明二帝三王所脩之政同也。不爲國則已，既爲便當然也。謹，猶慎也。權，稱也。量，斗斛也。當謹慎於稱、尺、斗、斛也。**審法度，**審，猶諦也。法度，謂可治國之制典也，宜審諦分明之也。**脩廢官，**治

〔一〕「言」上，齋本、庫本有「已上尚書第六泰誓中文」十字。
〔二〕「人」下，齋本、庫本有「謂」字。邢疏亦有「謂」字。正平版何解無「謂」字。
〔三〕「少」下，齋本、庫本有「其」字，衍。
〔四〕「備」，齋本、庫本作「修」。「録修」：「録」有「檢束」義，「修」謂「修飾」，「不録修」是説「不講究表面的檢束修飾」。如此理解，似也能講通。

故曰脩，若舊官有廢者，則更脩立之也。**四方之政行矣。**自謹權〔一〕若皆得法，則四方風政並服行也。

苞氏曰：「權，稱〔二〕也。量，斗、斛也。」

興滅國，若有國爲前人非理而滅之者，新王當更爲興起之也。**繼絶世，**若賢人之世被絶不祀者，當爲立後係之，使得仍享祀也。**舉逸民，**若民中有才行超逸不仕者，則躬舉之於朝廷爲官爵也。**天下之民歸心焉。**既能興繼舉逸〔三〕，故爲天下之民皆歸心，繦負而至也。**所重：民、食、喪、祭。**此四事並又治天下所宜重者也。國以民爲本，故重民爲先也。民以食爲活，故次重食也。有生必有死，故次重於喪也。喪畢爲之宗廟，以鬼享之，故次重祭也。

孔安國曰：「重民，國之本也。重食，民之命也。重喪，所以盡〔四〕哀。重祭，所以致敬也。」

寬則得衆，爲君上若能寬，則衆所共歸，故云「得衆」也。**敏則有功，**君行事若儀用敏疾，則功大易成，

〔一〕「權」下，齋本、庫本有「以下」二字。

〔二〕「稱」，齋本、庫本作「秤」。邢疏亦作「秤」。「稱」同「秤」。

〔三〕「逸」，齋本、庫本無此字。

〔四〕「盡」下，齋本、庫本有「其」字，衍。觀下句「所以致敬」語，不應有「其」字。正平版何解、邢疏無「其」字。

故云「有功」也。**公則民悦。**君若爲事公平，則百姓皆歡悦也。孔安國曰：「言政教公平，則民悦矣。凡此二帝三王所以治也，故傳以示後世也。」

子張問政於孔子曰：「何如斯可以從政矣？」此章第二，明孔子同於堯、舜諸聖之尊〔一〕也。子張問於孔子，求爲政之法也。**子曰：「尊五美，**尊，崇重也。孔子答曰：若欲從政，當崇尊〔二〕於五事之美者也。**屏四惡，**屏，除也。又除於四事之惡者也。**斯可以從政矣。」**若尊五除四，則此可以從政也。孔安國曰：「屏，除也。」

子張曰：「何謂五美也？」子張曰：「何謂五美也〔三〕？」子張并不曉五美四惡，未敢并問，今且分諮五美，故云「何謂五美也」。**子曰：「君子惠而不費，**歷答於五，此其一也。言爲政之道，能令民下荷於潤惠而我無所費損，故云「惠而不費」也。**勞而不怨，**二也。君使民勞苦，而民甘〔四〕心無怨，故云「勞而

〔一〕「尊」，齋本、庫本作「義」。
〔二〕「崇尊」，齋本、庫本作「尊崇」。
〔三〕「子張曰何謂五美也」，齋本、庫本無此八字。
〔四〕「甘」，齋本、庫本作「其」。

不怨」也。**欲而不貪，**三也。君能遂己所欲，而非貪吝也。**泰而不驕，**四也。君能恒寬泰而不驕傲也。**威而不猛。」**五也。君能有威嚴而不猛厲傷物也。**子張曰：「何謂惠而不費？」**子張亦并未曉五事，故且先從第一而更諮也。**子曰：「因民之所利而利之，斯不亦惠而不費乎？**答之也。因民所利而利之，謂民水居者利在魚壚〔一〕蜃蛤，山居者利於果實材木。明君爲政即而安之，不使水者居山，渚者居中原，是因民所利而利之，而於君無所損費也。

王肅曰：「利民在政，無費於財也。」

擇其可勞而勞之，又誰怨？孔子知子張并疑，故并歷答也。言凡使民之法，各有等差，擇其可應勞役者而勞役之，則民各服其勞而不敢怨也。**欲仁而得仁，又焉貪？**欲有多塗，有欲財色之欲，有欲仁義之欲。欲仁義者爲廉，欲財色者爲貪。言人君當欲於仁義，使仁義事顯，不爲欲財色之貪，故云「欲仁而得仁，又焉貪」也。江熙云：「我欲仁，則仁至，非貪也。」**君子無衆寡，**言不以我富財之衆而陵彼之寡少也。**無小大，**又不得以我貴勢之大加彼之小也。**無敢慢，**我雖衆大而愈敬寡少〔二〕，故無所敢慢也。

〔一〕「壚」，齋本、庫本作「鱸」。「壚」同「鱸」。
〔二〕「寡少」，齋本、庫本作「寡小」，是。下同。

孔安國曰：「言君子不以寡少而慢之也。」**斯不亦泰而不驕乎？**能衆能大，是我之泰；不敢慢於寡少，是不驕也，故云「泰而不驕」也。殷仲堪云：「君子處心以虚，接物以爲敬，不以衆寡異情，大小改意，無所敢慢，斯不驕也。」**君子正其衣冠，**衣無撥，冠無免也。**尊其瞻視，**視瞻無回也〔一〕。**儼然**若思以爲容也。**人望而畏之，**望之儼然，即之也温，聽其言也厲，故服而畏之也。**斯不亦威而不猛乎？」**望而畏之，是其威也。即之也温，是不猛也。**子張曰：「何謂四惡？」**已聞五美，故次更諮四惡也。**子曰：「不教而殺謂之虐，**一惡也。爲政之道必先施教，教若不從，然後乃殺。若不先行教而即用殺，則是酷虐之君也。**不戒視成謂之暴，**二惡也。爲君上見民不善，當宿戒語之，戒若不從，然後可責。若不先戒勗，而急卒就責目前，視之取成，此是風化無漸，故爲暴卒之君也。暴，淺於虐也。馬融曰：「不宿戒而責目前成，爲視成也。」責目前之成，故謂之視成也〔二〕。**慢令致期謂之賊，**三惡也。與民無信而虚期，期不申勑丁寧，是慢令致期也。期若不至而行誅罰，

〔一〕「視瞻無回也」，齋本、庫本作「瞻視無回邪」。
〔二〕此二句疏文，齋本、庫本無。

此〔一〕賊害之君也。袁氏云：「令之不明而急期之也。」

孔安國曰：「與民無信而虛剋期也。」

猶之與人也，四惡也。猶之與人謂以物獻與彼人，必不得止者也。**出內之吝，**吝，難惜之也，猶會應與人而其吝惜於出入也，故云「出內之吝」也。**謂之有司。」**有司，謂主典物者也，猶庫吏之屬也。庫吏雖有官物而不得自由，故物應出入者，必有所諮問，不敢擅易。人君若物與人而吝，即與庫吏無異，故云「謂之有司」也。

孔安國曰：「謂財物也，俱當與人，而吝嗇於出內惜難之，此有司之任耳，非人君之道也。」

孔子曰：「不知命，無以爲君子也；此章第三，明若不知命，無以爲君子。所以更明孔子知命，故不爲政也。命，謂窮通夭壽也。人生而有命，受之由天，故不可不知也。若不知而强求，則不成爲君子之德，故云「無以爲君子也」。

孔安國曰：「命，謂窮達之分也。」窮謂貧賤，達謂富貴，並稟之於天，如天之見命爲之者也。

不知禮，無以立也。禮主恭儉莊敬，爲立身之本。人若不知禮者，無以得立其身於世也。故禮運云

〔一〕「此」下，齋本、庫本有「是」字。

「得之者生，失之者死」，詩云「人而無禮，不死何俟」，是也。**不知言，無以知人也。」**江熙云：「不知言則不能賞言，不能賞言則不能量彼，猶短綆不可測於深井，故無以知人。」

馬融曰：「聽言則別其是非也。」

論語義疏第十

經一千二百二十三字　注一千一百七十五字

附録

論語義疏懷德堂本序〔一〕

人之性受於天，而彝倫之道本於性，人人所固有，宜無待於外。然非有聖人出焉，而率性修道，以立其教，則蔽於物而移於習，將失其所固有，而性傾道壞，人倫彫喪。是以聖人治天下，教化爲先。及孔子出，集而大成，明倫立教，以垂後來，爲生民未有之師表。而論語記其訓言行事，尤精且信，誠萬世不刊之寶典也。

竊惟皇祖肇國，以德治民，民性正直，無爲而化，我之所固有，可謂美矣。

〔一〕此標題原無，爲整理者所加。

但古無文字，口口相傳，故有君臣父子之道，而無仁義忠孝之名。暨應神朝，百濟獻論語，孔子之書，始入我國。尋獲五經，立於學官，列聖尊信，漢學茲興。仁義忠孝之教，與我上古神聖固有之道，融會保合，斯文既明，其理亦備。雖時有污隆，道有顯晦，然人全正直之性、世濟忠孝之美者，未嘗不由於孔子之教羽翼皇化。而維新之際，志士競興，尊王斥霸，弼成鴻業，以開郅治者，亦名教之效居多焉，顧不亦盛乎！

方今國家，文教覃敷，奎運昌明，軼於前古，然學術多岐，舍本趨末，唯新是喜，漢學大衰。而邪説之行，及今殊甚，固有之美，漸蔽漸移，將不知所底止。豈非教育之方有所偏倚、孔子之書棄而不講之所致與？謹按先皇教育勅語示法後世，炳如日月，其所謂忠、孝、友、和、信，與智能、德器、恭儉、博愛、義勇等條目，皆符於孔子之教，而勅語以爲皇祖皇宗之道。可知皇祖皇宗之道，與孔子之教相合。則雖名曰漢學，實爲我國之學。孔子之書，棄而不講可乎？主持文教者，宜率由聖訓，振興斯學，矯偏務本，以救時弊。羣經或不能盡立於學，四書闕一不可。至論語，則不可不家藏人誦，以明彝倫、翼皇化也。

大正十一年壬戌，正值孔子卒後二千四百年，大阪懷德堂以講明名教爲宗旨，因卜是歲十月八日行釋菜，教授松山君子方爲祭酒，又議校印梁皇侃論語義疏，以弘其傳，講師武内君宜卿任其事。書已成，俾時彦序之。時彦協理堂事多年，迨奉職内廷，仍列講師之末，深喜斯舉有補於名教，乃忘譾陋而爲之序。若夫皇疏源委，及存佚同異，則具於子方、宜卿二君序例，故不復贅。

大正十二年五月大隅西村時彦譔。

論語義疏懷德堂本後序[一]

梁皇氏論語義疏，彼土亡佚已久，其流傳我國者，迭經儒釋傳鈔，今猶儼存六朝舊帙面目，洵爲經籍至寶。寬延中，根本伯修校足利學校藏舊鈔本而刻之，清儒汪翼滄以乾隆間來，載一本歸。鮑以文收刻於知不足齋叢書中，彼土學士獲復見此書。第伯修倣邢昺疏例，多所臆改，清儒或疑爲贋鼎，識者憾焉。大正壬戌，正值孔子卒後二千四百歲，懷德堂紀念會以十月八日設位堂上，恭修釋菜之禮，又欲校刻善本，以志教澤而裨補斯文，諮諸本會顧問狩野、内藤兩博士，二君胥勸校刻論語義疏。且曰：「是書足利本外，多有舊鈔善本，倘得集覽校讐，則所益必大，且因改宋疏之體以復六朝之舊，不亦善乎？」預堂事者皆贊其議，屬講師武内誼卿以校勘之事。誼卿乃搜訪祕府野黌之儲

[一] 此標題原無，爲整理者所加。

與名家之藏，參稽對校，於皇朝鈔本之源流與六朝舊疏之體裁，多所闡發。凡九閱月成，坿以校勘記一卷，從業勤而成功速，非以誼卿之才學與其精力，烏能至於此。蓋伯修所觀舊鈔本止一種，誼卿所校則踰六七種，其訂舊文之譌誤、糾章句之繆亂者，不止二三，而伯修之臆改變亂者，再復其舊，學者可莫復容疑。則豈啻皇氏忠臣，可謂爲斯文增一寶典矣！予承乏教授，與誼卿講習有年，今親覩校訂之勤勞，及書成，忘譾陋而叙緣起云爾。

大正癸亥四月懷德堂教授松山直藏譔。

論語義疏校勘記序

梁皇侃論語義疏十卷，宋國史志、中興書目、晁公武讀書志、尤袤遂初堂書目並著録。蓋南宋初，彼土未佚，朱子與尤袤友善，則亦或見之。中興書目云：「侃以何晏集解去取，爲疏十卷。又列晉衛瓘、繆播、欒肇、郭象、蔡謨、袁宏、江淳、蔡系、李充、孫綽、周瓌、范寧、王珉等十三家爵里於前，云是江熙所集，其解釋於何集無妨者，亦引取爲説，以示廣聞。」宋國史志云：「侃疏雖時有鄙近，然博極羣言，補諸書之未至，爲後學所宗。」讀書志云：「世謂其引事雖時有詭異，而援證精博，爲後學所宗。」皇朝邢昺等撰正義，因皇侃所採集諸儒之説，刊定而成書。朱子論語要義序又云：「邢昺等取皇侃疏，約而修之，以爲正義。」今取皇、邢、朱三家書而讀之，邢氏剪皇疏之詭異，稍附以義理，而朱注則變本加厲，義理之辨彌精，而援證之博不及於古。蓋邢疏出而皇疏廢，朱注行而邢疏又廢。皇疏亦以此時而亡，是以陳振孫解題不録此書，而乾、淳以後，學者無復稱引之矣。可見古書亡佚，賴於學術遷移，不特兵火風霜爲其厄也。清興，經學昌明，鴻儒碩匠接踵倔起，務紹漢唐墜緒，捃摭佚書，斷爛靡遺。然而余仲林古經解鉤沈所獲皇疏僅六事，所謂「博極羣言，補諸書之未至者」，不可得見矣。我國自王仁獻書，尊崇周孔，博士世業，傳經不絶，兵火之禍，亦未有如彼之慘虐者，是以古書之佚彼而存於此者，爲類不少，而皇疏居其一。寛延中，根本伯脩得足利學所藏舊鈔本，校刻皇疏十卷。清商汪翼滄購歸一本，以獻遺書局，著録四庫。旋經翻刻，及鮑氏刊入知不足齋叢書，流佈更廣，士子皆得窺漢晉諸儒論語之學，伯脩稽古之功偉矣。然其所刊，妄更體式，以就今本，定譌之際，亦不免師心改竄。彼土學者，怪其與釋文所引皇本不合，又斥爲非六朝義疏之體，議論紛紛，後人有懷疑未釋者。頃者，懷德堂紀念會欲校印此書，以存舊式。余不自揣，謬任校讐之役，乃遍觀祕府野翼之藏，周搜世家名刹之儲，參稽各本，以定是非，又條舉異同，附之卷尾。後之讀皇疏者，庶幾有所考信焉。大正十二年三月懷德堂講師武内義雄記。

論語義疏校勘記條例

余所見舊鈔皇疏凡十種，曰寶德本，凡五册。其第一、第四二册，寶德三年西榮鈔寫。每半頁十行，行二十五字，疏雙行。其第二、第三、第五三册，則後人所補。舊藏武州川越新井氏，今歸德富蘇峰君。曰文明本，凡五册。每半頁六行，行二十字，疏雙行。文明九年鴈聲鈔寫。舊西本願寺寫字臺藏書，見存龍谷大學圖書館。曰延德本，舊凡十册，今佚第十。每半頁八行，行二十字，疏雙行。每册首有興正寺公用長方印記。第三册末記有「延德貳年冬十二月廿九日」十一字。久原文庫所藏。曰清熙園本，凡五册。每半頁九行，行二十四字，疏雙行。筆墨輕妙，首末完好，蓋現存皇疏中尤精善者。惜年紀無可考。尼崎大物阪本清熙園所藏。曰足利本，凡十册。每半頁九行，行二十字，疏雙行。卷首佚皇侃自序。審其紙墨，蓋大永、天文間所鈔。每册首有足利學校、轟文庫二印記。見存足利遺跡圖書館。曰久原文庫本，舊凡十一册，今佚子罕、鄉黨二篇。每半頁九行，行二十字，疏雙行。欄眉有標注，間引朱注。卷首又有論語發題及論語圖，與皇侃自序、何晏序説合訂爲一册。皇序寫作小字雙行，其例與疏文同。考其紙墨，蓋天文中所鈔。曰圖書寮本，凡五册。每半頁九行，行二十字，疏雙行。欄眉有標注，與久原本同，但闕皇侃自序及何晏序説。疑原有卷首一册，後佚之。考其書體，蓋天文中所鈔。**曰桃華齋本，**凡五册。舊佚第一册，今以别本補之，而仍闕皇侃自序及何晏序説。補本體式文字，與圖書寮本同，第二册以下四册則稍不同。每半頁九行，行二十字，疏雙行。欄眉有標注。考其書體，蓋室町季世之物。每册首有北固山、西源禪院、多福文庫三印記。故富岡桃華先生所藏。**曰泊園書院本，**凡十册。每半頁九行，行二十六字，疏雙行。卷首有論語發題，寫作雙行，其例與久原本同，而唯無標注耳。審其筆勢，蓋慶元以後所鈔。卷首録皇侃藏大阪藤澤氏泊園書院。**曰久原文庫一本，**凡五册。每半頁九行，行二十字，疏雙行。卷首録皇侃傳。注文上每條必冠「注」字，方格圍之。考文字異同，其第一、二、三、八，近于文明本，第四、五、六、九、十，則與久原本相似，蓋合舊鈔本二種而爲一者。審其紙墨，亦似慶元以後所鈔。**曰有不爲齋本。**凡五册。每半頁九行，行二十三字，疏雙行。所舉注家，唯録姓，不録名，疑效邢疏體者。其經注異同，則與文明本相似。考其書體，蓋亦慶元以後之物。舊藏伊藤氏有不爲齋，今託存大阪圖書館。以上十種外，東京大槻氏藏二種，尾張德川侯爵、加賀前田侯爵、京都帝國大學、東京木村氏、内野氏、户水氏、林氏各藏一種，而余未見。**諸本首末完好，年紀可得而詳者，以文明本爲最古。今依據爲底本，取各本而校之。**

經籍訪古志所載舊鈔皇疏凡五種，曰求古樓本，舊吉田篁墩所藏，後歸狩谷氏求古樓。曰容安書院本，市野迷菴所藏。曰弘前星野本，曰九折堂本，曰足利學本。除足利學本外，四種今皆不詳存佚。然據吉田篁墩論語考異、市野迷菴正平板論語札記所引皇本，容安書院、求古樓二本經注異同，大略可考。其足資考鏡者，今又援引，凡校勘記中稱「篁墩本」、「迷菴本」者即是。

我國前人所講述論語聽塵及湖月抄二書，在距今四百年前，其稱引皇疏，亦足訂現存諸本之譌，今因援證。

凡底本所用異字、俗字，今習用者，略存其舊；罕用者，改爲正字，不欲徒苦手民也。

凡底本脱字、誤字，易於識别者依據他本補正，有疑義則仍其舊，表明之校勘記。

凡疏文中羼入旁記文字者，不敢删削，唯施括號，而辯證之校勘記。

凡校勘記中標經文，每條必頂格，注文則低一格，疏文則低二格。

根本伯脩所刊皇疏體式，全同閩、監、毛邢疏本，與舊鈔本迴異。今所校印，依據舊鈔本體式，不妄更改。但皇疏末所録邢疏，則後人所增，案：經籍訪古志云：「弘前星野本皇疏八佾篇『射不主皮』章馬注『射有五善』下及『以能虎豹皮作之』下，所引邢疏上並冠『裏云』二字。」余所見久原文庫一本亦同。蓋諸本所録邢疏，在舊卷子本紙背，後人改寫爲册本之時，附之皇疏末也。今皆删削。凡删削邢疏處，每加一圈，以示舊式。

早稻田大學藏有六朝鈔禮記子本疏義卷子殘卷，未審撰人名氏。然書中所疏，與孔氏正義所引皇侃義相符，而每段疏末，往往見「灼案」、「灼謂」等語。考陳書儒林傳云：「鄭灼，字茂昭，少受業於皇侃，尤明三禮。家貧，鈔義疏，以夜繼日，筆毫盡，每削用之。」則知此卷是鄭灼所鈔其師義疏。而「灼案」諸條，灼鈔時所增也。此卷體式，每段先全舉經文而疏釋之，次空一格，以及注文，其例同於經文。經注與疏文字大小同，而疏文亦單行，蓋六朝義疏體固如此。論語皇疏原式，想當與此卷同。現存諸本，大寫經注，而疏則小字雙行者，後人所改。惜諸本無一出於五百年前者，不能據爲實證耳。

諸本既失其原式，疏之譌踳固不須言，而經注異同亦難歸一。約而言之，文明本近于正平刻集解本，清熙園本近于古鈔集解本，我國現存古鈔集解本，以正和本爲最古。此本據仁治三年明經博士清原某手鈔本所轉鈔，今存雲村文庫。祕府又藏嘉曆鈔集解本，審其跋尾，亦與正和本同其來歷。又有舊津藩侯有造館所刻古本論語，蓋以其所儲古鈔本爲底本。今校以正和本，字字吻合，則知此本所出，其源亦同。凡記中所稱「古鈔集解本」，則用有造館本也。久原本與永禄鈔集解本相似。永禄本亦存雲村文庫，余嘗一見。然今所引則篁墩論語考異所出，非據原本也。蓋前人改寫爲今式者，據流俗集解本所校改。此外諸本，疑亦别有所依據，唯未能質言耳。

清儒爲皇疏成專書者，桂子白有考證，吳槎客有參訂，惜余未得參稽也。

齋本論語義疏新刊序

摘自鮑廷博知不足齋叢書本論語集解義疏。

服元喬撰

往者根伯修與神君彝俱遊下毛足利學。足利之藏，昔稱石室，中遭散失，而廑廑乎存於今，中華後世所不傳異書猶多矣。君彝乃與伯修讎校七經孟子而還考文，既刊行於世矣，伯修與功爲多矣！而又伯修所寫而還皇侃論語義疏，即亦中華後世蓋無傳焉。據馬端臨考，乃目論語疏十卷，而晁氏云：梁皇侃引衛瓘某某，凡十三家之説成此書。其引事雖時詭異，而援證精博，爲後學所宗。又云：皇朝邢昺等亦因皇侃所採諸儒之説刊定而撰正義，正義因皇疏，則然也。未知馬氏所考，即所親覩而云歟？抑將徒耳所傳而剿説歟？夫邢疏出而後，亡幾，程朱諸氏經生之學紛紛輩出，雖别成家，弁髦舊傳，於其所校皇本異同無一及焉者，泯焉可知。況復後繼無覩，而非宋説者時乃益遠，其書不傳必矣。獨焦弱侯云：公冶長辨鳥語，具論語疏以駁楊用修。其他匏瓜爲星，一二若覩皇疏者，然不可以一信百，道聽相傳，文獻不足徵也。

因此視之，中華後世，今亡矣夫。要之，世好事唯新是貴，乃積薪之情，率以後世爲尚。而作者不厚，亦不欲存其舊，宋人之弊乃爾，則蓋邢疏出而皇疏廢矣。廢以至亡，無聞焉爾，亦其勢耳。夫邢氏所疏，比諸他正義，既屬丙科，皇疏雖詭，援證復博，觀聽不決，寸有所長，兩立而並行，非過存也。焉可附之烏有氏哉！惟我皇和神明扶持，物亦與世代永久，於是可知也。唯是足利之藏，我不可保。今而不傳，後世恐復散失，是可惜也。乃伯修氏之志如斯，則鐫刻之舉，其可緩歟！近有請鐫焉者，伯修既再校以授之矣。此舉也，余惟非獨海以外行既宏矣。即傳之中華，而俾知吾邦厚固有關文明，則伯修之勤，有功于國華哉！乃復伯修氏志，余亦喜，其足以酬焉，遂爲之序。寛延庚午春正月平安服元喬。

齋本皇侃論語義疏序

摘自鮑廷博知不足齋叢書本論語集解義疏。

盧文弨撰

宋咸平時，日本僧奝然嘗獻鄭康成所注孝經，乃中國所亡失者。是時但藏於秘府，外人莫得見。久而其書復亡，嘗憾當時在廷文學諸臣曾莫爲意，未能使之流傳世間，抑何其蔑視先代傳注如土苴之致不足貴而輕爲棄絶之也！先是周顯德中，新羅亦嘗獻别敘孝經，亦云即鄭注，乃皆得自外國而旋失之，豈不惜哉！向見錢遵王所記論語異文，云傳自高麗，其本世亦罕見。吾鄉汪翼滄氏常往來瀛海間，得梁皇侃論語義疏十卷於日本足利學中，其正文與高麗本大略相同，彼國亦知中夏之失傳矣。其扶微舉墜之意懇懇，欲大其傳而不爲一邦之私秘，此其所見誠卓而其意誠公，夫孰得而小之也哉！新安鮑以文氏廣購異書，得之喜甚，顧剞劂之費有不逮，浙之大府聞有斯舉也，慨然任之，且屬鮑君以校訂之事，於是不外求而事已集。既而大府以他事獲譴，死名不彰，人曰是鮑子之功也。以文曰：「吾無其實，敢冒其名乎？」謂文弨曰：「是書梓成時未爲之序者，人率未知其端末。夫是書入中國之首功，則汪君也；使天下學者得以家置一編，則大府之爲之也。春秋褒毫毛之善，今國法已伸，而此一編也，其功要不容没。子幸爲之序，而並及之，使吾不尸其功，庶幾不爲朋友之所譏責，吾始得安焉。」以文之命意也如此，用是據實書之。若夫皇氏此疏固不全美，然十三家之遺説猶有託以傳者，爲醇爲疵，讀者當自得之。如或輕加掎摭，是又開天下以廢棄之端也。吾其忍乎哉？乾隆五十三年元夕前一日杭東里叟盧文弨書。

四庫全書總目提要

論語義疏十卷，浙江巡撫採進本。

魏何晏注，梁皇侃疏。書前有奏進論語集解序，題「光禄大夫關内侯孫邕、光禄大夫鄭沖、散騎常侍中領軍安鄉亭侯曹羲、侍中荀顗、尚書駙馬都尉關内侯何晏」五人之名。晉書載鄭沖與孫邕、何晏、曹羲、荀顗等共集論語諸家訓詁之善者，義有不安，輒改易之，名集解。亦兼稱五人。今本乃獨稱何晏。考陸德明經典釋文，於「學而第一」下題「集解」二字。注曰：「一本作何晏集解。」又序録曰「何晏集孔安國、包咸、周氏、馬融、鄭玄、陳羣、王肅、周生烈之説，並下己意爲集解。正始中上之，盛行於世。今以爲主」云云，是獨題晏名，其來久矣。殆晏以親貴總領其事歟？邕字宗儒，樂安青州人。沖字文和，滎陽開封人。羲，沛國譙人，魏宗室子。顗字景倩，荀彧之子。晏字平叔，南陽宛人，何進之孫，何咸之子也。侃，梁書作偘，蓋字異文，吴郡人，青州刺史皇象九世孫。武帝時官國子助教，尋拜散騎侍郎，兼助教如故。大同十一年卒。事蹟具梁書儒林傳。傳稱所撰禮記義五十卷、論語義十卷。禮記義久佚，此書宋國史志、中興書目、晁公武讀書志、尤袤遂初堂書目皆尚著録。國史志稱侃疏雖時有鄙近，然博極羣言，補諸書之未至，爲後學所宗。蓋是時講學之風尚未甚熾，儒者説經亦尚未盡廢古義，故史臣之論云爾。迨乾淳以後，講學家門户日堅，羽翼日衆，剷除異己，惟恐有一字之遺，遂無復稱引之者，而陳氏書録解題亦遂不著録。知其佚在南宋時矣。惟唐時舊本流傳，存於海外。

康熙九年，日本國山井鼎等作七經孟子考文，自稱其國有是書。然中國無得其本者，故朱彝尊經義考注曰「未見」。今恭逢我皇上右文稽古，經籍道昌，乃發其光於鯨波鮫室之中，藉海舶而登秘閣，殆若有神物撝訶，存漢晉經學之一綫，俾待聖世而復顯者。其應運而來，信有非偶然者矣。

據中興書目，稱侃以何晏集解去取，爲疏十卷。又列晉衛瓘、繆播、欒肇、郭象、蔡謨、袁宏、江淳、蔡系、李充、孫綽、周瓌、范甯、王瑨等十三人爵里於前，云「此十三家是江熙所集，其解釋於何集無妨者亦引取爲説，以示廣聞」云云。此本之前，列十三人爵里，數與中興書目合。惟「江厚」作「江淳」、「蔡溪」作「蔡系」、「周懷」作「周瓌」，殆傳寫異文歟？其經文與今本亦多有異同。如「舉一隅」句下有「而示之」三字，頗爲冗贅，然與文獻通考所引石經論語合。「夫子之言性與天道不可得而聞也」下有「已矣」二字，亦與錢曾讀書敏求記所引高麗古本合。其疏文與余蕭客古經解鉤沉所引，雖字句或有小異，而大旨悉合。知其確爲古本，不出依託。觀古文孝經孔安國傳，鮑氏知不足齋刻本信以爲真，而七經孟子考文乃自言其僞，則彼國於授受源流，分明有考，可據以爲信也。至「臨之以莊則敬」作「臨民之以莊則敬」，七經孟子考文亦疑其「民」字爲誤衍，然謹守古本而不敢改，知彼國遞相傳寫，偶然訛舛或有之，亦未嘗有所竄易矣。至何氏集解，異同尤夥。雖其中以「包氏」爲「苞氏」、以「陳恒」爲「陳桓」之類，不可據者有之，而勝於明刻監本者亦復不少，尤可以旁資考證也。